审 计 学

主　编　郑艳秋　蒲春燕
参　编　牟行军　曹李朵

北京理工大学出版社
BEIJING INSTITUTE OF TECHNOLOGY PRESS

版权专有　侵权必究

图书在版编目（CIP）数据

审计学/郑艳秋，蒲春燕主编. —北京：北京理工大学出版社，2018.9（2021.12 重印）
ISBN 978-7-5682-6087-9

Ⅰ. ①审…　Ⅱ. ①郑…②蒲…　Ⅲ. ①审计学-高等学校-教材　Ⅳ. ①F239.0

中国版本图书馆 CIP 数据核字（2018）第 185244 号

出版发行 / 北京理工大学出版社有限责任公司	
社　　址 / 北京市海淀区中关村南大街5号	
邮　　编 / 100081	
电　　话 /（010）68914775（总编室）	
（010）82562903（教材售后服务热线）	
（010）68944723（其他图书服务热线）	
网　　址 / http：//www.bitpress.com.cn	
经　　销 / 全国各地新华书店	
印　　刷 / 三河市华骏印务包装有限公司	
开　　本 / 787毫米×1092毫米　1/16	
印　　张 / 20.25	责任编辑 / 王晓莉
字　　数 / 477千字	文案编辑 / 王晓莉
版　　次 / 2018年9月第1版　2021年12月第3次印刷	责任校对 / 杜　枝
定　　价 / 55.00元	责任印制 / 李志强

图书出现印装质量问题，请拨打售后服务热线，本社负责调换

前 言

本书以现代经济理论和管理理论为基础，以最新颁布的《中华人民共和国审计准则》和《企业会计准则》为指导，在吸收、借鉴众多专家、学者优秀成果的基础上，系统阐述了审计的基本理论和基本方法，运用通俗易懂的实例解释了审计的相关理论与分析过程，从而使学生能了解审计学原理产生与形成过程；熟悉审计的本质、程序和方法；运用审计及其他信息，对被审计单位经济活动进行有效的监督、评价、鉴证，进而帮助学生追踪审计发展前沿领域、科学构建审计新思维、准确把握审计有效边界、系统理解审计全过程。本书旨在提高学生分析及解决问题的能力。

本书力图突出以下三个特点：第一，务实性。内容具有较强的应用性与实践性，利用大量的案例分析，结合当前最前沿理论与现实工作，用简洁的语言、完整的内容、清晰的逻辑为学生提供有用的信息。第二，全面性。本书从审计的主体出发，对国家审计、民间审计、内部审计进行了较为系统、全面的探索；同时从两个层次，即审计的理论层次、业务循环层次进行更深入的剖析。第三，启发性。各章配套有思考及课后习题，借助它们学生可对所学内容加以巩固。

本书分三个部分，总共十四章，其基本写作思路如下：

第一部分，审计基础理论——本书的第一章至第六章。以审计的基本理论为起点，结合新审计准则的要求，介绍了审计的对象、特点、分类及方法，以及审计人员应当遵守的职业道德与承担的法律责任，并对审计证据的证明力及审计工作底稿的格式、编制等进行了系统阐述。第六章是本书的重点，也是风险导向审计的重要理论前提。在这一部分，学生应掌握审计的基本理论与方法。

第二部分，内部控制及审计抽样——本书的第七章和第八章。第七章在对内部控制的概念、目的、要素等进行概述的基础上，结合案例分析了内部控制制度可能存在的缺陷及评价方式与评价内容。第八章重点突出审计抽样方法如何运用到内部控制测试与实质性性测试中。在这一部分，学生应该学会系统理解内部控制的重要性及审计抽样的运用。

第三部分，审计业务循环审计——本书的第九章至第十四章。本部分对销售与收款、采购与付款、生产与存货、筹资与投资等业务循环审计进行具体介绍，让学生了解、评价被审计单位与业务相关的内部控制设计内容及执行程序。在这一部分，结合企业的经营活动，学生应该掌握各业务的内部控制及活动的审计内容和方法。

　　西华大学郑艳秋副教授承担了全书的总体设计、大纲制定和修改定稿工作，并撰写了审计基础理论，即第一章至第六章；西华大学蒲春燕副教授承担了书稿的审计业务循环的撰写工作，即第九章至第十三章；西华大学牟行军副教授承担了第八章的撰写工作；中原工学院信息商务学院曹李朵老师承担了第七章和第十四章的撰写工作。审计学是一个非常广的领域，随着时代的发展而日益更新。本书虽经过较长时间的酝酿与撰稿，但仍然有不完善的地方，恳请各位专家和读者批评指正。

　　本书在编写过程中参阅了大量的相关文献和研究成果，并得到北京理工大学出版社的大力支持，在此表示衷心感谢。

编　者
2018 年 5 月

目 录

第一章 总论 （1）
第一节 审计的产生与发展 （1）
一、审计的起源与关系 （1）
二、审计的发展 （2）
第二节 审计的基本理论 （6）
一、审计的概念 （6）
二、审计的特征 （7）
三、审计的目标 （8）
四、审计的对象 （9）
第三节 审计的种类 （9）
一、审计的基本分类 （10）
二、审计的其他分类 （11）
第四节 审计的职能和作用 （14）
一、审计的职能 （14）
二、审计的作用 （14）

第二章 审计的组织形式与审计方法 （17）
第一节 审计的组织形式 （17）
一、政府审计机关 （17）
二、民间审计组织 （19）
三、内部审计机构 （22）
第二节 审计的基本方法 （24）
一、书面资料的检查方法 （24）
二、客观事物的调查方法 （26）

第三章 注册会计师的职业道德与法律责任 （29）
第一节 注册会计师的职业道德 （29）

一、独立、客观、公正 ………………………………………………（ 29 ）
　　二、专业胜任能力和应有关注 ………………………………………（ 30 ）
　　三、保密 ………………………………………………………………（ 31 ）
　　四、职业行为 …………………………………………………………（ 32 ）
　第二节　独立性 …………………………………………………………（ 33 ）
　　一、独立性的含义 ……………………………………………………（ 33 ）
　　二、威胁独立性的情形 ………………………………………………（ 34 ）
　　三、防范措施 …………………………………………………………（ 35 ）
　第三节　注册会计师的法律责任 ………………………………………（ 36 ）
　　一、注册会计师承担法律责任的依据 ………………………………（ 36 ）
　　二、审计责任与被审计单位的会计责任 ……………………………（ 37 ）
　　三、区分"违约""过失""欺诈" …………………………………（ 40 ）
　　四、注册会计师承担法律责任的种类 ………………………………（ 43 ）
　　五、注册会计师避免法律诉讼的措施 ………………………………（ 43 ）

第四章　审计证据和审计工作底稿 ……………………………………（ 45 ）
　第一节　审计证据 ………………………………………………………（ 45 ）
　　一、审计证据的概念及分类 …………………………………………（ 45 ）
　　二、审计证据的特性与鉴定 …………………………………………（ 47 ）
　　三、审计证据的搜集 …………………………………………………（ 50 ）
　第二节　审计工作底稿 …………………………………………………（ 53 ）
　　一、基本内容 …………………………………………………………（ 53 ）
　　二、审计工作底稿的要素及编制要求 ………………………………（ 55 ）
　　三、审计工作底稿的整理与保管 ……………………………………（ 59 ）

第五章　审计程序、审计目标与审计计划 ……………………………（ 63 ）
　第一节　审计程序 ………………………………………………………（ 63 ）
　　一、审计的准备阶段 …………………………………………………（ 63 ）
　　二、审计的实施阶段 …………………………………………………（ 65 ）
　　三、完成审计工作阶段 ………………………………………………（ 65 ）
　第二节　审计目标 ………………………………………………………（ 67 ）
　　一、审计的总目标 ……………………………………………………（ 67 ）
　　二、审计的具体审计目标 ……………………………………………（ 67 ）
　第三节　审计计划 ………………………………………………………（ 72 ）
　　一、审计计划的作用 …………………………………………………（ 72 ）
　　二、审计计划的内容 …………………………………………………（ 72 ）
　　三、审计计划的修改 …………………………………………………（ 75 ）
　　四、审计计划的沟通 …………………………………………………（ 75 ）

第六章　审计的重要性与审计风险 ……………………………………（ 79 ）
　第一节　重要性 …………………………………………………………（ 79 ）

一、重要性 ………………………………………………………（79）
　　二、判断重要性应考虑的因素 …………………………………（80）
　　三、确定重要性水平的方法 ……………………………………（81）
　　四、重要性水平的分配 …………………………………………（82）
　　五、审计重要性的相关关系 ……………………………………（83）
　　六、评价错报的影响 ……………………………………………（84）
　第二节　审计风险 …………………………………………………（87）
　　一、审计风险的概念及特征 ……………………………………（87）
　　二、审计风险模型 ………………………………………………（89）

第七章　内部控制及评审 …………………………………………（96）
　第一节　内部控制系统 ……………………………………………（96）
　　一、内部控制概念及作用 ………………………………………（96）
　　二、内部控制的目标及要素 ……………………………………（97）
　第二节　内部控制描述 ……………………………………………（104）
　　一、文字说明法 …………………………………………………（104）
　　二、调查表法 ……………………………………………………（105）
　　三、流程图法 ……………………………………………………（106）
　第三节　内部控制评价及审计 ……………………………………（108）
　　一、内部控制评价的内容 ………………………………………（108）
　　二、内部控制评价的程序 ………………………………………（109）
　　三、内部控制的评价报告 ………………………………………（110）
　　四、内部控制审计 ………………………………………………（115）

第八章　审计抽样 …………………………………………………（118）
　第一节　审计抽样概述 ……………………………………………（118）
　　一、审计抽样的含义 ……………………………………………（118）
　　二、获取审计证据时对审计抽样和其他选取测试项目方法的考虑 …（121）
　　三、对抽样风险和非抽样风险的考虑 …………………………（123）
　　四、样本设计 ……………………………………………………（125）
　　五、样本选取 ……………………………………………………（127）
　　六、样本结果评价 ………………………………………………（129）
　第二节　控制测试中抽样技术的应用 ……………………………（130）
　　一、属性抽样的基本概念 ………………………………………（131）
　　二、属性抽样的方法 ……………………………………………（132）
　第三节　细节测试中抽样技术的应用 ……………………………（137）
　　一、传统变量抽样方法 …………………………………………（137）
　　二、PPS 抽样 ……………………………………………………（140）

第九章　销售与收款循环审计 ……………………………………（150）
　第一节　销售与收款循环的特点 …………………………………（151）

一、销售与收款循环涉及的主要凭证与会计记录 …………………………（151）
　　二、销售收款循环涉及的账户 …………………………………………………（153）
　　三、销售与收款循环涉及的主要业务活动 …………………………………（154）
　第二节　销售与收款循环的内部控制及内部控制测试 ……………………（156）
　　一、销售与收款循环的内部控制 ……………………………………………（156）
　　二、销售与收款循环的控制测试 ……………………………………………（159）
　第三节　销售与收款循环的实质性程序 ………………………………………（161）
　　一、销售与收款交易的实质性分析程序 ……………………………………（161）
　　二、销售交易的细节测试 ………………………………………………………（162）
　第四节　营业收入的审计 ………………………………………………………（165）
　　一、营业收入的审计目标 ………………………………………………………（165）
　　二、主营业务收入的实质性程序 ……………………………………………（165）
　　三、其他业务收入的实质性程序 ……………………………………………（171）
　第五节　应收账款和坏账准备审计 ……………………………………………（171）
　　一、应收账款的审计目标 ………………………………………………………（171）
　　二、应收账款的实质性程序 …………………………………………………（172）
　　三、坏账准备的实质性程序 …………………………………………………（181）
　第六节　其他相关账户审计 ……………………………………………………（183）
　　一、应收票据审计 ………………………………………………………………（183）
　　二、预收账款审计 ………………………………………………………………（185）
　　三、应交税费审计 ………………………………………………………………（185）
　　四、销售费用审计 ………………………………………………………………（187）

第十章　采购与付款循环审计 …………………………………………………（188）

　第一节　采购与付款循环的特点 ………………………………………………（188）
　　一、涉及的主要凭证与会计记录 ……………………………………………（188）
　　二、采购与付款循环涉及的账户 ……………………………………………（189）
　　三、采购与付款循环的主要业务活动 ………………………………………（190）
　　四、采购与付款循环业务活动 ………………………………………………（190）
　第二节　采购与付款循环业务活动和相关内部控制 ………………………（192）
　　一、采购交易的内部控制 ………………………………………………………（192）
　　二、固定资产的内部控制 ………………………………………………………（195）
　第三节　采购与付款循环的控制测试 …………………………………………（197）
　第四节　应付账款的审计 ………………………………………………………（199）
　　一、应付账款的审计目标 ………………………………………………………（199）
　　二、应付账款的实质性程序 …………………………………………………（199）
　第五节　固定资产的审计 ………………………………………………………（201）
　　一、固定资产的审计目标 ………………………………………………………（202）
　　二、固定资产——账面余额的实质性程序 …………………………………（202）

三、累计折旧的审计 …………………………………………………… (207)
　　四、固定资产减值准备的审计 ………………………………………… (209)

第十一章　生产与存货循环审计 …………………………………………… (212)
第一节　生产与存货循环的特点 ……………………………………… (212)
　　一、本循环涉及的主要凭证与会计记录 ……………………………… (212)
　　二、生产循环涉及的主要账户 ………………………………………… (213)
　　三、本循环涉及的主要业务活动 ……………………………………… (214)
第二节　生产与存货循环的内部控制和控制测试 …………………… (216)
　　一、生产与存货交易的内部控制 ……………………………………… (216)
　　二、控制测试 …………………………………………………………… (218)
第三节　存货审计 ……………………………………………………… (219)
　　一、存货审计的特点 …………………………………………………… (219)
　　二、存货审计的目标 …………………………………………………… (220)
　　三、存货审计的一般审计程序 ………………………………………… (220)
　　四、存货监盘 …………………………………………………………… (221)
　　五、存货计价测试 ……………………………………………………… (230)

第十二章　筹资与投资循环审计 …………………………………………… (234)
第一节　筹资与投资循环概述 ………………………………………… (234)
　　一、主要凭证与会计记录 ……………………………………………… (234)
　　二、筹资与投资循环涉及的主要业务活动 …………………………… (236)
　　三、筹资与投资循环涉及的账户 ……………………………………… (237)
第二节　筹资与投资循环的控制测试 ………………………………… (237)
　　一、筹资活动的控制测试 ……………………………………………… (237)
　　二、投资活动的控制测试 ……………………………………………… (239)
第三节　借款审计 ……………………………………………………… (242)
　　一、借款的审计目标 …………………………………………………… (242)
　　二、借款的实质性测试 ………………………………………………… (242)
第四节　所有者权益审计 ……………………………………………… (244)
　　一、所有者权益的审计目标 …………………………………………… (245)
　　二、所有者权益的实质性测试 ………………………………………… (245)
第五节　金融资产审计 ………………………………………………… (248)
　　一、交易性金融资产审计 ……………………………………………… (248)
　　二、可供出售金融资产审计 …………………………………………… (250)
　　三、持有至到期投资审计 ……………………………………………… (252)
　　四、长期股权投资审计 ………………………………………………… (253)
第六节　其他相关账户审计 …………………………………………… (254)
　　一、其他应收款审计 …………………………………………………… (254)

  二、其他应付款审计 ……………………………………………………（255）
  三、无形资产审计 ………………………………………………………（255）
  四、应付股利的审计 ……………………………………………………（256）
  五、营业外收入的审计 …………………………………………………（256）
  六、营业外支出的审计 …………………………………………………（256）
  七、公允价值变动收益审计 ……………………………………………（257）
  八、递延所得税资产审计 ………………………………………………（257）
  九、递延所得税负债审计 ………………………………………………（258）

第十三章　货币资金的审计 …………………………………………（259）

第一节　货币资金审计概述 ……………………………………………（259）
  一、货币资金与业务循环 ………………………………………………（259）
  二、涉及的主要凭证和会计记录 ………………………………………（259）
  三、货币资金的种类 ……………………………………………………（260）
  四、货币资金的业务活动 ………………………………………………（260）
  五、货币资金内部控制概述 ……………………………………………（261）

第二节　货币资金的重大错报风险 ……………………………………（263）
  一、货币资金可能发生错报环节 ………………………………………（263）
  二、识别应对可能发生错报环节的内部控制 …………………………（263）
  三、与货币资金相关的重大错报风险 …………………………………（264）
  四、拟实施进一步审计程序的总体方案 ………………………………（265）

第三节　货币资金的内部控制测试 ……………………………………（266）
  一、库存现金的控制测试 ………………………………………………（266）
  二、银行存款的控制测试 ………………………………………………（267）

第四节　货币资金的实质性程序 ………………………………………（268）
  一、库存现金的实质性程序 ……………………………………………（268）
  二、银行存款的实质性程序 ……………………………………………（271）
  三、其他货币资金的实质性程序 ………………………………………（280）

第十四章　审计报告 ……………………………………………………（282）

第一节　审计报告概述 …………………………………………………（282）
  一、审计报告的含义 ……………………………………………………（282）
  二、审计报告的作用 ……………………………………………………（282）

第二节　审计意见的形成 ………………………………………………（283）
  一、得出审计结论时考虑的领域 ………………………………………（283）
  二、审计意见的类型 ……………………………………………………（285）

第三节　审计报告的基本内容 …………………………………………（286）
  一、审计报告的要素 ……………………………………………………（286）
  二、标题 …………………………………………………………………（286）

三、收件人 ………………………………………………………………… (286)
四、审计意见 ……………………………………………………………… (286)
五、形成审计意见的基础 ………………………………………………… (287)
六、管理层对财务报表的责任 …………………………………………… (287)
七、注册会计师对财务报表审计的责任 ………………………………… (287)
八、按照相关法律法规的要求报告的事项（如适用） ………………… (288)
九、注册会计师的签名和盖章 …………………………………………… (289)
十、会计师事务所的名称、地址和盖章 ………………………………… (289)
十一、报告日期 …………………………………………………………… (289)

第四节 非无保留意见审计报告 ……………………………………………… (292)
一、非无保留意见的含义 ………………………………………………… (292)
二、确定非无保留意见的类型 …………………………………………… (293)
三、非无保留意见的审计报告的格式和内容 …………………………… (295)

第五节 强调事项段审计意见 ………………………………………………… (302)
一、强调事项段的含义 …………………………………………………… (302)
二、增加强调事项段的情形 ……………………………………………… (302)
三、在审计报告中增加强调事项段时注册会计师采取的措施 ………… (303)

第六节 管理建议书 …………………………………………………………… (305)
一、管理建议书的意义和作用 …………………………………………… (305)
二、管理建议书的结构和内容 …………………………………………… (306)
三、管理建议书的基本要求 ……………………………………………… (309)

参考文献 …………………………………………………………………………… (312)

第一章

总　　论

第一节　审计的产生与发展

一、审计的起源与关系

（一）审计的起源

审计是社会经济发展到一定阶段的产物，它的产生有其客观基础。所谓审计产生的客观基础，亦即审计产生的根本和起点。正确认识审计产生的客观基础，是我们正确认识审计的本质等基本理论问题的前提，可以使我们从理论上加深对审计存在的必要性和重要性的认识。

在经济不发达的时期，对于小规模的经济，生产资料的所有者可以亲自管理，生产资料的所有者也是生产资料的管理者和监督者。随着社会生产力的提升和社会经济的发展，社会财富日益增多，剩余产品逐渐增加，当生产资料的所有者不能直接管理和经营其所拥有的财富时，就有必要授权或委托他人代为管理和经营，这必然导致生产资料所有权与经营管理权的分离，从而产生受托经济责任关系。

受托经济责任关系是指受托者即财产的经营管理者接受财产所有者的委托，代其行使经营管理权，并通过法则、合同、组织原则等手段所形成的责权利相结合的责任关系（图1-1）。

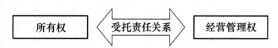

图1-1　受托经济责任关系

当财产所有者将其财产委托他人代管或代为经营时，委托者出于对其财产安全与完整的关心，需要经常对受托者进行经济监督。由于时间、地点和条件限制，委托人很难亲自对具体业务执行经济监督权，于是便产生了审计意识，设置专职机构和人员代其行使审计监督权。

审计与受托经济责任关系之间，是一种相互依存的关系。没有受托经济责任，就无所谓审计；同样，没有审计，受托经济责任的有效评价也就成了一句空话。审计是维系受托经济责任关系中不可缺少的一个环节，有两点值得关注，一是受托经济责任关系是审计产生的客观基础；二是财产的所有权与经营管理权的分离，是受托经济责任关系形成的基本依据，也是审计赖以存在和发展的社会条件。简而言之，财产所有者与经营管理者之间产生了受托经济责任关系，所有者需要公正、独立的第三方对经营者的业绩行为做出客观的描述，于是审计产生了。

（二）审计的关系

审计与受托经济责任之间的关系，可以通过审计关系人得到充分体现。所谓审计关系就是构成审计三要素之间的关系。任何审计形式都具备三个基本要素，即审计主体、审计客体和审计授权或委托人（图1-2）。审计主体，是指审计行为的执行者，即审计机构和审计人员，为审计第一关系人；审计客体，指审计行为的接受者，即被审计的资产代管者或经营者，为审计第二关系人；审计授权或委托人，指依法授权或委托审计主体行使审计职责的单位或人员，为审计第三关系人。

作为审计主体的第一关系人在审计活动中起主导作用，既要接受第三关系人的委托或授权，又要对第二关系人所履行的经济责任进行审查和评价，但是它独立于两者之间，与第二关系人和第三关系人不存在任何经济利益上的联系。作为审计授权或委托人的第三关系人，在审计活动中起决定作用，它如果不委托第二关系人对其财产进行管理或经营，则就不存在第三关系人和第二关系人之间的经济责任关系，自然也就不必要委托或授权第一关系人进行审查和评价。

因此，受托经济责任关系，才是审计产生的客观基础。

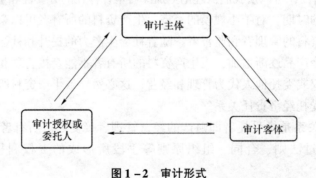

图1-2 审计形式

二、审计的发展

（一）我国审计的产生与发展

我国审计经历了一个漫长的发展过程，审计思想萌芽于西周，成长于秦汉，成熟于隋唐，具有明显增加的制度性特征。总的来说，可分为六个阶段：西周初期初步形成阶段；秦汉时期最终确立阶段；隋唐至宋日臻健全阶段；元明清停滞不前阶段；中华民国不断演进阶段；中华人民共和国振兴阶段。

1. 我国古代审计学

我国西周国家财计机构分为两个系统：一是地官大司徒系统，掌管财政收入；二是天官冢宰系统，掌管财政支出。天官所属中大夫司会，为主宦之长，主天下之大计，本为分掌王朝财政经济的审核和监督。《周礼》中记载："凡上之用，必考于司会。"即凡帝王所用的开支，都要受司会的检查，可见司会的权力很大。而且还说："以参互考日成，以月要考月成，以岁会考岁成。"即司会每旬、每月、每年都要对下级送上来的报告加以考核，以判断每一个地方官吏每月和每年所编制的报告是否真实、可靠，再由周王据此决定赏罚。我国政府审计的起源，基于西周的宰夫。《周礼》云："宰夫岁终，则令群吏正岁会。月终，则令正月要。旬终，则令正日成。而考其治，治以不时举者，以告而诛之。"即年终、月终、旬终的财计报告先由宰夫命令督促各部门官吏整理上报，宰夫就地稽核，发现违法乱纪者，可越级向天官冢宰或周王报告，加以处罚。由此可见，宰夫是独立于财计部门之外的职官，标志着我国政府审计的产生。

秦汉时期是我国审计的确立阶段，主要表现在以下三个方面：一是初步形成了统一的审计模式。秦汉时期是我国封建社会的建立和成长时期，封建社会经济的发展，促进了秦汉时期逐渐形成全国审计机构与监察机构相结合、经济法制与审计监督制度相统一的审计模式。秦朝，中央设"三公""九卿"辅佐政务。御史大夫是"三公"之一，执掌弹劾、纠察之权，专司监察全国的民政、财政以及财物审计事项，并协助丞相处理政务。二是"上计制度"日趋完善。所谓"上计制度"，就是皇帝亲自听取各级地方官吏的财政、会计报告，以决定赏罚的制度。三是审计地位提高，职权扩大。御史大夫不仅行使政治、军事监察之权，还行使经济监督之权，监督财政收支活动，钩稽财政收入。

隋唐时期，是我国封建社会经济鼎盛时期，实施三省六部制。在审计制度上设置比部，凡国家财计，不论军政内外，无不加以钩稽，无不加以查核审理。隋朝时的比部属尚书省，唐朝时的比部属刑部，这就意味着审计机构有直接治罪的权力。宋朝时宋太祖淳化三年，设审计院，这是世界上第一次以审计正式命名的国家审计机构，比国外以审计命名的国家审计机关要早700多年，宋太宗后期撤销了审计院，使财政收支发生了很多问题，因此，在宋高宗建炎元年恢复了审计机构，改名"审计司"，从此，"审计"一词便成为财政监督的专用名词，对后世中外审计建制具有深远影响。元、明、清三代均未设立专门的审计机构，大部分审计职能并入御史监察机构。

2. 我国近代审计学

辛亥革命后，北京的北洋政府在1914年设立审计院，颁布《审计法》；1928年，南京国民政府设立审计院，后改为审计部隶属监察院。国民党政府的审计法几经修改，但由于当时的政治腐败，贪污横行，审计制度徒具形式，并没有发挥应有的经济监督作用。

1918年北洋政府颁布《会计师暂行章程》，是我国最早的会计师法规，同年留学日本归来的学者谢霖从北洋政府手里取得第一号会计师执照，随后在20世纪20年代初开设我国第一家会计师事务所——"正则会计事务所"，也是我国最早的一家民间会计师事务所。

第二次国内革命战争时期，在中国共产党领导下的革命根据地中，1932年成立中央苏维埃政府审计委员会以后，1934年颁布《审计法》，实行了审计监督制度。以后在山东、陕甘宁、晋绥等革命根据地，也建有审计机构，颁布审计法规，实施审计监督工作。革命根据地的审计制度，在战争年代对节约财政支出、保障战争供给、维护革命纪律、树立廉洁作风，起到了较好的作用。

3. 我国现代审计学

中华人民共和国成立以后，由于照搬苏联的模式，没有设立独立的审计机构，政府只能通过不定期的会计检查来进行财税监督。1982年《中华人民共和国宪法》规定要设立国家审计结构。1983年9月成立了国家审计署，在县以上的各级政府设置审计厅或局。1985年8月发布《国务院关于审计工作的暂行规定》，1988年11月颁布了《中华人民共和国审计条例》。1944年发布了《中华人民共和国审计法》，从法律上确立了国家审计的地位。2006年修订并实施了新的《中华人民共和国审计法》。从1996年至今，国家审计署依据《中华人民共和国审计法》制定、修订了一系列政府审计准则，由此中国国家审计进入振兴时期。

为了全面开展审计工作，完善审计监督体系，加强部门、单位内部经济监督和管理，我国于1984年在部门、单位内部成立了审计机构，实行内部审计监督。1985年10月发布了《审计署关于内部审计工作的若干规定》，2003年5月，审计署颁布施行了《审计署关于内部审计工作的规定》，在各级政府审计机关、各级主管部门的积极推动下，内部审计蓬勃发展。

（二）西方国家审计的产生与发展

在西方国家，随着生产力的发展和经济关系的变革，审计也经历了一个漫长的发展过程。在西方，国家审计的产生早于民间审计和内部审计。

1. 国家审计的产生与发展

据考证，早在奴隶制度下的古罗马、西埃及和古希腊时期，已有官厅审计机构。审计人员以"听证"方式，对掌管国家财物和赋税的官吏进行审查和考核，从事具有审计性质的经济监督工作。但当时的审计，不论从组织机构上还是方法上，都还处于很不完善的阶段。

现代资本主义国家，大多实行立法、行政、司法三权分立，议会为国家的最高立法机关，并对政府行使包括财政监督在内的监督权。为了监督政府的财政收支，西方国家大多在议会下设有专门的审计机构，由议会或国会授权，对政府及国有企业和非营利性组织的财政财务收支进行独立的审计监督。美国于1921年成立的总审计局，就是隶属于国会的一个独立经济监督机构，它担负着为国会行使立法权和监督权提供审计信息和建议的重要职责。总审计长由国会提名，经参议院同意，由总统任命。总审计局和总审计长置于总统管辖以外，独立行使审计监督权。另外，加拿大的审计公署、西班牙的审计法院等，也都是隶属于国家立法部门的独立机构，其审计结果要向议会报告，享有独立的审计监督权限。这是世界上比较普遍的立法系统的国家审计机关。

2. 民间审计的产生与发展

西方国家的民间审计发展大致可以分为以下几个阶段：

（1）起源于16世纪的意大利。1851年一批专业人员在威尼斯创立了威尼斯会计师协会，成为世界上第一个会计职业团体。当时地中海沿岸的商业城市已经比较繁荣，而威尼斯是地中海沿岸国家航海贸易最为发达的地区，是东西方贸易的枢纽，商业经营规模不断扩大。由于单个的业主难以向企业投入巨额资金，为适应筹集所需大量资金的需要，合伙制企业应运而生。合伙经营方式不仅提出了会计主体的概念，促进了复式簿记在意大利的产生和发展，也产生了对注册会计师审计的最初需求。尽管当时合伙制企业的合伙人都是出资者，但是有的合伙人参与企业的经营管理，有的合伙人则不参与，所有权和经营权开始分离。那些参与企业经营管理的合伙人有责任向不参与企业经营管理的合伙人证明合伙契约得到了认真履行，利润的计算与分配是正确、合理的，以保障全体合伙人的权利，进而保证合伙企业有足够的资金来源，使企业得以持续经营下去。在这种情况下，客观上需要独立的第三者对合伙企业进行监督、检查，人们开始聘请会计专家来担任查账和公证的工作。这样，在16世纪意大利的商业城市中出现了一批具有足够的会计知识、专门从事查账和公证工作的专业人员，他们所进行的查账与公证，可以说是注册会计师审计的起源。随着此类专业人员的增多，他们于1581年在威尼斯创立了威尼斯会计协会。其后，米兰等城市的职业会计师也成立了类似的组织。

（2）形成于1844年到20世纪的英国，称为详细审计阶段。1844年英国第一部《公司法》颁布，标志着西方注册会计师审计的开端。1844年英国的公司明确做出会计账目必须经股东中选出的监事进行审查的规定，又规定公司账目也可以聘请有会计职能的会计师协助办理，1853年，在苏格兰的爱丁堡创立了世界上第一个职业会计师的专业团体，即"爱丁堡会计师协会"。

这一阶段的主要特点有：审计对象是公司账目、审计目的是查错纠弊、审计方法是详细审计、审计报告使用人是公司的股东。

（3）发展于20世纪初美国的注册会计师审计，称为资产负债表审计阶段。1916年成立注册会计师协会，1917年注册会计师全国统考。

这一阶段的特点是：审计对象是资产负债表、审计目的是判断信用、审计方法是抽样审计、审计报告使用人是债权人。

（4）成熟于1929—1933年的世界经济危机后，称为全部财务报表审计阶段。1929年经济危机，1933年，美国的《证券法》规定，在证券交易所上市的企业，财务报表必须接受注册会计师审计。

这一阶段的特点是：审计对象是全部报表，审计目的是合法性、公允性，审计方法是由制度基础审计转向风险导向审计，并广泛使用计算机辅助审计，审计报告使用人是社会公众。

（5）第二次世界大战以后，西方国家不仅在审计体制上有了较大的发展，更重要的是在审计理论和实务上也有了较大的发展，即把经济监督和经济管理相结合，从传统的财务审计向现代的三E［经济（Economy）、效率（Efficiency）、效果（Effectiveness）］审计、绩效审计发展。

21世纪初，随着安然公司等一批美国公司财务丑闻的揭露及安达信国际会计师事务所的崩溃，美国实施了《萨班斯—奥克斯利法案》，强化了对公司内部控制的要求和对外部注册会计师的监管。为了适应这种形势，国际审计和保证委员会及美国等发达国家的职业会计师团体，修改了相关的审计准则，推行了适合于揭露财务报表重大错报的经营风险导向审计，审计技术和方法不断进步并科学化。

3. 内部审计的产生与发展

20世纪40年代以后，企业的内部结构和外部环境进一步复杂化，尤其是随着跨国公司的迅速崛起，管理层次的分解比以往任何时候都更迅速，企业管理者对降低成本、提高经济效益的要求也更加迫切。这种新的发展使企业管理当局和外部审计人员对内部审计更加关注，并从各自的角度促进了内部审计的发展。

1941年是现代内部审计发展的一座重要里程碑，这一年在美国发生了两件对现代内部审计兴起有着重大影响的事件。第一件是在约翰·舍斯顿的领导下，24位有识之士倡导成立了内部审计师协会，它是目前世界上唯一致力于推动内部审计和内部审计人员向前发展的国际性组织，通常称为国际内部审计师协会（简称IIA）。该组织的成立，大大推动了内部审计的发展。到1995年为止，协会已在全国各地拥有150多个成员组织，会员约54000人。第二件是维克多·布瑞克出版了第一部论述内部审计的专著《内部审计——它的性质、职能、程序和方法》，该书的出版标志着内部审计学的诞生。

第二节 审计的基本理论

一、审计的概念

（一）审计的概念

审计是一项具有独立性的经济监督活动。它是由独立的专职机构或人员接受委托或授权，对被审单位特定时期的财务报表及其他有关资料以及经济活动的真实性、合法性、公允性和效益性进行审查、监督、评价和鉴证的活动，旨在维护财经法纪，改善经营管理，提高经济效益等。这一定义对审计的主体、客体、对象、目标、职能、作用、性质等进行了概括。

（二）审计与会计的关系

审计与会计密不可分，二者的起源密切相关，传统审计主要审查会计资料及反映的受托经济责任履行情况，会计资料是审计的直接审查对象。会计是产生审计的基础，审计是会计的质量保障。两者彼此渗透、融会，但二者又是两门独立的学科。审计标准、审计证据与会计有着密切的联系，表现在审计标准的制定和审计证据的取得绝大多数依赖于会计资料。同时，它们的目的是一致的，业务虽不同，但都是以维护财经法纪、加强经营管理、提高经济效益为最终目的。

但随着审计的发展，审计和会计的区别越来越突出，主要表现在以下几个方面：

1. 产生的基础不同

会计是为了加强经济管理，适应对劳动耗费和劳动成果进行核算和分析的需要而产生的；审计是因经济监督的需要，即是为了确定经营者或其他受托管理者的经济责任的需要而产生的。

2. 目的不同

会计目标亦称会计目的，是要求会计工作完成的任务或达到的标准。会计目标是指会计工作所要达到的终极目的，是评价企业会计工作是否有效合理的标准。会计管理活动的特点是价值管理，是对价值运动的管理，以提高经济效益作为最终目标。审计的目的是通过审计财政、财务收支的真实性、合法性和效益性，来达到维护国家财政经济秩序、促进廉政建设、保障国民经济的健康发展的目的。

3. 依据的标准不同

会计核算的一般原则是进行会计核算的指导思想和衡量会计工作成败的标准。会计核算的一般原则有十三条，可以归纳为三类：一类是衡量会计质量的一般原则，一类是确认和计量的一般原则，一类是起修正作用的一般原则。审计标准是指查明审计客体的行为规范，是据以做出审计结论、提出处理意见和建议的客观尺度，如审计准则与审计指南等。

4. 职能不同

会计的基本职能是对经济活动过程的记录、计算、反映和监督；审计的基本职能是监督，此外还包括评价和公证。会计虽说也具有监督职能，但这种监督是一种自我监督行为，主要通过会计检查来实现。会计检查或查账，只是检查账目的意思，主要针对会计业务活动本身。而审计，既包含了检查会计账目，又包括了对计算行为及所有的经济活动进行实地考察、调查、分析、检验，即含审核稽查计算之意；会计检查只是各个单位财会部门的附带职能，而审计是独立于财务和会计之外的专职监督检查。

5. 工作程序和选用的方法不同

会计方法是指用来核算和监督会计对象，执行会计职能，实现会计目标的手段。会计方法是人们在长期的会计工作实践中总结创立的，它随着生产的发展和会计管理活动的复杂化而逐渐完善。会计方法包括核算、分析、监督、预测、控制和决策六种具体方法。审计方法是指审计人员为了行使审计职能、完成审计任务、达到审计目标所采取的方式、手段和技术的总称。按审查书面资料的技术不同，可分为核对法、审阅法、调节法、比较法、分析法等；按审查资料的顺序不同，可分为逆查法和顺查法；按审查资料的范围不同，可分为详查法和抽查法。

二、审计的特征

从上述定义中，我们理解审计是独立性的经济监督活动。无论我国还是西方国家都承认，审计的独立性是审计的基本特征，不具备独立性的经济监督活动，如财政、税务、工商等行政管理部门所从事的监督活动，不能称为审计。由审计的独立性引申出审计的权威性。审计具有两个基本特征：独立性与权威性。

1. 独立性

审计的独立性指审计机构和审计人员依法独立行使审计监督权，不受其他行政机关、社会团体和个人的干涉。这是审计的本质特征，也是保证审计工作顺利进行的必要条件。审计的独立性主要体现在以下几个方面：

（1）机构及人员独立。

审计机构应是独立设置的专职机构，审计机构及人员独立于被审计人和审计委托人，同时独立于其他机构。

（2）经济独立。

审计机构应有专门的经费来源，以保证能独立自主地进行审计工作，不受被审计单位的牵制。审计人与被审计人应当不存在任何经济利益关系，不参与被审计单位的经营管理活动。如果审计人员与被审单位或审计事项有利害关系，应当回避。

(3) 精神独立。

审计人员依法独立行使审计监督权，独立进行审查，做出审计判断，并提出审计报告，任何单位及个人不得干涉。审计人员执行审计工作时保持精神上的独立，自觉抵制各种干扰，进行客观公正的审计。

2. 权威性

审计组织的权威性是指审计机构在宪法中所明确的法律地位，依法独立行使职权，不受任何干涉，是审计监督正常发挥作用的重要保证。审计的权威性主要来自两个方面：一方面是法律赋予的权威，另一方面是审计人员自身工作树立的权威。

各国为了保证审计的权威性，分别通过了《公司法》《商法》《证券交易法》《破产法》等，从法律上赋予审计在整个市场经济中的经济监督权。一些国际组织为了提高审计的权威性，通过协调各国的审计制度、准则、标准，使审计成为一项世界性的专业服务，增加了各国会计信息的一致性和可比性。

审计人员均具有较高的专业知识和政治素质，加之审计职业规范体系对审计人员执行审计业务也作了严格要求，这就保证了其所从事的审计工作具有较高的准确性、科学性。因此，审计人员的工作结果具有一定的社会权威性，使得经济利益不同的各方乐于接受。

三、审计的目标

审计目标是指人们在特定的社会历史环境中，期望通过审计实践活动达到的最终结果，或者说是指审计活动的目的与要求。一般来说，各类审计目标都必须满足其服务领域的特殊需要，无论是国家审计、内部审计还是社会审计，它们都具有各自相对独立的审计目标。审计目标的确定，除受审计对象的制约以外，还取决于审计社会属性、审计基本职能和审计授权者或委托者对审计工作的要求。

总体审计目标概括起来就是指审查和评价对象的真实性和公允性、合法性和合规性、合理性和效益性。

1. 真实性、公允性目标

审计的首要目标是评价被审计单位提供的反映其履行受托经济责任情况的会计资料和其他有关文件资料的真实性、公允性，查明这些资料是否如实地、恰当地反映被审方财务收支及其结果以及经济活动的真相，尽可能地防止错误的发生，从而做出纠正的意见和建议。国家审计偏重于审查真实性，民间审计偏重于审查公允性。

2. 合法性、合规性目标

审计的另一目标是评价被审计单位财务收支及其有关经营管理活动的合法性、合规性，借以评价其财务收支及其有关的经营活动是否符合法律、法规、会计准则、经济合同的规定，防止违法、违规、违纪行为的发生，促进被审单位及国民经济的健康发展。国家审计及民间审计侧重对被审单位合法性的审查。

3. 合理性、效益性目标

审计的再一具体目标是评价被审计单位的财务收支及其有关经营管理活动的合理性、效益性，借以评价被审方受托管理经济资源的经营管理是否符合经济性原则、节约原则，企业的经济活动是否符合事物发展的常理、是否符合经营管理的规律与趋势。同时，评价被审单位受托经济资源的运用是否有效率，计划、预算或经营目标的实现程度是什么，内部控制系统是否正常运行，经济活动是否有效益，找出薄弱环节，提出建设性意见。内部审计侧重对被审计对象合理性、效益性的审查。

四、审计的对象

审计的对象是审计监督的内容和范围的概括。正确认识审计的对象有利于对审计概念的正确理解、对审计方法的正确运用和审计职能的进一步发挥。

要理解审计的对象，必须明确与审计对象有关的基本问题：一是审计的主体，审计的主体是指审计机构和审计人员，即实施审计活动的执行者；二是审计的客体，是指审计活动监督的客体，即被审单位，也是广义的审计对象；三是审计的对象，即审计活动具体针对的内容，即形成审计证据的各种信息载体及经济活动。

1. 被审计单位的财政、财务收支活动及经营管理活动

不论是传统审计还是现代审计，不论是国家审计还是民间审计、内部审计，都要求以被审计单位客观存在的财政财务收支及有关的经营管理活动为审计对象，对其是否真实、合法、公允等进行审查和评价，以便确认其所负的受托经济责任是否认真履行。国家审计的对象为国务院各部门和地方各级政府及其各部门的财政收支、国有金融机构和企事业单位的财务收支。内部审计的对象为本部门、本单位的财务收支及其他有关的经济活动。民间审计的对象为委托人指定的被审计单位的财务收支及有关经营管理活动。

2. 被审计单位的财务报表及其他相关资料

被审计单位的财务收支及有关的经营管理活动需要通过财务报表和其他资料等信息载体反映出来。因此，审计对象还包括记载和反映被审计单位财务收支、提供会计信息载体的会计凭证、账簿、报表等会计资料以及有关计划、预算、经济合同等其他资料。作为被审计单位的经营管理活动信息的载体，除上述会计资料、统计资料等资料外，还有经营目标、预测及决策方案、经济活动分析资料、技术资料等其他资料，电子计算机存储的信息等信息载体，这些都构成审计的具体对象。

综上所述，审计的对象是指被审计单位的财务收支及有关的经营管理活动以及作为这些经济活动信息载体的财务报表和其他有关资料。因此，会计资料及其他相关资料是审计对象的现象，其反映了被审计单位的财政、财务收支及有关的经济活动。

第三节 审计的种类

按照一定的标准，将性质相同或相近的审计活动归属于一种审计类型的做法，即为审计分类。对审计进行科学的分类，有利于加深对各种不同审计活动的认识，探索审计规律；有利于更好地组织审计工作，充分发挥审计的作用。理解审计的分类，是有效进行审计工作的一个重要条件。

审计分类的一般方法是：首先提出分类的标志，并根据每一种标志，确定归属其下的某几种审计；然后按照一定的逻辑程序，将各类审计有秩序地排列起来，形成审计类型的群体。审计分类的标准很多，因此有许多不同的种类。参照国际审计分类的惯例，结合我国经济特征和审计监督的特点对审计进行分类。

一、审计的基本分类

（一）按照审计主体分类

按照不同的审计主体所实施的审计，审计可分为国家审计、民间审计及内部审计。

1. 国家审计

国家审计一般是指国家组织和实施的审计，确切地讲是国家专设的审计机关所进行的审计，也称政府审计。我国国务院审计署及派出机构和地方各级人民政府审计厅（局）所组织和实施的审计，均属于国家审计。我国国家审计机关代表政府实行审计监督，依法独立行使审计监督权。审计署有权对中央预算执行情况进行审计监督，而地方各级审计机关，也有权对本级预算执行情况进行审计监督；国家审计机关可以对中央银行的财务收支进行审计监督，同时，可以对国有金融机构的资产、负债、损益，对国有资产占控股地位或者主导地位的企业，对国家建设项目预算的执行情况和决算，以及其他与国计民生有关的项目进行审计监督。国家审计机关还有要求报送资料权、监督检查权、调查取证权、建议纠正有关规定权、向有关部门通报或向社会公布审计结果权、经济处理权、处罚权等多项权力。同时，国家审计机关还可以进行授权审计和委托审计。

2. 民间审计

民间审计是指由社会注册会计师所进行的独立审计，也称社会审计。我国民间审计组织主要是会计师事务所。会计师事务所主要承办海内外企业、集体所有制企业、个体企业的财务审计和管理咨询业务；也接受国家审计机关、政府其他部门、企业主管部门和企事业单位的委托，办理经济业务鉴证、纳税申报、资本验证、可行性方案研究、解散清理以及财务收支、经济效益、经济责任等方面的审计工作。

3. 内部审计

内部审计是指由本部门和本单位内部专职的审计组织，对系统内和单位内的业务所实施的审计。该种审计属于内部审计，其审计组织独立于财会部门之外，直接接受本部门、本单位最高负责人领导，并向他报告工作。审计的主要目的是查错防弊，改善经营，以提高管理素质、提高工作效率及经济效益。内部审计所涉及的范围广泛，其审计方式也较为灵活，一般是根据本部门和本单位经营管理的需要而定。该种审计又可以进一步分为部门审计和单位审计。

（二）按照审计内容和目的分类

按照审计的目的和内容，审计可分为财政财务审计、财经法纪审计和经济效益审计。

1. 财政财务审计

财政财务审计，也称为传统审计，在西方国家叫作财务审计或依法审计。它是指对审计单位财政财务收支活动和会计资料是否真实、正确、合法和有效所进行的审计。财政财务审计的主要内容是财政财务收支活动，目的是审查财政财务收支活动是否遵守财经方针、政策、财经法令和财务会计准则、会计原则，是否按照经济规律办事，借以纠正错误，防止弊病，并根据审计结果，提出改进财政财务管理、提高经济效益的建议和措施。财政财务审计不仅要审核检查被审计单位的会计资料，而且要审核检查被审计单位的各项资金及其运动。财政财务审计，按照它的对象不同，又可分为财政预算审计、财政决算审计和财务收支审计。

2. 财经法纪审计

财经法纪审计，是对国家政府机关和企事业单位严重违反财经法纪行为所进行的专案审计。对严重违反国家现金管理制度、结算制度、信贷制度、税利上交规定等所进行的审计，均属于财经法纪审计。财经法纪审计的重点是揭露各种舞弊、侵占社会主义资财的事项，揭露使国家和集体资产造成重大损失浪费的各种失职渎职行为。其主要目的，是检查国家方针、政策、法令、制度、执行法规和财经纪律的执行情况，揭露违法乱纪现象。其任务是审查被审计单位贯彻执行财经法纪情况及存在问题，彻底查明各种违法乱纪案件，并根据审计结果，提出处理建议和改进财政、财务管理的意见。财经法纪审计是我国国家审计机关主要的方向。

3. 经济效益审计

经济效益审计，是以审查评价实现经济效益的程度和途径为内容，以促进经济效益提高为目的所实施的审计。经济效益审计的主要对象是生产经营活动和财政经济活动能取得的经济效果或效率，它通过对企业生产经营成果、基本建设效果和行政事业单位资金使用效果的审查，评价经济效益的高低、经营情况的好坏，并进一步发掘提高经济效益的潜力和途径。经济效益审计，不仅是国家审计的一项重要目标，也是内部审计的主要目标和日常工作的内容。我国的经济效益审计，类同于国外的绩效审计或"三 E"审计，包括了经营审计和管理审计部分内容。经营审计一般称为业务经营审计，是对企业供、产、销等业务经营活动进行的审核检查，以进一步挖掘潜力，提高经济效益。管理审计，则是审核检查管理能力和水平，评价管理素质的一种经济效益审计。

二、审计的其他分类

（一）按实施时间分类

1. 事前审计

事前审计是指在被审计单位经济业务实际发生以前所进行的审计，例如：政府审计机关对财政预算编制的合理性、重大投资项目的可行性等进行的审查；会计师事务所对企业盈利预测文件的审核；内部审计组织对本企业生产经营决策和计划的科学性与经济性、经济合同的完备性所进行的评价。开展事前审计，有利于被审计单位进行科学决策和管理，保证未来经济活动的有效性，避免因决策失误而遭受重大损失。

2. 事中审计

事中审计是指在被审计单位经济业务执行过程中进行的审计，如对预算执行审计、基本建设工程跟踪审计、信息系统运行有效性审计、内部控制运行有效性审计等。通过这种审计，能够及时发现和反馈问题，纠正偏差，从而保证经济活动按预期目标合法合理和有效地进行。

3. 事后审计

事后审计是指在被审计单位经济业务完成之后进行的审计。大多数审计活动都属于事后审计。如上市公司的年度财务报表审计、领导干部任期经济责任审计、决算审计等。

（二）按技术模式分类

审计按照技术模式，可以分为账项基础审计、制度基础审计和风险导向审计三种。这三种审计技术模式代表着审计技术的进步与发展，但现实中往往这三种技术模式同时采用。

1. 账项基础审计

账项基础审计是指以会计信息为基础，通过审查会计资料收集有关审计证据，从而形成审计意见的一种审计模式。审计目标是查错防弊。审计方法主要是详细审计，即对大量的凭证、账簿、财务报表等进行逐项审查。其优点是这种取证方式可以直接取得具有实质性意义的审计证据；缺点是在审计范围和审计目标发生巨大变化的条件下，无法兼顾审计质量和审计效率两方面的要求。

2. 制度基础审计

制度基础审计是指从评价被审计单位内部控制入手，根据内部控制风险的评估结果，确定实质性测试的审查范围和重点，从而获取审计证据，形成审计意见的一种模式。由于公司规模扩大，财务报表审计无法采用传统的详细审计，因而改为抽查的方式。其优点是根据内部控制的评估结果确定实质性程序的范围和重点，较好地适应了审计环境和审计目标的变化，提高了审计质量和效率。其缺点是内部控制的可依赖程序与实质性程序所需要的检查工作之间缺乏量化关系；或者被审计单位建立了完善的内部控制，如果管理人员不执行，内部控制的有效性也难以保证。

3. 风险导向审计

风险导向审计是指通过对被审计单位各种因素包括企业环境和企业经营进行充分评估分析，将审计风险模型融入传统审计方法中，获取审计证据，形成审计结论的一种模式。该审计大量运用财务报表审计。风险导向审计立足于对风险进行系统的分析和评估，在此过程中不仅包括对控制风险的评估，还包括对审计各个环节的风险进行评估。这种方法既可以提高审计效率，也可以保证审计质量，但具有一定的难度。

（三）按实施范围分类

审计按其范围可以分为全部审计、局部审计。

1. 全部审计

全部审计又称全面审计，是指对被审计单位一定期间的财政财务及有关经济活动的各个方面及其资料进行全面的审计。这种审计的业务范围较广，涉及被审计单位的会计资料及其经济资料所反映的采购、生产、销售、各项财产物资、债权债务、资金和利润分配、税款缴纳等经济业务活动。其优点是审查详细彻底；缺点是工作量太大，花费时间长。全部审计一般适合规模较小、业务较简单、会计资料较少的行政事业单位和企业。

2. 局部审计

局部审计又称部分审计，是指对被审计单位一定期间的财政财务收支或经营管理活动的某些方面及资料进行部分、有目的、有重点的审计，如对被审计单位的货币资金审计、存货审计、收支两条线审计等，或者是为了查清贪污盗窃案件而对部分经济业务的审查都属于局部审计。另外，为某一特定项目所进行的审计，即专题审计，如基建资金审计、扶贫资金审计等也属于局部审计的一种。这种审计时间较短、耗费较少，能及时发现和纠正问题，达到预定的审计目的和要求，但容易遗漏问题，所以有一定的局限性。

（四）按执行地点分类

审计按执行地点，可以分为报送审计和就地审计。

1. 报送审计

报送审计也称送达审计，是指审计机构按照审计法规的规定，对被审计单位按期报送来的凭证、账簿和财务报表等资料进行审计。报送审计主要适用于政府审计机关对规模较小的单位进行的审计活动。这种方式的优点是省人力、物力，缺点是不能实地观察了解被审计单位的实际情况，不易从财务报表及相关资料外发现被审计单位的实际问题。

2. 实地审计

实地审计是指审计机构委派审计人员到被审计单位所在地进行审计。实地审计可以深入实际，调查研究，易于全面了解和掌握被审计单位的实际情况，是我国审计监督中使用最广泛的一种方式。

（五）按意愿程度分类

审计按意愿程度，可以分为强制审计和任意审计。

1. 强制审计

强制审计是指审计机构根据法律、法规规定对被审计单位行使审计监督权而进行的审计。这种审计是按照审计机构的审计计划进行的，不管被审计单位是否愿意接受审计，都应依法进行。我国政府审计机关根据法律赋予的权力，对国务院各部门和地方各级政府及各部门的财政收支、国有金融机构和国有企业等财务收支实行强制审计。按照《中华人民共和国公司法》的规定，上市公司的年度财务报表必须经过注册会计师审计后才可以对外公告。

2. 任意审计

任意审计是根据被审计单位自身的需要，要求审计组织对其进行的审计。一般民间审计接受委托人的委托，按照委托人的要求对其进行的审计，就属于这种审计。任意审计是相对于强制审计而言的。

（六）按通告方式分类

审计按其在实施前是否预先告知被审计单位，可以分为预告审计和突击审计。

1. 预告审计

预告审计是指在进行审计以前，把审计目的、主要内容和日期预先通知被审计单位的方式。采用这种审计方式，可以使被审计单位有充分时间做好准备工作，以利于审计工作的顺利进行。一般来说，采用这种方式事前向被审计单位下达审计通知书。

2. 突击审计

突击审计是指对被审计单位实施审计之前，不预先把审计目的、主要内容和日期通知被审计单位而进行的审计。其目的是使被审计单位或被审者在不知情的情况下接受审查，没有时间掩盖事实真相，以利于取得较好的审计效果。这种审计方式在财经法纪审计中运用得较多。

第四节 审计的职能和作用

一、审计的职能

（一）经济监督

经济监督是审计的基本职能。审计的经济监督职能是由审计的性质决定的。它主要是通过审计，检查和督促被审计人的经济活动在规定的范围内沿着正常的轨道健康运行；检查受托经济责任人忠实履行经济责任的情况，借以揭露违法违纪，制止损失浪费，查明错误弊端，判断管理缺陷，进而追究经济责任。在审计实务中，审计机关和审计人员从依法检查到依法评价，从依法做出审计处理处罚决定到督促决定的执行，无不体现着审计的经济监督职能。

（二）经济鉴证

经济鉴证是指审计人对被审计单位的财务报表及其他经济资料进行检查和验证，确定其财务状况和经营成果的真实性、公允性、合法性，并出具证明性审计报告，为审计授权人或委托人提供确切的信息，以取信于社会公众。比如，注册会计师接受委托并通过财务报表审计出具的审计报告就体现了审计的经济鉴证职能。又如，国家审计机关经授权提交的审计结果报告也体现了审计的经济鉴证职能。

（三）经济评价

经济评价是指审计人对被审计人的经济资料及经济活动进行审查，并依据相应的标准对所查明的事实做出分析和判断，肯定成绩，揭露矛盾，总结经验，从而改善经营管理，寻求提高效率和效益的途径。审计人对被审计人的经营决策、计划、方案是否切实可行、是否科学先进、是否贯彻执行，内部控制系统是否健全、有效，各项经济资料是否真实、可靠，以及各项资源的利用是否合理、有效等诸多方面进行评价，这些可以作为提出改善经营管理建议的依据。在现代审计事务中，效益审计最能体现审计的经济评价职能。

二、审计的作用

（一）防护性作用（制约、监督）

防护性作用是指通过被审计单位的财务收支及其有关经济活动进行审查和监督，在保障国家财经法规和财务制度的遵守和执行方面起到制约、防护作用。

可以概括为两个方面：

1. 提示错误和舞弊

审计通过审查取证可以提示错误和舞弊，不仅可以纠正核算错误，提高会计工作质量，还可以揭露舞弊，保护财产的安全，堵塞漏洞，防止损失。

2. 维护财经法纪

在审查取证、提示各种违规违法行为的基础上，通过对过失人或犯罪嫌疑人的查处，提交司法、监察部门进行处理，有助于纠正或防止违法行为，维护财经法纪。

(二) 建设性作用（促进、服务）

建设性作用是指通过对被审计单位的财务收支及其他有关经济活动进行审查和评价，对被审计单位建立和健全内部控制，加强管理，提高经济效益起到促进作用。

也可以概括为两个方向：

1. 改善经营管理

通过审查取证、评价提示经营管理中的问题和管理制度上的薄弱环节，提出改进建议，改善经营管理。

2. 提高经济效益

通过对被审计单位财务收支及其有关经营管理活动效益性的审查，评价受托经济责任，总结经验，指出效益低下的环节，提出改进意见和建议，改进生产和经营管理工作，提高经济效益。

案例阅读

南海事件

1719年年末，南海公司向英国政府提出一个名为"南海计划"（South Sea Scheme）的大型换股计划，以换取更大利益。在南海公司与国会达成的最终方案中，南海公司愿意购入市场总值3160万英镑的可赎回政府债券及定期债券，并以南海公司的股票作交换。而公司会无条件支付政府400万英镑，再加上有条件地支付的360万英镑，政府最多可从方案中获取760万英镑。购入债券后，政府只需向南海公司支付5%的利率，利率到1727年夏天后会降至4%，从那时开始南海公司所持的所有国债都会变成可赎回政府债券。

在1720年年初，原本只有128英镑的南海公司股价，到3月上升至330英镑。在4月的时候，南海公司的董事们已经以每股高达300英镑的价钱售出225万股股票。到5月，南海股价上扬至500英镑，6月升到890英镑，7月的时候更上升到每股1000英镑的价位。7月以后，随着热潮减退，南海公司的股价由原本1000英镑以上的价位急速下滑，情况不受控制，到9月28日的时候，南海股价已暴跌到190英镑，至12月更跌至124镑。而在同期，英国其他股票也受到拖累。

南海公司的股价暴跌，使数以千计的股民血本无归，当中不乏上流社会人士，另外部分人更因为欠债累累而出逃国外。经济泡沫发生后，社会强烈要求向有关官员及南海公司的董事展开调查，以追究事件责任。

1721年2月发表调查报告，指出南海公司进行非常严重的诈骗及贪污活动，另外又伪造公司账目，此外部分董事又与官员私相授受，其中更有董事通过不法投机活动而赚取可观利润。

南海泡沫事件是西方历史早期爆发的三大泡沫经济事件其中之一。南海泡沫事件中的南海股价如泡沫快上快落的情况，更被后人发展出"泡沫经济"一词，用来形容经济过热而收缩的现象。南海泡沫事件对英国带来很大影响，国人对股份公司留有阴影，而在事件中制定的《泡沫法案》一直到 1825 年才予以废除,这反映了国人经过很长时间才慢慢对股份公司重拾信心。著名物理学家牛顿爵士也是南海泡沫事件的受害者之一,他在第一次进场买入南海股票时曾小赚 7000 英镑,但第二次买进时已是股价高峰,结果大失 2 万英镑离场。牛顿曾因而叹谓:"我能算准天体的运行,却无法预测人类的疯狂。"可见事件影响之大。在调查南海泡沫事件中,国会秘密委员会委任查尔斯·斯奈尔为南海查账,这是国会历史上首次委托民间第三方独立会计师进行核数调查,结果成功查得南海公司做出了严重的诈骗及做假账等舞弊行为。委任第三方专业会计师的做法在后世被加以采纳,成功降低了企业舞弊的风险,在日后大大促进了特许会计师及核数行业的长足发展。

思考题

1. 审计关系人有哪几个方面?它们之间的关系是什么?
2. 审计的对象应包括哪些内容?
3. 简述审计的职能。
4. 怎样理解审计的独立性?
5. 账项基础审计、系统导向审计与风险导向审计三者的区别体现在哪些方面?

第二章

审计的组织形式与审计方法

第一节 审计的组织形式

一、政府审计机关

(一) 政府审计机关及人员

国家审计机关分为议会领导、政府领导、财政部领导三种。我国的国家审计机关由政府领导，所以在我国"国家审计"又可称为"政府审计"。政府审计机关是指代表政府依法行使审计监督权的行政机关。政府审计机关实行统一领导、分级负责。国务院1983年设立审计署，在国务院总理领导下主管全国的审计工作；县级以上人民政府设审计机关，各级审计机关在业务上接受上一级审计机关领导，对上一级审计机关和本级人民政府负责并报告工作。国家审计机关的专业人员主要由熟悉会计、审计、财务、税务等业务的专职人员构成。审计署隶属于国务院，审计长一人，由国务院总理提名，全国人代会决定国家主席任免；副审计长若干，由国务院任免。地方各级审计机关负责人由本级人大代表大会决定任免，副职由本级人民政府决定任免。

审计署向重点地区、城市和计划单列市派出人员代表审计署执行审计业务。审计署驻重庆市特派员办事处，财政部驻大连市财政监察专员办事处。

世界上存在四种政府审计模式，包括立法型（美国、加拿大）、司法型（法国、意大利）、行政型（中国、菲律宾）、独立型（日本会计检察院、德国联邦审计院）。

(二) 政府审计机关职责、权限

实行审计监督制度（审计法，第二条），国务院和县级以上地方人民政府设立审计机关。各级审计机关对国务院各部门和地方各级人民政府及其各部门的财政收支，国有金融机构和企事业组织的财务收支，以及其他应当接受审计的财政、财务收支的真实性、合法性和效益性依法进行审计监督。

政府审计是高层次的经济监督，遵循合法性、独立性和强制性三个活动原则。

1. 政府审计机关的职责

根据《中华人民共和国审计法》的规定，我国审计机关的职责包括：

（1）审计机关对本级各部门（含直属单位）和下级政府预算的执行情况和决算以及其他财政收支情况，进行审计监督。

（2）审计署在国务院总理领导下，对中央预算执行情况和其他财政收支情况进行审计监督，向国务院总理提出审计结果报告。

（3）审计署对中央银行的财务收支进行审计监督。审计机关对国有金融机构的资产、负债、损益进行审计监督。

（4）审计机关对国家的事业组织和使用财政资金的其他事业组织的财务收支，进行审计监督。

（5）审计机关对国有企业的资产、负债、损益进行审计监督。对国有资本占控股地位或者主导地位的企业、金融机构的审计监督，由国务院规定。

（6）审计机关对政府投资和以政府投资为主的建设项目的预算执行情况和决算，进行审计监督。

（7）审计机关对政府部门管理的和其他单位受政府委托管理的社会保障基金、社会捐赠资金以及其他有关基金、资金的财务收支，进行审计监督。

（8）审计机关对国际组织和外国政府援助、贷款项目的财务收支，进行审计监督。

（9）审计机关按照国家有关规定，对国家机关和依法属于审计机关审计监督对象的其他单位的主要负责人，在任职期间对本地区、本部门或者本单位的财政收支、财务收支以及有关经济活动应负经济责任的履行情况，进行审计监督。

（10）审计机关对其他法律、行政法规规定应当由审计机关进行审计的事项，依照审计法和有关法律、行政法规的规定进行审计监督。

（11）审计机关对与国家财政收支有关的特定事项，向有关地方、部门、单位进行专项审计调查，并向本级人民政府和上一级审计机关报告审计调查结果。

2. 政府审计机关的权限

《中华人民共和国审计法》对"审计机关权限"做了如下规定：

（1）要求提报资料权。

审计机关有权要求被审计单位按照审计机关的规定提供预算或者财务收支计划、预算执行情况、决算情况、财务会计报告，运用电子计算机储存、处理的财政收支、财务收支电子数据和必要的电子计算机技术文档，在金融机构开立账户的情况，社会审计机构出具的审计报告，以及其他与财政收支或者财务收支有关的资料，被审计单位不得拒绝、拖延、谎报。被审计单位负责人对本单位提供的财务会计资料的真实性和完整性负责。

（2）检查权。

审计机关进行审计时，有权检查被审计单位的会计凭证、会计账簿、财务会计报告和运用电子计算机管理财政收支、财务收支电子数据的系统，以及其他与财政收支、财务收支有关的资料和资产，被审计单位不得拒绝。

（3）调查、查询权。

审计机关进行审计时，有权就审计事项的有关问题向有关单位和个人进行调查，并取得有关证明材料。有关单位和个人应当支持、协助审计机关工作，如实向审计机关反映情况，提供有关证明材料。

审计机关经县级以上人民政府审计机关负责人批准，有权查询被审计单位在金融机构的账户。审计机关有证据证明被审计单位以个人名义存储公款的，经县级以上人民政府审计机关主要负责人批准，有权查询被审计单位以个人名义在金融机构的存款。

（4）制止权。

审计机关进行审计时，被审计单位不得转移、隐匿、篡改、毁弃会计凭证、会计账簿、财务会计报告以及其他与财政收支或者财务收支有关的资料，不得转移、隐匿所持有的违反国家规定取得的资产。

审计机关对被审计单位违反前款规定的行为，有权予以制止；必要时，经县级以上人民政府审计机关负责人批准，有权封存有关资料和违反国家规定取得的资产；对其中在金融机构的有关存款需要予以冻结的，应当向人民法院提出申请。

审计机关对被审计单位正在进行的违反国家规定的财政收支、财务收支行为，有权予以制止；制止无效的，经县级以上人民政府审计机关负责人批准，通知财政部门和有关主管部门暂停拨付与违反国家规定的财政收支、财务收支行为直接有关的款项，已经拨付的，暂停使用。审计机关采取前两款规定的措施不得影响被审计单位合法的业务活动和生产经营活动。

（5）建议权。

审计机关认为被审计单位所执行的上级主管部门有关财政收支、财务收支的规定与法律、行政法规相抵触的，应当建议有关主管部门纠正；有关主管部门不予纠正的，审计机关应当提请有权处理的机关依法处理。

（6）通报、公告权。

审计机关可以向政府有关部门通报或者向社会公布审计结果。审计机关通报或者公布审计结果，应当依法保守国家秘密和被审计单位的商业秘密，遵守国务院的有关规定。

（7）提请协助权。

审计机关履行审计监督职责，可以提请公安、监察、财政、税务、海关、价格、工商行政管理等机关予以协助。

（三）最高审计机关国际组织

1968年最高审计机关国际组织（INTOSAI）在日本东京大会上宣告成立，总部设在奥地利首都维也纳。INTOSAI是联合国经济和社会理事会所属下的一个非政府间组织，担负着为联合国提供咨询的任务。联合国及其任何一个专门机构的成员国的最高审计机关均可参加。它的宗旨是通过交流各国政府在财政管理方面的思想和经验，来加强各国最高审计机关之间的关系。

二、民间审计组织

（一）我国民间审计组织及人员

1. 审计组织

民间审计组织是指根据国家法律或条例规定，经政府有关部门审核批准，注册登记的会计师事务所。1981年1月1日成立了恢复注册会计师审计制度后的第一家会计师事务所（上海会计师事务所），从此我国的社会审计机构迅速发展壮大。目前，我国会计师事务所主要采取三种形式：普通合伙制、有限责任公司制、特殊普通合伙制，西方国家还有独资及有限责任合伙制会计师事务所。

（1）普通合伙制。

普通合伙制会计师事务所是由两名或两名以上注册会计师共同出资设立的，共同经营，共担风险。合伙人以各自的财产对事务所的债务承担无限连带责任。其优点是有利于增强注册会计师的风险意识和业务拓展的能力，缺点是任何一个合伙人的执业失误都有可能导致整个事务所遭受灭顶之灾，而且在事务所规模扩大到一定程度后不便于进行内部的管理。

（2）有限责任公司制。

有限责任公司制会计师事务所是由若干名注册会计师通过认购股份组成的具有法人资格的事务所。注册会计师以其认购的股份对会计师事务所承担有限责任，而会计师事务所以其全部资产对其债务承担有限责任。成立有限责任公司制的事务所有利于筹集资本，较快扩大事务所的经营规模，但不利于强化对注册会计师不当执业行为的约束，从而淡化了注册会计师的风险意识和职业责任感。

（3）特殊普通合伙制。

我国现行的特殊普通合伙制会计师事务所，在性质上相当于西方国家的有限责任合伙制会计师事务所。2010年7月，财政部、工商行政管理总局发布了《关于推动大中型会计师事务所采用特殊普通合伙制组织形式的暂行规定》。该规定指出：采用特殊普通合伙制组织形式的会计师事务所，一个合伙人或者数个合伙人在执业活动中因故意或重大过失造成合伙企业债务的，应该承担无限责任或者无限连带责任，其他合伙人以其在合伙企业中的财产份额为限承担责任。合伙人在执业活动中非因故意或者非重大过失造成的合伙企业债务以及合伙企业的其他债务，由全体合伙人承担无限连带责任。特殊普通合伙制组织形式，应当有25名符合规定的合伙人，50名以上的注册会计师，以及人民币1000万元的注册资本。

1995年中国注册会计师协会和中国注册审计师协会合并成中国注册会计师协会，接受财政部和审计署的监督指导。CICPA是中国注册会计师协会的简称。它承担着《中华人民共和国注册会计师法》（以下简称《注册会计师法》）赋予的职能、财政部党组委托和财政部领导交办的职能，以及协会章程规定的职能，已拥有团体会员5000多家，个人会员13万人，其中，执业会员约6.5万人，非执业会员7万多人。中国注册会计师协会主要面向注册会计师和非执业会员的服务、监督、管理、协调职能建设，建立完善了行业管理和服务体系。

2. 审计人员

通过注册会计师全国统一考试的专业阶段考试和综合阶段考试，取得全科合格证，就可以申请成为中国注册会计师协会的非执业会员。如果有在会计师事务所两年以上的相关工作经验，可以申请注册，成为执业会员。

具有下列条件之一的中国公民，可报名参加考试：

（1）高等专科以上学校毕业的学历；

（2）会计或者相关专业（相关专业是指审计、统计、经济。下同）中级以上专业技术职称。目前我国实行的是6+1结构的考试制度，"6"即会计、审计、财务成本管理、经济法、税法、公司战略及风险管理,强调的是各个专门学科、专门领域的知识,初步的技能;"1"即综合阶段考试,重点考查运用各种专业知识来解决实际问题的技能。通过注册会计师考试之后,还需要加入会计师事务所工作两年,才能成为一名执业注册会计师。如果不在事务所工作,也可以在工商企业、政府机关、学术机构等工作,申请成为非执业注册会计师。

(二) 民间审计业务范围

民间审计,即社会审计组织接受委托承办的具体业务项目。依照《注册会计师法》的规定,注册会计师依法承办审计业务和会计咨询、会计服务。此外,还根据委托人的委托,从事审阅业务、其他鉴证业务和相关服务业务。具体包括:

① 审查企业会计报表,出具审计报告。
② 验证企业资本,出具验资报告。
③ 办理企业合并、分立、清算事宜中的审计业务,出具有关的报告。
④ 法律、行政法规规定的其他审计业务。例如:离任审计、债券发行审计、任期经济责任审计等。
⑤ 审阅业务。注册会计师业务范围由法定业务向其他领域拓展,审阅程序简单,保证程度有限,审阅成本较低。
⑥ 其他鉴证业务。例如内部控制审核、预测性财务信息审核、系统鉴证等。
⑦ 相关服务包括对财务信息执行商定程序、代编财务信息、进行税务服务、提供会计服务和管理咨询等。

审计业务是法定业务,非 CPA 不得承办,必须保持一定的独立性。相关服务业务不能像鉴证业务一样对注册会计师独立性提出要求。

图 2-1 所示为注册会计师的业务范围。

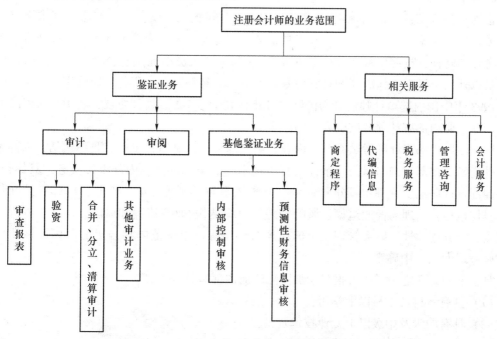

图 2-1 注册会计师的业务范围

(三) 西方国家的民间审计组织

会计师事务所在西方国家主要有四种组织方式：独资、普通合伙制、有限公司制、有限责任合伙制。其中，有限责任合伙制（Limited Liability Partnership，LLP）会计师事务所，是事务所以其全部资产对其债务承担有限责任，各合伙人对个人执业行为承担无限责任。融入了合伙制和股份公司制的优点，又摒弃了它们的不足。西方的会计师事务所均为私营公司，合伙方式组建居多。会计师事务所内部一般设置有审计服务部、税务服务部、咨询服务部、职业发展部等职能部门，负责有关业务或事务。会计师事务所人员的构成包括：合伙人、经理、督导（协理）、高级审计人员、助理人员、专家等。

三、内部审计机构

(一) 审计机构及人员

1. 内部审计机构

内部审计指部门或单位内部独立的审计机构或审计人员对本部门或本单位进行的审计。内部审计机构包括部门内部审计机构和单位内部审计机构。部门内部审计机构，指国务院和县以上地方各级政府按行业划分的业务主管部门设置的专门审计机构。单位内部审计机构，指国有金融机构、国家企业事业等单位设置的专门机构。

国际上，内部审计机构按照领导方式不同可以分为三种：董事会或其所属的审计委员会领导、企业总裁或总经理领导、企业主管财务副总裁或总会计师领导。内部审计不同于一般的会计稽核，我国内部审计机构不受财会部门负责人领导，而受本单位负责人领导。内部审计具有服务上的内向性和审查范围的广泛性。

2. 审计人员

根据《内部审计工作的规定》："任免内部审计机构的负责人，应当事前征求上级主管部门或单位的意见。内部审计人员应当具备必要的专业知识。内部审计人员专业技术职务资格的考评和聘任，按照国家有关规定执行。"内部审计人员中除熟悉会计、财务、审计的专业人员以外，也可视工作需要配备其他专业人员，如经济师、工程师、律师等。

1998 年中国内部审计师协会与国际内部审计协会（IIA）签订协议，将 IIA 在国际上举办的国际注册内部审计师考试引入中国。

国际注册内部审计师考试有三个内容，第一部分：内部审计基础，具体包括：内部审计强制性指南、内部控制与风险、审计工具与技术等。第二部分：内部审计实务，具体包括：管理内部审计职能、管理单项审计业务、舞弊风险与控制等。第三部分：内部审计知识要素，具体包括：治理与商业道德、风险管理、组织结构/业务流程和风险、沟通、管理与领导规则、业务连续性、财务管理、全球化经营环境等。考试范围在当年的《国际注册内部审计师考试大纲》中确定。

具备下列条件之一者，可报名参加国际注册内部审计师考试：

(1) 具有本科及本科以上学历；
(2) 具有中级及中级以上专业技术资格；
(3) 持有注册会计师证书或非执业注册会计师证书；

(4) 全日制本科院校审计、会计及相关专业四年级学生。

报考资格的审查和确认由设立考点的各省、自治区、直辖市和计划单列市内部审计师协会及其下属机构负责，并报中国内部审计协会备案。

（二）内部审计机构的职责、权限

国务院各部门和地方人民政府各部门、国有的金融机构和企业事业组织，应当按照国家有关规定建立健全内部审计制度。各部门、国有的金融机构和企业事业组织的内部审计，应当接受审计机关的业务指导和监督。内部审计机构按照本单位主要负责人或者权力机构的要求，履行下列职责及权限：

1. 主要职责

（1）对本单位及所属单位（含占控股地位或者主导地位的单位，下同）的财政收支、财务收支及其有关的经济活动进行审计；

（2）对本单位及所属单位预算内、预算外资金的管理和使用情况进行审计；

（3）对本单位内设机构及所属单位领导人员的任期经济责任进行审计；

（4）对本单位及所属单位固定资产投资项目进行审计；

（5）对本单位及所属单位内部控制制度的健全性和有效性以及风险管理进行评审；

（6）对本单位及所属单位经济管理和效益情况进行审计；

（7）法律、法规规定和本单位主要负责人或者权力机构要求办理的其他审计事项。

2. 主要权限

（1）要求被审计单位按时报送生产计划、经营计划、财务收支计划、预算执行情况、决算资料、会计报表和其他有关文件、资料；

（2）参加本单位有关会议，召开与审计事项有关的会议；

（3）参与研究制定有关的规章制度，提出内部审计规章制度，由单位审定公布后施行；

（4）检查有关生产、经营和财务活动的资料、文件和现场勘察实物；

（5）检查有关的计算机系统及其电子数据和资料；

（6）对与审计事项有关问题向有关单位和个人进行调查，并取得证明材料；

（7）对正在进行的严重违法违规、严重损失浪费行为，做出临时制止决定；

（8）对可能转移、隐匿、篡改、毁弃会计凭证、会计账簿、会计报表以及与经济活动有关的资料，经本单位主要负责人或者权力机构批准，有权予以暂时封存；

（9）提出纠正、处理违法违规行为的意见以及改进经济管理、提高经济效益的建议；

（10）对违法违规和造成损失浪费的单位和人员，给予通报批评或者提出追究责任的建议。

（三）国际内部审计机构

1941年是内部审计奠基年。美国内部审计师协会（IIA）的成立是传统审计向现代审计发展的标志。IIA是世界范围的内部审计师组织。该协会1941年成立于美国纽约，在联合国经济和社会开发署享有顾问地位，是最高审计机关国际组织的常任观察员，是国际政府财政管理委员会、国际会计师联合会的团体会员。协会现有196个分会，分布在100多个国家和地区。中国内部审计学会1987年加入该协会，成为国家分会。协会现有全球会员7万多人。

IIA 自 1974 年起在全球指定地点举行注册内部审计师资格考试，给考试合格者颁发注册内部审计师证书。国际注册内部审计师，CIA 是国际注册内部审计师（Certified Internal Auditor）的英文简称，它不仅是国际内部审计领域专家的标志，也是目前国际审计界唯一公认的职业资格。

第二节 审计的基本方法

一、书面资料的检查方法

审计中，大量接触到的是书面会计资料，如何检查这些会计资料的真实性、准确性和完整性，常用的检查方法有：

1. 审阅法

审阅法是指审计人员通过对有关书面资料的仔细阅读，来查明有关资料及所反映的经济活动是否合法、合理和有效的一种审计方法。审阅的内容可以分为两类：一类是有关会计资料，包括会计凭证、会计账簿、会计报表的审阅。其中会计凭证的审阅，一方面是形式审查，查看原始凭证要素是否齐备，有无涂改迹象，有关人员的签章、财务专用章或收付戳记等是否符合要求；另一方面是实质审查，查看摘要内容是否与实际业务一致，记账凭证上有关账户之间的对应关系是否正常、业务活动有无异常，等等。在会计账簿的审阅中，明细账和日记账是审查的重点，对容易发生错弊的账户如往来账、费用账等，审阅时应特别予以关注。会计报表的审阅，主要审查报表的编制是否符合会计准则，项目及数据的增减变动有无异常现象，被审计单位的重大会计事项如会计处理方法的变更是否在报表的附注中充分揭示等。另一类是会计资料以外的其他经济信息资料和相关资料。审阅法是最基本、最重要的审计方法，是任何审计都需要运用而且是一开始就必须运用的审计方法。通过审阅有关资料，可以收集审计证据，也可以为进一步审计提供线索。

但在应用审阅法时，应注意：一是同其他方法结合进行。如适当复核、核对有关数据资料等，单纯地审阅有时是难以发现问题的；二是审阅资料的全部内容，包括资料本身应具备的要素、有关文字说明和数字等；三是记录并适当分析发现的疑点和线索，必要时应随时核实；四是运用一定的符号来表明哪些资料已进行了初步审查。

在审阅过程中，审计人员可根据被审计单位的不同情况，分别采用下列方法：

（1）顺查法和逆查法。

顺查法又称为正查法，是按照会计核算的处理顺序，依次对证、账、表各个环节进行审查的一种方法。其主要特征：一是从审查原始凭证出发，着重审查和分析经济业务是否真实、正确、合法；二是审查记账凭证，查明会计科目处理、数额计算是否正确、合规；三是审查会计账簿，查明记账、过账是否正确，核对账证、账账是否相符；四是审查会计报表，查明报表各项目是否正确完整，核对账表、表表是否相符。顺查法的主要优点是审查全面而仔细，可以避免遗漏，做出较准确的审计结论。其缺点是面面俱到，不能突出重点，工作量太大，耗费人力、时间太多。因此，该方法除了用于审计管理特别混乱、业务量很少的单位或已发现有严重问题的单位或特别重要、风险大的审计项目外，其余场合一般不宜采用。

逆查法又称为例查法或溯源法，是按照与会计核算相反的处理程序，依次对表、账、证各个环节进行审查的一种方法。其主要特征：一是从审查被审计单位会计报表出发，从中发现和找出异常和有错弊的项目，据此确定下一步审查的重点；二是根据确定的可疑项目，追溯审查会计账簿，进行账表、账账核对；三是进一步追查记账凭证和原始凭证，进行证证核对，以便查明主要问题的真相和原因。逆查法的主要优点是能从全局出发，从大处着手，抓住问题的实质，又可以节省人力和时间，提高工作效率。其缺点是不能全面地审查问题，易有遗漏，难以做出十分准确的审计结论。因此，除了对某些管理非常混乱的单位的审计，以及某些特别重要和风险大的审计项目的审计不能采用外，其余场合均能采用。

（2）详查法和抽查法。

详查法，是指对被审计单位审计时间范围内全部会计资料进行检查的方法。主要适用于规模小、业务量少的单位以及管理混乱、问题严重的单位。

抽查法，是指从被审查的会计资料中（主要是指会计凭证），按照一定的方法，选取一定数量的样本进行检查，并根据抽查结果来推断总体特征的一种检查方法。抽取的样本一般掌握应在总数的25%～40%。常用的抽样方法有两种：

① 随机抽样法，是指应用概率论和数理统计来确定样本量，对样本结果进行评估，并推断总体特征的一种方法。在没有发现被审计单位存在明显薄弱环节的情况下，可采用此方法。

② 判断抽样法，是指审计人员根据专业判断来确定样本量、选取样本和对样本结果进行评估而推断总体特征的一种方法。

2. 核对法

核对法是将会计记录及其相关资料中两处以上的同一数值或相关数据相互对照，用以验明内容是否一致，计算是否正确的审计方法，其目的是查明证、账、表之间是否相符，证实被审单位财务状况和财务成果的真实、正确、合法。一般要在下列资料间核对：

（1）原始凭证与有关原始凭证，原始凭证与汇总原始凭证，记账凭证与汇总记账凭证（或科目汇总表）。核对内容是所附或有关的原始凭证数量是否齐全，日期、业务、内容、金额同记账凭证上的会计科目及金额是否相符，原始凭证之间、记账凭证同汇总记账凭证之间内容上是否一致。

（2）凭证与账簿。核对凭证的日期、会计科目、明细科目、金额同账簿记录内容是否一致；汇总记账凭证（或科目汇总表）与记入总账的账户、金额、方向是否相符。

（3）明细账同总分类账。主要核对期初余额、本期发生额和期末余额是否相符。

（4）账簿与报表。以总账或明细账的期末余额或本期发生额为依据，核对账户记录同有关报表项目是否相符。

（5）报表与报表。核对报表是否按制度规定要求编制，报表之间的相应关系是否正确。

（6）会计资料与其他资料，如银行存款日记账与银行对账单核对，出入库记录与计算、结转成本的会计记录核对等。

（7）账实核对。即将实物账簿记录、实物资产卡片与实物监盘相互核对，通常需配合监盘方法进行。

核对中如发现错误或疑点，应及时查明原因。特别需要指出的是，采用核对法作为证据的资料必须真实正确，否则核对是毫无意义的。当缺乏依据时，相互核对的数据应至少有两个不同来源，并使其核对相符。

3. 查询法

查询法，是指审计人员对与审计事项有关的单位和个人进行书面或口头询问，从而验证其他审计证据或为取得新的审计证据提供线索的一种方法。

查询又可分为面询和函证。

面询，是指审计人员就有关问题直接找有关人员询问并经被询问人在询问记录上签字的一种方法。如对可疑账项或异常情况、内部控制制度、经济效益等的审查，都可以向有关人员提出口头或书面的询问。函证，是指审计人员向有关单位或个人发函以证明某一审计事项的一种方法。这种方法以多用于往来款项的查证，作为认证债权债务的必要手段，对被审单位银行、保险公司、法律顾问处和其他单位的情况，也可采用这种办法核对认证。函证法有很强的核对性，在查证方面非常有效，是审计工作必不可少的重要一环。

4. 分析法

审计人员应善于对审计结果进行分析。经济活动的分析方法主要有比较分析法、因素分析法和趋势分析法。

（1）比较分析法。

比较分析法，是指将某项财务指标与性质相同的指标、标准进行对比，揭示单位财务状况和经营成果的一种分析方法。比较分析法又可分为相对数比较分析法和绝对数比较分析法两种。

相对数比较分析法，是指通过被审计项目的百分比、比率或比重结构等相对数指标的对比来揭示差异并分析问题的一种方法。采用这种方法比较容易发现问题。如："2016年会费收入比2015年增长了10%。"

绝对数比较分析法，是指通过被审计项目各期完成情况的绝对数比较采揭示差异并分析问题的一种方法。如："2016年职工活动费比2015年增加了10000元。"

（2）因素分析法。

因素分析法（也称连环替代法），是指为确定某一经济现象诸因素的影响方向和程度而采用的一种分析方法。影响方向用正或负表示，影响程度则用数据反映。通过因素分析可以帮助审计人员有针对性地提出改进建议和措施。

（3）趋势分析法。

趋势分析法，是指利用财务报表提供的数据资料，将各期实际指标与历史指标进行对比，提示单位财务状况和经营成果变化趋势的一种方法。

运用趋势分析法应注意：一是掌握分析的重点，审计人员应对财务报表的重要项目进行重点分析，提高分析的效率，避免平均使用力量；二是分析时可与比较分析法结合运用。

二、客观事物的调查方法

审计中，经常通过检查书面资料以外的方法来调查取证，一般主要对现金、有价证券、库存商品、材料、在产品、固定资产及其他物资的实际结存数量和价值进行审查，这些方法主要有：

1. 观察法

观察法，是指审计人员到被审计单位的经营场所及其他有关场所进行实地察看，来证实审计事项的一种方法。

审计人员进入被审单位后，深入车间、科室、工地、仓库等地，对生产经营管理工作的进行、财产物资的保管和利用、内部控制制度的执行等，进行直接的观看视察，注意其是否符合审计标准和书面资料的记载，从中发现薄弱环节和存在的问题，借以收集书面资料以外的证据。

2. 盘点法

盘点法，是指通过对有形资产的清点、计量，来证实账面反映的有形资产是否确实存在，从中收集实物证据的一种方法。盘点法只能对有形资产是否确实存在提供有力的审计证据，但无法验证有形资产的所有权和计价情况。因此，审计人员在盘点之外，还应采取其他方法验证有形资产的所有权和计价情况。

盘点法又分为直接盘点法和间接盘点法两种，在审计中，多数采用间接盘点法。

（1）直接盘点法。直接盘点法指审计人员在实施有形资产检查时，亲自盘点有关有形资产证实与账面记录是否相符的一种盘点方法。这种方法在实际中应用较少，常用于盘点数量较少，但容易出现舞弊行为的贵重财产物资，如贵重文物、珠宝、贵重材料等。

（2）监督盘点法。监督盘点法指在检查有关财物时，审计人员不亲自盘点，由被审计单位人员自行盘点，审计人员监督盘点过程和结果，必要时抽查盘点一部分物资，来证实有形资产存在的一种方法。

例 2-1　盘点法的运用

2016年1月20日上午8时审计人员对某企业现金日记账进行审查，并清点库存现金结果如下：

（1）当天现金日记账余额为11630元；

（2）清点库存现金结果为：100元币80张，50元币31张，10元币68张，5元币18张，2元币8张，1元币24张，角分币共计20元；

（3）查明2016年1月19日已收入现金尚未入账的收款凭证2张，共计420元；

（4）查明2016年1月19日已付出尚未入账的付款凭证30张，共计955元；

（5）查出无任何批示的采购员借条一张，借款金额500元；

（6）经银行核定企业库存现金限额为10000元。

要求：根据上述审查结果编制库存现金盘点表；

　　　根据上述资料指出企业现金管理中存在的问题，并提出审计意见。

分析过程：从这次现金盘点的结果来看，问题还是较为严重：

（1）账实不符，现金盘点数为10380元，而现金日记账调整后的金额应为10595元，账实相差215元，应追究原因及相关人员责任。

（2）借款流程和权限问题出纳未经批准借出款项属于超权限操作，要警告并处罚；

（3）入账不及时，当天的账务应当天进行处理，应做到日清月结，会计不定期抽查；

(4) 现金余额超过规定限额10000元，应经过银行批准。

3. 调节法

调节法，是指被审计单位报告日数据和审计日数据存在差异或由于被审计项目存在未达账项时，通过对某些因素进行增减调节，来验证报告日数据账实是否一致的一种审计方法。调节法通过与实物盘点法结合使用，也可用于调节银行存款及有关结算类账户的未达账项。

(1) 对未达账项的调节。通过编制银行存款余额调节表，对被审计单位与开户银行双方发生的未达账项进行增减调节，以验证银行存款账户的余额是否正确。

(2) 对财产物资的调节。当财产物资的盘存日同书面资料结账日不同时，结合实物盘存，将盘存日期与结账日期之间新发生的出入库数量，用来对盘存日有关财产物资的盘存数进行增减调节，以验证或推算结账日有关财产物资的应结存数。适用对象为原材料、在产品、产成品、库存商品等。

其公式为：被查日存量 = 盘点日存量 + 被查日至盘点日发出量 - 被查日至盘点日收入量

例2-2　调节表的运用

某企业2016年12月31日账面结存A材料2000千克，通过审阅和核对并无错弊。2017年1月31日下班后监督盘点实存量为2800千克。2017年1月期间收入35000千克，发出34500千克。2017年1月1日初余额及收发额均无发现错误，现调节如下：

结存日数量 = 2800 + 34500 - 35000 = 2300（千克）

要求：账实不符，追究责任人原因。

4. 鉴定法

鉴定法是指由于对被审事项的鉴别超出了审计人员的能力范围而邀请有关专门人员、运用专门技术对被审事项进行确定与识别的一种审计方法。

如对实物性能、质量、价值、书面资料的真伪以及经济活动的合理性、有效性等的鉴定，就超出了一般审计人员的能力，而需要聘请一定数量的工程技术人员、律师或某些方面的专家等提供鉴定结论，并做出独立的审计证据。

思考题

1. 请简述国家审计、民间审计与内部审计的关系。
2. 审计业务中审查书面资料的方法有哪些？各自侧重点在哪些方面？
3. 民间审计的业务范围有哪些？
4. 内部审计机构如何设置能更好地体现独立性？
5. 审查客观事物的方法有哪几种？主要内容是什么？

第三章

注册会计师的职业道德与法律责任

第一节 注册会计师的职业道德

注册会计师行业的一个显著标志是对社会、对公众利益承担责任。社会公众利益是指注册会计师为之服务的人士和机构组成的整体的共同利益。注册会计师行业作为一个肩负重大社会责任的行业，应当以维护社会公众利益为根本目标。为了规范注册会计师职业道德行为，强化道德意识，提高注册会计师职业道德水准，注册会计师在职业道德方面应当遵循以下基本原则：即独立、客观、公正，专业胜任能力和应有的关注，保密，职业行为，技术准则。

一、独立、客观、公正

鉴证业务是指为被鉴证对象在所有重大方面遵循了既定的适当标准提供高度或适度保证的业务。注册会计师在执行鉴证业务时，应当恪守独立、客观、公正的原则。独立、客观、公正是注册会计师职业道德中的三个重要的概念，也是对注册会计师职业道德的最基本的要求。

（一）独立

独立性是注册会计师执行鉴证业务的灵魂，因为注册会计师要以自身的信誉向社会公众表明，被审计单位的财务报表是真实与公允的。如果注册会计师与客户之间不能保持独立，存在经济利益、关联关系，或屈从外界压力，就很难取信于社会公众。那么什么是独立性呢？较早给出权威解释的是美国注册会计师协会。美国注册会计师协会在 1947 年发布的《审计暂行标准》（The Tentative Statement of Auditing Standards）中指出："独立性的含义相当于完全诚实、公正无私、无偏见、客观认识事实、不偏袒。"传统观点认为，注册会计师的独立性包括两个方面——实质上的独立和形式上的独立。实质上的独立，是指注册会计师在发表意见时其专业判断不受影响，公正执业，保持客观和专业怀疑；形式上的独立，是指会计师事务所或鉴证小组避免出现这样重大的情形，使得拥有充分相关信息的理性第三方推断其公正性、客观性或专业怀疑受到损害。

（二）诚信

诚信是指诚实、守信，在我国传统道德中"诚信"是最重要的规范之一，即一个人言行与内心思想一致，不虚假；能够履行与别人的约定而取得对方的信任。诚信原则要求注册会计师应当在所有的职业关系和商业关系中保持正直和诚信，秉公处理、实事求是。

注册会计师如果认为业务报告、申报资料或其他信息存在下列问题，则不得与这些有关问题的信息发生牵连：

（1）含有严重虚假或误导性的陈述；
（2）含有缺乏充分根据的陈述或信息；
（3）存在遗漏或含糊其辞的信息。

注册会计师如果注意到已与有问题的信息发生牵连，应当采取措施消除牵连。在鉴证业务中，如果注册会计师依据执业准则出具了恰当的非标准审计意见的报告，不视为违反上述要求。

（三）客观和公正

客观性原则是指注册会计师对有关事项的调查、判断和意见表述，应当基于客观的立场，应当力求公平，以客观事实为依据，实事求是，不掺杂个人的主观愿望，也不为委托单位或第三者的意见所左右；不得因成见或偏见、利益冲突和他人影响而损害其客观性。在分析、处理问题时，不能以个人的好恶或成见、偏见行事。要求注册会计师在执业中必须一切从实际出发，注重调查研究。

公正性原则是注册会计师在提供服务时，应当将社会公众利益置于个人利益之上，不偏不倚地对待有关利益各方。正直、诚实、不偏不倚地对待有关利益各方，不以牺牲一方利益为条件而使另一方受益。无论提供何种服务、担任何种职务，注册会计师都应维护其专业服务的公正性，并在判断中保持客观。公正还有公平交易和真实的含义。

客观性原则和公正性原则实际上适用于注册会计师提供的各种专业服务，而不仅仅局限于鉴证业务。

二、专业胜任能力和应有关注

（一）专业胜任能力

注册会计师，应当具有专业知识、技能或经验。"专业胜任能力"既要求注册会计师具有专业知识、技能和经验，又要求其经济、有效地完成客户委托的业务。注册会计师如果不能保持和提高专业胜任能力，就难以完成客户委托的业务。事实上，如果注册会计师缺乏足够的知识、技能和经验，不能提供专业服务，就构成了一种欺诈。当然，注册会计师依法取得了执业证书，就表明其在该领域具备了一定的知识。一个合格的注册会计师，不仅要充分认识自己的能力，对自己充满信心，更重要的是，必须清醒地认识到自己在专业胜任能力方面的不足，不承接自己不能胜任的业务。如果注册会计师不能认识到这一点，承接了难以胜任的业务，就会给客户乃至社会公众带来危害。注册会计师作为专业人士，在许多方面都要履行相应的责任，保持和提高专业胜任能力就是其中之一。

（1）注册会计师应当保持和提高专业胜任能力，遵守独立审计准则等职业规范，合理运用会计准则及国家其他相关技术规范。

（2）会计师事务所和注册会计师不得承办不能胜任的业务。

（3）注册会计师执行业务时，应当保持应有的职业谨慎。

（4）注册会计师执业时，应当妥善规划，并对业务助理人员的工作进行指导、监督和检查。

（5）注册会计师对有关业务形成结论或提出建议时，应当以充分、适当的证据为依据，不得以其职业身份对未审计或其他未鉴证事项发表意见。

（6）注册会计师不得对未来事项的可实现程度做出保证。

（7）注册会计师对审计过程中发现的违反会计准则及国家其他相关技术规范的事项，应当按照独立审计准则的要求进行适当处理。

（二）应有关注

注册会计师提供专业服务时，应保持应有的职业关注、专业胜任能力和勤勉，并且随着业务、法规和技术的不断发展，应使自己的专业知识和技能保持在一定水平之上，以确保客户能够享受到高水平的专业服务。应有关注要求注册会计师在执业过程中保持职业谨慎，以质疑的思维方式评价所获取证据的有效性，并对产生怀疑的证据保持警觉。职业谨慎是注册会计师执业时的精神状态，如果在执业过程中识别出的情况使其认为文件记录可能是伪造的，注册会计师应进一步调查，以评价文件记录的真伪，保持职业谨慎有助于降低注册会计师执业过程中可能遇到的风险。

三、保密

注册会计师的职业性质决定了他们能够掌握和了解被审计单位大量的资料和信息，其中有些属于被审计单位的商业秘密，如即将进行的合并、协议中的筹资方案、预期的股票分割和股利变更、即将签订的合同等。这些商业秘密一旦外泄或被利用，可能会给被审计单位造成经济损失，而注册会计师却可能因此而获得不当利益。

注册会计师能否与客户维持正常的关系，有赖于双方能否自愿而又充分地进行沟通和交流，不掩盖任何重要的事实和情况。只有充分的沟通和交流，注册会计师才能有效地完成工作。如果注册会计师受到客户的严重限制，不能充分了解情况，就无法发表审计意见。同时，注册会计师与客户的沟通，必须建立在为客户信息保密的基础上。因此，注册会计师在签订业务约定书时，应当书面承诺对在执行业务过程中获知的客户信息保密。这里所说的客户信息，通常是指商业秘密。一旦商业秘密被泄露或被利用，往往给客户造成损失。因此，许多国家规定，在公众领域执业的注册会计师，应当对在提供专业服务过程中获知的信息保密，除非有法定的或专业的披露权利或义务。在未经适当或特别授权的情况下，注册会计师不得使用或披露任何相关信息。注册会计师审计中涉及的保密主体应理解为会计师事务所、注册会计师本身、业务助理人员、其他审计人员、专家等相关知情人员。

四、职业行为

注册会计师的行为应符合本职业的良好声誉,不得有任何损害职业形象的行为。这一义务要求注册会计师履行对社会公众、客户和同行的责任。

(一) 对社会公众的责任

注册会计师应当遵守职业道德准则,履行相应的社会责任,维护社会公众利益。注册会计师行业的一个显著标志是对社会公众承担责任。社会公众利益是指注册会计师为之服务的人士和机构组成的整体的共同利益。注册会计师行业作为一个肩负重大社会责任的行业,应以维护社会公众利益为根本目标。

(二) 对客户的责任

注册会计师对社会公众履行责任的同时,也对客户承担着特殊责任,包括:

(1) 注册会计师应当在维护社会公众利益的前提下,竭诚为客户服务;

(2) 注册会计师应当按照业务约定履行对客户的责任;会计师事务所承接业务时,应与客户签订业务约定书,明确业务范围及双方的责任、义务。注册会计师应严格按时保质保量完成委托业务。

(3) 注册会计师应当对执行业务过程中知悉的商业秘密保密,并不得利用其为自己或他人谋取利益;除得到客户的书面允许或法律法规要求公开外,不得将任何资料和情况提供或泄露给他人。

(4) 除有关法规允许的情形外,会计师事务所不得以或有收费或降低收费形式为客户提供鉴证服务。会计师事务所提供审计业务时,应以工作量大小和专业要求高低为主要依据,按规定的标准收费。

(三) 对同行的责任

对同行的责任是指会计师事务所、注册会计师在处理与其他会计师事务所、注册会计师相互关系中所应遵循的道德标准,包括:

(1) 注册会计师应当与同行保持良好的工作关系,配合同行工作;客户变更委托的会计师事务所时,后任注册会计师在接受委托之前,应与前任注册会计师联系,相互了解和介绍变更的情况和原因。

(2) 注册会计师不得诋毁同行,不得损害同行利益,会计师事务所不得以不正当手段与同行争揽业务。

(3) 会计师事务所不得雇用正在其他会计师事务所执业的注册会计师。注册会计师不得以个人名义同时在两家或两家以上的会计师事务所执业。

(四) 其他责任

这里的其他责任主要是指在业务承接方面的责任。包括:

(1) 注册会计师应当维护职业形象,不得有可能损害职业形象的行为。

(2) 注册会计师及其所在会计师事务所不得采用强迫、欺诈、利诱等方式招揽业务。会计师事务所与委托单位之间的业务委托关系,应双向自愿选择。

(3) 注册会计师及其所在会计师事务所不得对其能力进行广告宣传以招揽业务。但会计师事务所与注册会计师的名称、姓名、地址、电话、业务范围、开业声明、迁址之类的公告不在此限。

（4）注册会计师及其所在会计师事务所不得允许以任何名义向帮助取得委托业务的其他单位或个人支付介绍费、佣金、手续费或回扣等，也不得向得到本会计师事务所帮助取得委托业务的其他会计师事务所收取介绍费、佣金或手续费等。

（5）所有业务应由会计师事务所统一接受委托，不允许注册会计师以个人名义承接业务。会计师事务所、注册会计师不得允许他人以本所或本人的名义承办业务。

第二节　独立性

一、独立性的含义

前已述及，独立性要求注册会计师具有实质上的独立性和形式上的独立。注册会计师保持实质上的独立性，这种心态能使审计意见不受有损于职业判断的任何因素的影响，使人能公正行事，保持客观和职业谨慎。注册会计师保持形式上的独立性，避免出现重大的事实和情况，致使拥有相关信息的理性第三方合理推定会计师事务所或鉴证小组成员的公正性、客观性或职业谨慎性受到威胁。

在职业道德规范中，界定可能对独立性产生威胁的所有情况，并指出所有应采取的适当防范措施是不可能的。此外，鉴证业务的性质可能不同，相应地可能存在不同的威胁，从而要求运用不同的防范措施。因此，建立一套规范，要求会计师事务所和鉴证小组成员识别、评估对独立性的威胁及其应采取的针对性措施，是符合公众利益的。

按照独立性规范，会计师事务所和鉴证小组成员有义务识别和评价可能对独立性产生威胁的各种环境和关系，并采取适当行动消除这些威胁或运用防护措施将其降至可接受水平。除了识别和评价会计师事务所和鉴证小组的关系以外，还应当考虑鉴证小组以外的人员与鉴证客户的关系是否会对独立性产生威胁。

审计业务向范围很广的潜在使用者提供保证。除了实质上的独立性以外，形式上的独立性也很重要。因而，对于审计客户，要求会计师事务所、鉴证小组成员均独立于审计客户。基于同样的考虑，在向非审计客户提供鉴证业务时，也要求会计师事务所和鉴证小组成员独立于非审计客户。

如果向非审计鉴证客户出具的报告被明确限定于指定的使用者使用，则认为报告的使用者通过参与会计师事务所提供服务的各项指令的性质和范围以及评价鉴证对象所使用的标准，已经对报告的目的、对象和局限性有了明确的了解。这种了解以及会计师事务所与报告使用者沟通防范措施能力的提高，增强了保证形式上独立性的防范措施的效果。

综上所述，对于向审计客户提供的鉴证业务，要求会计师事务所、鉴证小组成员独立于客户；对于向非审计客户提供的鉴证业务，如果报告没有明确限定指定的使用者使用，则要求会计师事务所和鉴证小组成员独立于该客户；对于向非审计客户提供的鉴证业务，如果报告明确限定指定的使用者使用，则要求鉴证小组成员独立于该客户，并且会计师事务所不应当在该客户内有重大的直接或间接经济利益。

二、威胁独立性的情形

可能威胁独立性的情形包括经济利益、自我评价、关联关系和外界压力等方面。

（一）经济利益威胁

会计师事务所和注册会计师应当考虑经济利益对独立性的损害，可能损害独立性的情形主要包括：

（1）与鉴证客户存在专业服务收费以外的直接经济利益或重大的间接经济利益；
（2）收费主要来源于某一鉴证客户；
（3）过分担心失去某项业务或某一客户；
（4）与鉴证客户存在密切的经营关系；
（5）对鉴证业务采取收费的方式；
（6）可能与鉴证客户发生雇佣关系。

（二）自我评价威胁

会计师事务所和注册会计师应当考虑自我评价对独立性的损害，可能损害独立性的情形主要包括：

（1）鉴证小组成员曾是鉴证客户的董事、经理、其他关键管理人员或能够对鉴证业务产生直接重大影响的员工；
（2）为鉴证客户提供直接影响鉴证业务对象的其他服务；
（3）为鉴证客户编制属于鉴证业务对象的数据或其他记录；
（4）会计师事务所为客户提供财务系统的设计或操作服务后，又对系统运行的有效性进行审计。

（三）关联关系威胁

会计师事务所和注册会计师应当考虑关联关系对独立性的损害，可能损害独立性的情形主要包括：

（1）与鉴证小组成员关系密切的家庭成员是鉴证客户的董事、经理、其他关键管理人员或能够对鉴证业务产生直接重大影响的员工；
（2）鉴证客户的董事、经理、其他关键管理人员或能够对鉴证业务产生直接重大影响的员工是会计师事务所的前高级管理人员；
（3）会计师事务所的高级管理人员或签字注册会计师与鉴证客户长期交往；
（4）接受鉴证客户或其董事、经理、其他关键管理人员或能够对鉴证业务产生直接重大影响员工的贵重礼品或超出社会礼仪的款待。

（四）外在压力

会计师事务所和注册会计师应当考虑外界压力对独立性的损害，可能损害独立性的情形主要包括：

（1）在重大会计、审计等问题上与鉴证客户存在意见分歧而受到解聘威胁；
（2）受到有关单位或个人不恰当的干预；
（3）受到鉴证客户降低收费的压力而不恰当地缩小工作范围；

（4）客户员工对所讨论的事项更具专长，注册会计师面临服从判断的压力。

例 3-1　独立性的影响

ABC 会计师事务所于 2016 年 2 月承接了 W 上市公司 2015 年财务报表审计工作。在执行本次审计业务时，有如下事项：

（1）在审计期间，ABC 会计师事务所租用所属 W 公司的两层办公楼进行办公，公司答应在房租上给予 ABC 会计师事务所一定优惠。

（2）审计项目组成员 C 与 W 公司财务经理毕业于同一所财经院校。

（3）ABC 会计师事务所的合伙人 D 注册会计师目前担任 W 公司的独立董事。

（4）由于 W 公司降低该年度报表审计费用近 1/3，所以 ABC 会计师事务所审计收入不能弥补审计成本，ABC 会计师事务所决定不再对 W 公司下属的两个重要的销售分公司进行审计。

（5）审计小组成员 F 注册会计师的妻子自 2008 年起一直担任 W 公司的会计。

（6）W 公司要求 ABC 会计师事务所出具审计报告的同时，提供正式纳税鉴证意见。为此，双方另行签订了业务约定书。

请根据上述六种情况，判断 ABC 会计师事务所的独立性是否受到损害。

分析过程：

（1）损害独立性，属于经济利益威胁。

（2）不损害独立性，不属于关联关系威胁。

（3）损害独立性，属于自我评价威胁。

（4）损害独立性，属于外在压力威胁。

（5）损害独立性，属于关联关系威胁。

（6）不在损害独立性，不属于经济利益威胁。

三、防范措施

会计师事务所和鉴证小组成员有责任考虑执业环境、对独立性的威胁和能够消除威胁或将其降低到可接受水平的防范措施。这一决策过程应当做出书面记录。防范措施可以分为三类：由职业、法律或规章产生的防范措施；鉴证客户内部的防范措施；会计师事务所自身制度和程序中的防范措施。会计师事务所和鉴证小组应当选择适当的防范措施，以消除那些对独立性并非明显不重要的威胁，或将其降至可接受水平。

（一）职业、法律或规章产生的防范措施

职业、法律或规章产生的防范措施包括：

（1）进入该职业的教育、培训和经验要求；

（2）继续教育要求；

（3）执业准则和监督、惩戒程序；

（4）会计师事务所质量控制制度的外部复核；

（5）有关会计师事务所独立性要求的法律。

（二）鉴证客户内部的防范措施

鉴证客户内部的防范措施包括：

（1）在鉴证客户的管理层委托会计师事务所时，由管理层以外的人员批准或同意这一委托；

（2）鉴证客户内有能够胜任能力的管理者或决策者；

（3）强调鉴证客户对财务报告公允性的承诺的政策和程序；

（4）为会计师事务所的服务提供适当监督与沟通的公司治理结构，例如审计委员会。

（三）会计师事务所的防范措施

会计师事务所自身制度和程序中的防范措施包括总体的防范措施和维护独立性的防范措施。总体的防范措施主要包括：

（1）会计师事务所的高级管理人员重视独立性，并要求鉴证小组成员保持独立性；

（2）制定有关独立性的政策和程序，包括识别威胁独立性的因素、评价威胁的严惩程度以及采取相应的维护措施；

（3）建立必要的监督及惩戒机制以促使有关政策和程序得到遵循；

（4）制定能使员工向更高级别人员反映独立性问题的政策和程序。

在承办具体鉴证业务时，会计师事务所应当维护其独立性。维护独立性的具体防范措施主要包括：

（1）安排鉴证小组以外的注册会计师进行复核；

（2）定期轮换项目负责人及签字注册会计师；

（3）向鉴证客户的审计委员会或监事会告知服务性质和收费范围；

（4）制定确保鉴证小组成员不代替鉴证客户做出管理决策或承担相应责任的政策和程序；

（5）将独立性受到威胁的鉴证小组成员调离鉴证小组。

当维护措施不足以消除威胁独立性因素的影响或将其降至可接受水平时，会计师事务所应当拒绝接业务或解释业务约定。

第三节 注册会计师的法律责任

一、注册会计师承担法律责任的依据

注册会计师在执行审计业务时，应当按照审计准则的要求审慎执业，保证执业质量，控制审计风险。否则，一旦出现审计失败，就有可能承担相应的责任。

（1）经营失败：是指企业由于经济或经营条件的变化，而无法满足投资者的预期或者不能偿还债权人的债务。经营失败是经营风险的极端表现。经营风险是指企业由于经济或经营条件，比如经济萧条、管理决策失误或者同行之间的恶性竞争等，导致债权人的借款或款项不能归还或者无法实现投资人预期的收益。《中华人民共和国公司法》和《亏损上市公司暂停上市和终止上市实施办法》等规定，若公司最近三年连续亏损则股票会被实行暂停上市。

(2) 审计失败：是指注册会计师由于没有遵守审计准则的要求而发表了错误的审计意见。例如，注册会计师可能指派了不合格的助理人员去执行审计任务，未能发现应当发现的财务报表中存在的重大错报。

(3) 审计风险：是指财务报表中存在重大错报，而注册会计师发表不恰当审计意见的可能性。

经营失败与审计失败没有直接关系。审计失败是指注册会计师由于没有遵守审计准则而出具了错误的审计意见。企业出现经营失败，可能存在审计失败，也可能不存在审计失败，关键在于注册会计师在审计过程中是否遵守了审计准则。

三者的区别如表 3-1、表 3-2 所示：

表 3-1　经营失败与审计失败

区别	经营失败	审计失败
主体不同	经营者或公司	注册会计师或会计师事务所
形成原因不同	公司经营不善造成的	审计师的过失或欺诈造成的
结果不一样	应承担经营责任	应承担审计责任
联系：企业经营失败往往是诱发审计失败的导火索		

表 3-2　审计失败与审计风险

区别	审计失败	审计风险
表现形式不同	一种事实，通常由相关监管部门调查后认定做出	可能状态
形成原因不一致	强调是审计人员主观因素造成的，具体表现为过失或欺诈	由客观原因或者是审计人员并未意识到的主观原因造成的，强调的是客观性
结果不同	认定后的事实，必然导致损失	损失具有或然性
联系：两者的核心都是因为审计意见表达不当造成。由于对重要性和必要职业关注的认定缺乏量化标准，于是形成意见表达不当的主客观原因难以严格区分。因此审计风险在某些情况下，也会被认定并转化为审计失败而造成审计损失。审计风险是客观存在的，当审计风险与损失联系在一起时，常常表现为事实上的审计失败		

二、审计责任与被审计单位的会计责任

(一) 审计人员的审计责任

注册会计师的业务主要分为鉴证业务和相关服务业务。鉴证业务主要是审计业务，包括：审查企业会计报表，出具审计报告；验证企业资本，出具验资报告；办理企业合并、分立、清算事宜中的审计业务，出具有关报告；办理法律行政法规规定的其他审计业务，出具审计报告。除审计业务外，注册会计师还办理其他鉴证业务，例如审阅、预测性财务信息审核、内部控制审核。相关服务业务主要包括税务服务、管理咨询、会计服务等。

根据《中国注册会计师审计准则第1101号——财务报表审计的目标和一般原则》的规定，对财务报表发表审计意见是注册会计师的责任。可见，注册会计师的审计责任是对发表的审计意见负责。注册会计师发表的审计意见包括两个方面的内容：一是财务报表是否按照适用的会计准则和相关会计制度的规定编制，即评价财务报表的合法性；二是财务报表是否在所有重大方面公允地反映了被审计单位的财务状况、经营成果和现金流量，即评价报表的公允性。

在实务中，注册会计师既不能用行政监督手段也无法用司法监督手段，加之审计成本的约束，不能也无法对被审计单位会计报表的正确性和完整性做出百分之百的保证意见，也无法对会计报表的全部错弊负有责任，即只能做出合理保证。所谓合理保证是指不期望注册会计师能以百分之百的把握保证发现财务报表中存在的重大错误与违法行为。注册会计师只能保证其在遵循《注册会计师法》《中国注册会计师审计准则》及相关规定下做出诚实的审计报告。

（二）被审计单位的会计责任

根据中国注册会计师审计准则的规定，被审计单位管理层的责任包括：按照适用的财务报告编制基础编制财务报表；设计、执行和维护必要的内部控制，以使报表不存在舞弊或错误导致的重大错报；保障被审计单位资产的安全性和完整性；保证提交审计的会计资料真实、合法和完整。

由于被审计单位的错误、舞弊和违法行为而给他人造成损失，而注册会计师对被审计单位的上述行为发表了保留意见、否定意见或无法表示意见时，注册会计师就不应承担责任而应有被审计单位承担。另外，由于被审计单位经营失败，无力清偿借款或无法达到投资人期望的收益，而债权人和投资者不理解经营失败和审计失败的区别，在被审计单位处得不到补偿就寄希望于注册会计师。但如果不是注册会计师的责任，其不负法律责任。管理层认可与财务报表相关的责任，是注册会计师执行审计工作的前提，但财务报表审计并不减轻管理层的责任。

审计责任与注册会计师的法律责任之间具有密切的关系，注册会计师是否履行了审计责任以及履行审计责任的状况往往是衡量注册会计师是否应承担法律责任以及法律责任大小的重要依据。

例 3-2　巨人零售公司审计案例

一、案例简介

巨人零售公司，成立于1959年，是美国大型连锁折扣集团公司，也是一家上市公司，在1972，该公司拥有112家零售批发商店。

巨人零售公司由于竞争压力，在应付账款、销售退回以及进价差额的退回方面弄虚作假，在1971年行政管理当局把250万美元的经营损失改为150万元收益，并提高了与之有关的流动比率和周转率。

1972年，塔奇·罗斯会计师事务所负责对该公司实施会计报表审计业务，审计过程中，事务所的有关合伙人屈服于客户的压力，在该公司提出更换审计合伙人等无理要求后，"委曲求全"，对审计过程中发现的问题听之任之，审计后，事务所发表了无保留意见的审计报告。1972年巨人零售公司向美国证券交易委员会提交了1972年财务报表和事务所出具的无保留的审计报表，申请并获准发行了300万美元的普通股，还获取了1200美元的贷款。

1973年8月，公司向波士顿法院提交破产申请，两年后公司申请破产。

二、舞弊方法——虚减应付账款

表3-3 1972年巨人公司对应付账款的蓄意调整

债权人	应付账款减少金额/万美元	应付账款减少的理由
广告商	30	以前未入账的预付广告费
米尔布鲁克制造商	25.7	①商品购回。②总购折扣。③折扣优惠
罗兹斯盖尔公司	13	商品退回
各个供应商	17	以前购进货物进价过高
健身器材公司	16.3	商品退回

三、事实真相

1. 预付广告费（30万美元）

公司虚构了1100家广告商名单并称向他们预付了30万美元的广告费已达几个月之久，均未记录并记账。负责审计的塔丝会计师事务所只函证了4家广告公司，均得到预付广告费是错误的答复，但事务所并未深究。而另外抽查的20笔业务只要求提供证明文件。显然，会计师事务所无法因此获得充分、适当的审计证据。

2. 假折扣折让（25.7万美元）

巨人公司财务副总裁共伪造了28个假的贷项通知单，以此抵减应付米尔布鲁克公司的25.7万美元账款。审计时，事务所的助理审计人员得到了先后三个不同的解释。最初，助理审计人员被告知，这些贷项通知单是因为商品退回所发出的。后来又解释说，25.7万美元是总购货折扣。最后又说，这笔金额是米尔布鲁克公司为使巨人公司成为它的长期客户而给予的折让优惠。事务所在取证过程中受到了阻碍，在电话调查时，巨人公司总是先打电话，而且没有实行回避。因此，事务所的取证工作受到了美国证券交易委员会的批评。

3. 假退货（13万美元）

公司发出35份假贷项通知单，蓄意减少了13万美元应付罗兹斯盖尔公司的账款。事实是，很多发出贷项通知单的商店根本没有从罗兹斯盖尔公司进货，对方账上也无相应记录。事务所被告知，因两家公司将发生法律诉讼，所以只收到巨人公司的一些信件作为证据。

4. 差价退款（17万美元）

巨人零售公司的管理部门曾向下属两个最大部门的经理米尔和来瑟施加压力，要求他们假造一份名单，虚构几百个曾被供应商们因进价过高而要求退款的事项，这笔金额大约有17.7万美元。事务所在电话求证过程中，同样允许巨人公司事先联系供应商，这使三个供应商被巨人公司说服并提供假证明。

5. 伪造健美产品退回的虚假会计分录

巨人公司假造了发给健美产品制造商的贷项通知单，用根本没有被确认的16.3万美元的商品退回来减少应付账款。很明显这些产品的退回从来没有发生过。塔奇·罗斯会计师事务所没能充分调查到这些项目。

分析过程：

（一）从责任的角度分析：

巨人零售公司没有对经济业务进行真实、合法、完整的反映，没有履行好相应的会计责任，反而虚构会计信息，因此，应当承担相应的法律责任。

会计师事务所没有保持相应的审计独立性，甚至对审计助理发现的舞弊行为听之任之，因此没有履行好相应的审计责任。因此，被审计单位应承担相应的会计责任，会计师事务所应承担相应的审计责任。

（二）从职业道德角度分析：

（1）对应付账款的电话调查取证应在不受被审计单位干扰的情况下进行，应保持工作上的独立性。

（2）当注册会计师与客户意见不一致时，应坚持原则，保持客观公正的态度。

（3）在审计过程中，由于分工不同，大量的现场工作将由助理人员进行，这是符合成本效益原则的。但助理人员的工作过程应该由注册会计师负责指导、监督、检查，对发现的线索，注册会计师应采取相应的措施，并对助理人员的工作承担责任。

（4）注册会计师执行审计业务时，遇到被审计单位示意作不实或提出不当要求时，应予拒绝或中止审计业务。

三、区分"违约""过失""欺诈"

1. 违约

所谓"违约"是指合同当事人不履行合同义务或履行合同义务不符合约定时所承担的法律后果。例如注册会计师违反了与被审计单位审计业务协定书、保密协定书等。注册会计师违约给他人造成损失时，应负违约责任。《注册会计师法》第四十二条就规定了注册会计师违约给被审计单位造成损失应承担的民事赔偿责任。

注册会计师因违约（违反注册会计师与被审计单位签订的审计业务协定书）对被审计单位造成损失的，注册会计师应承担违约责任。具体责任及承担方式由双方协议约定，没有约定的根据《中华人民共和国合同法》的相关规定承担违约责任。在诉讼中，应遵循"谁主张谁举证"分配举证责任。

2. 过失

在我国刑法学中，过失是指行为人应当预见自己的行为可能发生危害社会的结果，因为疏忽大意而没有预见，或者已经预见而轻信能够避免的一种心理态度。在注册会计师职业时，主要表现在缺少应具有的合理的谨慎。评价注册会计师的过失，是以其他合格注册会计师在相同条件下可以做到的谨慎为标准的。在审计中通常又将过失分为普通过失和重大过失：

（1）普通过失。普通过失也称一般过失，通常是指没有保持职业上应有的合理的谨慎，没有完全遵循专业准则的要求。例如注册会计师在没有取得必要和充分审计证据的情况下做出肯定的无保留审计意见。

(2) 重大过失。重大过失是指不保持起码的职业谨慎，根本没有遵循专业准则的基本要求执行审计。比如，注册会计师不以《中国注册会计师审计准则》为依据。我国现行法律中主要用"严重不负责任""重大失实""重大遗漏"等词。

注册会计师因过失（包括普通过失）给受益第三者（审计业务约定书中指明的受益第三者）或其合理预期内的第三者造成损失的应承担责任。重大过失应以其造成损失为限承担民事赔偿责任及其相关行政和刑事责任；普通过失则应以收取的审计费用为限承担民事赔偿责任及其相关行政责任。注册会计师对本人并无过失或不能合理预见承担举证责任，在诉讼中，注册会计师可以出具其工作底稿作为证据。

注册会计师因过失给其他第三者造成损失的，除其能证明本身出于善意并无重大过失外应当承担责任。具体以其造成的损失为限承担民事责任及其相关行政刑事责任。注册会计师在提出证据证明自己本身出于并无重大过失时，法院应以其他合格注册会计师的平均业务水平作为判断是否采信的标准。

3. 欺诈

我国《最高人民法院关于贯彻执行〈中华人民共和国民法通则〉若干问题的意见（试行）》中定义欺诈为一方当事人故意告知对方虚假情况，或者故意隐瞒真实情况，诱使对方做出错误意思表示。欺诈是注册会计师主观"故意"行为，是以欺骗或坑害他人为目的的一种故意的错误行为。在刑法学中，故意是指明知自己的行为会发生危害社会的结果，并且希望或者放任这种结果的发生的一种主观心理态度。注册会计师执行鉴证业务时的欺诈行为主要是舞弊，出具错误的审计报告。我国现行法律中主要用"弄虚作假""虚假陈述""故意提供"等词，并未直接使用欺诈这词。

注册会计师因欺诈造成第三者损失的应与提供虚假陈述或错报的被审计单位承担无限连带责任并且承担相应的行政、刑事责任。

具体审计活动中在判断没有过失、普通过失、重大过失、欺诈时可以借鉴审计实务的判断标准。在审计实务中界定注册会计师是否承担法律责任主要看其是否遵循公认的审计准则进行鉴证业务。若注册会计师遵循了审计准则就不必承担任何法律责任；若其没有遵循审计准则表示其审计失败，应承担相应的法律责任，具体判断失败程度（普通过失、重大过失、欺诈）可以按以下步骤（图3-1）：

第一步：会计报表错报没有查出是否重大？若不重大，则注册会计师没有过失；若重大则判断其有过失。

第二步：内部控制失效了吗？

若内部控制失效了则判断注册会计师为过失。判断后看"内部控制测试应当揭示出来吗"，若揭示不出来，则认定注册会计师没有过失；若能揭示出来，则认定注册会计师为普通过失。

若内部控制没有失效，则看"适用了实质性测试程序了吗"，若运用了实质性测试程序，则认定注册会计师为普通过失；若没有运用实质性测试程序，则认定为重大过失或欺诈。

第三步：是否有欺骗动机？

若有欺骗动机则认定为欺诈；若没有欺骗动机则认定为重大过失。

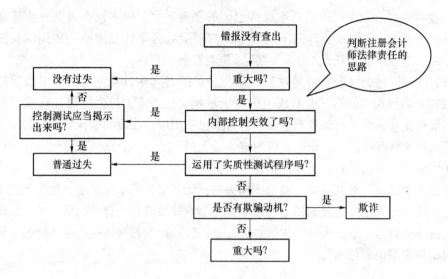

图 3-1 法律责任

例 3-3　科龙电器的审计失败

2002 年之前，科龙电器的审计机构是安达信，2001 年，科龙全年净亏 15 亿元，当时的安达信"由于无法执行满意的审计程序以获得合理的保证来确定所有重大交易均已被正确记录并充分披露"给出了无法表示意见的审计报告。2002 年，安达信因安然事件颠覆后，其在我国内地和香港的业务并入普华永道，普华永道对格林柯尔和科龙这两个"烫手山芋"采取了请辞之举。之后，德勤走马上任，为科龙审计了 2002 年至 2004 年的年报。

在对科龙 2002 年年报进行审计时，德勤认为"未能从公司管理层获得合理的声明及可信赖的证据作为其审计的基础，报表的上年数与本年数也不具有可比性"，所以出具了"保留意见"审计报告。此前安达信曾给出过无法表示意见的审计报告，在 2001 年年末科龙整体资产价值不确定的情况下，德勤 2002 年给出"保留意见"的审计报告显得有些牵强。在此基础上，2003 年德勤对科龙 2003 年的年报出具了无保留意见审计报告。2004 年德勤对科龙出具了保留意见审计报告。尽管在 2004 年年报披露之后德勤也宣布辞去科龙的审计业务，但它此前为科龙 2003 年年报出具的无保留意见审计报告，为 2002 年、2004 年年报出具的保留意见审计报告并没有撤回，也没有要求公司进行财报重述。既然科龙被证实有重大错报事实，德勤显然难以免责。

分析过程：

（1）德勤对科龙电器各期存货及主营业务成本进行审计时，直接按照科龙电器期末存货盘点数量和各期平均单位成本确定存货期末余额，并推算出科龙电器各期主营业务成本。

（2）在执行审计程序等方面，德勤的确出现了严重纰漏，对科龙电器的审计并没有尽职。

（3）德勤在存货抽样盘点过程中缺乏必要的职业谨慎，确定的抽样盘点范围不适当，审计程序不充分。

(4) 德勤审计科龙电器分公司时，没有对各年未进行现场审计的分公司执行其他必要审计程序，无法有效确认其主营业务收入实现的真实性及应收账款等资产的真实性。

四、注册会计师承担法律责任的种类

注册会计师因违约、过失或欺诈给被审计单位或其他利害关系人造成损失的，按照有关法律规定，可能被判承担行政责任、民事责任或刑事责任。这三种责任可单处，也可并处。我国法律对注册会计师及其事务所的法律责任规定散见于《中华人民共和国注册会计师法》《中华人民共和国证券法》《中华人民共和国公司法》《中华人民共和国刑法》等法律规范中。

1. 行政责任

行政责任是指违反经济法律法规依法应承担的行政法律后果，包括行政处分和行政处罚。行政责任对注册会计师而言，包括警告、暂停执业、吊销注册会计师证书；对会计师事务所而言，包括警告、没收违法所得、罚款、暂停执业、撤销等。

2. 民事责任

民事责任是指因实施了民事违法行为，根据民法所承担的对其不利的民事法律后果或者基于法律特别规定而应承担的民事法律责任。注册会计师民事责任主要是指赔偿受害人经济损失。

3. 刑事责任

刑事责任是指触犯刑法所必须承担的法律后果，其种类包括罚金、有期徒刑以及其他限制人身自由的刑罚等。

五、注册会计师避免法律诉讼的措施

与注册会计师法律责任相适应，注册会计师必须在执业中遵循执业准则和有关要求，尽量减轻自己的责任，尽力避免或减少法律诉讼。具体措施主要有：

1. 严格遵循职业道德和专业标准的要求

如前所述，不能苛求注册会计师对会计报表的所有错报事项都要承担法律责任，注册会计师是否承担法律责任，关键在于注册会计师是否有过失或欺诈行为。而判断注册会计师是否具有过失的关键在于注册会计师是否遵照专业标准的要求执业。因此，保持良好的职业道德、严格遵循专业标准的要求执业、出具报告，对于避免法律诉讼或在提起的诉讼中保护注册会计师具有无比的重要性。

2. 建立、健全会计师事务所质量控制制度

会计师事务所的质量管理是各项管理工作的核心。如果一个会计师事务所质量管理不严，很有可能因为一个人或一个部门而使整个会计师事务所遭受损失。例如，北京中诚会计师事务所没有建立质量管理制度，各个分所都可以中诚会计师事务所的名义独立承揽业务、出具报告，致使二分所为长城公司出具的虚假审计报告被曝光，而该事务所尚不知本所曾为长城公司出过审计报告。因此，会计师事务所必须建立健全一套严谨、科学的内部质量控制制度，并把制度运用到每一个人、每一部门及每一个项目上，保证整个会计师事务所的质量。

3. 审慎选择被审计单位

中外注册会计师法律案例告诉我们，注册会计师如欲避免法律诉讼，必须审慎选择被审计单位。一方面要选择正直的被审计单位。会计师事务所接受委托之前，一定要采取必要的措施对被审计单位的历史情况有所了解，评价被审计单位的品格，弄清委托的真正目的，尤其是执行特殊目的的审计业务时更应如此。另一方面对陷入财务和法律困境的被审计单位要尤为注意。大多数涉及注册会计师的诉讼案，都集中在宣告破产的被审计单位。周转不灵或面临破产的公司，其股东或债权人总想为他们的损失寻找替罪羊，因此对陷入财务困境的被审计单位也要特别注意。

4. 与委托人签订业务约定书

注册会计师承办审计业务时，会计师事务所应当与委托人签订业务约定书。业务约定书有法律效力，它是确定注册会计师与委托人、被审计单位责任的一个重要文件。因此，不论执行何种审计业务，都要在执行业务之前签订业务约定书，明确业务的性质、范围以及各方的责、权、利，这样才能在发生法律诉讼时减少不必要的争执。

5. 提取风险基金或购买责任保险

在西方国家，投保充分的责任保险是会计师事务所一项极为重要的保护措施，尽管保险不能免除可能受到的法律诉讼，但能防止或减少诉讼失败使会计师事务所发生的财务损失。但我国商业保险目前没有该类险种，这将是职业保险的一个趋势。另外，我国《注册会计师法》规定会计师事务所应该建立职业风险基金，类似于会计处理中减值风险金的计提，这也是谨慎性原则在会计师事务所中的运用。

6. 聘请熟悉注册会计师法律的律师

会计师事务所尽可能聘请熟悉相关法律法规及注册会计师法律责任的律师。在执业过程中，如遇到重大法律问题，注册会计师应与本所的律师或外聘律师详细讨论所有潜在的危险情况并仔细考虑律师的建议。一旦发生法律诉讼，也应聘请有经验的律师参加诉讼。

思考题

1. 注册会计师的职业行为中遵守的职业道德有哪些？
2. 对独立性造成威胁主要是哪些方面？
3. 怎么理解普通过失和重大过失？
4. 经营失败为什么可能会造成审计失败？
5. 注册会计师如何避免法律诉讼？

第四章

审计证据和审计工作底稿

第一节 审计证据

一、审计证据的概念及分类

(一) 审计证据的概念

审计证据是指注册会计师为了得出审计结论、形成审计意见而使用的所有信息,包括会计记录中的信息和其他信息。

注册会计师应该获取充分、适当的审计证据,以得出合理的审计结论,作为形成审计意见的基础。审计证据对于整个审计工作而言是至关重要的。审计证据是证明注册会计师审计工作质量的重要依据,其获取哪些种类的审计证据,是如何获取的,这些证据的证明力怎么样,对审计结论的影响如何等,都会通过审计证据反映出来。

(二) 审计证据的分类

1. 按内容分类

审计证据按内容进行分类,可以分为会计记录的信息和其他信息。

(1) 会计记录的信息。

会计记录,是指对初始会计分录形成的记录和支持性记录。例如:原始凭证、记账凭证、总分类账和明细分类账、未在记账凭证中反映的对财务报表的其他调整,支持成本分配、计算、调节和披露的手工计算表和电子数据表。电子形式的会计记录可能只能在特定时间获取,如果不存在备份文件,特定期间之后有可能无法再获取这些记录。

(2) 其他信息。

其他信息指除被审计单位会计记录之外的信息。例如,被审计单位会议记录,内部控制手册,函证回函,分析师的报告,与竞争者的比较数据等;注册会计师获取的存货存在性的证据；注册会计师编制的各种计算表、分析表等。

2. 按形式分类

审计证据按形式进行分类，可以分为实物证据、书面证据、口头证据以及环境证据。

（1）实物证据。

实物证据是指注册会计师通过实地观察或清查盘点所取得的，以确定某些实物资产是否真实存在的证据。它通常适用于库存现金、有价证券、存货、固定资产等有实物形态的资产的审计。例如，可以通过实地监督盘点来对库存现金的数额进行验证；也可以通过实地清点各种存货和固定资产来确认它们是否存在。

实物证据是证实资产是否存在的最佳证据，但其不能证实资产的所有权；另外也难以证实资产的价值与质量。因此，注册会计师在取得实物证据的同时，还应取得与所有权归属及价值状况的其他证据。

（2）书面证据。

书面证据是指注册会计师获取的各种以书面文件为形式的一种证据。它包括与审计有关的各种原始凭证、记账凭证、会计账簿、财务报表等会计资料，还包括与审计有关的各种会议记录、文件、合同、往来函件、声明书和报告等。书面证据是注册会计师搜集证据的主要领域，也是形成审计意见的重要基础，是审计证据的主要组成部分，也称为基本证据。

书面证据从来源角度，可分为外部证据和内部证据。

① 外部证据。

外面证据包括三种：其一，被审计单位以外的机构或人士编制，并由其直接递交注册会计师的外部证据；其二，由被审计单位以外的机构或人士编制，但为被审计单位持有并提交注册会计师的书面证据；其三，注册会计师为证明某个事项而自己动手编制的各种计算表、分析表等。从证据的证明力判断，以上三种证明力由强渐弱，说明审计证据的证明力的大小与被审计单位对审计证据的控制程度有关。

② 内部证据。

内部证据包括：被审计单位的会计记录、被审计单位管理层声明书，以及其他各种由被审计单位编制和提供的有关书面文件。

（3）口头证据。

口头证据是指由被审计单位职员或其他人员对注册会计师的提问做出的口头答复所形成的一类证据。如被审计单位会计人员对计提各种准备金的解释等。一般而言，口头证据本身不足以证明事情的真相，但注册会计师可以从中发掘需要审计的情况，提供获取其他证据的线索，并可作为其他证据的佐证材料。

在审计过程中，注册会计师应把询问的口头证据形成书面记录，并注明何时、何人、在何种情况下所作的口头陈述，并由被询问者签名确认。但不管口头证据是否形成书面记录，都不能作为基本证据，其证明力较差。但如果不同人员对同一问题所作的口头陈述一致时，则口头证据则具有较高的可信性。

口头证据通过询问的方式取得，但证明力有限，往往需要得到其他相应证据的支持。

（4）环境证据。

环境证据也称状况证据，是指对被审计单位产生影响的各种环境事实。

环境证据主要包括以下几种情况：

第一，有关内部控制的情况。被审计单位的内部控制的情况直接影响到审计工作的效果，其完善程度还决定注册会计师收集审计证据数据的多少。内部控制越健全、执行越严谨，所需要的其他相应审计证据就越少；反之，注册会计师就必须获取更多数量的其他证据。

第二，被审计单位管理人员的素质。被审计单位管理人员的素质越高，其提供的证据发生差错的可能性就越小，证据的可靠程度就越高。

第三，各种管理条件和管理水平。如果被审计单位内部管理严格，管理水平较高，那么其提供的审计证据的可靠性也就越高。

环境证据可以帮助注册会计师了解被审计单位及其经济活动所处的环境，是注册会计师进行判断所必须掌握的资料。环境证据主要用于判断被审计单位的总体状况。环境证据不是基本证据，只能起佐证的作用，它所证明的事项还需要其他证据来进行证实。

3. 按相关程度分类

按审计证据的相关程度进行分类，可分为直接证据和间接证据。

（1）直接证据。

直接证据是指审计事项具有直接证明力，能单独、直接地证明审计事项真相的资料和事实。如在审计人员亲自监督实物和现金盘点情况下的盘点实物和现金的记录，就是证明实物和现金实存数的直接证据。审计人员有了直接证据，无须再收集其他证据，就能根据直接证据得出审计事项的结论。

（2）间接证据。

间接证据又称旁证，是指对审计事项只能起间接证明作用，需要与其他证据结合起来，经过分析、判断、核实才能证明审计事项真相的资料和事实。如应证实事项是销售收入的公允性，就应收账款而言，虽然应该账款是与销售收入相关的资料，但仅凭应收账款还不能证明销售收入的公允性，还需要结合销售合同、产成品出库单和发运凭证等证据，所以应收账款是销售收入公允性证明的间接证据。

在审计工作中，单凭直接证据就能直接影响审计人员的意见和结论的情况并不多见。一般情况下，在直接证据以外，往往需要一系列的间接证据才能对审计事项做出完整的结论。当然，直接和间接是相对的，仍以凭证为例，凭证对于财务报表而言是间接证据，而对于会计账簿而言则直接证据。

二、审计证据的特性与鉴定

（一）审计证据的充分性

审计证据的充分性是对审计证据数量的衡量，是指审计结论具有说服力而使人们完全相信所需要的审计证据的数量。或者说，充分性体现在注册会计师为形成合理的审计意见所需要审计证据的最低数量要求，一般与注册会计师确定的样本规模有关。

注册会计师需要获取审计证据的数量受报表重大错报风险、具体审计项目的重要性、审计人员的执业经验和审计证据质量等多方面的影响。例如，注册会计师对某计算机硬件公司进行审计，经过分析，被审计单位行业性质属于高科技行业，产品更新换代速度快，存货陈旧的可能性高，存货计价错报的可能性大，因此，注册会计师在审计中就要选取更多的存货样本进行测试，以确定存货陈旧程度，从而确认存货的价值是否准确。

（二）审计证据的适当性

审计证据的适当性，是对审计证据质量的衡量，即审计证据在支持审计意见所依据的结论方面具有的相关性和可靠性。相关性和可靠性是审计证据适当性的核心内容，只有相关且可靠的证据才是高质量的。

1. 审计证据的相关性

相关性是指审计证据的信息与审计目标和相关认定之间存在的逻辑联系，所反映的内容能够支持审计结论和建议。例如，仅凭应收账款账簿记录，很难令人相信该笔债券债务关系的存在性，而只有加上销售合同、发货凭证、销售发票、账簿记录以及客户的函证回函才能构成完整的证据链条，才能令人信服。

审计证据的相关性受到测试方向和不同来源信息的影响。

（1）审计证据的相关性可能受测试方向的影响。测试方向包括逆向追查与正向追查两个方向。例如，如果某审计程序的目的是测试应付账款的计价高估，则测试已记录的应付账款可能是相关的审计程序。再如了解应付账款的完整性，则测试已记录的应付账款不是相关的审计程序，相关的审计程序可能是测试期后支出、未支付发票、供应商结算单以及发票未到的收货报告单等。

（2）审计证据的相关性可能受不同来源获取审计证据或者获取不同形式的审计证据的影响。例如，函证银行存款余额是证实资产负债表的银行存款是否存在的重要程序，同样取得并检查银行存款对账单和银行存款余额调节表也是提供资产负债表上所列银行存款是否存在的审计证据。

2. 审计证据的可靠性

审计证据的可靠性是指证据的可信程度，即审计证据能够真实反映被审计事项的客观事实。

判断审计证据的可靠性时，通常会考虑以下方面：①外部独立来源获取的证据比其他来源证据可靠。②内部控制有效时比薄弱时生成的证据可靠。③直接获取的证据比间接或推论得出的证据可靠。④以文件、记录形式（纸质、电子或其他介质）存在的证据比口头证据可靠。⑤从原件获取的证据比从传真件或复印件获取的证据可靠。

（三）充分性和适当性之间的关系

充分性和适当性是审计证据的两个重要特征，两者缺一不可，只有充分且适当的审计证据才是有证明力的。

审计人员需要获取审计证据的数量要受审计证据质量的影响。审计证据质量越高，需要的审计证据数量可能越少。也就是说，审计证据的适当性会影响审计证据的充分性。例如，被审计单位内部控制健全时收集的审计证据更可靠，审计人员只需要获取相应数量的审计证据，就可以为发表审计意见提供合理的基础。

需要注意的是，尽管审计证据的充分性和适当性相关，但如果审计证据的质量存在缺陷，那么仅靠获取更多的审计证据就可能无法弥补其质量上的缺陷。例如，审计人员应当获取与销售收入完整性相关的证据，实际获取到的却是有关销售收入真实性的证据，审计证据与完整性目标不相关，即使获取的证据再多，也证明不了收入的完整性。同样地，如果审计人员获取的审计证据不可靠，那么证据数量再多也难以起到证明作用。

（四）评价充分性和适当性时的特殊考虑

1. 对文件记录可靠性的考虑

审计工作通常不涉及鉴定文件记录的真伪，审计人员不是鉴定信息记录真伪的专家，但应当考虑用作审计证据的信息的可靠性。

如果识别出的情况使注册会计师认为文件记录可能是伪造的或文件记录中的某些条款已发生变动，应做出进一步调查，包括向第三方函证，或考虑利用专家的工作以评价文件记录的真伪。例如，发现某银行询证函回函有伪造或篡改的痕迹，审计人员应考虑是否存在舞弊的可能性，必要时聘请专家进行鉴定。

2. 对审计证据重要性的考虑

审计证据的重要性是鉴定审计质量的一个标准。审计证据的重要性与该证据影响审计结论的程度有关，重要的审计证据能影响审计人员做出审计结论，反之亦然。区分审计证据的重要性程度往往以价值大小作为评价的依据。例如，审计人员在对价值 10 万元的材料进行审查时，发现短缺的价值为 50 元，则通常认为，这种情况是微不足道和不重要的，也不会影响审计人员关于存货管理的有关结论。事实上，价值只是衡量重要性的一个方面，除了价值因素外，更应该考虑审计证据的性质。在某些情况下，价值虽然较低的错报也可能会对报表产生重大影响。如一项不重大的违法支付或未遵循某项规定，但该支付或违法行为可能导致一项重大的损失，从性质上判断这类审计证据是重大的。

3. 证据相互矛盾时的考虑

如果从不同来源获取的审计证据不一致，那么这表明某项审计证据可能不可靠，应当追加必要的审计程序。如果不同来源的审计证据能够相互印证，则具有更强的说服力。例如，审计人员通过检查委托加工协议发现被审计单位有委托加工材料，且委托加工材料占存货比重较大，经发函询证后证实委托加工材料确实存在。委托加工协议和回函这两个不同来源的审计证据相互印证，证明委托加工材料真实存在。

4. 对成本的考虑

审计意见的形成必须建立在有足够数量的审计证据的基础上，但并不是说，审计证据越多越好，因为获取审计证据需要审计成本，因此要考虑成本效益原则，使审计更有效率、效益。注册会计师在考虑获取审计证据的成本时，不应以获取审计证据的难易程度和成本的高低为由减少不可替代的审计程序。例如，存货的监盘是证实存货存在性认定的不可替代的审计程序，审计人员不得以检查成本高和难以实施为由而不执行该程序。

例 4-1　审计证据的适当性

注册会计师在对某客户审计过程中，收集到下列四组审计证据：
(1) 销货发票副本与购货发票；
(2) 审计助理人员监盘存货的记录与客户自编的存货盘点表；

（3）审计人员收回的应收账款函证回函与询问客户应收账款负责人的记录；

（4）银行存款回函与企业编制的银行存款余额调节表。

分析过程：

（1）购货发票比销货发票副本可靠。因为购货发票是来自被审计单位外部，销货发票是被审计单位自己填写的，所以购货发票比销货发票更可靠。

（2）审计助理人员监盘存货的记录比客户自编的存货盘点表可靠。这是因为注册会计师自行获得的证据，比由被审计单位提供的证据可靠。

（3）审计人员收回的应收账款函证回函比询问客户应收账款负责人的记录可靠。函证回函是注册会计师从独立于被审计单位外部获得的，所以比直接从被审计单位人员得到的记录更可靠。

（4）银行函证的回函比银行存款余额调节表可靠。这是因为银行回函是从被审计单位外部得到的，银行存款余额调节表是被审计单位自己编制的，所以前者更可靠。

三、审计证据的搜集

1. 检查

检查是指注册会计师对以纸质、电子或其他介质形式存在的记录和文件进行审查，或对资产进行实物审查。

（1）检查记录或文件获得的审计证据的可靠程度取决于记录或文件的性质和来源。检查的内部记录或文件的可靠性取决于相关内部控制的有效性。

检查书面文件适用于风险评估程序、控制测试程序和实质性程序三个环节，也是常用的证据取得方式，主要可搜集书面证据。

（2）检查有形资产可为其存在提供可靠的审计证据，但不一定能够为权利和义务或计价等认定提供可靠的审计证据。检查有形资产主要适用于存货、现金、有价证券、应收票据和固定资产等。该种检查实际上是监盘或盘点，仅适用于实质性程序，可获得实物证据。

2. 观察

观察是指注册会计师查看相关人员正在从事的活动或执行的程序。

观察提供的审计证据仅限于观察发生的时点，并且在相关人员已知被观察时可能与日常的做法不同，从而会影响注册会计师对真实情况的了解，削弱了审计证据的相关性。因此，有必要获取其他类型的佐证证据。

观察适用于风险评估程序、控制测试程序和实质性程序三个环节，可获得环境证据，在实物观察时也可获得实物证据。

3. 询问

询问是指注册会计师以书面或口头方式，向被审计单位内部或外部的知情人员获取财务信息和非财务信息，并对答复进行评价的过程。

询问本身不足以发现认定层次存在的重大错报，也不足以测试内部控制运行的有效性，还应实施其他审计程序以获取充分、适当的审计证据。

询问适用风险评估程序、控制测试程序、实质性程序三环节，可获得口头证据作为佐证证据。

4. 函证

函证是指注册会计师为了获取影响财务报表或相关披露认定的项目的信息，通过直接来自第三方的对有关信息和现存状况的声明，获取和评价审计证据的过程。通过函证获取的证据可靠性较高，函证是受到高度重视并经常被使用的一种重要程序。

函证仅适用于实质性程序，可取得书面证据。

5. 重新计算

重新计算是指注册会计师以人工方式或使用计算机辅助审计技术，对记录或文件中的数据计算的准确性进行核对。

重新计算通常包括计算销售发票和存货的总金额、加总日记账和明细账、检查折旧费用和预付费用的计算、检查应纳税额的计算等。

重新计算仅适用于实质性程序，可取得书面证据。

6. 重新执行

重新执行仅适用于控制测试程序。

重新执行是指注册会计师以人工方式或使用计算机辅助审计技术，重新独立执行作为被审计单位内部控制组成部分的程序或控制。例如，发票复核问题或验证发票复核的效果。

7. 分析程序

分析程序是指注册会计师通过研究不同财务数据之间以及财务数据与非财务数据之间的内在关系，对财务信息做出评价。分析程序还包括调查识别出的、与其他相关信息不一致或与预期数据严重偏离的波动或关系。

分析程序适用于风险评估程序和实质性程序，可取得书面证据和环境证据。

例 4-2　分析程序的运用

注册会计师 A 于 2016 年年初对 ×公司 2015 年度会计报表进行审计。经初步了解，×公司 2015 年度的经营形势、管理及经营机构与 2014 年度比较未发生重大变化，且未发生重大重组行为。为确定重点审计领域，注册会计师拟实施分析性复核程序。

（1）请对资料一进行分析，指出利润表中的重点审计领域，并简要说明理由；

（2）对资料二分析后，指出主营业务收入和主营业务成本的重点审计领域，并简要说明理由。

资料一：×公司 2015 年度未审利润表及 2014 年度已审利润表如表 4-1 所示：

表 4-1　×公司已审利润表

单位：万元

项目	2015 年度（未审数）	2014 年度（审定数）
一、营业收入	104340	58956
减：营业成本	91845	53599
营业税金及附加	560	350

续表

项目	2015年度（未审数）	2014年度（审定数）
减：营业费用	2800	1610
管理费用	2380	3260
财务费用	180	150
加：投资收益	980	
公允价值变动损益		
二、营业利润	7555	(13)
加：营业外收入	100	150
减：营业外支出	260	300
三、利润总额	7395	(163)
减：所得税	800	
（税率25%）		
五、净利润	6595	(163)

资料二：×公司2015年度1—12月份未审主营业务收入、主营业务成本如表4-2所示：

表4-2　×公司未审主营业务收入、主营业务成本

单位：万元

月份	主营业务收入	主营业务成本
1	7800	7566
2	7600	6764
3	7400	6512
4	7700	6768
5	7800	6981
6	7850	6947
7	7950	7115
8	7700	6830
9	7640	6832
10	7900	7111
11	8100	7280
12	18900	15139
合计	104340	91845

分析过程：

（1）在实施分析性复核程序后，应将以下会计报表项目作为重点审计领域：

① 主营业务收入。主营业务收入在2014年度的基础上增长了78%（或是发生了较大变化），而2015年度经营形势与2014年度相比并未发生重大变化。

② 主营业务成本。主营业务成本在2014年度的基础上增长了71.35%（或是发生了较大变化，或是毛利率有较大幅度的提高），而2015年度经营形势与2014年度相比并未发生重大变化。

③ 管理费用。在机构、人员亦未发生重大变化，且在销售收入大幅增长的情况下，管理费用由3260万元下降到2380万元，下降了26.99%（或是大幅下降）。

④ 所得税。所得税占利润总额比例（为10.82%），与25%的所得税税率存在较大差异。

(2) 在实施分析性复核程序后，应将以下月份主营业务收入和主营业务成本作为重点审计领域：

① 1月份。该月份毛利率（为3%）远低于全年平均毛利率和其他各月毛利率。

② 12月份。该月份主营业务收入占全年主营业务收入比例较高（达18.12%）；毛利率相对较高（达19.90%）。

第二节　审计工作底稿

审计工作底稿，是指注册会计师对制订的审计计划、实施的审计程序、获取的相关审计证据，以及得出的审计结论做出的记录。审计工作底稿是审计证据的载体，是注册会计师在审计过程中形成的审计工作记录和获取的资料。它形成于审计过程，也反映整个审计过程。

一、基本内容

(一) 审计工作底稿的目的

注册会计师应当及时编制审计工作底稿，以实现下列目的：

(1) 提供充分、适当的记录，作为审计报告的基础。审计工作底稿是注册会计师形成审计结论，发表审计意见的直接依据。及时编制审计工作底稿有助于提高审计工作的质量，便于在出具审计报告之前，对取得的审计证据和得出的审计结论进行有效复核和评价。

(2) 提供证据，证明其按照中国注册会计师审计准则的规定执行了审计工作。在会计师事务所因执业质量而涉及诉讼或有关监管机构进行执业质量检查时，审计工作底稿能够提供证据，证明会计师事务所是否按照审计准则的规定执行了审计工作。

(二) 审计工作底稿的作用

1. 审计工作底稿是联结全部审计工作的纽带

审计工作经常由多个注册会计师进行，他们之间存在不同的分工协作。审计工作在不同阶段有不同的测试程序和实现目标。审计工作底稿可以把不同人员的审计结果、不同阶段的审计结果有机地联系起来，使得各项工作都围绕对会计报表发表意见这一总体目标来进行。

2. 审计工作底稿是形成审计结论、发表审计意见的依据

审计工作底稿是审计证据的载体，它不但记录了审计证据本身的反映内容，而且记载了注册会计师对审计证据的评价分析情况以及得出的审计结论。这些审计证据和注册会计师的专业判断是形成审计结论、发表审计意见的直接依据。

3. 审计工作底稿是评价审计责任、专业胜任能力和工作业绩的依据

评价审计责任通常是评价注册会计师对审计报告所负的真实性和合法性责任。如果注册会计师严格依据独立审计准则进行审计，据实发表意见，并把这些情况记录于审计工作底稿上，那么在任何时候依据审计工作底稿进行评价都有利于解脱或减除审计责任。注册会计师专业能力的强弱、工作业绩的好坏表现在选择何种程序、有无科学的计划、专业判断是否恰当等方面。这些因素可以通过评价审计工作底稿来体现和衡量。

4. 审计工作底稿为审计质量控制与质量检查提供了基础依据

进行审计质量控制通常是由会计师事务所为确保审计质量符合独立审计准则的要求而制定和运用的控制政策和程序，主要包括指导和监督注册会计师选择实施审计程序，编制审计工作底稿，并对审计工作底稿进行复核。换言之，审计工作底稿既可以作为审计质量控制的对象，又可以作为审计质量控制的依据。审计质量检查通常是由注册会计师协会或其他有关单位组织进行，其核心工作就是对审计工作底稿规范程度的检查。因此，离开审计工作底稿，审计质量检查就会成为无本之木，无源之水。

5. 审计工作底稿具有参考价值

由于审计工作有很密切的联系性和连续性，前一年度的审计情况经常可以作为后一个年度开展审计业务的参考、借鉴；另外，前任注册会计师审计业务也可以作为后任注册会计师开展审计业务的参考、备查。这些参考、借鉴和备查作用往往是通过调阅审计工作底稿而得以实现的。因此，审计准则不仅要求注册会计师要认真编制和复核审计工作底稿，也要求注册会计师必须妥善保管审计工作底稿，建立与保管有关的保密、调阅等管理制度。

（三）审计工作底稿的内容与分类

审计工作底稿通常包括总体审计策略、具体审计计划、分析表、问题备忘录、重大事项概要、询证函回函、管理层声明书、核对表、有关重大事项的往来信件（包括电子邮件），以及对被审计单位文件记录的摘要或复印件等。此外，审计工作底稿通常还包括业务约定书、管理建议书、项目组内部或项目组与被审计单位举行的会议记录、与其他人士（如其他注册会计师、律师、专家等）的沟通文件及错报汇总表等。

审计工作底稿一般分为综合类工作底稿、业务类工作底稿和备查类工作底稿。

1. 综合类工作底稿

综合类工作底稿指注册会计师在审计计划阶段和审计报告阶段，为规划、控制和总结整个审计工作并发表审计意见所形成的审计工作底稿。它主要包括：审计业务约定书、审计计划、审计总结、未审会计报表、试算平衡表、审计差异调整汇总表、审计报告、管理建议书、被审计单位管理当局声明书以及注册会计师对整个审计工作进行组织管理的所有记录和资料。

2. 业务类工作底稿

业务类工作底稿指注册会计师在审计实施阶段为执行具体审计程序所形成的审计工作底

稿。它包括：控制测试中形成的内部控制问题调查表和流程图、实质性测试中形成的项目明细表、资产盘点表或调节表、询证函、分析性测试表、计价测试记录、截止测试记录等。

3. 备查类工作底稿

备查类工作底稿指注册会计师在审计过程中形成的、对审计工作仅具有备查作用的审计工作底稿。主要包括：被审计单位的设立批准证书、营业执照、合营合同、协议、章程、组织机构及管理人员结构图、董事会会议纪要、重要经济合同、相关内部控制制度、验资报告的复印件或摘录。备查类工作底稿随被审计单位有关情况的变化而不断更新，应详细列明目录清单，并将更新的文件资料随时归档。注册会计师在将上述资料归为备查类工作底稿的同时，还应根据需要，将其中与具体审计项目有关的内容复印、摘录、综合后归入业务类审计工作底稿的具体审计项目之后。通常，备查类工作底稿是由被审计单位或第三者根据实际情况提供或代为编制，因此，注册会计师应认真审核，并对所取得的有关文件、资料标明其具体来源。

二、审计工作底稿的要素及编制要求

（一）审计工作底稿要素

一般来说，每张工作底稿必须同时包括以下基本内容：

1. 被审计单位名称

每一张审计工作底稿都应该写明被审计单位全称，如果被审计单位下面有分（子）公司，或者内部的车间、部门，则应同时注明分（子）公司或内部车间、部门的名称。

2. 审计项目名称

每张审计工作底稿都应写明审计的内容，如审计的销售收入报表项目，则项目名称应填"主营业务收入"。

3. 审计项目时间或期间

对资产负债表项目，应写明审计内容发生的时点；对损益表类项目，应写明审计内容涵盖期间。

4. 审计过程记录

审计人员应将其实施的审计程序、获得的审计、形成的专业判断记录于审计工作底稿。审计人员还应将分散在不同审计工作底稿中的有关重大事项的记录汇总在重大事项概要中，以帮助审计人员集中考虑重大事项对审计工作的影响，还便于审计工作的复核人员全面、快速地了解重大事项。其中，审计过程记录主要记录以下事项：

（1）记录特定项目或事项的识别特征；

（2）重大事项；

（3）记录针对重大事项如何处理矛盾或不一致的情况；

5. 审计结论

审计工作稿的过程记录必须由审计人员专业判断得出结论，包括未发现问题的结论和已发现问题的结论。对已发现问题的结论，应说明得出结论所依据的规定和标准。

6. 审计标识及其说明

审计工作底稿中可使用各种审计标识,但应说明其含义,并保持前后一致。在实务中,审计人员可依据实际情况运用更多的审计标识。表4-3所示为常用的标识。

表4-3 常用的标识

顺序号	审计标识	标识含义	顺序号	审计标识	标识含义
1	∧	纵加核对	6	S	与明细账核对一致
2	<	横加核对	7	T/8	与试算平衡表核对一致
3	8	与上年结转数一致	8	C	已发询证函
4	T	与原始凭证核对一致	9	……C\	已收回询证函
5	G	对总账核对一致	10	……?	疑问待查

7. 索引号及页次

通常,审计工作底稿需要注明索引号,以便审计工作底稿的整理,相互印证和日后查询,使之保持清晰的钩稽关系。审计工作底稿索引号审计准则中并未统一规定,如何编制索引号则与会计师事务所的制度或注册会计师的习惯有关。表4-4所示为审计工作底稿索引号。

表4-4 审计工作底稿索引号

序号	索引号	含义
1	A	资产类工作底稿
2	B	负债类工作底稿
3	C	所有者权益类工作底稿
4	D	收入类工作底稿
5	E	成本费用类工作底稿
6	X	备查类工作底稿
7	Y	综合类工作底稿

8. 编制者姓名及编制日期

审计工作底稿的编制者是底稿的记录者,需要在编制的审计工作底稿上签名并注明日期。

9. 复核者姓名及复核日期

审计准则规定审计工作底稿必须执行复核制度,每一张工作底稿均须有复核人的签名及复核日期,以明确责任。

(二)审计工作底稿的编制要求

审计工作底稿作为注册会计师在整个审计过程中形成的审计工作记录资料,在编制上应满足以下两个方面的要求:其一,在内容上应做到资料翔实、重点突出、繁简得当、结论明确；其二，在形式上应做到要素齐全、格式规范、标识一致、记录清晰。具体地讲包括：

（1）资料翔实。即记录在审计工作底稿上的各类资料来源要真实可靠，内容完整。每一份具体审计事项应单独编制一份审计工作底稿。

（2）重点突出。即审计工作底稿应力求反映对审计结论有重大影响的内容。

（3）繁简得当。即审计工作底稿应当根据记录内容的不同，对重要内容详细记录，对一般内容简单记录。

（4）结论明确。即按审计程序对审计项目实施审计后，注册会计师应在审计工作底稿中对该审计项目明确表达其最终的专业判断意见。

（5）要素齐全。即构成审计工作底稿的基本内容应全部包括在内。

（6）格式规范。即审计工作底稿所采用的格式应规范、简洁。虽然审计准则未对审计工作底稿格式做出规范设计，但有关审计工作底稿的执业规范指南给出了参考格式。

（7）标识一致。即审计符号的含义应前后一致，并明确反映在审计工作底稿上。

（8）记录清晰。即审计工作底稿上记录的内容要连贯，文字要端正，计算要准确。对尚待解决的事情应在备忘录中记录。

（三）几种常见的审计工作底稿

1. 现金盘点表

表4-5所示为现金盘点。

表4-5 现金盘点

单位名称：　　　　　　　　　　　盘点日期：　　　年　　月　　日

现金清点情况			账目核对		
面额	张数	金额	项目	金额	说明
100元			盘点日账户余额		
50元			加：收入未入账		
20元			加：		
10元			加：未填凭证收款据		
5元			加：		
2元			减：付出凭证未入账		
1元			减：未填凭证付款据		
其他			减：		
			调整后现金余额		
			实盘现金		
			长款		
合计			短款		

差异分析：

盘点人：　　　　　　　　监盘人及日期：　　　　　　　复核人及日期：

2. 审计差异调整表

表4-6所示为审计差异调整表——调整分录汇总。

表4-6 审计差异调整表——调整分录汇总

被审计单位名称_____ 索引号_____ 页　次_____
审计项目名称_____ 编　制_____ 日　期_____
会计期间或截止日_____年_____月_____日 复　核_____ 日　期_____

序号	索引号	调整分录及说明	资产负债表		损益表		被审计单位调整情况及未调整原因
			借方	贷方	借方	贷方	
…	…	…	…	…	…	…	…

3. 内部控制测试表

表4-7所示为内部控制测试。

表4-7 内部控制测试

被审计单位		测试项目	
测试内容		执行部门	实际执行情况（有√、无×）

1. 各项收入是否已全部纳入财务管理并及时入账
2. 现金或转账支付凭证是否经会计审核后支付
3. 出纳账与会计账是否定期核对，出纳现金是否账实相符
4. 银行日记账与银行对账单是按月核对，是否编制"调节表"
5. 经费支出是否建立一支笔审批程序
6. 印章是否分别保管，相互制约
7. 各种票据的保管、领发、缴销制度是否健全
8. 固定资产购置是否及时入账并实行定期盘点，做到账、卡、物相符
9. 会计报表的编制是否以正确账户资料为依据
10. 往来款项是否真实、合法
11. ……

审计人员及日期：　　　　　　　　　　　　　　　复核人及日期：

三、审计工作底稿的整理与保管

（一）审计工作底稿的整理

对审计工作底稿的分类整理和汇集归档构成审计工作底稿整理工作的全部内容。审计档案是注册会计师在规划审计工作、实施审计程序、发表审计意见和签署审计报告过程中形成的记录，并综合整理分类后形成的档案资料。审计档案是会计师事务所的重要历史资料和宝贵财富，应妥善管理。

审计档案分为永久性审计档案和当期审计档案两种。永久性审计档案是指那些记录内容相对稳定、具有长期使用价值，并对以后的审计工作具有重要影响和直接作用的审计档案，如备查类工作底稿和综合类审计工作底稿中的审计报告、管理意见书。当期审计档案是指那些记录内容经常变化，只供当期审计使用和下期审计参考的审计档案，如业务类工作底稿和综合类审计工作底稿的其他部分资料。

（二）审计工作底稿的复核

由于一张单独的审计工作底稿往往由一名注册会计师编制完成，难免造成在资料引用、专业判断和计算分类方面的误差。因此，对已经编制完成的审计工作底稿必须安排有关专业人员进行复核，以保证审计意见的正确性和审计工作底稿的规范性。

根据审计准则的要求，会计师事务所应该对审计工作底稿进行复核的人员级别、复核程序与要点、复核人职责做出明文规定，形成一项制度。通常，根据中国会计师事务所的组织规模和业务范围，可以实行对审计工作底稿的三级复核制度。审计工作底稿三级复核制度是指以主任会计师、部门经理和项目负责人（或注册会计师）为复核人，依照规定的程序和要点对审计工作底稿进行逐级复核的制度。三级复核制度目前已成为较为普遍采用的形式，对于提高审计工作质量、加强质量控制起了重要的作用。

三级复核制度的第一级复核称为详细复核，指由项目经理（或注册会计师）负责的，对下属各注册会计师编制或取得的审计工作底稿逐张进行复核。其目的在于按照准则的规范要求，发现并指出问题，及时加以修正完善。

三级复核制度的第二级复核称为一般复核，指由部门经理（或签字注册会计师）负责的，在详细复核的基础上，对审计工作底稿中重要会计账项的审计程序实施情况、审计调整事项和审计结论进行复核。一般复核实质上是对项目经理负责的详细复核的再监督。其目的在于按照有关准则的要求对重要审计事项进行把关、监督。

三级复核制度的第三级复核也称重点复核，是由主任会计师或指定代理人负责的，在一般复核的基础上对审计过程中的重大会计问题、重大审计调整事项和重要的审计工作底稿进行复核。重点复核是对详细复核结果的二次监督，同时也是对一般复核的再监督。重点复核的目的在于使整个审计工作的计划、进度、实施、结论和质量全面达到审计准则的要求。通过重点复核后的审计工作底稿方可作为发表审计意见的基础，然后归类管理。

（三）审计工作底稿的保管

审计工作底稿按照一定的标准归入审计档案后，应交由会计师事务所档案管理部门进行管理。会计师事务所应建立审计档案保管制度，以确保审计档案的安全、完整。对于永久性和当期审计档案的保管年限分别如下：

（1）永久性审计档案应长期保管。

（2）当期审计档案自审计报告签发之日起至少保存十年。

（3）不再继续审计的被审计单位，其永久性审计档案的保管年限与最近一年当期档案的保管年限相同。对于保管期限届满的审计档案，会计师事务所可以决定将其销毁。销毁时，应根据有关档案管理规定履行必要的手续。

为了维护被审计单位及相关单位的利益，会计师事务所对审计工作底稿中涉及的商业秘密保密，建立健全的审计工作底稿保密制度。下列两种情况需要查阅审计工作底稿的，不属于泄密情形：

（1）法院、检察院及国家其他部门依法查阅，并按规定办理了必要手续。

（2）注册会计师协会或其委派单位对会计师事务所执业情况进行检查。

由于审计工作的需要，并经过委托人同意，在下列情况下，不同会计师事务所的注册会计师可以要求查阅审计工作底稿：

（1）检查被审计单位的后任会计师事务所。

（2）审计合并会计报表，母公司的注册会计师可以查阅子公司的注册会计师的审计工作底稿。

（3）联合审计时，注册会计师可以相互查阅审计工作底稿。

（4）会计师事务所认为合理的其他情况。

从一般意义上讲，审计档案的所有权应属于执业注册会计师所在的会计师事务所。拥有审计工作底稿的会计师事务所在接受其他部门或单位依法查阅时，应给予密切的协助，讲明查阅要求和限制，对于查阅人要求复印或外携审计工作底稿时，注册会计师应考虑审计工作底稿的内容、性质以及影响。根据有关档案法的规定，由于查阅人悉知被审计单位商业秘密而泄密造成的损失和影响，拥有审计工作底稿所有权的会计师事务所无须承担连带责任。

（四）审计工作底稿的修改

1. 需要修改审计工作底稿的情形

一般情况下，在审计报告归档之后不需要对审计工作底稿进行修改或增加。注册会计师发现有必要修改现有审计工作底稿或增加新的审计工作底稿的情形主要有以下两种：

（1）注册会计师已实施了必要的审计程序，取得了充分、适当的审计证据并得出了恰当的审计结论，但审计工作底稿的记录不够充分；

（2）审计报告日后，发现例外情况要求注册会计师实施新的或追加审计程序，或导致注册会计师得出新的结论。例外情况主要是指审计报告日后发现与已审计财务信息相关，且在审计报告日已经存在的事实，该事实如果被注册会计师在审计报告日前获知，可能影响审计报告。例如，注册会计师在审计报告日后才获知法院在审计报告日前已对被审计单位的诉讼、索赔事项做出最终判决结果。例外情况可能在审计报告日后发现，也可能在财务报表报出日后发现，注册会计师应当按照《中国注册会计师审计准则第1332号——期后事项》第四章"财务报表报出后发现的事实"的相关规定，对例外事项实施新的或追加的审计程序。

2. 变动审计工作底稿时的记录要求

在完成最终审计档案的归整工作后，如果发现有必要修改现有审计工作底稿或增加新的审计工作底稿，无论修改或增加的性质如何，注册会计师均应当记录下列事项：

（1）修改或增加审计工作底稿的时间和人员，以及复核的时间和人员；
（2）修改或增加审计工作底稿的具体理由；
（3）修改或增加审计工作底稿对审计结论产生的影响。

例 4-3　审计工作底稿的归档与修改

ABC 会计师事务所 2016 年 2 月 1 日承接了 C 公司 2015 年度财务报表审计业务，甲注册会计师负责该项业务，于 2016 年 3 月 1 日完成审计工作签署审计报告，3 月 3 日将审计报告交给委托方，并决定不再继续承接该公司的审计业务，3 月 20 日甲注册会计师在整理工作底稿时发现，一张存货计价测试的工作底稿顺序混乱且页面潦草，甲注册会计师重新写了一张，并将原工作底稿附在新的工作底稿后面以备审核。5 月 2 日，工作底稿归档完毕。

5 月 5 日，乙注册会计师在复核该工作底稿时发现，在审计报告日前收到的一张应收账款函证回函原件并没有加入工作底稿，只是将同笔应收账款回函传真件整理到了工作底稿中，乙注册会计师认为有必要修改现有的工作底稿，将该原件替代传真件整理到工作底稿，并将传真件销毁，除此之外未作任何其他处理。ABC 会计师事务所决定自 2016 年 3 月 3 日起保存该审计工作底稿十年。

要求：指出 ABC 会计师事务所（包括审计项目组以及各注册会计师）在审计工作中存在的问题，并简要说明理由。

分析过程：

该案例主要有两大方面错误。

1. 时间错误

（1）审计工作底稿归档时间错误。按照规定，审计工作底稿的归档期限为审计报告日后 60 天。审计报告日为 3 月 1 日，归档时间为 5 月 2 日，时间显然已经超过 60 天。

（2）审计档案保管时间有误。按照规定，审计档案保管应从审计报告日起至少保管十年，该案例审计报告日是 3 月 1 日，而不是 3 月 3 日。

2. 工作底稿变更错误

（1）按照规定，审计工作底稿在归档前，发生审计工作底稿的草稿、财务报表的草稿、对不全面或初步思考的记录、存在印刷错误或其他错误作废的文本，以及重复的文件记录等不应作为审计工作底稿，因此，对于替换下来的底稿应废弃，而不应作附在底稿后面。存货计价测试的工作底稿草稿不应附在新工作底稿之后，可直接替代，但应履行相应程序。

（2）按照规定，审计工作底稿归档后的变动，需要以添加或增加的方式进行修改，而不能将原件删除或修改。除此之外，在变动审计工作底稿时，应该记录变动审计工作底稿的时间、人员以及复核的时间、人员，变动的具体理由以及对审计结论产生的影响。应收账款函证回函不能替代原来的传真件，而应该增加在审计工作底稿中，也应履行相应的程序。

思考题

1. 审计证据的基本分类有几种？有什么特点？
2. 审计证据如何鉴定其证明力？
3. 审计工作底稿的作用是什么？
4. 审计工作底稿如何实现三级复核制度？
5. 审计档案保管应注意哪些事项？

第五章

审计程序、审计目标与审计计划

第一节 审计程序

审计程序包括总体审计程序和具体审计程序。

总体审计程序是指审计人员对审计项目从开始到结束的整个过程中采取的系统性的工作步骤。具体审计程序是指风险评估程序、控制测试程序和实质性测试程序。

为了使审计工作有组织、有计划、有步骤地进行，保证审计工作的质量和提高审计工作效率，审计人员执行审计业务时，必须遵循一定的审计程序，先用一定的审计方法来获取审计证据，以支持其对被审计单位的财务状况和经营成果发表审计意见和做出审计结论。

不论政府审计、内部审计还是民间审计，也不论是财政财务审计还是经济效益审计，总体审计程序一般包括准备阶段、实施阶段和完成阶段三个阶段，每个阶段又包括若干具体的工作内容。审计程序各个阶段的具体工作内容，随着审计种类的不同而有所不同。

一、审计的准备阶段

审计的准备阶段是整个审计过程的起点，其工作主要包括了解被审单位的基本情况及内部控制系统，分析审计风险，签订审计业务约定书及编制审计计划等。

1. 了解被审计单位的基本情况

会计师事务所通过初步调查，在接受被审计单位的委托之前，应对被审计单位的基本情况做初步的了解，包括被审计单位的行业状况、法律环境与监管环境以及其他外部因素，被审计单位的性质，被审计单位对会计政策的选择与运用，被审计单位的目标、战略及相关经营风险，被审计单位财务业绩的衡量与评价，被审计单位的内部控制等。审计人员了解被审计单位的基本情况后，以此决定是否接受委托。

2. 签订审计业务约定书

审计业务约定书是指会计师事务所在接受被审计单位委托的审计项目时提交给被审计单

位的正式文件,以此来明确委托项目的接受,以及对约定事项的理解。审计业务约定书具有合同的性质,一经被审计单位签字认可,即成为会计师事务所与被审计单位之间在法律上生效的合同。

会计师事务所在签约之前,应当首先与被审计单位就审计项目的性质、目的、审计范围有无限制、审计收费以及被审计单位应协助的主要工作等问题进行商谈。

审计业务约定书的具体内容可能因被审计单位的不同而存在差异,一般主要包括以下几个方面:

(1) 财务报表的审计目标。
(2) 管理层对财务报表的责任。
(3) 管理层编制财务报表采用的会计准则。
(4) 审计责任与审计范围,包括指明在执行财务报表审计业务时应遵守的审计准则。
(5) 执行审计工作的安排,包括出具审计报告的时间要求。
(6) 由于测试的性质和审计的固有限制以及内部控制的固有限制,不可避免地存在某些重大错报可能未被发现的风险。
(7) 管理层为审计人员提供必要的工作条件和协助。
(8) 管理层做出的与审计有关的声明并予以书面确认。
(9) 审计人员对执业过程中获知的信息保密。
(10) 审计收费,包括收费的计算基础和收费安排。

审计收费可采取计件收费和计时收费两种基本方式。计时收费在审计中较常采用。在计时收费时应该考虑以下因素:专业服务难度和知识技能;专业人员提供服务的工时;专业水平和经验;承担的责任。

(11) 违约责任。
(12) 解决争议的方法。
(13) 签约双方法定代表人或授权人签章及签署日期,并加盖公章。

3. 审计计划

会计师事务所在与被审计单位签署业务约定书后,会计师事务所和注册会计师便开始拟订审计计划。审计计划是根据审计任务和具体情况所拟订的审计框架及具体步骤。其内容一般包括:被审计单位的概况、审计的目的和出具报告的要求、参加审计组的人员、审计风险及重要性的考虑、时间及经费预算等。审计计划包括总体审计策略和具体审计计划。这一内容在第三节将详细介绍。

4. 分析审计风险

审计风险是在审计准备阶段必须认真分析的一个重要问题。所谓审计风险,是指审计人员通过审计工作未能发现财务报表中存在重大错报而签发不恰当审计意见的可能性。

一般而言,审计风险由重大错报风险和检查风险组成的。重大错报风险是指财务报表在审计前存在重大错报的可能性。在评价财务报表整体是否存在重大错报时,注册会计师应从财务报表层次和各类认定层次中考虑重大错报风险,并根据评估结果确定总体的应对措施。注册会计师应当评估认定层次重大错报风险,以此来确定可接受的检查风险水平。这一内容将在第六章中具体介绍。

二、审计的实施阶段

审计的实施阶段是审计全过程的中心环节,其主要工作是按照审计计划的要求,对被审计单位内部控制系统的建立及其遵守情况进行检查,对财务报表项目实施重点、细致的检查,收集审计证据。

1. 进驻被审计单位

审计人员在实施审计之前,先要进驻被审计单位。进驻以后,应通过与被审计单位的管理人员和其他员工的接触,进一步了解被审计单位的情况,并使相关员工了解审计的目的、内容、起讫时间等,争取员工的信任、支持和协助。

2. 测试和评价内部控制系统

对内容控制系统的测试和评价是实施审计的基础。因此,在执行审计业务时首先必须对被审计单位的内部控制系统进行检查并做出评价,有利于促进被审计单位内部控制系统的改进,加强管理;同时,通过评价被审计单位内部控制系统的有效性,确定下一步审计工作的范围和重点内容。内部控制系统的检查和评价包括:检查和评价被审计单位的内部控制系统设计是否有效;检查和评价被审计单位的内部控制系统执行是否有效。

3. 测试财务报表及其所反映的经济活动

审计人员通过测试财务报表,对被审计单位财务收支及其他经济活动的合法性和公允性进行全面或重点检查,这是审计实施阶段的一项重要工作。对财务报表的实质性测试,主要通过审阅观察,复核财务报表内相关数据填列是否符合要求,抽查核对各报表项目金额是否与总账、明细账、会计凭证和实物相一致,分析各报表项目所反映的内容是否真实正确,揭示财务报表项目中违反会计准则的重大错报等。

4. 收集审计证据

审计证据是审计人员对审计对象的实际情况做出的判断,支持审计结论的依据。事实上,审计人员执行审计业务的过程就是一系列收集、评价审计证据的活动过程。收集审计证据,一方面通过测试被审计单位的财务资料,取得必要审计证据;另一方面通过审查其他资料,获取相关证据。

三、完成审计工作阶段

完成审计工作阶段是实质性审计工作的结束,其主要工作主要有整理、分析评价审计过程中收集的审计证据,复核审计工作底稿,编写审计报告。

1. 整理、评价审计工作底稿

为了使在审计实施阶段收集的分散的审计证据结合起来形成具有充分证明力的证据,有效地用来评价被审计单位的经济活动,得出正确的审计意见和结论,必须对收集到的审计证据进行整理和评价。整理和评价审计证据的过程,从根本上说,也是审计人员依据政策水平、专业知识和个人经验对证据进行分析研究的过程。通过整理评价,选出若干最适宜、最有说服力的证据,作为编制审计报告的依据。

2. 复核审计工作底稿

审计工作底稿是审计人员在审计工作中的汇总、综合分析、整理与审计问题有关的资料所形成的书面文件。当审计程序进入完成审计工作阶段时,审计工作底稿已完成,但尚不能形成最后结论。审计工作底稿是审计人员根据自己取证记录编制的,因而在一定程度上存在着主观性与片面性,其编写质量受审计人员的素质影响很大。因此,必须将审计人员编写的审计工作底稿进行复核,然后根据审计工作底稿反映的有关问题,与被审计单位进行商议,听取对审计证据的真实性与准确性予以认可的反馈意见。审计工作底稿要进行三级复核,这对形成正确的审计结论有着重要的意义。

3. 编写审计报告

审计报告是审计工作的最终成果,是审计人员完成审计任务、向被审计单位提出审计情况、形成审计意见的书面文件。审计报告一般分为无保留意见、保留意见、否定意见和无法表示意见这四种意见类型,不同类型的意见类型表达对被审计单位财务状况、经营成果及现金流量的合法性和公允性的影响程度不同。审计报告应根据审计证据和审计工作底稿通过对信息认真加以整理、分析和综合,选择其中与审计目的和重点有关的素材,按照编制要求与规定格式完成审计报告编写,并将审计报告按约定的日期交付给审计委托人。

4. 后续审计

审计报告发出后,审计机构和人员还应对影响审计报告的后续事项进行跟踪。会计师事务所和注册会计师还应关注被审计单位的期后事项,视其对审计报告的影响程度决定是否修改审计报告。政府审计、内部审计还应关注被审计单位整改情况,进行跟踪审计。

例 5-1　审计沟通

一、案例介绍

美联股份有限公司是纺织行业的上市公司,2011 年发行社会公众股并上市交易,受政府的优惠政策的支持,业绩相当不错,上市当年的每股收益为 0.433 元,但在 2012 年企业开始出现下滑的趋势,每股收益为 0.200 元。公司目前在准备 2015 年的年度审计,并打算聘请宝信会计师事务所进行年度审计。宝信会计师事务所在接受该公司委托前通过公开渠道了解到如下信息:

(1) 2013 年、2014 年两年的业绩相当不理想,每股收益分别为 0.155 元和 0.100 元。
(2) 2015 年未经审计的中期报表的每股收益为 0.090 元。
(3) 2015 年 12 月 5 日公布了其进行资产重组的消息。
(4) 2013 年、2014 年从事该公司年度报表审计的事务所是大胜会计师事务所。
(5) 公司在 2015 年 2 月 26 日宣布组建电子商务网络公司,并处于控股地位。

二、问题

(1) 作为该项目的负责人,在接受委托前你会如何处理?
(2) 如果接受委托,你在编制审计计划时采用何种手段防范上述信息可能带来的风险?

分析过程:

(1) 在接受委托前,作为注册会计师,有几项工作要进行:

首先,在征得客户美联公司同意之后,向前任的大胜会计师事务所进行了解与询问,寻找美联公司更换会计师事务所的理由。如果美联公司不同意与前任事务所接触,或者大胜会计师事务所是因为坚持会计原则而被上市公司更换的话,则宝信会计师事务所就要考虑是否放弃与美联公司的签约。

其次,从上市公司近两年的年报及当年的中报来看,通过分析性程序,经营业绩持续下降,要考虑美联公司在经营过程中,是否可出现无法持续经营的情况。如果经过判断,认为美联公司很有可能出现无法持续经营的情况,注册会计师就要事先与上市公司商讨,就公司目前状况,做出审计报告,并在签约书中有所表示。

(2) 在制订审计计划过程中,要重点对2015年12月份发生的资产重组事件进行关注,并进行专项审计。要查明该项资产重组是否实质上完成。要防止上市公司利用资产重组进行盈余管理。

对美联公司宣布组建电子商务一事,注册会计师除了要查清所有的合同、文件以及董事会纪要之外,还要求公司在会计报表中以附注的形式予以中肯的说明。注册会计师在审计计划中,还要对上述资料予以重点复核。并要求在审计报告中再一次强调,特别是要强调其进展程度及可行性。

第二节　审计目标

一、审计的总目标

《中国注册会计师审计准则第1101号——财务报表审计的目标和一般原则》规定,财务报表审计的目标是注册会计师通过执行审计工作,对财务报表的下列方面发表审计意见:

(1) 财务报表是否按照适用的会计准则和相关会计制度的规定编制;

(2) 财务报表是否在所有重大方面公允反映被审计单位的财务状况、经营成果和现金流量。

通常情况下,审计人员应以财务报表审计的目标为指导,以管理层认定为基础。审计人员接受委托对财务报表进行审计,首先必须取得被审计单位的财务报表,这就意味着管理层对财务报表做出了认定。管理层认定,是指管理层在财务报表中做出的明确或隐含的表达,注册会计师将其用于考虑可能发生的不同类型的潜在错报。管理层认定与审计目标密切相关,注册会计师的基本职责就是确定被审计单位管理层对其财务报表的认定是否恰当。

当管理层声明财务报表已按照适用的财务报告编制基础进行编制,在所有重大方面做出公允反映时,就意味着管理层对财务报表各组成要素的确认、计量、列报以及相关的披露做出了认定。

管理层认定有些是明确表达的,有些是隐含表达的。例如,管理层在资产负债表中列报存货及其金额,意味着做出了下列明确的认定:①记录的存货是存在的;②存货以恰当的金额包括在财务报表中,与之相关的计价或分摊调整已恰当记录。同时,管理层也做出下列隐含的认定:①所有应当记录的存货均已记录;②记录的存货都由被审计单位拥有;③记录的存货使用不受限制。

二、审计的具体审计目标

注册会计师了解了认定,就很容易确定每个项目的具体审计目标,并以此作为评估重大错报风险以及设计和实施进一步审计程序的基础。

(一) 与各类交易和事项相关的审计目标

1. 发生

由发生认定推导的审计目标是已记录的交易是真实的。例如，如果没有发生销售交易，但在销售日记账中记录了一笔销售，则违反了该目标。

发生认定所要解决的问题是管理层是否把那些不曾发生的项目记入财务报表，它主要与财务报表组成要素的高估有关。

2. 完整性

由完整性认定推导的审计目标是已发生的交易确实已经记录。例如，如果发生了销售交易，但没有在销售日记账和总账中记录，则违反了该目标。

发生和完整性两者强调的是相反的关注点。发生目标针对潜在的高估，而完整性目标则针对漏记交易（低估）。

3. 准确性

由准确性认定推导出的审计目标是已记录的交易是按正确金额反映的。例如，如果在销售交易中，发出商品的数量与账单上的数量不符，或是开账单时使用了错误的销售价格，或是账单中的乘积或加总有误，或是在销售日记账中记录了错误的金额，则违反了该目标。

准确性与发生、完整性之间存在区别。例如，若已记录的销售交易是不应当记录的（如发出的商品是寄销商品），则即使发票金额是准确计算的，仍违反了发生目标。再如，若已入账的销售交易是对正确发出商品的记录，但金额计算错误，则违反了准确性目标，但没有违反发生目标。在完整性与准确性之间也存在同样的关系。

4. 截止

由截止认定推导出的审计目标是接近于资产负债表日的交易记录于恰当的期间。例如，如果本期交易推到下期，或下期交易提到本期，均违反了截止目标。

5. 分类

由分类认定推导出的审计目标是被审计单位记录的交易经过适当分类。例如，如果将现销记录为赊销，将出售经营性固定资产所得的收入记录为营业收入，则导致交易分类的错误，违反了分类的目标。

表 5-1 所示为与交易和事项相关的认定。

表 5-1 与交易和事项相关的认定

认定的分类	各类认定的含义	具体审计目标（注册会计师需要确认的事项）
发生	记录的交易和事项已发生且与被审计单位有关	已记录的交易是真实的
完整性	所有应当记录的交易和事项均已记录	已发生的交易确实已经记录

续表

准确性	与交易和事项有关的金额及其他数据已恰当记录	已记录的交易是按正确金额反映的
截止	交易和事项已记录于正确的会计期间	接近于资产负债表日的交易记录于恰当的期间
分类	交易和事项已记录于恰当的账户	被审计单位记录的交易经过适当分类

(二) 与期末账户余额相关的审计目标

1. 存在

由存在认定推导的审计目标是记录的金额确实存在。例如，如果不存在某顾客的应收账款，在应收账款试算平衡表中却列入了对该顾客的应收账款，则违反了存在目标。

2. 权利和义务

由权利和义务认定推导的审计目标是资产归属于被审计单位，负债属于被审计单位的义务。例如，将他人寄售商品记入被审计单位的存货中，违反了权利的目标；将不属于被审计单位的债务记入账内，违反了义务的目标。

3. 完整性

由完整性认定推导的审计目标是已存在的金额均已记录。例如，如果存在某顾客的应收账款，在应收账款试算平衡表中却没有列入对该顾客的应收账款，则违反了完整性目标。

4. 计价和分摊

资产、负债和所有者权益以恰当的金额包括在财务报表中，与之相关的计价或分摊调整已恰当记录。

表 5－2 所示为与期末账户余额相关的认定。

表 5－2 与期末账户余额相关的认定

认定的分类	各类认定的含义	具体审计目标（注册会计师需要确认的事项）
存在	记录的资产、负债和所有者权益是存在的	记录的金额确实存在
权利和义务	记录的资产由被审计单位拥有或控制，记录的负债是被审计单位应当履行的偿还义务	资产归属于被审计单位，负债属于被审计单位的义务
完整性	所有应当记录的资产、负债和所有者权益均已记录	已存在的金额均已记录
计价和分摊	资产、负债和所有者权益以恰当的金额包括在财务报表中，与之相关的计价或分摊调整已恰当记录	资产、负债和所有者权益以恰当的金额包括在财务报表中，与之相关的计价或分摊调整已恰当记录

案例 5-2 审计目标

注册会计师在对 A 公司会计报表进行审计时,发现以下事项,请判断管理层违反了哪些认定:

(1) 企业存货项目中有 B 公司委托代销的商品 30 万元;
(2) 可能存在未入账的长期借款;
(3) 应收 C 公司大额应收账款可能是虚构的;
(4) 年前开出的中国工商银行编号为 0351 号的支票未在年前入账;
(5) 无形资产的摊销期限可能不正确;
(6) 管理费用的总账与明细账不符。

分析过程:

(1) 存货中包含了其他公司代销的商品,导致存货高估,同时该存货 A 公司不具备所有权。因此违反了账户余额层次的存在、权利和义务的认定。

(2) 长期借款未入账影响了余额层次的完整性认定。

(3) 应收账款的虚构管理层违背了余额层次的存在认定。

(4) 支票未在年前入账,导致支票的交易活动被漏记,影响交易层次的完整性认定,票据的归属期不正确也影响了交易层次截止的认定,也影响余额层次的完整性认定。

(5) 无形资产摊销期限不正确会影响无形资产的净值估价,从而报表余额的准确性受到影响,管理层违背了计价和分摊的认定。

(6) 管理费用总账与明细账不符,说明要么是总账有误,要么是明细账有误,余额层次的计价和分摊的认定存在问题。

(三) 与列报相关的审计目标

各类交易和账户余额的认定正确只是为列报正确打下了必要的基础,财务报表还可能因被审计单位误解有关列报的规定或舞弊等而产生错报。另外,还可能因被审计单位没有遵守一些专门的披露要求而导致财务报表错报。因此,即使注册会计师审计了各类交易和账户余额的认定,实现了各类交易和账户余额的具体审计目标,也不意味着获取了足以对财务报表发表审计意见的充分、适当的审计证据。因此,注册会计师还应当对各类交易、账户余额及相关事项在财务报表中列报的正确性实施审计。

1. 发生及权利和义务

将没有发生的交易、事项,或与被审计单位无关的交易和事项包括在财务报表中,则违反该目标。例如,复核董事会会议记录中是否记载了固定资产抵押等事项,询问管理层固定资产是否被抵押,即是对列报的权利认定的运用。如果抵押固定资产则需要在财务报表中列报,说明其权利受到限制。

2. 完整性

如果应当披露的事项没有包括在财务报表中,则违反该目标。例如,检查关联方和关联交易,以验证其在财务报表中是否得到充分披露,即是对列报的完整性认定的运用。

3. 分类和可理解性

财务信息已被恰当地列报和描述，且披露内容表述清楚。例如，检查存货的主要类别是否已披露，是否将一年内到期的长期负债列为流动负债，即是对列报的分类和可理解性认定的运用。

4. 准确性和计价

财务信息和其他信息已公允披露，且金额恰当。例如，检查财务报表附注是否分别对原材料、在产品和产成品等存货成本核算方法作了恰当说明，即是对列报的准确性和计价认定的运用。

表 5-3 所示为与列报相关的认定。

表 5-3 与列报相关的认定

认定的分类	各类认定的含义	具体审计目标（注册会计师需要确认的事项）
发生及权利和义务	披露的交易、事项和其他情况已发生，且与被审计单位有关	发生的交易、事项，或与被审计单位有关的交易和事项包括在财务报表中
完整性	所有应包括在财务报表中的披露均已包括	应披露的事项包括在财务报表中
分类和可理解性	财务信息已被恰当地列报和描述，且披露内容表述清楚	财务信息已被恰当地列报和描述，且披露内容表述清楚
准确性和计价	财务信息和其他信息已公允披露，且金额恰当	财务信息和其他信息已公允披露，且金额恰当

例 5-3 审计目标与审计证据

请说明下列审计证据的搜集过程中运用了什么程序进行测试，与哪些审计目标相关，获得了什么类型的审计证据。

(1) 审计人员计算利息费用；
(2) 向管理当局询问存货过时情况；
(3) 向债务人函证应收账款余额；
(4) 从销货明细账记录审查至销售发票；
(5) 分析行业成本数据变化趋势；
(6) 盘点库存现金。

分析过程：

(1) 重新计算，目标是利润表项目的准确性；获得的是书面证据；
(2) 询问，目标是资产负债表项目的计价与分摊；获得的是口头证据；

(3) 函证，目标是资产负债表项目的存在、计价与分摊；获得的是书面证据；

(4) 检查，目标是测试销售交易活动的真实性，即发生；获得的是书面证据；

(5) 分析程序，目标是测试成本的合理性、准确性；获得的是书面证据；

(6) 监盘，目标是资产负债表项目的存在性；获得的是实物证据。

第三节　审计计划

所谓审计计划（Audit Plan），是指注册会计师为了完成各项审计业务，达到预期的审计目标，在具体执行审计程序之前编制的工作计划。

一、审计计划的作用

审计计划通常由审计项目负责人在审计工作开始时起草，它是对审计工作的一种预先规划。主要有以下几方面的作用：

1. 为审计人员和审计工作明确方向

现代社会的迅速发展，使审计面临和从事的工作越来越复杂。要切实解决审计面临的问题和所从事的工作，就必须协调各个方面，调动各种资源，使所有审计人员齐心协力完成工作。一份良好的审计计划为审计人员制定了统一目标，使所有审计人员凝聚所有资源朝着一个方向，共同努力来完成同一个任务，从而减少内耗，缩短时间，降低审计成本，促进审计任务的顺利实现。

2. 减少未来不确定因素的负面影响

社会在不断地发展，审计也在不停地发展。无论是审计组织的外部环境因素还是审计组织内部因素，在未来的发展中都具有一定的不确定性和变化性。审计计划是面向未来的，能够通过周密细致的研究，系统运用各种科学方法手段来预测审计未来的发展变化，尽可能将审计未来的变化和不确定因素转化为确定因素。通过审计计划，将各种不利因素转化为有利因素，减少未来不确定因素的负面影响，促进审计工作的顺利进行，确保审计目标的实现。

3. 提高审计效率和保持合理成本

审计计划能够通过各种科学技术方法来制定和选择科学详细的项目方案，能够用科学决策代替经验判断，能够统筹安排审计资源，能够有针对性地根据经济社会发展来科学安排审计项目等，这些都能够有力地促进审计效率的提高。总体审计计划是对审计的预期范围和实施方式所做的规划，是注册会计师从接受审计委托到出具审计整个过程基本工作内容的综合计划。

二、审计计划的内容

审计计划通常可分为总体审计计划和具体审计计划两部分。审计计划的繁简程度取决于被审计单位的经营规模和预定审计工作的复杂程度。

1. 总体审计策略

总体审计策略的制定应当包括考虑影响审计业务的重要因素，以确定项目组的工作方向，包括确定适当的重要性水平，初步识别可能存在较高重大错报风险的领域，识别被审计单位所处的行业、财务报告要求及其他相关方面最近发生的重大变化等。

总体审计策略的基本内容包括：

(1) 被审计单位的基本情况。

这主要指被审计单位的业务性质、经营背景、组织结构、主要管理人员简介及经营政策、人事制度和会计、财务管理等方面的情况。

(2) 审计目的、审计范围。

这主要用来说明所接受的是例行的年报审计，还是对上市公司首次发行股票的审计，或是其他专项审计。审计的范围根据审计的目的而定。

(3) 重要会计问题及重点审计领域。

这主要是由被审计单位业务的复杂程度和账户的重要性、对重大错报风险的评价和审计人员以往的审计经验来决定。

(4) 审计工作进度及时间、费用预算。

时间、费用在审计新准则中定义审计资源，注册会计师必须清楚审计资源是多少，如何分配这些审计资源。审计资源还包括审计人员。

(5) 审计小组组成及人员分工。

这主要说明在审计小组人员选派上要充分考虑其数量、能力、经验，以及合理分工配合等。

(6) 审计重要性的确定及风险的评估。

审计风险包括客观风险和主观风险。这里说的是客观风险。客观风险与审计证据数量是反向变动。主观风险与审计证据数量是同向关系。

(7) 对专家、内审人员及其他注册会计师工作的利用。

(8) 其他有关内容。

2. 具体审计计划

具体审计计划是依据总体审计计划制订的，对实施总体审计计划所需要的审计程序的性质、时间和范围所做的详细规划与说明。一般是通过编制审计程序表的方式体现的。

具体审计计划的基本内容包括：

(1) 审计目标。

审计目标是针对某一具体的账户或交易制定的目标，例如，应收账款的函证。

(2) 审计程序。

审计程序是指审计策略的延伸和细化，它通常包括控制测试和实质性测试的性质、时间和范围。在实务中，注册会计师单独编制一套审计程序表，包括对各类交易、账户余额和列报实施的具体程序，包括抽取的样本量等。

(3) 执行人及执行日期。

执行人及执行日期是指具体完成某一账户或交易项目的审计人员及完成时间。

(4) 审计工作底稿的索引号。

(5) 其他有关内容。

具体审计计划可按预先统筹安排的先后顺序来执行,同时也便于不同执行者或小组进行协调与沟通。

总体审计策略和具体审计计划紧密联系,注册会计师应当针对总体审计策略中识别的不同事项,制订具体审计计划,并考虑通过审计资源以实现审计目标。值得注意的是,虽然编制总体审计策略的过程通常在具体审计计划之前,但是两项计划活动并不是孤立的,对其中的一项决定可能会影响甚至改变对另一项的决定。例如,注册会计师在执行具体审计程序时,发现被审计单位主要业务的处理依赖复杂的自动化信息系统,信息系统的可靠性与有效性会对财务报告具有重大影响。因此,注册会计师可能根据具体审计计划来相应调整总体审计策略的内容,做出利用信息风险专家的工作的决定。

3. 审计计划的编制

审计计划涉及的内容很多,在此处介绍比较常见的两个表格,其一是时间预算表,另一个是审计程序表。

(1) 时间预算表。

时间预算表是总体审计策略中一个重要的内容,它是执行审计程序的每一步骤需要的人员和工作时间所做的计划。时间预算既是合理确定收费的依据,又是衡量审计工作进度、判断审计人员效率的依据。在执行审计业务过程中,时间预算并不是一成不变的,当出现新问题或审计环境发生变化时,会影响原定时间预算,这时就应修改时间和收费预算。因审计时间调整导致审计收取的费用发生变化时应立即通知被审计单位,取得被审计单位的理解。如果因特殊原因无法在时间预算内完成审计工作,为保证审计工作的质量,不得随意缩短或省略审计程序来适应时间预算。典型的时间预算如表 5-4 所示:

表 5-4 典型的时间预算

工作阶段	时间	审计人员	主要工作
第一阶段 准备阶段	2017.2.5	王小明 赵蕾 李旭、吴刚	1. 协助该单位进行前期调研及工作方案的制定准备工作 2. 统计基本数据,编制审计工作实施方案 3. 根据审计实施方案组织审计人员进行审前培训
第二阶段 审计阶段	2017.2.9—2.25	王小明 赵蕾 李旭、吴刚	1. 审计组整理分析被审计单位的自查上报资料 2. 审计组与被审计单位联系,进入现场审计 3. 审计组实施现场审计工作
第三阶段 报告阶段	2017.2.26—3.5	王小明 赵蕾 李旭、吴刚	1. 审计组完成与被审计单位审计意见交换工作 2. 初步汇总审计结果,与该单位交换审计意见 3. 完成报告的审核和汇总工作

(2) 审计程序表。

对于具体审计计划,在实际工作中,一般是通过编制审计程序表的方法体现的。典型的审计程序表格形式如表 5-5 所示:

表 5-5　典型的审计程序表格

×公司　　　　　　　　　　　　　　索引号：
20××年12月31日　　　　　　　编制人及日期：
××账户　　　　　　　　　　　　复核人及日期：

步骤	审计程序	执行人	日期	工作底稿索引
1				
2				
3				
4				
…				

审计计划应当在具体实施前下达至审计小组的全体成员，审计小组成员根据总体审计策略和具体审计计划执行审计工作。

三、审计计划的修改

计划审计工作并非审计业务的一个孤立阶段，而是一个持续的、不断修正的过程，审计计划的修改将贯穿审计业务的始终。由于未预期事项、条件的变化，注册会计师在必要时应当对总体审计策略和具体审计计划做出更新和修改。

审计过程可以分为不同的阶段，通常前面阶段的工作结果会对后面阶段的工作计划产生一定的影响，而在后面阶段的工作过程中又可能发现需要对已制订的相关计划进行相应的更新。通常来讲，这些更新涉及比较重要的事项。例如，对重要性水平的修改，对某类交易、账户余额和列报的重大错报风险的评估以及对进一点审计程序的更新和修改等。一旦计划被更新和修改，审计工作也应当进行相应的修正。例如，如果在制订审计计划时，注册会计师基于对材料采购交易的相关控制的设计和执行获取的审计证据，认为相关控制设计合理并得以执行。但是在实施内部控制测试时发现该类交易的控制并没有得到有效执行，原来初步判断材料采购控制风险为低风险与现实不符。因此，注册会计师需要修正对该类交易的风险评估，并基于修正的风险评估结果修改审计计划。

对审计计划的重大修改，注册会计师应当在审计工作底稿中记录做出重大修改的内容和理由，以及对导致此类更改的事项、条件或审计程序结果采取的应对措施。同时，计划的更新和修改应经过审计机构有关业务负责人的同意。

四、审计计划的沟通

与管理层和治理层的沟通有助于注册会计师协调某些计划的审计程序与被审计单位人员工作之间的关系，从而使审计业务更易于执行和管理，提高审计的效率与效果。注册会计师可以就计划审计工作的基本情况与被审计单位治理层与管理层进行沟通。对此，注册会计师应当按照《中国注册会计师审计准则第1151号——与治理层的沟通》中有关规定执行。沟通的内容可以包括审计的时间安排和总体策略、审计工作中受到的限制及治理层和管理层对审计工作的额外要求等。

当就总体审计策略、具体审计计划中的内容与治理层和管理层进行沟通时,注册会计师应当保持职业谨慎,以防止由于具体审计程序易于被管理层或治理层预见而损害审计工作的有效性。

需要强调的是,虽然注册会计师可以就总体审计策略、具体审计计划的某些内容与治理层和管理层沟通,但是制定总体审计策略和具体审计计划仍然是注册会计师的责任。

案例阅读 总体审计策略格式

表5-6所示为分析程序测试情况汇总。

表5-6 分析程序测试情况汇总

被审计单位:B国有企业	编制人:王景 26/1/2016	索引号:
会计期间:2015年12月31日	复核人:李豪 26/1/2016	页次:

测试项目	重要事项说明
横向趋势分析表	1. 营业收入、营业成本同比分别减少了25.3%、27%,致使营业利润也减少了19.9%,说明本年度A企业产品销售情况不良,审计时应关注影响销售的因素,如何影响本年度的利润情况 2. 利润总额、净利润同比分别减少了428%、467%,说明除由于本年销售的影响外,还要关注其他业务利润、费用、营业外支出对本年利润的影响 3. 应收账款同比增加了16.7%,同营业收入减少相比,不合理。审计时要关注应收账款是否包括不属于货物交易债权的事项 4. 在建工程同比减少43.1%,审计时要关注在建工程的减少对利润的影响
资产负债表纵向趋势分析表	无重大异常变动
损益表纵向趋势分析表	盈亏发生逆转造成的,审计时要关注影响B企业由盈利转向亏损的原因
比率趋势分析表	存货、应收账款和总资产的周转率均有大幅度下降,审计时要关注影响存货、应收账款变动对企业经营的影响
项目经理对测试结果的综合分析或初步确定的审计重点	初步确定审计的重点领域有: 1. 营业收入、营业成本项目 2. 影响利润的其他业务利润、费用、营业外支出 3. 应收账款项目 4. 存货项目 5. 在建工程项目

审计总体工作计划

被审计单位：B 国有企业　　　　　　编制人：李豪　27/1/2016　　索引号：
会计期间：2015 年 12 月 31 日　　　复核人：王明　28/1/2016　　页次：

一、委托审计的目的、范围

审计 B 企业 2015 年 12 月 31 日资产负债表和该年度损益表和现金流量表

二、审计策略

（是否实施预审，是否进行控制测试；实质性测试按业务循环还是按报表项目等）

由于 B 企业是常年客户，不进行全面控制测试，但对于变动较大的项目实施双重目的测试；按会计报表项目进行实质性测试。

三、评价内部控制和审计风险

内部控制制度尚健全，但由于本年度企业由盈转亏，可能存在某种程度的财务问题，审计风险较大。

四、重要会计问题及重点审计领域

1. 营业收入、营业成本项目
2. 影响利润的其他业务利润、费用、营业外支出项目
3. 应收账款项目
4. 存货项目
5. 在建工程项目

五、重要性标准初步估计

采用总收入法：

按前三年平均营业收入：38088 × 0.5% = 190.44（万元）

按 2015 年营业收入：28399 × 0.5% = 141.99（万元）

综合考虑 B 企业的审计风险，B 企业报表总体重要性水平可初步评价为 120 万元。

六、计划审计日期

外勤工作自 2016 年 1 月 26 日至 2016 年 2 月 2 日，共计 8 天 48 人次。

编写报告自 2016 年 2 月 3 日至 2016 年 2 月 10 日。

七、审计小组组成及人员分工

姓名	职务或职称	分工	备注
王一	副主任会计师	审批审计计划、复核底稿	
李豪	注册会计师	编制审计计划、综合类底稿、复核底稿	项目组长
王景	注册会计师	损益类项目	
张雷	注册会计师	资产类、负债类项目	
赵华	助理人员	盘点，协助张雷审计资产类项目	
周文	助理人员	发函证，协助张雷审计负债类项目	

八、审计计划的修订

......

思考题

1. 审计程序是怎么安排的？
2. 审计业务约定书一般包括哪些内容？有什么作用？
3. 管理层的认定有哪些内容？各自表达什么含义？
4. 与利润表相关的认定、与资产负债表相关的认定、与报表列表相关的认定分别有哪些？
5. 审计计划的总体审计策略和具体审计计划分别有哪些内容？

第六章

审计的重要性与审计风险

第一节 重要性

在我国企业会计准则要求企业会计核算必须遵循重要性原则,指出重要的经济业务应单独反映,不重要的经济业务可合并反映。在会计实务中,重要性原则的运用随处可见,但这种评价大多数以定性的评价为主。而在审计学中重要性则是一个量的评价,一个价值或金额的评价。审计重要性概念的运用贯穿整个审计过程。在计划审计工作时,注册会计师在考虑导致财务报表发生重大的错报的原因,了解被审计单位及其环境的基础上,确定一个可接受的重要性水平;在审计过程中要根据审计重要性水平,判断实施审计程序的性质、时间和范围。在确定审计意见类型时,注册会计师也需要考虑重要性水平。

一、重要性

根据《中国注册会计师审计准则》,审计重要性是指被审计单位会计报表中错报或漏报的严重程度,这一严重程度在特定环境下可能影响会计报表使用者的判断或决策。其在量上表现为审计的重要性水平。

我们在理解这个概念时应从以下几方面把握:

第一,判断考虑的角度是报表使用人。审计重要性虽然是注册会计师做出的专业判断,但是其判断考虑的角度却是报表使用人。注册会计师在判断被审计单位会计报表中的错报或漏报是否重要,是以是否影响会计报表使用者的判断或决策为依据的,而不是从被审计单位管理当局或注册会计师的角度考虑的。若一项业务在报表中的错报漏报足以改变或影响报表使用人的判断,则该业务的错报漏报就是重要的,否则就是不重要的。

第二,审计重要性是对会计报表而言的。判断一项业务重要与否,应视会计报表中错报漏报对会计报表使用人所做决策的影响而定。若一项业务在报表中的错报漏报足以改变或影响报表使用人的判断，则该业务的错报漏报就是重要的，否则就是不重要的。

第三，对审计重要性的判断离不开特定的环境。不同的企业面临不同的环境，因而判断重要性的标准也不同。这个特定的环境包括企业的规模、所处的行业、企业所处的会计期间、会计报表使用者涉及的广度等。一般而言，企业的规模与其重要性水平的相对比率成反方向，即规模越大的企业，其重要性水平的比率越低。

注册会计师在做出审计重要性的判断之前，必须在充分了解报表使用人的基础上评估会计报表使用者对被审计单位会计报表错报或漏报的容忍程度。实质性测试的可容忍错报由注册会计师根据编制审计计划时对审计重要性的评估确定。重要性水平是审计人员审查工作质量的一个可容忍范围，超过这个范围是不能容忍的，因为超过这个范围表明审计工作质量的下降。

二、判断重要性应考虑的因素

重要性的评估与审计证据、审计风险、审计意见都存在密切的关系，在执业中，注册会计师必须运用职业判断能力对被审计单位的重要性做出合理的判断。注册会计师在对重要性做出判断时必须考虑如下几个因素：

1. 以往的审计经验

如果以前所使用的重要性水平适当，可以作为本次审计确定的直接依据。如果被审计单位的经营环境、业务范围或职责发生变化，可做相应调整。

2. 被审计单位的性质、经营规模和业务范围

如果被审计单位是上市公司，一方面，由于其涉及的报表使用人范围较广，所以确定的重要性水平是各个报表使用人重要性水平的并集，另一方面，报表使用人主要根据报表提供的信息做出判断，故应将其重要性水平定低些。如果被审计单位的业务范围较广，比如，既经营房地产，又经营电器，还经营其他业务，由于其经营范围较广，经济业务比较复杂，故会计处理比较容易出错，所以，注册会计师也应将其重要性水平定低些。

3. 内部控制与审计风险的评估结果

如果内部控制较为健全，可信赖程度高，可以将重要性水平定得高一些，以节省审计成本。由于重要性与审计风险之间成反向关系，如果审计风险被评估为高水平，则意味着重要性水平较低，应收集较多的审计证据，以降低审计风险。

4. 错报漏报的性质

如果是涉及舞弊与违法行为的错报漏报、能引起履行合同义务的错报漏报、影响收益趋势的错报漏报、不期望出现的错报或漏报等，不论其错报漏报的金额有多少，注册会计师都必须将其视为重要的。

5. 会计报表各项目的性质及其相互关系

会计报表项目的重要性程度是存在差别的，会计报表使用人对某些报表项目要比另外一些报表项目更为关心。一般而言，会计报表使用人十分关心流动性较高的项目，因此，注册会计师应当对此从严制定重要性水平。由于会计报表各项目之间是相互联系的，注册会计师在确定重要性水平时，不得不考虑这种相互联系。

6. 会计报表各项目的金额及其波动幅度

会计报表项目的金额及其波动幅度可能成为会计报表使用人做出反应的信号，因此，注册会计师在确定重要性水平时，应当深入研究这些金额及其波动的幅度。

三、确定重要性水平的方法

在对重要性水平做了上述定性分析后，我们就要对重要性水平做出定量分析。中国注册会计师审计准则有这样的规定："注册会计师应当合理运用重要性水平的判断基础，采用固定比率、变动比率等确定会计报表层次的重要性水平。判断基础通常包括资产总额、净资产、营业收入、净利润等。"

但是，迄今为止，都还没有哪一个国家明确规定重要性的量化标准。注册会计师运用职业判断，确定报表错报多少会影响财务报表使用者所做的决策。注册会计师通常先选择一个恰当的基准，再选用适当的比率乘以该基准，从而得出重要性水平。根据审计实务经验，主要有如下几种方法确定重要性水平：

（1）税前净利润的5%～10%；
（2）资产总额的0.5%～1%；
（3）净资产的1%；
（4）营业收入的0.5%～1%；
（5）根据资产总额或营业收入两者中较大的一项确定一个百分比。

前四种方法统称为固定比率法，后一种方法又称为变动比率法。注册会计师在对重要性水平做出定量分析时应把握如下三个原则：

① 选择的判断基础要合理。如果被审计单位的净利润为0，则不能选择净利润作为判断基础；如果被审计单位的本年利润变动较大，则不能选择本年利润作为判断基础；如果被审计单位是劳动密集型企业，则不能选择资产总额或净资产作为判断基础。

② 选择的判断比率要合理。大规模企业的重要性水平比率要比小规模企业的重要性水平比率低。

③ 如果同一期间各会计报表的重要性水平不同，根据谨慎性原则，注册会计师应当取其最低者作为整个会计报表的重要性水平。例如，A企业是一间从事高科技产业的上市公司，2016年其净利润为100元，营业收入为20000元，资产总额为100万元，净资产为50万元。根据判断重要性水平的原则，我们可以选择营业收入作为确定利润表层次重要性水平的判断基础，比率为8%，选择资产总额作为确定资产负债表重要性水平的判断基础，比率为0.5%，于是判断利润表的重要性水平 = 1600元（20000×8%）、资产负债表的重要性水平 = 5000元（100万元×0.5%）。又根据判断原则③，我们应把整个报表层次的重要性水平定为1600元。

需要提醒注意的是，审计人员有可能在资产负债表日之前进驻被审计单位，当编制审计计划时，被审计单位财务报表尚未完成，审计人员则应当根据期中财务报表推算年度财务报表，或者根据被审计单位经营环境和经营情况的变动对上年度财务报表做出必要修正以确定财务报表层次的重要性水平。

四、重要性水平的分配

注册会计师量化了会计报表层次的重要性之后,就必须将会计报表层次的重要性水平分配到各账户中去。实际上,账户层次的重要性水平就是实质性测试的可容忍误差。

目前,在审计实务中存在两种分配的方法:一种是在没有考虑错误金额与审计成本的情况下,将会计报表层次的重要性水平按同一比例分配给各账户,叫平均分配法;另一种是考虑到特定账户发生错报漏报的可能性和审计策略或资源的限制,将会计报表层次的重要性水平不按同一比例分配给各账户,叫不平均分配法。如被审计单位报表层次的重要性水平为280万元,两种分配方法的结果如表6-1所示。

表6-1 重要性水平的分配

项目	金额/万元	平均分配法/万元	不平均分配法/万元
现金	1400	14	5.6
应收账款	4200	42	50.4
存货	8400	84	140
固定资产	14000	140	84
合计	28000	280	280

注:被审计单位报表层次的重要性水平为资产总额的10%。

平均分配法,其优点是操作简单易行,但是其没有考虑到成本效益原则,也没有考虑各项目的具体情况,因而是不科学的。不平均分配法按照具体问题具体分析的思路,根据各项目审查的难易程度确定各账户的重要性水平,针对比较难查的,分配了较低的重要性水平;对容易查的,分配了较高的重要性水平。这样,在不降低整个报表审计质量的前提下使审计成本的降低超过了审计成本的增加额,使审计总成本下降,从而体现了"成本效益原则"。在实践工作中,不平均分配法比较受到注册会计师的推崇。总的来说,注册会计师在分配重要性水平时,应该从质量和成本两个方面来考虑。从质量的角度来考虑,对于重要性的账户,对报表使用人特别关注的账户,重要性水平应定得低一些;对一些不太重要的账户则可以定得高一些。从成本的角度考虑,业务交易较大的账户,可以将重要性水平定得高一些,这样就可以降低审计成本。在决定重要性水平的分配时,注册会计师要充分利用自己的专业知识做出专业的判断,寻找到成本和质量的最佳结合。

例6-1 重要性水平的分配

资料:审计人员受委托对某公司会计报表审计时,初步判断的会计报表层次的重要性水平按资产总额的1%计算,为140万,即资产账户可容忍的错误或漏报为140万元。并采用两种分配方案将这一重要性水平分给了各资产账户。某公司资产构成及重要性水平的分配方案如表6-2所示。

表 6-2 某公司资产构成及重要性水平的分配方案

万元

项目	金额	甲方案	乙方案
现金	700	7	2.8
应收账款	2100	21	25.2
存货	4200	42	70
固定资产	7000	70	42
合计	14000	140	140

根据上述资料,说明哪一种方案较为合理,并简要说明理由。

分析过程:

乙方案较为合理。因为现金账户属于重要的资产账户,其重要性水平应当从严制定;而应收账款和存货项目出现错报或漏报的可能性较大,为节约审计成本,其重要性水平可确定得高些;固定资产项目出现错报或漏报的可能性较小,可将其重要性水平确定得低些。因此,乙方案较为合理。

五、审计重要性的相关关系

1. 审计重要性与审计证据之间的关系

审计重要性与审计证据之间的关系是反向关系,即重要性水平越低,审计证据越多;重要性水平越高,审计证据越少。重要性指的是由审计人员判断的可接受的重要性水平,该水平是审计人员根据审计的外部环境的要求,即会计报表使用者允许的错报漏报水平而确定的。当可接受的重要性水平较高时,表明会计报表使用人对该信息的敏感度较低,允许的错报漏报较高,审计环境较轻松,注册会计师对一些在其水平之下的错报漏报可不予关,可以执行较少的审计程序,缩小审计范围,减少审计的工作量,收集较少的审计证据;反之,当可接受的重要性水平较低时,表明会计报表使用人对该信息的敏感度较高,允许的错报较小,审计环境较严格,注册会计师对一些在其之上的错报漏报要予以关注,要执行较多的审计程序,扩大审计范围,增加审计工作量,收集较多的审计证据。例如,当重要性水平为20万元时,注册会计师只要执行必要的审计程序,合理确定审计范围和审计工作量,检查出20万元以上的错报漏报就可以;但当重要性水平下降为10万元时,注册会计师就要在原有的工作基础上,增加审计程序,扩大审计范围,查出10万~20万元的错报漏报。显然,重要性水平为10万元时收集的审计证据要多于重要性水平为20万元时。

2. 审计重要性与审计风险之间的关系

审计重要性与审计风险存在反向关系,即审计重要性越高,审计风险越低;审计重要性越低,审计风险越高。这里所说的重要性水平高低指的是金额的大小。通常,4000元的重要性水平比2000元的重要性水平高。在理解两者关系时,必须注意,重要性水平是注册会计师从财务报表使用者的角度进行判断的结果。如果重要性水平是4000元,则意味着低于4000元的错报不会影响到财务报表使用者的决策,此时注册会计师需要通过执行有关审计程序，合理保证发现高于4000元的错报。如果重要性水平是2000元，则金额在2000元以上的错报就会影响财务报表使用者的决策，此时注册会计师需要执行有关审计程序合理保证能发现金额在2000元以上的错报。显然，重要性水平为2000元时审计不出这样的重要错报的可能性（即审计风险），要比重要性水平为4000元时的审计风险高。

值得注意的是，注册会计师不能通过不合理的人为调高重要性水平而降低审计风险。因为重要性是依据重要性概念上所述的判断标准来确定的，而不是由主观期望的审计风险水平决定的。

3. 审计重要性与审计意见类型之间的关系

根据审计意见类型，审计报告一般可分为四种，即无保留意见、保留意见、否定意见和无法表示意见的审计报告。究竟发表何种类型的审计报告？重要性是注册会计师考虑的主要因素。若注册会计师审计后发现被审计单位存在10万元的错报漏报，而重要性水平是8万元，那么审计报告的类型由注册会计师视被审计单位管层的态度做出最后评价。

注册会计师既不可以将重要性水平定得过高，也不可以将重要性水平定得过低。如果定得过高，虽然面临的困难较小，即检查风险较小，但影响报表使用人决策的错报往往没有查出，导致使用人决策失误并发生损失，从而引起诉讼。反之，如果重要性水平定得过低，虽然可以将影响使用人决策的错报漏报均查出来，不会被起诉，但由于需要查出的错报太多，因此会发生较多的审计成本，甚至会出现收不抵支。因此，重要性水平定得过低或过高，对注册会计师都是不利的，应将重要性水平确立在合适的水平上。

六、评价错报的影响

（一）重要性水平的调整

在评价被审计单位错报的影响之前，审计人员需要根据具体环境的变化或在审计执行中进一步获取的信息，评价计划阶段确定的重要性水平是否仍然合理，从而修正计划的重要性水平，修改进一步审计程序的性质、时间和范围。

审计人员在两个时点必须考虑重要性水平：其一，审计计划阶段。这个阶段是为了在确定审计程序的性质、时间和范围时，确定所需审计证据的数量。其二，审计报告阶段。这个阶段是为了更好地评价审计结果，以便得出恰当的审计意见。

评价结果时的重要性水平大于编制审计计划的重要性水平，能减少未发现错报的可能性。评价结果的重要性水平小于编制审计计划的重要性水平，意味着原先执行的审计程序和收集的审计证据少，现在需要执行更多的审计程序，搜集更多的审计证据。

（二）错报汇总数

错报是指某一财务报表项目的金额、分类、列报或披露，与按照适用的财务报告编制基础应当列示的金额、分类、列报或披露之间存在的差异。当注册会计师对财务报表是否在所有重大方面按照适用的财务报告编制基础编制并实现公允反映发表审计意见时，错报还包括根据注册会计师的判断，为使财务报表在所有重大方面实现公允反映，需要对金额、分类、列报或披露做出必要的调整。错报汇总数包括已经识别的错报和推断的错报。

1. 已经识别的错报

已经识别的错报，是指注册会计师在审计过程中发现的，能够准确计量的错误或舞弊。

包括下列两类：

（1）对事实的错报。

这类错报产生于被审计单位收集和处理数据的错误，对事实的忽略或误解，或故意舞弊行为。例如，注册会计师在审计测试中发现最近购入存货的实际价值为10000元，但账面记录的金额却为15000元，因此，存货被低估了5000元，这5000元就是识别的对事实的错报。

（2）涉及主观决策的错报。

这种错报产生两种情况：一是管理层和注册会计师对会计估计值的判断差异，例如，由于包含在财务报表中的管理层做出的估计值超出了注册会计师确定的合理范围，所以出现了判断差异；二是管理层与注册会计师对选择与运用会计政策的判断差异，例如，注册会计师认为管理层选用的会计政策是错误的，会计政策的错误导致错报，管理层却认为选用的会计政策是恰当的。

2. 推断误差

推断误差也称"可能误差"，是注册会计师能明确、具体识别的其他错报的最佳估计数。

（1）通过测试样本估计出的总体的错报减去在测试中发现的已经识别的具体错报。

例如，应收账款年末余额为2000万元，注册会计师抽查10%的样本，发现金额有100万元的高估，通过测试，确定高估部分应为账面余额的20%，据此注册会计师推断总体的错报金额为400万元（2000×20%），那么上述100万元就是事实的错报，而推断的300万元即推断误差。

（2）通过实质性分析程序推断出的估计错报。

例如，注册会计师根据被审计单位的预算资料及行业趋势等要素，对被审计单位年度销售费用独立做出估计，并与被审计单位账面金额进行比较，发现两者之间有50%的差异；考虑到估计的精确程度有限，注册会计师根据经验认为10%的差异通常是可以接受的，若10%的差异无法得到合理解释或不能取得佐证性证据，则该部分差异金额即为推断误差。

（三）评价尚未更正错报汇总数的影响

注册会计师需要在出具审计报告之前，评估尚未更正错报是否重大。在评价尚未更正错报是否重大时，不仅需要考虑每项错报对财务报表的单独影响，还需要考虑所有错报对财务报表的累积影响及其形成原因，尤其是一些金额较小的错报，虽然单个看起来并不重大，但是其累计数却可能对财务报表产生重大的影响。例如，某个月末发生的错报可能并不重要，但是如果每个月末都发生相同的错报，其累计数就有可能对财务报表产生重大影响。为全面评价错报的影响，注册会计师应将审计过程中已识别的错报和推断误差进行汇总。

尚未更正错报与财务报表层次重要性水平相比，可能出现以下三种情况：

（1）尚未更正错报的汇总数低于重要性水平，对财务报表的影响不重大，注册会计师可以发表无保留意见的审计报告。

（2）尚未更正错报的汇总数超过重要性水平，对财务报表的影响可能是重大的，注册会计师应当考虑扩大审计程序的范围或要求管理层调整财务报表降低审计风险。除非错报金额非常小且性质不严重，注册会计师都应当要求管理层就已识别的错报调整财务报表。如果管理层拒绝调整财务报表,并且扩大审计程序范围的结果不能使注册会计师认为尚未更正的错报的汇总数不重大,注册会计师应当考虑出具保留或否定意见的审计报告。

(3) 尚未更正错报的汇总数接近重要性水平,注册会计师应当考虑该汇总数连同尚未发现的错报是否可能超过重要性水平,并考虑通过实施追加的审计程序或要求管理层调整财务报表降低审计风险。

例6-2　重要性水平的判断

资料:审计人员接受委托对某食品公司2016年12月的财务报表进行审计。

1. 该公司会计报表显示,2016年全年实现利润800万元,资产总额4000万元。
2. 审计人员在审查和阅读该公司会计报表时,发现下列问题:

① 该公司10月份虚报冒领工资1820元,被会计人员占为己有;

② 11月15日收到业务咨询费3850元,列入小金库;

③ 资产负债表中的存货低估16万元,原因尚待查明。上述问题尚未调整。

要求:

① 根据上述问题,做出重要性的初步判断,并简要说明理由;

② 说明审计人员在审计实施阶段和报告应采取的对策。

分析过程:

(1) 会计报表层次的重要性水平。

根据资产负债表计算的重要性水平 = 4000 × 0.5% = 20(万元)

根据利润表计算的重要性水平 = 800 × 5% = 40(万元)

根据稳健性原则,会计报表层次的重要性水平确定为20万元。

(2) 问题①、②涉及违反会计准则与会计制度的问题,性质严重,尽管金额不大,但属于重大错报;问题③,存货低估16万元,达到会计报表层次重要性水平的80%,超过了存货的可容忍误差,属于存货项目的重大错报。

所发现问题的性质重要或金额重大,因此,应当在审计实施过程中实施追加审计程序,或提请被审计单位调整会计报表。在审计报告阶段,如果被审计单位调整了所有的重大错报或漏报,使会计报表反映公允,审计人员就可以发表无保留意见;如果尚未调整的错报的性质严重,或其汇总数可能影响个别会计报表使用者的决策,但就会计报表整体而言是公允的,审计人员就应当发表保留意见;如果尚未调整的错报的性质极其严重,或其汇总数可能影响大多数会计报表使用者的决策,是会计报表整体不公允的,审计人员就应当发表否定意见。

例6-3　审计计划与重要性

自然美化妆品有限公司成立于2000年,自进入化妆品市场以来,从单一产品发展到了多品牌、全方位、多元化的产品定位。天正华会计师事务所承接了自然美公司2013年度财务报表审计业务,在审计过程中做出如下论断:

(1) 制订完成审计计划后,应按照计划执行审计程序,不能改变计划;

(2) 重要性取决于在具体环境下对错报金额和性质的判断;

(3) 在重要性水平之下的小额错报,无须关注;

(4) 财务报表项目的金额及其波动幅度可能促使财务报表使用者做出不同的反应,基于谨慎性,注册会计师应按最近几年的最低金额确定重要性;

(5) 如果评估结果的重要性水平在数量上小于初步评估的重要性水平,则说明以前所执行的审计工作是充分的。

根据上述资料,请判断以上观点是否正确。如不正确,请简要说明理由。

分析过程:

(1) 不正确。计划审计工作不是一个孤立的阶段,而是一个持续不断修正的过程,贯穿于审计业务始终;

(2) 正确。从重要性的概念可以判断重要性依赖在具体环境下的判断,包括对错报金额和性质的判断。

(3) 不正确。较小金额错报的累积结果,可能对财务报表产生重大影响,在审计过程中要考虑到小金额错报的累积数。

(4) 不正确。对于不同的项目,金额大或小的本质含义不同,注册会计师应当研究这些项目的性质。一般来说,最好以最近几年的平均值作为确定重要性的参考依据。

(5) 不正确。如果评估结果的重要性水平在数量上小于初步评估的重要性水平,很有可能说明以前所执行的工作不足,需要进一步增加审计证据的数量。

第二节 审计风险

一、审计风险的概念及特征

对于审计风险的概念,国内外许多学者进行了积极的探讨,但由于理解的角度不同,结论并不完全一致。

《柯勒会计词典》把审计风险解释为:一是已鉴定的财务报表,实际上未能按公认会计原则公允地反映被审计单位财务状况和经营成果的可能性;二是在被审计单位或审计范围中存在重要的错误,未被审计人员觉察的可能性。《美国审计准则说明》第47号认为:"审计风险是审计人员无意地对含有重要错报的财务报表没有适当修正审计意见的风险。"加拿大特许会计师协会的观点是:审计风险是审计程序未能觉察出重大错误的风险。

国际审计准则第25号《重要性和审计风险》将审计风险定义为:"审计风险是指审计人员对实质上误报的财务资料可能提供不适当意见的风险。"

审计风险是指审计师对含有重要错误的财务报表表示不恰当审计意见的风险。中国注册会计师协会在1996年年底公布的《独立审计具体准则第9号——内部控制和审计风险》中对审计风险定义为:"所谓审计风险是指会计报表存在重大错误或漏报,而注册会计师审计后发表不恰当审计意见的可能性。"这里对审计风险的阐述实际上包括两个方面的含义:一是注册会计师认为公允的会计报表,但实际上却是错误的,即已经证实的会计报表实际上并未按照会计准则的要求公允反映被审计单位的财务状况、经营成果和财务状况变动情况，或以被审计单位或审查范围中显示的特征表明其中存在着重要错误而未被注册会计师察觉的可能性；二是注册会计师认为的错误的会计报表，实际上却是公允的。它包括固有风险、控制风险和检查风险。可见，中国审计准则对审计风险的定义与国际审计准则中对审计风险的定义是基本相同的。由于审计所处的环境日益复杂，审计所面临的任务日趋艰巨；审计也需实行成本效益原则。这些原因的存在决定了审计过程中存在审计风险。这在客观上要求注册会计师注意风险存在的可能性，并采取相应措施尽量避免风险和控制风险。

审计风险的特征主要体现在以下几个方面：

1. 审计风险具有客观性

审计风险是客观存在的，不以审计人员的意志为转移。现代审计的一个显著特征，就是采用抽样审计的方法，即根据总体中的一部分样本的特性来推断总体的特性，而样本的特性与总体的特性或多或少有一点误差，这种误差可以控制，但一般难以消除。因此，不论是统计抽样还是判断抽样，若根据样本审查结果来推断总体，总会产生一定程度的误差，即审计人员要承担一定程度的做出错误审计结论的风险。即使是详细审计，由于经济业务的复杂、管理人员道德品质不一等因素，仍存在审计结果与客观实际不一致的情况。因此，风险总是存在于审计活动过程中，只是这些风险有时并未产生灾难性的后果，或对审计人员并未构成实质性的损失而已。所以，通过对审计风险的研究，人们只能认识和控制审计风险，只能在有限的空间和时间内改变风险存在和发生的条件，降低其发生的频率和减少损失的程度，而不能，也不可能完全消除风险。

2. 审计风险具有潜在性

审计责任的存在是形成审计风险的一个基本因素，如果审计人员在执业上不受任何约束，对自己的工作结果不承担任何责任，就不会形成审计风险，这就决定了审计风险在一定时期里具有潜在性。如果审计人员虽然发生了偏离客观事实的行为，但没有造成不良后果，没有引起相应的审计责任，那么这种风险只停留在潜在阶段，而没有转化为实在的风险。审计风险是在错误形成以后经过验证才会体现出来，假如这种错误被人们无意中接受，即不再进行验证，则由此而应承担的责任或遭受的损失实际没有成为现实。所以，审计风险只是一种可能的风险，它对审计人员构成某种损失有一个显化的过程，这一过程的长短因审计风险的内容、审计的法律环境、审计的经济环境，以及客户、社会公众对审计风险的认识程度而异。

3. 审计风险具有可控性

审计人员要为出具的审计报告的正确性承担责任，这种风险早已为人们所熟悉，然而现代审计的指导思想从制度基础审计进一步发展到风险审计表明，审计职业界并未被越来越多的审计风险捆住手脚而失去其活力，而是逐步向主动控制审计风险的方向发展。正确认识审计风险的可控性有着重要意义，一方面，我们不必害怕审计风险，虽然审计人员的责任会导致审计风险的产生，一旦其发生，就可能对审计职业产生重大影响，但我们可以通过识别风险领域，采取相应的措施加以避免，没有必要因为风险的存在，而不敢承接审计业务。只要风险降低到可接受的水平，仍可对被审计单位进行审计。另一方面，既然我们已经意识到了审计风险的可控性，那就说明审计风险是可以通过努力而降低其水平的，这促使我们研究审计理论，提高审计质量。

二、审计风险模型

美国注册会计师协会发布的第 47 号审计标准说明中提出了审计风险模型：

$$\text{审计风险} = \text{固有风险} \times \text{控制风险} \times \text{检查风险} \qquad \text{式1}$$

图 6-1 所示为审计风险组成要素。

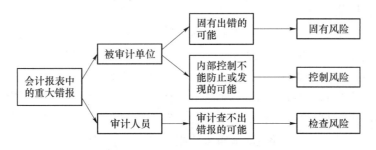

图 6-1 审计风险组成要素

由图 6-1 可见，审计风险是由固有风险、控制风险和检查风险三个要素构成的。

1. 固有风险

固有风险指在不考虑被审计单位相关的内部控制政策或程序的情况下，其会计报表上某项认定产生重大错报的可能性。它是独立于会计报表审计之外存在的，是注册会计师无法改变其实际水平的一种风险。固有风险有如下几个特点：

（1）固有风险水平取决于会计报表对于业务处理中的错误和舞弊的敏感程度。业务处理中的错弊引起报表失实的越多，固有风险越大，反之，固有风险越小。经济业务发生问题的可能性越大，固有风险水平越高；反之则越低。就是说，对于不同的业务，固有风险水平也不同。

（2）固有风险的产生与被审计单位有关，而与注册会计师无关。会计师无法通过自己的工作来降低固有风险，只能通过必要的审计程序来分析和判断固有风险水平。

（3）固有风险水平受被审计单位外部经营环境的间接影响。被审单位外部经营环境的变化会引起固有风险的增大。例如，由于科技的进步会使被审计单位的某些产品过时，于是这就带来了存货计价是否正确的风险。

（4）固有风险独立存在于审计过程中，又客观存在于审计过程中，且是一种相对独立的风险。这种风险水平的大小需要经过注册会计师的认定。

2. 控制风险

控制风险是指被审计单位内部控制未能及时防止或发现其会计报表上某项错报或漏报的可能性。同固有风险一样，审计人员只能评估其水平而不能影响或降低它的大小。控制风险有以下几个特点：

（1）控制风险水平与被审计单位的控制水平有关。

如果被审计单位的内部控制制度存在重要的缺陷或不能有效地工作，那么错弊就会进入被审计单位的财务报表系统，由此产生了控制风险。

（2）控制风险与注册会计师的工作无关。

同固有风险一样,注册会计师无法降低控制风险,但其可以根据被审计单位相关部分的内部控制的健全性和有效性情况,设定一定的控制风险,进行计划水平的估计。

(3) 控制风险是审计过程中一个的风险。

控制风险独立存在于审计过程中,这种风险与固有风险的大小无关。它是被审计单位内部控制制度或程度的有效性的函数。有效的内部控制将降低控制风险,而无效的内部控制将增加控制风险。由于内部控制制度不能完全保证防止或发现所有错弊,因此,控制风险不可能为零,它必然会影响最终的审计风险。

3. 重大错报风险

需要特别说明的是,由于固有风险和控制风险不可分割地交织在一起,有时无法单独进行评估,审计准则通常不再单独提到固有风险和控制风险,而只是将这两者合并称为"重大错报风险"。但这并不意味着,注册会计师不可以单独对固有风险和控制风险进行评估。相反,注册会计师既可以单独对两者单独进行评估,也可以对两者进行合并评估。具体采用的评估方法取决于会计师事务所偏好的审计技术和方法及实务上的考虑。

$$审计风险 = 重大错报风险 \times 检查风险 \qquad 式2$$

重大错报风险是指财务报表在审计前存在重大错报的可能性。重大错报风险与被审计单位的风险相关,且独立于财务报表审计而存在。在设计审计程序以确定财务报表整体是否存在重大错报时,注册会计师应当从财务报表层次和各类交易、账户余额、披露认定层次方面考虑重大错报风险。

(1) 财务报表层次重大错报风险与财务报表整体存在广泛联系,它可能影响多项认定。此类风险通常与控制环境有关,如管理层缺乏诚信、治理层形同虚设而不能对管理层进行有效监督等;但也可能与其他因素有关,如经济萧条、企业所处行业处于衰退期。此类风险难以被界定于某类交易、账户余额、披露的具体认定,相反,此类风险增大了数目不同认定发生重大错报的可能性。此类风险对注册会计师考虑由舞弊引起的风险特别相关。

(2) 注册会计师同时考虑各类交易、账户余额、披露认定层次的重大错报风险,考虑的结果直接有利于注册会计师确定认定层次上实施的实质性审计程序的性质、时间安排和范围。注册会计师在各类交易、账户余额和披露认定层次获取审计证据,以便能够在审计工作完成时,以可接受的低审计风险水平对财务报表整体发表审计意见。

由于报表层次的重大错报风险无法被评估和量化,因此在审计风险模型中的重大错报风险是指认定层次的重大错报风险。

《中国注册会计师审计准则 1211 号——了解被审计单位及其环境并评估重大错报风险》列举了注册会计师应当关注的重大错报风险,表 6 – 3 列举了 28 项重大错报风险。

表 6 – 3 重大错报风险种类

分类	具体内容
性质(4项)	1. 在经济不稳定的国家或地区开展业务; 2. 在高度波动的市场开展业务; 3. 行业环境发生变化; 4. 供应链发生变化

续表

分类		具体内容
行业法律监管（2项）		1. 在严厉、复杂的监管环境中开展业务； 2. 经营活动或财务报告受到监管机构的调查
内部控制（4项）		1. 缺乏具备胜任能力的会计人员； 2. 关键人员变动； 3. 内部控制薄弱； 4. 按照管理层特定意图记录的交易
会计政策（1项）		1. 应用新颁布的会计准则或相关会计制度
经营活动（17项）	筹资	1. 融资能力受到限制； 2. 运用表外融资、特殊目的实体及其他复杂的融资协议
	投资	1. 发生重大收购、重组或其他非经常性事项； 2. 复杂的联营或合资； 3. 重大的关联方交易
	日常经营 业务	1. 持续经营和资产流动性出现问题，包括重要客户流失； 2. 开发新产品或提供新服务，或进入新的业务领域； 3. 开辟新的经营场所； 4. 拟出售分支机构或业务分部
	日常经营 财务	1. 以往存在重大错报或本期期末出现重大会计调整； 2. 会计计量过程复杂； 3. 事项或交易在计量时存在重大不确定性
	日常经营 信息技术	1. 信息技术战略与经营战略不协调； 2. 信息技术环境发生变化； 3. 安装新的与财务报告有关的重大信息技术系统
	日常经营 其他	1. 发生重大的非常规交易； 2. 存在未决诉讼和或有负债

4. 检查风险

检查风险指注册会计师通过预定的审计程序未能发现被审计单位会计报表上存在的某项重大错报或漏报的可能性。检查风险是审计风险要素中唯一可以通过注册会计师进行控制和管理的风险要素。其特点是：

（1）它独立地存在于整个审计过程中，不受固有风险和控制风险的影响。

（2）检查风险与注册会计师工作直接相关。检查风险是审计程序的有效性和注册会计师运用审计程序的有效性的函数。其实际水平与注册会计师的工作有关。它直接影响最终的审计风险。

在既定的审计风险水平下,可接受的检查风险水平与认定层次重大错报风险的评估结果成反向关系。评估的重大错报风险越高,可接受的检查风险越低;评估的重大错报风险越低,可接受的检查风险越高。

在实践中注册会计师通过收集充分的证据来降低检查风险,从而把总审计风险保持在可接受的水平上。检查风险水平和重要性水平一道决定了审计人员需要实施的实质性测试的性质、时间和范围以及所需收集证据的数量。因此,检查风险取决于审计程序设计的合理性和执行的有效性。

由于注册会计师通常并不对所有的交易、账户余额和列报进行检查,以及其他原因,检查风险不可能降低为零。其他原因包括注册会计师可能选择了不恰当的审计程序、审计程序执行不当,或者错误理解了审计结论。这些其他因素可以通过适当计划、在项目组成员之间进行恰当的职责分配、保持职业怀疑态度以及监督、指导和复核助理人员所执行的审计工作得以解决。

检查风险不仅影响注册会计师所实施的实质性测试的性质、时间和范围,而且影响注册会计师所发表审计意见的类型。如果实施有关实质性测试后,注册会计师仍认为与某一重要账户或交易类别的认定有关的检查风险不能降至可接受的水平,就应当发表保留意见或无法表示意见。这是因为如果不能将重要账户或交易类别的检查风险降至可接受的水平,注册会计师将难以确定有多少重大错报无法通过实质性测试予以发现,财务报表的部分或全部认定是否合法、公允也难以确定。在这种情况下,注册会计师应视影响程度发表保留或无法表示意见。

例 6-4 重大错报风险

背景资料:L集团是其所在地区的一家中型煤炭企业,主营煤炭采选、煤炭销售、煤炭运输等业务,同时还生产并销售自产的相关矿产机械,并提供餐饮、住宿等相关服务,以及进行煤矸石系列建材产品的生产、销售。

某会计师事务所A注册会计师已经是L集团的审计师,双方在2016年1月签订了2015年度财务报表审计业务约定书。年末,事务所进行针对L集团2015年度财务报表审计的计划工作,审计师已经拿到的财务报表显示L集团2015年主营业务收入为18.75亿元(2014年主营业务收入15.45亿元)。税前净利润为8400万元(2014年税前净利润为7650万元),2015年资产总额为14.25亿元(2014年资产总额为13.5亿元)。除此之外,审计师还了解到有关L集团的其他信息:

(1) L集团的相关矿产机械主要销售给5个重要客户,这些客户采用分期付款的方式支付货款。第一期付款的到期日是订单得到确认的日期,第一期应支付货款的50%;第二期付款的到期日是矿山机械送达的日期,第二期应支付货款的25%;第三期付款的到期日是矿山机械在客户的煤矿得到成功安装的日期,第三期应支付货款的25%。因此,通常情况下,L集团的相关矿山机械从确认订单到最终安装完成大概需要6个月的时间。

(2) 在2015年12月31日,L集团应收账款明细账显示,P煤矿有1笔4275万元的欠款。这是一笔有争议的欠款,L集团销售给P煤矿的矿产机械已经在2015年9月安装完成,

L集团执行总裁M称该机械已成功运转,但是P煤矿却拒绝支付第三期款项。

(3) L集团的另一个客户Q煤矿在2015年12月通过其律师与L集团取得联系,要求L集团就其钻孔机故障造成一名操作员手臂严重受伤的事件进行赔偿。L集团的执行总裁M告诉A注册会计师完全可以忽略这一事件的影响,因为众所周知Q煤矿的安全设施很差,员工的健康福利也很缺乏,曾多次被媒体曝光,也收到过监管部门的整改通令,因此这次事故完全是Q煤矿的责任。为此,L集团对Q煤矿在2015年11月发出的两个订单也已经取消了确认。

(4) 2015年12月17日L集团进行了所有存货的期末盘点,总工程师根据生产的完工进度估计2015年12月31日在产品的期末计价为1.275亿元。

(5) L集团生产的一种矿产机械的主机是从国外供货商处采购的,该供货商是一家芬兰公司,要求L集团支付欧元。L集团2015年12月31日流动负债中记录的2250万元的应付账款就是欠该芬兰供货商的货款。

(6) L集团对外销售的矿山机械都附带了一年的质量保证,即在一年内由于机械本身的原因出现的故障公司负责免费维修。2015年L集团资产负债表上计提的质量保证准备金为3750万元(2014年该准备为3600万元)。该项准备是L集团的执行总裁M根据顾客所报告故障的维修成本估计得出的。

(7) L集团的执行总裁M拥有L集团60%的股份,同时还拥有H集团55%的股份,H集团将其拥有的一处建筑物租赁给M集团作为其公司总部。

(8) M正在考虑在2016年1月末出售其在L集团的部分股份,因此希望审计师能够尽快完成审计工作。

讨论:根据审计师已经掌握的信息,分辨并解释审计师可能面临的重大错报风险,在计划针对L集团2015年度审计时,审计师还需考虑哪些问题?

分析过程:

A注册会计师应该考虑的重大错报风险主要体现在以下方面:

(1) 收入确认的问题。

根据上述付款时间的安排,L集团存在过早确认销售收入的可能性,因为在第一次收到客户付款时只是订单得到确认的日期,此时L集团实际上还没有向客户提供商品或服务,该笔付款其实是客户的预付款,L集团应确认负债而不是确认收入,如果此时确认收入既不符合收入确认的标准,也不符合谨慎性原则,因此L集团存在高估收入和低估负债的重大错报风险。

(2) 有争议的应收账款。

该笔应收账款数额巨大,它已经占到公司税前净利的50.89%,主营业务收入的2.28%,总资产的3%。L集团对该笔有争议的应收账款应该提取适当的坏账准备,否则将会存在高估应收账款的问题。A注册会计师也应深入调查该笔应收账款存在争议的原因,从而合理判断应该计提坏账准备的数额。

(3) 法律诉讼。

对于该事件,A注册会计师不能轻易听信L集团执行总裁M的说法,应该提请L集团认真考虑该事件的影响,因为该事件并非如M所称不会对L集团带来任何财务影响。如果事实表明 L 集团生产的矿产机械确实存在质量问题，L 集团就很可能会被要求进行赔偿。如果需要对伤害事故进行赔偿的可能性很大，L 集团就应该计提相应的损失赔偿准备，即便赔偿只是有可能，L 集团也应该将该事件的细节情况及其对公司的财务影响在财务报表附注中予以披露。另外，L 集团还取消了 Q 煤矿的两个订单，但是如果 Q 煤矿尚有欠款没有支付，那么其拒绝支付的可能性会很大，这样 L 集团的应收账款就将存在高估的问题。如果 Q 煤矿已经支付了第一期的货款，则很可能要求返还，L 集团也必须为此计提准备或在财务报表中予以披露。Q 煤矿是 L 集团的五个主要客户之一，如果丧失该客户，又很难找到新的收入来源弥补这一损失的话，L 集团未来的可持续经营能力必然存在问题。如果法律诉讼成为公众知晓的事件，L 集团又被认定为提供了存在故障的机械的话，L 集团将很难再吸引新的客户。该事件对 L 集团造成负面影响的可能性还是很大的，如果其他的重要客户也终止与 L 集团的业务往来，L 集团能否继续持续经营的问题将更加严重。注册会计师在审计计划中就需要考虑针对 L 集团的持续经营能力问题展开必要的审计程序。

(4) 存货盘点。

L 集团的存货盘点并不是在 12 月 31 日进行的，因此根据盘点结果推算的期末存货计价是否准确值得怀疑，A 注册会计师需要重点审查。

如果在产品的金额对于整体财务报表而言是重大的，加之在产品相关的关键风险在于对完工程度的估计，所以该估计的主观性较强，完全由总工程师决定。A 注册会计师需要考虑是否存在因为高估在产品的完工程度而高估在产品期末计价的风险。另外，人工成本和间接制造费用的吸收也是一项复杂的计算，A 注册会计师需要考虑成本计算方法与以前年度是否一致。同时，A 注册会计师还需要考虑存货分类的正确性，包括原材料、在产品和产成品的认定标准是否合理。

(5) 海外供货商。

由于向海外供货商支付的是欧元，因此 A 注册会计师需要审查 L 集团对外币交易的内部控制是否完善，以外币标示的应付账款在期末是以何时的汇率进行折算的。由于人民币与欧元的汇率随时在发生变化，因此如果使用的折算汇率和方法不当，就可能造成应付账款计价的高估或低估。

(6) 质量保证准备。

L 集团计提的质量保证准备的金额是很大的，已经达到总资产的 2.63%，2014 年则达到了总资产的 2.67%。2015 年，L 集团计提的产品质量保证准备只比 2014 年多了 150 万元，增长率仅为 4.2%，但是同期的主营业务收入则增长了 21.4%。这表明 L 集团在 2015 年计提的产品质量保证准备存在低估的问题，除非有证据表明 L 集团在 2015 年的产品质量出现了明显的好转，否则产品质量保证准备的计提，比例应与主营业务收入的增长比例相吻合。然而，事实上，P 煤矿的拒绝付款和 Q 煤矿的事故都是 L 集团产品质量并未得到改善的直接证据。由于确定质量保证准备计提金额的决策权掌握在 L 集团的执行总裁 M 手中，他作为 L 集团的大股东，也存在通过少计提产品质量保证准备金的方式在利润表中少计费用以虚增利润的动机。

(7) 大股东对公司的影响。

M 是 L 集团的大股东，可以实质上控制 L 集团的经营和财务决策，并担任公司执行总裁的职务。这一状况无疑极大地增加了财务报表被人为操纵的风险，比如高估资产、低估负债，从而高估利润等。这一风险在 2015 年财务报表中尤其严重，因为 M 准备在转年年初出售其在公司的股份。由于这些股份的出售价格将在很大程度上取决于 L 集团 2015 年 12 月 31 日财务报表所体现出的财务状况和经营成果，因此 M 出于自身利益操纵报表的动机是十分明显的。M 可以采取的操纵报表的手段包括：①对于 Q 煤矿法律诉讼所构成的或有负债不予确认；②对于 P 煤矿有争议的应收账款不计提适当的坏账准备；③不按照主营业务收入的增长比例适当增加产品质量保证准备金的计提金额；④过早地确认主营业务收入等。

（8）关联方交易。

集团的执行总裁 M 拥有 L 集团 60% 的股份，同时还拥有 H 集团 55% 的股份，H 集团将其拥有的一处建筑物租赁给 L 集团作为其公司总部。因此，M 不仅控制着 L 集团，还控制着 H 集团，H 集团与 L 集团已经构成关联方。关联方之间的交易应该在财务报表中予以披露，因此 H 集团与 L 集团之间的房产租赁合同的内容、相互之间的欠款情况等都应该在报表中进行披露。另外，A 注册会计师还需注意 H 集团与 L 集团之间是否存在其他的关联方交易。

思考题

1. 何谓重要性？注册会计师确定重要性的目的是什么？
2. 重要性与审计风险、审计证据的关系如何？
3. 如何确定审计的重要性？
4. 审计风险模型的具体内容是什么？
5. 重大错报风险有哪些内容？

第七章

内部控制及评审

第一节 内部控制系统

一、内部控制概念及作用

1972 年，美国准则委员会（ASB）做出了《审计准则公告》，该公告对内部控制提出了如下定义：内部控制是在一定的环境下，单位为了提高经营效率、充分有效地获得和使用各种资源，达到既定管理目标，而在单位内部实施的各种制约和调节的组织、计划、程序和方法。

内部控制是指企业为了合理保证财务报告的可靠性、经营的效率和效果以及对法律法规的遵循，由治理层、管理层和其他人员设计和执行的政策和程序。

1. 内部控制的作用

（1）合理保证财务报告的可靠性。

企业决策层要想在瞬息万变的市场竞争中有效地管理经营企业，就必须及时掌握各种信息，以确保决策的正确性，并可以通过控制手段尽量提高所获信息的准确性和真实性。因此，建立内部控制系统可以提高会计信息的正确性和可靠性。

（2）合理保证企业经营效率和效果。

内部控制系统通过确定职责分工，严格各种手续、制度、工艺流程、审批程序、检查监督手段等，可以有效地控制本单位生产和经营活动顺利进行，防止出现偏差，纠正失误和弊端，保证实现单位的经营目标。

（3）合理保证企业对法律法规的遵循。

企业的经济活动必须在国家方针、政策、法规和制度的制约下进行。企业根据生产经营活动的特点制定相应的内部控制制度，可以督促管理者贯彻和执行既定的方针、政策和制度，防止各种违法违纪的行为发生。

（4）保护企业财产的安全完整。

财产物资是企业从事生产经营活动的物质基础。内部控制可以通过适当的方法对货币资金的收入、支出、结余以及各项财产物资的采购、验收、保管、领用、销售等活动进行控制，防止贪污、盗窃、滥用、毁坏等不法行为，保证财产物资的安全完整。财产物资是企业从事生产经营活动的物质基础。内部控制可以通过适当的方法对货币资金的收入、支出、结余以及各项财产物资的采购、验收、保管、领用、销售等活动进行控制、防止贪污、盗窃、滥用、毁坏等不法行为，保证财产物资的安全完整。

（5）为现代审计方法提供必要的基础。

审计监督必须以真实可靠的会计信息为依据，检查错误，揭露弊端，评价经济责任和经济效益，而只有具备了健全的内部控制制度，才能保证信息的准确、资料的真实，并为审计工作提供良好的基础。总之，良好的内部控制系统可以有效地防止各项资源的浪费和错弊的发生，提高生产、经营和管理效率，降低企业成本费用，提高企业经济效益。

2. 内部控制的局限性

（1）越权操作。

内部控制制度的重要实施手段之一是授权批准控制，授权批准控制使处于不同组织层级的人员和部门拥有大小不等的业务处理和决定权限，但是当内部人控制的威力超过内部控制制度本身的力量时，越权操作就成为可能。

越权操作的危害极大，不仅打乱了正常的工作秩序和工作流程，而且为徇私舞弊、违法违规创造了一定的条件。

（2）合谋串通。

内部控制制度源于内部牵制的理念是因为相互有了制衡，在经办一项交易或事项时，两个或两个以上人员或部门无意识地犯同样错误的概率要大大小于一个人或一个部门。

串通的结果则完全破坏了内部牵制的设想，削弱了制度的约束力，使内部控制制度无效。

（3）成本限制。

根据成本效益原则，内部控制的设计和运行是要花费代价的，企业应当充分权衡实施内部控制带来的潜在收益与成本，运用科学、合理的方法，有目的、有重点地选择控制点，实现有效控制。

内部控制的实施受制于成本与效益的权衡。内部控制的根本目标在于服务于企业价值创造，如果设计和执行一项控制带来的收益不能弥补其所耗费的成本，就应该放弃该项控制。

二、内部控制的目标及要素

（一）内部控制的目标

1992 年 COSO 报告在得到各界认可的内部控制概念中提出的目标有三大类：一是营运目标，与企业资源使用的效率和效果有关，包括绩效和获得目标，以及保障财产的安全，使其免受损失。二是财务报告目标，与编制对外公布的财务报表的可靠性有关，包括防止对外公布财务报告的不实。三是遵循目标，与企业遵循相关法律法规有关，它们受外界受因素影响，如受环境保护法等影响。

2008年中国财政部、证监会、审计署、银监会、保监会联合发布的《企业内部控制基本规范》，提出内部控制的目标主要包括：

1. 确保企业战略实现

战略是一个组织长期发展的方向和范围，它通过在不断变化的环境中调整资源配置来取得竞争优势，从而实现利益相关者的期望。因此，不管是战略执行的内在要求还是内部控制的发展方向，战略与内部控制的有机结合是其发展的必然要求。

2. 运营的效果和效率

重视运营的效果和效率对于组织未来的成功至关重要。最近几年，企业的管理者开始意识到如果不重视企业运营的效果和效率，就无法建立有效的企业治理的政策和程序。

3. 财务报告的可靠性

组织的管理层有责任编制可靠的财务报告，包括中期财务报告以及经财务报表挑选出来的财务数据等。

4. 资产的安全、完整

组织通过有效的内部控制系统确保资产的安全和完整，主要指两个方面，一是确保这些资产不被损害和流失；二是要确保对资产的合理使用和必要的维护。

5. 符合相关的法律和法规

相关的法律和法规规定了企业的最低行为标准，如不遵守，将可能导致行政处罚和经济损失，这将会使组织损失一部分资源。

企业内部控制目标的逻辑图如图 7-1 所示：

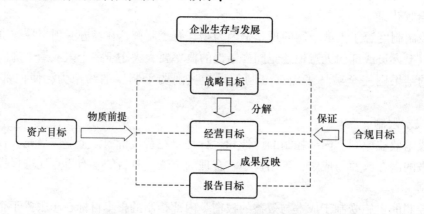

图 7-1 企业内部控制目标的逻辑图

内部控制的五个目标不是彼此孤立的，而是相互联系，共同构成了一个完整的内部控制目标体系。其中，战略目标是最高目标，是与企业使命相联系的终极目标；经营目标是战略目标的细化、分解与落实，是战略目标的短期化与具体化，是内部控制的核心目标；资产目标是实现经营目标的物质前提；报告目标是经营目标的成果体现与反映；合规目标是实现经营目标的有效保证。

（二）内部控制的要素

内部控制要素主要有五个方面的内容：控制环境（文化及组织结构）、风险评估、控制活动、信息与沟通、内部监督。其关系如图 7-2 所示：

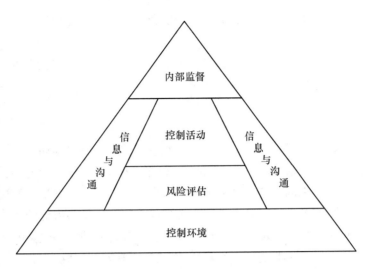

图 7-2 内部控制五要素关系图

1. 控制环境

控制环境包括治理职能和管理职能,以及治理层和管理层对内部控制及其重要性的态度、认识和措施。

(1) 治理结构。

企业应当根据国家有关法律法规和企业章程,建立规范的公司治理结构和议事规则,明确董事会、监事会和经理层在决策、执行、监督等方面的职责权限,形成科学有效的职责分工和制衡机制。包括内部治理和外部治理。但治理结构一般指内部治理。内部治理结构主要包括股东会、董事会、监事会、经理层;内部治理机制涉及选择机制、激励机制、约束机制及决策机制。外部治理结构主要包括证券市场、金融机构、产品市场、经理市场、政府规制等;外部治理机制涉及投资机制、选购机制、竞争机制、规划机制等。

(2) 机构设置及权责分配。

企业应当结合业务特点和内部控制要求设置内部机构,明确职责权限,将权利与责任落实到各责任单位。企业内部机构设置虽然没有统一模式,但所采用的组织结构应当有利于提升管理效能,并保证信息通畅流动。

(3) 内部审计机制。

企业应当加强内部审计工作,保证内部审计机构设置、人员配备和工作的独立性。

(4) 人力资源政策。

人力资源政策应当有利于企业的可持续发展,一般包括员工的聘用、培训、辞退与辞职;员工的薪酬、考核、晋升与奖惩;关键岗位员工的强制休假制度和定期岗位轮换制度;对掌握国家秘密或重要商业秘密的员工离岗的限制性规定等内容。企业应当将职业道德修养和专业胜任能力作为选拔和聘用员工的重要标准,切实加强员工培训和继续教育,不断提升员工素质。

(5) 企业文化。

企业应当加强文化建设,培育积极向上的价值观和社会责任感,倡导诚实守信、爱岗敬业、开拓创新和团队协作精神,树立现代管理理念,强化风险意识和法制观念。董事、监事、经理及其他高级管理人员在塑造良好的企业文化中发挥关键作用。

2. 风险评估

风险评估是对经营相关的风险进行预见、识别的过程。该过程包括识别与财务报告相关的经营风险，以及针对这些风险所采取的措施。即风险评估就是量化测评某一事件或事物带来的影响或损失的可能程度。

（1）风险的理解。

企业所面临的风险按形成的原因一般可分为经营风险和财务风险两大类。

经营风险是指因生产经营方面的原因给企业盈利带来的不确定性。比如，原材料供应地的政治经济情况变化等带来的供应方面的风险，新产品、新技术开发试验不成功，生产组织不合理等因素带来的生产方面的风险，销售决策失误等带来的销售方面的风险，此外还有劳动力市场供求关系变化、自然环境变化、税收调整以及其他宏观经济政策的变化等方面等因素，也会直接或间接地影响企业的正常经营活动。经营风险多数情况来源于企业外部，尽管如此，企业仍应采取有效的内控措施加以防范。

财务风险又称筹资风险，是指由于举债而给企业财务成果带来的不确定性。对财务风险的控制，关键是要保证有一个合理的资本结构，维持适当的负债水平，既要充分利用举债经营这一手段获取财务杠杆的收益，提高自有资金盈利能力，同时也要注意防止过度举债而引起的财务风险的加大，避免陷入财务困境。

（2）风险评估要素。

风险评估的要素包括四个方面，即确定风险承受度、识别风险（包括内部和外部风险）、风险分析和风险应对。

① 目标设定。风险是指一个潜在事项的发生对目标实现产生影响的可能性。风险与可能被影响的控制目标相关联。企业必须制定与生产、销售、财务等业务相关的目标，设立可辨认、分析和管理相关风险的机制，以了解企业所面临的来自内部和外部的各种不同风险。

② 风险识别。企业不仅要识别内部风险，还要识别与控制目标相关的各类外部风险。企业识别内部风险，一般关注：董事、监事、经理及其他高级管理人员的职业操守，员工专业胜任能力等人力资源因素；组织机构、经营方式、资产管理、业务流程等管理因素；研究开发、技术投入、信息技术运用等自主创新因素；财务状况、经营成果、现金流量等财务因素；营运安全、员工健康、环境保护等安全环保因素等。企业识别外部风险，一般关注：经济形势、产业政策、融资环境、市场竞争、资源供给等经济因素；法律法规、监管要求等法律因素；安全稳定、文化传统、社会信用、教育水平、消费者行为等社会因素；技术进步、工艺改进等科学技术因素；自然灾害、环境状况等自然环境因素等。

③ 风险分析。在充分识别各种潜在风险因素后，要对固有风险，即不采取任何防范措施可能造成的损失程度进行分析，同时，重点分析剩余风险，即采取了相应应对措施之后仍可能造成的损失程度。企业应当采用定性与定量相结合的方法，按照风险发生的可能性及其影响程度等，对识别的风险进行分析和排序，确定关注重点和优先控制的风险。

④ 风险应对。企业在分析了相关风险的可能性和影响程度后，结合风险承受度，权衡风险与收益，确定风险应对策略。常用的风险应对策略有：风险规避，即改变或回避相关业务，不承担相应风险；风险承受，即比较风险与收益后，愿意无条件承担全部风险；风险降

低，即采取一切措施降低发生不利后果的可能性；风险分担，即通过购买保险、外包业务等方式来分担一部分风险。风险应对策略的选择与企业风险偏好密切相关，为此企业应当合理分析、掌握董事、经理及其他高级管理人员、关键岗位员工的风险偏好，采取适当的控制措施，避免因个人风险偏好给企业经营带来重大损失。风险应对策略往往需结合运用。

3. 控制活动

控制活动是指企业管理层根据风险评估结果，采用相应的控制措施，将风险控制在可承受度之内，是实施内部控制的具体方式。常见的控制措施有：不相容职务分离控制、授权审批控制、会计系统控制、财产保护控制、预算控制、运营分析控制、绩效考评控制、重大风险预警机制和突发事件应急处理机制等。

（1）不相容职务分离控制。

所谓不相容职务，是指那些如果由一个人担任既可能发生错误和舞弊行为，又可能掩盖其错误和舞弊行为的职务。不相容职务一般包括：授权批准与业务经办、业务经办与会计记录、会计记录与财产保管、业务经办与稽核检查、授权批准与监督检查等。对于不相容的职务如果不实行相互分离的措施，就容易发生舞弊等行为。不相容职务分离的核心是"内部牵制"，因此，企业在设计内部控制系统时，首先应确定哪些岗位和职务是不相容的；其次要明确规定各个机构和岗位的职责权限，使不相容岗位和职务之间能够相互监督、相互制约，形成有效的制衡机制。

（2）授权审批控制。

授权审批是指企业在办理各项经济业务时，必须经过规定程序的授权批准。授权审批形式通常有常规授权和特别授权之分。常规授权是指企业在日常经营管理活动中按照既定的职责和程序进行的授权，用以规范经济业务的权力、条件和有关责任者，其时效性一般较长。特别授权是企业在特殊情况、特定条件下对办理例外的、非常规性交易事项的权力、条件和责任的应急性授权。企业必须建立授权审批体系，编制常规授权的权限指引，规范特别授权的范围、权限、程序和责任，严格控制特别授权。对于重大的业务和事项，企业应当实行集体决策审批或者联签制度，任何个人不得单独进行决策或擅自改变集体决策。

（3）会计系统控制。

会计作为一个信息系统，对内能够提供经营管理的诸多信息，对外可以向投资者、债权人等提供用于投资等决策的信息。会计系统控制主要是通过对会计主体所发生的各项能用货币计量的经济业务进行记录、归集、分类、编报等而进行的控制。其内容主要包括：①依法设置会计机构，配备会计从业人员，建立会计工作的岗位责任制，对会计人员进行科学合理的分工，使之相互监督和制约；②按照规定取得和填制原始凭证；③设计良好的凭证格式；④对凭证进行连续编号；⑤规定合理的凭证传递程序；⑥明确凭证的装订和保管手续责任；⑦合理设置账户，登记会计账簿，进行复式记账；⑧按照《中华人民共和国会计法》和国家统一的会计准则制度的要求编制、报送、保管财务会计报告。

（4）财产保护控制。

财产是企业资金、财物的总和，按是否具有实物形式，分为有形财产（如资金、财物）和无形财产（如著作权、发明权）。保障财产安全特别是资产安全，是内部控制的重要目标之一。财产保护控制的措施主要包括：①财产记录和实物保管。关键是要妥善保管涉及资产的各种文件资料，避免记录受损、被盗、被毁。对重要的文件资料，应当留有备份，以便在遭受意外损失或毁坏时重新恢复，这在计算机处理条件下尤为重要。②定期盘点和账实核对。它是指定期对实物资产进行盘点，并将盘点结果与会计记录进行比较。盘点结果与会计记录如不一致，可能说明资产管理上出现错误、浪费、损失或其他不正常现象，应当分析原因、查明责任、完善管理制度。③限制接近。它是指严格限制未经授权的人员对资产的直接接触，只有经过授权批准的人员才能接触该资产。限制接近包括限制对资产本身的接触和通过文件批准方式对资产使用或分配的间接接触。一般情况下，对货币资金、有价证券、贵重物品、存货等变现能力强的资产必须限制无关人员的直接接触。

(5) 预算控制。

预算是企业未来一定时期内经营、资本、财务等各方面的收入、支出、现金流的总体计划。预算控制的内容涵盖了企业经营活动的全过程，企业通过预算的编制和检查预算的执行情况，可以比较、分析内部各单位未完成预算的原因，并对未完成预算的不良后果采取改进措施。在实际工作中，预算编制不论采用自上而下或自下而上的方法，其决策权都应落实在内部管理的最高层，由这一权威层次进行决策、指挥和协调。预算确定后由各预算单位组织实施，并辅之以对等的权、责、利关系，由内部审计等部门负责监督预算的执行。分解预算控制的主要环节有：①确定预算的项目、标准和程序；②编制和审定预算；③预算指标的下达和责任人的落实；④预算执行的授权；⑤预算执行过程的监控；⑥预算差异的分析和调整；⑦预算业绩的考核和奖惩。

(6) 运营分析控制。

运营分析是对企业内部各项业务、各类机构的运行情况进行独立分析或综合分析，进而掌握企业运营的效率和效果，为持续的优化调整奠定基础。运营分析控制要求企业建立运营情况分析制度，综合运用生产、购销、投资、筹资、财务等方面的信息，通过因素分析、对比分析、趋势分析等方面，定期开展运营情况分析，发现存在的问题，及时查明原因并加以改进。

(7) 绩效考评控制。

绩效考评是对所属单位及个人占有、使用、管理与配置企业经济资源的效果进行的评价。企业董事会及经理层可以根据绩效考评的结果进行有效决策，引导和规范员工行为，促进实现发展战略和提高经营效率效果。绩效考评控制的主要环节有：①确定绩效考评目标，绩效考评目标应当具有针对性和可操作性。②设置考核指标体系，考核指标既要有定量指标，以反映评价客体的各种数量特征，又要有定性指标，以说明各项非数量指标的影响，同时，针对不同的评价指标赋予相应的权重，体现各项评价指标对绩效考评结果的影响程度和重要程度。③选择考核评价标准，评价标准是反映评价指标优劣的具体参照物和对比尺度，企业可以根据评价目标选用不同的评价标准，如历史标准、预算标准、行业标准等。④形成评价结果，根据评价指标和评价标准，对企业全体员工的业绩进行定期考核和客观评价，在此基础上形成评价结论。⑤制定奖惩措施，企业应当将绩效考评结果作为确定员工薪酬以及职务晋升、评优、降级、调岗和辞退等的依据。

除上述常见控制措施外，企业还需建立重大风险预警机制和突发事件应急处理机制，明确风险预警标准，对可能发生的重大风险或突发事件，制定应急预案，明确责任人员，规范处理程序，确保突发事件得到及时妥善处理。

4. 信息与沟通

信息与沟通是企业及时、准确收集、传递与内部控制相关的信息，确保信息在企业内部、企业与外部之间进行有效沟通，是实施内部控制的重要条件。信息与沟通的主要环节有：确认、计量、记录有效的经济业务；在财务报告中恰当揭示财务状况、经营成果和现金流量；保证管理层与企业内部、外部的顺畅沟通，包括与利益相关者、监管部门、注册会计师、供应商等的沟通。

信息与沟通的要件主要包括：信息质量、沟通制度、信息系统、反舞弊机制。

（1）信息质量。

信息是企业各类业务事项属性的标识，是确保企业经营管理活动顺利开展的基础。企业日常生产经营需要收集各种内部信息和外部信息，并对这些信息进行合理筛选、核对、整合，提高信息的有用性。企业可以通过财务会计资料、经营管理资料、调研报告、专项信息、内部刊物、办公网络等渠道，获取内部信息；还可以通过行业协会组织、社会中介机构、业务往来单位、市场调查、来信来访、网络媒体以及有关监管部门等渠道，获取外部信息。

（2）沟通制度。

信息的价值必须通过传递和使用才能体现。企业应当建立信息沟通制度，将内部控制相关信息在企业内部各管理级次、责任单位、业务环节之间，以及企业与外部投资者、债权人、客户、供应商、中介机构和监管部门等有关方面之间进行沟通和反馈。重要信息须及时传递给董事会、监事会和经理层。

（3）信息系统。

为提高控制效率，企业可以运用信息技术加强内部控制，建立与经营管理相适应的信息系统，促进内部控制流程与信息系统的有机结合，实现对业务和事项的自动控制，减少或消除人为操纵因素。企业利用信息技术对信息进行集成和共享的同时，还应加强对信息系统开发与维护、访问与变更、数据输入与输出、文件储存与保管、网络安全等方面的控制，保证信息系统安全稳定运行。

（4）反舞弊机制。

舞弊是指企业董事、监事、经理、其他高级管理人员、员工或第三方使用欺骗手段获取不当或非法利益的故意行为，它是需要企业重点加以控制的领域之一。企业应当建立反舞弊机制，坚持惩防并举、重在预防的原则，明确反舞弊工作的重点领域、关键环节和有关机构在反舞弊工作中的职责权限，规范舞弊案件的举报、调查、处理、报告和补救程序。反舞弊工作的重点包括：①未经授权或者采取其他不法方式侵占、挪用企业资产，牟取不当利益；②在财务会计报告和信息披露等方面存在虚假记载、误导性陈述或者重大遗漏等；③董事、监事、经理及其他高级管理人员滥用职权；④相关机构或人员串通舞弊。为确保反舞弊工作落到实处，企业应当建立举报投诉制度和举报人保护制度，设置举报专线，明确举报投诉处理程序、办理时限和办结要求，确保举报、投诉成为企业有效掌握信息的重要途径。举报投诉制度和举报人保护制度应当及时传达至全体员工。

5. 内部监督

内部监督是企业对内部控制建立与实施情况的监督检查，通过评价内部控制的有效性，对发现的内部控制缺陷及时加以改进,是实施内部控制的重要保证。内部监督包括日常监督和专项监督。

(1) 日常监督。

日常监督是指企业对建立与实施内部控制的情况进行常规、持续的监督检查。日常监督的常见方式包括:①在日常生产经营活动中获得能够判断内部控制设计与运行情况的信息,在与外部有关方面沟通过程中获得有关内部控制设计与运行情况的验证信息;②在与员工沟通过程中获得内部控制是否有效执行的证据;③通过账面记录与实物资产的检查比较对资产的安全性进行持续监督;④通过内部审计活动对内部控制的有效性进行持续监督。

(2) 专项监督。

专项监督是指在企业发展战略、组织结构、经营活动、业务流程、关键岗位员工等发生较大调整或变化的情况下,对内部控制的某一或某些方面进行有针对性的监督检查。专项监督的范围和频率根据风险评估结果以及日常监督的有效性等予以确定。专项监督应当与日常监督有机结合,日常监督是专项监督的基础,专项监督是日常监督的补充,如果发现某专项监督需要经常性地进行,企业有必要将其纳入日常监督之中。

日常监督和专项监督情况应当形成书面报告,并在报告中揭示存在的内部控制缺陷。内部监督形成的报告应当有畅通的报告渠道,确保发现的重要问题能及时送达至治理层和经理层;同时,应当建立内部控制缺陷纠正、改进机制,充分发挥内部监督效力。企业应当在日常监督和专项监督的基础上,定期对内部控制的有效性进行自我评价,出具自我评价报告。内部控制自我评价的方式、范围、程序和频率,除法律法规有特别规定的,一般由企业根据经营业务调整、经营环境变化、业务发展状况、实际风险水平等自行确定。

以上五个要素实际内容广泛、相互关联。控制环境是其他控制要素的基础,控制环境不理想,企业的内部控制就不可能有效;在规划控制活动时必须对企业可能面临的风险有全面的了解;控制活动、控制政策和程序必须在组织内部有效地沟通;内部控制的设计和执行必须受到有效的监控。

第二节 内部控制描述

描述内部控制制度,是按照一定的方法把内部控制的现状以书面的形式加以反映。描述时可以按照各个业务系统分别进行,通过描述可以全面反映企业内部控制的状况;便于鉴定企业业务处理过程是否合理、健全;便于审计人员进行控制测试;便于企业工作人员更好地执行各自的工作。描述内部控制制度的方法主要包括文字说明法、调查表法、流程图描述法。

一、文字说明法

文字说明法是将企业内部控制制度的实际情况完全以文字说明的形式记录下来,这种方法称为文字说明法。内部控制制度的各个控制环节和控制方式均可以用文字说明法详细地加以描述。

采用文字说明法时,审计人员仅仅是询问该制度或活动的执行人员"他们做什么,怎么做的",同时将他们的回答综合在叙事性的文字说明里。

审计人员通常会对工作人员询问如下问题:
(1) 处理了什么业务或凭证?
(2) 这些业务或凭证是怎么发生的?
(3) 要求什么样的批准手续?
(4) 要求什么会计分录?
(5) 产生了什么样的记录?

这些书面文字能描述被审计单位内部控制的实际情况。

文字说明法的优点是:①可以对调查对象做出比较深入和具体的描述,使用范围广泛;②可以描述内部控制制度中的任何特殊情况。缺点是:①采用文字说明法进行描述时,文字叙述较为冗长,对业务处理流程及其控制的反映不够直观,特别是对于比较复杂的业务,有时不易说明清楚;②在一定程度上阻碍了审计人员从总体上对被审单位的内部控制进行分析评价。

因此,文字说明法一般是用于内部控制程序比较简单,比较容易描述的小企业。

二、调查表法

调查表法指审计人员利用事先设计好的标准化格式的调查表来反映被审计单位内部控制状况的方法。

通过调查表法,审计应根据内部控制的基本原则及其应达到的目的和要求,把企业各经营环节的关键控制点及主要问题,预先编制一套标准格式的调查表。在调查表中,为每个问题分设"是""否""不适用"和"备注"四栏。其中,"是"表示肯定;"否"表示否定;"不适用"表示该问题不适用于被审计单位,还可在"否"这一栏中根据控制差的轻重程度,再细分"较轻"和"较重"两栏;"备注"栏用于记录回答问题的资料来源以及对有关问题的说明。

内部控制调查表中的"问题",是针对内部控制是否有效,综合考虑各方面的因素提出的。问题的拟订应针对各项业务或业务循环的特点,既要抓住要害,又要便于回答。对表中提出的问题,要求被审计单位有关工作人员据实做出相应的回答,借以查明被审计单位的实际情况。银行业务内控调查如表7-1所示。

表7-1 银行业务内控调查

被审计单位: 填表人:
被调查人: 复核人:
调查时间: 编号:

序号	内容	调查结果(填√)			备注
		是	否		
			较轻	较重	
1	银行账户开立是否有规定的审批手续				
2	银行收付业务是否符合国家规定				
3	银行票据与有关印章保管的职务是否相互分开				

续表

序号	内 容	调查结果（填√）			备注
		是	否		
			较轻	较重	
4	记账凭证与原始凭证的核对是否由复核人员进行复核				
5	银行存款日记账与银行对账单是否及时进行核对				
6	是否按月编制银行存款调节表，未达账项是否检查				
7	收付凭证是否按顺序连续编号				
8	收付款业务的发生是否经有关业务主管或领导批准，并经授权人经办				
9	是否根据审核无误的会计凭证登记银行存款日记账				
10	作废支票及其他银行票据是否加盖作废章				
11	现金日记账、银行存款账与总账的余额是否相符				
12	是否编制银行存款余额核对表				
13	是否有所有开户银行函证年末余额或银行存款对账单				
14	银行存款余额调节表中未达账项是否真实				
15	抽查大额银行存款支出的原始凭证的内容是否完整，有无授权批准，有无与被审单位经营业务无关的支出事项				

调查表法的优点是：①调查范围明确，问题突出，容易发现被审计单位内部控制系统中存在的缺陷和薄弱环节；②设计合理的调查表，可广泛适用于同类型企业，从而减少审计工作量；③调查表可由若干人分别同时回答，有助于保证调查效果。缺点是：①反映问题不全面，仅限于被调查事项的范围；②调查表仅要求做出"是"或"否"的回答，难以反映被审计单位事项的具体情况和存在问题的程度；③标准格式的调查表缺乏弹性，难以适用于各类型企业，尤其是小型企业或特殊行业的企业，往往会因不适用的回答太多而影响调查效果。

三、流程图法

流程图法是采用特定的符号，辅之以简要的文字或数字，以业务流程线加以联结，将某项业务的处理程序和内部控制制度反映出来。流程图法是世界各国审计界描述内部控制制度时普遍采用的方法。流程图绘制有直式流程图和横式流程图两种基本方式。对于企业所发生的各种业务，特别是经常发生和重复发生的业务可以采用流程图来描述。

横式流程图（系统流程图）是将程序中所涉及的部门或只能以水平的方式描述在页面上。通常，代表某一部门或职能所应承担的活动、应遵守的控制制度和文件资料的流程被反映在同一垂直列上。直式流程图以从上到下的形式反映某程序的连续步骤，其不能清晰地反映系统所涉及的各个部门以及部门的职能。

销售业务流程如表7-2所示：

表7-2 销售业务流程

编号	销售	运输部门	仓储	财务
1	销售定单 从客户取得			
2				客户信用额度设定
3	接受定单			应收账款账龄分析
4				
5	销售合同1 2 与客户签定			
6	销货单2			
7				
8				
9		配送单1 2 3		
10			产成品出库单1 2	
11				
12				
13				
14				应收账款账龄分析1 2
15				
16				
17				

流程图说明：

(1) 销售部门从客户取得销售订单；

(2) 销售部门向财务核查该客户是否已超过设定信用额度；

(3) 财务部门根据客户信用额度设定与应收账款账龄分析决定，是否接受客户订单和客户的付款方式；

(4) 销售部门请有权限领导授权商品价格、价格折扣；

(5) 销售部门根据授权，与客户签订销售合同，双方签字盖章；

(6) 销售部门根据销售合同填制销货单；

(7) 销售合同1留存销售部门备查；

(8) 仓储部门根据销货单准备商品；

(9) 配送部门根据销货单填发配送单；

(10) 配送部门持配送单3到仓储部门领取商品，仓储部门核对无误后，发出商品，填发产成品出库单；

(11) 产成品出库单1留存仓储部门，登记产成品明细账；

(12) 配送部门将商品送给客户，客户在配送单1、2签字证明；

(13) 销货单1、配送单1留存配送部门备查；

(14) 财务部核对单据、合同无误，据以开具销货发票；

(15) 财务部根据单据及时、准确登记入账，并根据账目进行应收账款账龄分析；

(16) 财务部按月向领导报告账龄分析；

(17) 销售部门及时根据账龄分析，追踪逾期应付款项。

流程图描述法的优点是：①可以将各项业务活动的职责分工、授权批准和复核验证等各项控制措施与功能完整地显示出来，并且形象直观，能够突出现有的控制点，有助于审计人员全面了解内部控制系统的运行情况，及时识别系统中的不足之处。②有利于审计人员对内部控制进行分析评价，便于审计人员根据控制程序的变化随时进行修改。缺点是：①绘制流程图有一定的技术难度，特别是比较复杂的业务，需具备较熟练的技术和花费较多的时间；②流程图由于缺少文字说明，较复杂的业务不易理解，有时很难将内部控制系统中的某些弱点明显地反映出来。

第三节　内部控制评价及审计

2010年财政部、证监会、审计署、银监会、保监会联合发布了《企业内部控制配套指引》。该配套指引包括18项《企业内部控制应用指引》《企业内部控制评价指引》和《企业内部控制审计指引》，并规定自2011年1月1日起在境内外同时上市的公司执行，2012年1月1日起在上海证券交易所、深圳证券交易所主板上市公司执行。

内部控制评价是指对内部控制有效性的评价，包括内部控制设计有效性和运行有效性的评价。其中设计有效性是指实现控制目标所必需的内部控制要素都存在并且设计恰当；运行有效性是指内部控制按照规定程序得到了正确执行。

一、内部控制评价的内容

内部控制评价的对象是内部控制的有效性，而内部控制的有效性，是企业建立与实施内部控制对实现控制目标提供合理保证的程度。内部控制的目标包括合规目标、资产目标、报告目标、经营目标和战略目标。因此，内部控制评价的内容应是对以上五个目标的内控有效性进行全面评价。具体地说，内部控制评价应紧紧围绕内部环境、风险评估、控制活动、信息与沟通、内部监督五要素进行。

1. 内部环境评价

企业组织开展内部环境评价，应当以组织架构、发展战略、人力资源、企业文化、社会责任等应用指引为依据。其中，组织架构评价可以重点从组织架构的设计和运行等方面进行；发展战略评价可以重点从发展战略制定的合理性、有效实施和适当调整三方面进行；人力资源评价应当重点从企业人力资源引进结构的合理性、开发机制、激励约束机制等方面进行；企业文化评价应从建设和评估两方面进行；社会责任评价可以从安全生产、产品质量、环境保护与资源节约、促进就业、员工权益保护等方面进行。

2. 风险评估评价

企业组织开展风险评估评价，应当以《企业内部控制基本规范》有关风险评估的要求，以及各项应用指引中所列主要风险为依据，结合本企业的内部控制制度，对日常经营管理过程中的目标设定、风险识别、风险分析、应对策略等进行认定和评价。

3. 控制活动评价

企业组织开展控制活动评价，应当以《企业内部控制基本规范》和各项应用指引中的控制措施为依据，结合本企业的内部控制制度，对相关控制措施的设计和运行情况进行认定和评价。

4. 信息与沟通评价

企业组织开展信息与沟通评价，应当以内部信息传递、财务报告、信息系统等相关指引为依据，结合本企业的内部控制制度，对信息收集、处理和传递的及时性，反舞弊机制的健全性，财务报告的真实性，信息系统的安全性，以及利用信息系统实施内部控制的有效性进行认定和评价。

5. 内部监督评价

企业组织开展内部监督评价，应当以《企业内部控制基本规范》有关内部监督的要求，以及各项应用指引中有关日常管控的规定为依据，结合本企业的内部控制制度，对于内部监督机制的有效性进行认定和评价，重点关注监事会、审计委员会、内部审计机构等是否在内部控制设计和运行中有效发挥监督作用。

具体的内部控制评价内容可通过设计内部控制评价指标体系来确定，评价指标是对内部控制要素的进一步细化，评价指标可以有多个层级，大体可分为核心评价指标和具体评价指标两大类，企业可根据其实际情况进行细分。具体的评价内容确定之后，内部控制评价工作应形成工作底稿，详细记录企业执行评价工作的内容，包括评价要素、评价指标、评价标准、评价和测试的方法、主要风险点、采取的控制措施、有关证据资料以及认定结果等。工作底稿可以是通过一系列评价表格加以实现，通过对每个要素核心指标的分别分解、评价，最终汇总出评价结果。

二、内部控制评价的程序

内部控制评价程序一般包括：制定评价控制方案、组织评价工作组、实施评价工作与测试、认定控制缺陷、汇总评价结果及编报评价报告等环节。

1. 制定评价工作方案

企业内部控制评价部门应当拟订评价工作方案，明确评价范围、工作任务、人员组织、进度安排和费用预算等相关内容，报经董事会或其授权机构审批后实施。

2. 组成评价工作组

企业内部控制评价部门应当根据经批准的评价方案，组成内部控制评价工作组，具体实施内部控制评价工作。评价工作组应当吸收企业内部相关机构熟悉情况的业务骨干参加。评价工作组成员对本部门的内部控制评价工作应当实行回避制度。企业也可以委托中介机构实施内部控制评价。

3. 实施现场测试

内部控制评价工作组应当对被评价单位进行现场测试，综合运用个别访谈、调查问卷、专题讨论、穿行测试、实地查验、抽样和比较分析等方法，充分收集被评价单位内部控制设计和运行是否有效的证据，按照评价的具体内容如实填写评价工作底稿。

4. 认定控制缺陷

内部控制缺陷包括设计缺陷和运行缺陷。企业对内部控制缺陷的认定，应当以日常监督和专项监督为基础，结合年度内部控制评价，由内部控制评价部门进行综合分析后提出认定意见，按照规定权限和程序进行审核后予以最终认定。按影响程度分为重大缺陷、重要缺陷和一般缺陷。

重大缺陷，是指一个或多个控制缺陷的组合，可能导致企业严重偏离控制目标。

重要缺陷，是指一个或多个控制缺陷的组合，其严重程度和经济后果低于重大缺陷，但仍有可能导致企业偏离控制目标。

一般缺陷，是指除重大缺陷、重要缺陷之外的其他缺陷。

5. 汇总评价结果

企业内部控制评价部门应当编制内部控制缺陷认定汇总表，结合日常监督和专项监督发现的内部控制缺陷及其持续改进情况，对内部控制缺陷及其成因、表现形式和影响程度进行综合分析和全面复核，提出认定意见，并以适当的形式向董事会、监事会或者经理层报告。重大缺陷应当由董事会予以最终认定。

企业对认定的重大缺陷，应当及时采取应对策略，切实将风险控制在可承受范围之内，并追究有关部门或相关人员的责任。

内部审计人员或注册会计师应该关注期后事项。对于企业内部控制自我评价基准日之后至审计报告日之前内部控制可能发生变化，或出现其他可能对内部控制产生重要影响的因素，注册会计师应当询问是否存在这类变化或影响因素，并获取企业关于这些情况的书面声明。注册会计师知悉对企业内部控制自我评价基准日内部控制有效性有重大负面影响的期后事项的，应当对财务报告内部控制发表否定意见。如果不能确定期后事项对内部控制有效性的影响程度，应当出具无法表示意见的内部控制审计报告。

6. 编报评价报告

企业应当设计内部控制评价报告的种类、格式和内容，明确内部控制评价报告编制程序和要求，按照规定的权限经批准后对外报出。公司应当在年度评价报告其他内部控制相关重大事项说明段中披露可能对投资者理解内部控制评价报告、评价内部控制情况或进行投资决策产生重大影响的其他内部控制信息。

三、内部控制的评价报告

内部控制评价报告可分为对内报告和对外报告，对外报告是为了满足外部信息使用者的需求，需要对外披露，在时间上具有强制性，披露内容和格式强调符合披露要求；对内报告主要是为了满足管理层或治理层改善管控水平的需要，不具有强制性，内容、格式和披露时间由企业自行决定。

企业因其外部环境和内部条件的变化，其内部控制系统不可能是固定的、一成不变的，而是一个不断更新和自我完善的动态体系，因此对内部控制需要经常展开评价，在实际工作可以采用定期与不定期相结合的方式。

对外报告一般采用定期的方式，即企业至少应该每年进行一次内部控制评价，并由董事会对外发布内部控制报告。年度内部控制评价报告应当以 12 月 31 日为基准日。值得说明的是，如果企业在内部控制评价报告年度内发生了特殊的事项且具有重要性，或因为具有了某种特殊原因（如企业因目标变化或提升），企业需要针对这种特殊事项或原因及时编制内部控制评价报告并对外发布。这种类型的内部控制评价报告属于非定期的内部控制报告。

内部报告一般采用不定期的方式，即企业可以持续地开展内部控制的监督与评价，并根据结果的重要性随时向董事会（审计委员会）或经理层报送评价报告。从广义上讲，企业针对发现的重大缺陷等向董事会（审计委员会）或经理层报送的内部报告（内部控制缺陷报告）也属于非定期的报告。

企业应尽量按照统一的格式编制内部控制评价报告，以满足外部信息使用者对内控信息可比的要求。

企业内部控制评价对外报告一般包括以下内容：

1. 董事会声明

董事会声明及全体董事对报告内容的真实性、准确性、完整性承担个别及连带责任，保证报告内容不存在任何虚假记载、误导性陈述或重大遗漏。

2. 内部控制评价工作的总体情况

明确企业内部控制评价工作的组织、领导体制、进度安排，是否聘请会计师事务所对内部控制有效性进行独立审计。

3. 内部控制评价的依据

说明企业开展内部控制评价工作所依据的法律法规和规章制度。

4. 内部控制评价的范围

描述内部控制评价所涵盖的被评价单位，以及纳入评价范围的业务事项，及重点关注的高风险领域。内部控制评价的范围如有所遗漏的，应说明原因，及其对内部控制评价报告真实完整性产生的重大影响等。

5. 内部控制评价的程序和方法

描述内部控制评价工作遵循的基本流程，以及评价过程中采用的主要方法。

6. 内部控制缺陷及其认定

描述适用本企业的内部控制缺陷具体认定标准，并声明与以前年度保持一致或做出的调整及相应原因；根据内部控制缺陷认定标准，确定评价期末存在的重大缺陷、重要缺陷和一般缺陷。

7. 内部控制缺陷的整改情况

在此部分，针对评价期末存在的内部控制缺陷，公司应说明拟采取的整改措施及预期效果。

8. 内部控制有效性的结论

对不存在重大缺陷的情形，出具评价期末内部控制有效的结论；对存在重大缺陷的情形，不得做出内部控制有效的结论，并需描述该重大缺陷的性质及其对实现相关控制目标的影响程度，可能给公司未来生产经营带来相关风险。自内部控制评价报告基准日至内部控制评价报告发出日之间发生重大缺陷的，企业须责成内部控制评价机构予以核实，并根据核查结果对评价结论进行相应调整，说明董事会拟采取的措施。

案例阅读 　　　　　　　　内部控制自我评价报告

　　根据财政部、证监会、审计署、银监会、保监会等五部委印发的《企业内部控制基本规范》《企业内部控制配套指引》，浙江省财政厅、中国证券监督管理委员会浙江监管局印发的《关于做好上市公司内部控制规范建设与实施工作的通知》和《上市公司规范运作指引》的规定，结合浙江钱江摩托股份有限公司（以下简称"公司"）内部控制制度和评价办法，在内部控制日常监督和专项监督的基础上，我们对公司内部控制的有效性进行了自我评价：

　　一、董事会声明

　　公司董事会及全体董事保证本报告内容不存在任何虚假记载、误导性陈述或重大遗漏，并对报告内容的真实性、准确性和完整性承担个别及连带责任。

　　建立健全并有效实施内部控制是公司董事会的责任；监事会对董事会建立与实施内部控制进行监督；经理层负责组织领导公司内部控制的日常运行。

　　公司内部控制的目标是合理保证经营合法合规、资产安全、财务报告及相关信息真实准确完整，提高经营效率和效果，促进实现发展战略。由于内部控制存在固有局限性，故仅能对达到上述目标提供合理保证。

　　二、内部控制的组织架构

　　根据公司内部控制框架的安排，公司内部控制的组织架构主要包括：

　　1. 公司董事会对公司内部控制体系的建立和监督执行负责。主要职责是：确定建立和完善内部控制的政策和方案，监督内部控制的执行，审阅内部控制审计报告和内部控制自我评价报告，制定重大控制缺陷、风险的改进和防范措施。

　　2. 公司监事会对董事会建立与实施内部控制进行监督。

　　3. 公司管理层对内部控制制度的制定和有效执行负责。主要职责是：制定并实施内部控制制度建立计划，合理保证内部控制的有效执行，批准内部控制自查计划，组织开展内部控制检查与评价并向董事会报告，执行董事会制定的重大控制缺陷、风险的改进和防范措施。

　　公司成立了内部控制专项工作领导小组，公司董事长担任内部控制专项工作领导小组组长，组员由其他董监事会成员组成，负责整体方案的审定，授权公司聘请中介咨询机构，实施过程的监督、公司自我评价报告的审查，对内控管理中发现的问题及风险提出意见及建议；下设内部控制专项工作实施小组，负责拟定公司内部控制规范工作实施方案并报领导小组审批；开展内控制度的研究、拟定或修订；协调内控规范实施方案工作组织与实施；对全资子公司及控股子公司的内控规范工作进行指导和监督，保证内部控制的日常运行；定期或不定期对内控实施情况进行检查。各全资子公司及控股子公司指定专人负责协调跟进。

　　4. 公司聘请外部专业咨询机构协助开展内部控制评价工作，聘请天健会计师事务所有限公司对公司内部控制设计和运行的有效性进行审计。

　　5. 公司证券部对内部控制执行情况进行检查与评价。主要职责是：制定并实施内部控制审计计划，检查并报告风险，针对控制缺陷和风险提出改善建议，编制自我评价报告。

6. 公司所有员工都有责任遵循内部控制的各项流程和标准。接受公司组织的文化及专业培训，以具备履行岗位职责所需要的知识和技能。

三、内部控制评价的依据

公司本年度内部控制评价工作依据财政部等五部委联合发布的《企业内部控制基本规范》《企业内部控制配套指引》《关于做好上市公司内部控制规范建设与实施工作的通知》和《上市公司规范运作指引》的要求，结合公司内部控制制度，在内部控制日常监督和专项监督的基础上，对公司截至2012年12月31日内部控制的设计与运行的有效性进行评价。

四、内部控制评价的范围

公司内部控制评价范围涵盖公司、公司各部门、子公司及孙公司的主要业务和事项，评价工作围绕内部环境、风险评估、控制活动、信息与沟通、内部监督等要素，确定内部控制评价的具体内容。内部环境评价包括对公司组织架构、发展战略、企业文化、社会责任、人力资源等方面内部控制设计与运行的有效性进行评价；风险评估评价包括对公司在日常经营管理过程中风险识别、风险分析、应对策略等设计与运行的有效性进行评价；控制活动评价包括对公司资金活动、采购业务、销售业务、资产管理、工程项目、担保业务、财务报告、关联交易、全面预算及合同管理等控制措施的设计与运行的有效性进行评价；信息沟通评价是对公司信息收集、处理和传递的及时性，反舞弊机制的健全性，财务报告的真实性，信息系统的安全性以及利用信息系统实施内部控制的有效性等进行认定和评价；内部监督评价主要是对内部控制监督机制的有效性进行认定和评价，重点关注内部监督机构是否在内部控制设计和运行中有效发挥监督作用。本年度评价工作中，公司重点关注以下高风险领域：关联交易风险、子公司管控风险及投资管理风险。

五、内部控制评价的程序和方法

内部控制评价工作严格遵循基本规范及公司内部控制评价办法规定的程序执行。公司的内部控制评价分为内部控制设计有效性评价和内部控制执行有效性评价。

对于内部控制设计有效性的评价，分别或综合运用了个别访谈、专题讨论、审阅书面制度、穿行测试等评价方法，识别公司关键风险点及内部控制活动现状，以评价现有内部控制活动是否能满足基本规范的要求以及风险防范和控制目标实现方面的有效性。

对于内部控制执行有效性的评价，综合运用了个别访谈、专题讨论、抽样和比较分析、实地检查等评价方法，对关键内部控制活动是否按设计要求被有效执行进行检查。

公司对内部控制设计及执行有效性评价工作形成了相应的书面记录。

六、内部控制缺陷及认定

公司董事会根据基本规范及配套指引对重大缺陷、重要缺陷和一般缺陷的认定要求，结合公司规模、行业特征、风险水平等因素，研究确定了适用本公司的内部控制缺陷具体认定标准。

公司将内控缺陷按其影响程度分为重大缺陷、重要缺陷和一般缺陷。一个或多个控制缺陷的组合，可能导致企业严重偏离控制目标缺陷的为重大缺陷。一个或多个控制缺陷的组合，其严重程度和经济后果低于重大缺陷，但仍有可能导致企业偏离控制目标的缺陷为重要缺陷。重要缺陷之外的其他缺陷为一般缺陷。内部控制缺陷严重程度由缺陷发生时实际给企业造成或可能给企业造成的财务报告错报金额或资产损失金额的影响来确定。

针对财务报告目标和资产安全目标,公司制定了定量标准,具体如下:财务报告的重大缺陷为财务报告错报金额大于或等于上个会计年度经审计的年度合并财务报告中总资产的1%;重要缺陷为财务报告错报金额大于一般缺陷标准,但小于重大缺陷金额标准;一般缺陷为财务报告错报金额低于或等于重大缺陷金额标准的50%。资产安全的重大缺陷为资产损失金额大于或等于上个会计年度经审计的年度合并财务报告中总资产的1%;重要缺陷为资产损失金额大于一般缺陷标准,但小于重大缺陷金额标准;一般缺陷为资产损失金额低于或等于重大缺陷金额标准的50%。

针对战略与经营目标、合法合规目标,公司制定了定性标准,具体如下:战略与经营的重大缺陷为对公司的战略制定、实施,对公司经营产生重大影响;重要缺陷为对公司的战略制定、实施,对公司经营产生中度影响;一般缺陷为对公司的战略制定、实施,对公司经营产生轻微影响。合法合规的重大缺陷为对公司声誉有重大负面影响,发生重大违规事件;重要缺陷为对公司声誉有中度负面影响,个别事件受到政府部门或监管机构处罚;一般缺陷为对公司声誉有轻微负面影响,个别事件受到政府部门或监管机构问责。

凡具有以下特征的缺陷,需定义为重大缺陷:

(1) 发现公司管理层存在的任何程度的舞弊;

(2) 已经发现并报告给管理层的重大内部控制缺陷在经过一定时间后,并未加以改正;

(3) 影响收益趋势的缺陷;

(4) 影响关联交易总额超过股东批准的关联交易额度的缺陷;

(5) 外部审计发现的重大错报不是由公司首先发现的;其他可能影响报表使用者正确判断的缺陷。

根据上述认定标准,结合日常监督和专项监督情况,我们发现报告期内存在6个缺陷,其中重大缺陷0个,重要缺陷0个,均为一般缺陷。

七、内部控制缺陷的整改情况

公司非常重视内部控制制度的建设,始终保持公司内部控制持续改进和不断完善。针对报告期内发现的一般性缺陷,公司采取各种措施积极整改。内部控制专项工作领导小组、实施小组和责任部门共同分析缺陷的原因和影响,制定了整改方案和措施,落实主责部门和人员,积极进行整改,避免给公司造成损失,并由内部控制专项工作领导小组定期沟通整改进度和效果。通过缺陷整改,完善了内部控制体系,提升和保证了公司内部控制体系执行的有效性,规范了公司运作,提高了公司风险防范能力。

八、内部控制有效性的结论

公司已经根据《企业内部控制基本规范》《企业内部控制配套指引》《关于做好上市公司内部控制规范建设与实施工作的通知》和《上市公司规范运作指引》的要求,对公司截至2012年12月31日的内部控制设计与运行的有效性进行了自我评价。

报告期内,公司对纳入评价范围的业务与事项均已建立了内部控制,并且执行有效,未发现重大缺陷,达到了公司内部控制的目标。

自内部控制评价报告基准日至内部控制评价报告对外报出日之间没有发生对评价结论产生实质性影响的内部控制的重大变化。

随着公司规模、业务范围、国家法律法规等内、外部环境的变化,公司将继续严格遵循内部控制建设与实施的原则,补充和完善内部控制制度,规范内部控制制度执行,加强对子公司及孙公司的监管,加强内部审计工作,强化内部控制监督检查,进一步提高企业经营管理水平和风险防范能力,促进公司健康、可持续地发展。

浙江钱江摩托股份有限公司

董事会

2013 年 4 月 10 日

四、内部控制审计

注册会计师针对内部控制审计相应的内容、程序、方法均与企业内部控制评价相同,在此不重复介绍。二者的主要差别是注册会计师在完成内部控制审计工作后,应出具内部控制审计报告,而企业内部控制评价后应形成自我评价报告。

注册会计师应根据对内部控制有效性的审计结论,出具下列内部控制审计意见之一的审计报告:

1. 无保留意见

符合下列所有条件的,注册会计师应当对财务报告的内部控制出具无保留意见:

(1) 企业按照《企业内部控制基本规范》《企业内部控制应用指引》《企业内部控制评价指引》以及自身内部控制制度的要求,在所有重大方面保持了有效的内部控制。

(2) 注册会计师已经按照《企业内部控制审计指引》的要求计划和实施审计工作,在审计过程中未受到限制。

2. 带强调事项段的无保留意见

注册会计师认为财务报告内部控制虽不存在重大缺陷,但仍有一项或者多项重大事项需要提请内部控制审计报告的使用者注意的,应当在内部控制审计报告中增加强调事项段予以说明。该段内容仅用于提醒内部控制审计报告使用者关注,并不影响对财务报告内部控制发表的审计意见。

3. 否定意见

在内部控制审计意见中没有保留意见,主要是保留意见的信息含量较低,且与否定意见的区分度不清晰,所以在国际上都没有保留意见的内部控制审计报告。

注册会计师认为财务报告内部控制存在一项或者多项重大缺陷的,除非审计范围受到限制,应当对财务报告内部控制发表否定意见。在审计报告中应包括以下内容:

(1) 重大缺陷的定义。

(2) 重大缺陷的性质及其对财务报告内部控制的影响程度。

4. 无法表示意见

注册会计师审计范围受到限制的,应当解除业务约定或出具无法表示意见的内部控制审计报告,并就审计范围受到限制的情况,以书面形式与董事会进行沟通。注册会计师在出具无法表示意见的内部控制审计报告时,应当在内部控制审计报告中指明审计范围受到限制,无法对内部控制的有效性发表意见。

内部控制审计报告格式

案例阅读

内部控制审计报告

××股份有限公司全体股东：

按照《企业内部控制审计指引》及中国注册会计师执业准则的相关要求，我们审计了××股份有限公司（以下简称××公司）2015年12月31日的财务报告内部控制的有效性。

一、企业对内部控制的责任

按照《企业内部控制基本规范》《企业内部控制应用指引》《企业内部控制审计指引》的规定，建立健全和有效实施内部控制，并评价其有效性是企业董事会的责任。

二、注册会计师的责任

我们的责任是在实施审计工作的基础上，对财务报告内部控制的有效性发表审计意见，并对注意到的非财务报告内部控制的重大缺陷进行披露。

三、内部控制的固有局限性

内部控制具有固有局限性，存在不能防止和发现错报的可能性。此外，情况的变化可能导致内部控制变得不恰当，或对控制政策和程序遵循的程度降低，根据内部控制审计结果推测未来内部控制的有效性具有一定风险。

四、导致否定意见的事项

重大缺陷，是指一个或多个控制缺陷的组合，可能导致企业严重偏离控制目标。

（指出注册会计师已识别出的重大缺陷，并说明重大缺陷的性质及其对财务报告内部控制的影响程度。）

有效的内部控制能够为财务报告及相关信息的真实完整提供合理保证，而上述重大缺陷使××公司内部控制失去这一功能。

五、财务报告内部控制的审计意见

我们认为，由于存在上述重大缺陷及其对实现控制目标的影响，××公司未能按照《企业内部控制基本规范》和相关规定在所有重大方面保持有效的财务报告内部控制。

六、非财务报告内部控制的重大缺陷

在内部控制审计过程中，我们注意到××公司的非财务报告内部控制存在重大缺陷。（描述该缺陷的性质及其对实现相关内部控制目标的影响程度。）由于存在上述重大缺陷，我们提醒本报告使用者注意相关风险。需要指出的是，我们并不对××公司的非财务报告内部控制发表意见或提供保证。本段内容不影响对财务报告内部控制有效性发表的审计意见。

××会计师事务所（盖章）   中国注册会计师：×× （签名并盖章）

                 中国注册会计师：×× （签名并盖章）

中国××市   2016年3月15日

思考题

1. 如何理解内部控制？它有什么作用？
2. 内部控制的目标和要素有哪些？
3. 内部控制的描述方式有哪几种？它们的区别是什么？
4. 内部控制的缺陷有哪几类？对审计意见有什么影响？
5. 内部控制评价报告的格式和内容是怎样的？

第八章　审计抽样

现代审计与传统审计的重要区别之一就是抽样技术的广泛应用，在审计测试中运用抽样技术是审计理论和实践的重大突破，是审计技术发展史上的一次飞跃，是审计职业界追求审计效率与审计效果统一的结果。《中国注册会计师审计准则第 1314 号——审计抽样》，规范了注册会计师在设计和选择审计样本以实施控制测试和细节测试，以及评价样本结果时对统计抽样和非统计抽样的使用。

第一节　审计抽样概述

一、审计抽样的含义

（一）审计抽样的概念

审计抽样是指注册会计师对具有审计相关性的总体中低于百分之百的项目实施审计程序，使所有抽样单元都有被选取的机会，为注册会计师针对整个总体得出结论提供合理基础。审计抽样可使注册会计师获取和评价与被选取项目的某些特征有关的审计证据，以形成或帮助形成一些总体结论。在这里，总体是指注册会计师从中选取样本并期望据此得出结论的整个数据集合，抽样单元是指构成总体的个体项目。总体可分为多个层次或子总体。

审计抽样具有三个特征：

（1）对具有审计相关性的总体中低于百分之百的项目实施审计程序。

（2）所有抽样单元都有被选取的机会。

（3）在使用审计抽样时，注册会计师的目标是为得出有关抽样总体的结论提供合理的基础。

我们不能简单地把审计抽样等同于一般意义的抽查。一般的抽查作为一种技术，可以用来了解情况，确定审计重点，取得审计证据，在使用中并无严格要求。审计抽样作为一种方法，需要运用抽查技术，但更重要的是要根据审计目的及具体环境的要求做出科学的抽样决策。审计抽样工作要严格按照规定的程序和方法去完成。审计抽样的基本目标是在有限审计资源条件的限制下，收集充分、适当的审计证据，以形成和支持审计结论。在对需要测试的账户余额或交易事项缺乏一定的了解，或总体中包含的项目数量太大而无法逐一审查，或虽可对总体所有项目逐一审查但成本太高的情况下，注册会计师可以考虑使用审计抽样。

（二）审计抽样的种类

审计抽样的种类很多，通常按抽样决策的依据不同，可以将审计抽样划分为统计抽样和非统计抽样，按审计抽样所了解的总体特征不同可以将审计抽样划分为属性抽样和变量抽样。

1. 统计抽样和非统计抽样

所谓统计抽样，是指同时具备以下两个特征的抽样方法：①随机选取样本项目；②运用概率论评价样本结果，包括计量抽样风险。统计抽样的优点在于能够客观地选取样本，科学地计量抽样风险，并通过调整样本规模有效地控制抽样风险，定量地评价样本结果。

不同时具备上述两个特征的抽样方法属于非统计抽样。非统计抽样又有任意抽样和判断抽样之分。在任意抽样法下，从总体中抽取多少样本、抽取哪些样本都是主观随意的，没有客观的依据和标准。显然，任意抽样的样本往往代表性较差，很难保证它能够反映总体的真实情况，根据对这种样本的审查结果来推断总体，审计结论的可靠性难以保证。判断抽样是基于注册会计师对审计对象的了解和个人的职业判断，有目的、有重点地选取一定量的样本进行审查。判断抽样是在任意抽样的基础上融入了个人的经验和判断，所以其结果在很大程度上取决于注册会计师的经验水平和判断能力的高低，但它们都不能科学地确定样本规模，不能用数学评估的方法测定和控制抽样风险。

注册会计师应当根据具体情况并运用职业判断，确定使用统计抽样或非统计抽样，以最有效率地获取审计证据。两种技术只要运用得当，都可以提供审计所要求的充分、适当的证据，并且都有在某种程度的抽样风险和非抽样风险。非统计抽样离不开职业判断，统计抽样也不排除职业判断，事实上，在运用统计抽样的全过程中都需要使用职业判断。例如，确定审计对象总体，定义总体特征，决定所采用的选样方法，对抽样结果进行质量和数量上的评价等，都需要职业判断。注册会计师在统计抽样和非统计抽样之间进行选择时，成本效益是要考虑的一个主要问题。一般情况下，非统计抽样可能比统计抽样的成本低，但统计抽样的效果则可能比非统计抽样更可靠。在某些情况下，使用统计抽样需要较高的成本，比如，为了使注册会计师掌握使用统计抽样所需要特殊的专业技能，可能需要增加培训费用。非统计抽样只要设计得当，也能够获得与统计抽样相同的结果。在实际工作中，把统计抽样和非统计抽样结合起来使用，往往能收到较好的审计效果。

统计抽样和非统计抽样的比较如图 8-1 所示。

2. 属性抽样与变量抽样

在审计抽样中，根据对样本的审查结果对总体进行推断可以从两个不同的方面来进行，一是根据样本的差错率推断总体的差错率；二是根据样本的差错额推断总体的差错额。前者就是属性抽样，后者就是变量抽样。我们也可以这样说，属性抽样是指在精确度界限和可靠程度一定的条件下，旨在测定总体特征的发生频率所采用的一种方法，变量抽样是用来估计总体错误金额而采用的一种方法。根据控制测试的目的和特点所采用的审计抽样通常是属性抽样；根据细节测试的目的和特点所采用的审计抽样通常为变量抽样。在审计实务中，经常存在同时进行控制测试和细节测试的情况，这个时候所采用的审计抽样称为双重目的抽样。属性抽样和变量抽样如图8－2所示。

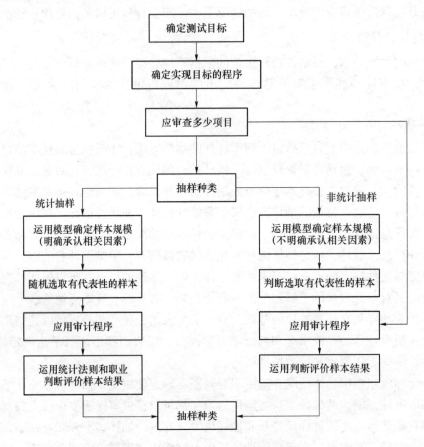

图8－1 统计抽样和非统计抽样的比较

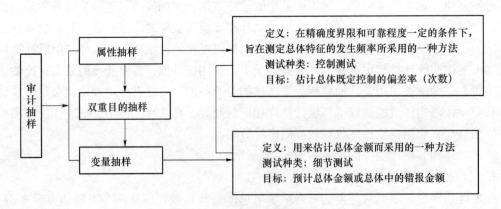

图8－2 属性抽样和变量抽样

二、获取审计证据时对审计抽样和其他选取测试项目方法的考虑

注册会计师在获取审计证据时,通常需要实施风险评估程序、控制测试(必要或决定测试时)和实质性程序。在设计审计程序时,注册会计师应当确定选取测试项目的适当方法。

选取测试项目旨在确定实施审计程序的范围,即实施审计程序的数量。可以使用的方法包括选取全部项目、选取特定项目和审计抽样。注册会计师可以根据具体情况,单独或综合使用选取测试项目的方法。总的要求是,使用的方法应当能够有效提供充分、适当的审计证据,以实现审计程序的目标。

(一)实施风险评估程序时对审计抽样的考虑

风险评估程序通常不需要考虑审计抽样和其他选取测试项目的方法。注册会计师在实施风险评估程序以便了解被审计单位及其环境时,一般都会采用询问、分析程序、检查和观察的方法,目的是识别和评估重大错报风险,而不是要对包含全部抽样单元的总体得出结论。另外,风险评估实施的范围比较广泛,获取的信息具有较强的主观性,这些都决定了实施风险评估程序不宜使用审计抽样。但是,如果注册会计师在了解控制的设计和确定其是否得到执行的同时,一并计划和实施控制测试,即执行双重目的测试,则可以考虑使用审计抽样,但此时的审计抽样是针对控制测试进行的。

(二)实施控制测试时对审计抽样的考虑

在被审计单位的控制留下了运行轨迹的情况下,注册会计师可以考虑使用审计抽样和其他选取测试项目的方法实施控制测试。在了解了被审计单位的内部控制之后,注册会计师应当识别可表明控制有效运行的特征,同时识别控制没有得到有效执行时可能出现的异常情况,然后就可以对所识别的特征是否存在进行测试。

如果表明控制有效运行的特征留下了书面证据,注册会计师就可以在控制测试中使用审计抽样。注册会计师应当根据特定控制的性质选择所需实施的审计程序。比如,被审计单位规定,信用部门负责人需在销售合同上签名批准赊销,带有该负责人签字的销售合同即为该项控制的书面轨迹,此时注册会计师可以使用审计抽样来抽取部分销售合同实施检查,以确定被审计单位的该项信用控制是否有效运行。

某些控制的运行可能没有书面记录,或文件记录与证实控制运行有效性不相关,即属于没有留下运行轨迹,对这类控制实施测试不涉及审计抽样,注册会计师通常应考虑实施询问、观察等程序来获取相关控制运行有效性的审计证据。例如,在对被审计单位的存货盘点过程实施控制测试时,注册会计师只能通过对存货移动控制、盘点程序、被审计单位用以控制存货盘点的其他活动的观察来进行,实施观察程序不需要审计抽样。

(三)实施实质性程序时对审计抽样的考虑

实质性程序包括对各类交易、账户余额、列报的细节测试和实质性分析程序。注册会计师只是在实施细节测试程序时,才需要考虑审计抽样和其他选取测试项目的方法问题。在实施细节测试时,注册会计师可以使用审计抽样和其他选取测试项目的方法获取审计证据,以验证有关财务报表金额的一项或多项认定,或对某些金额做出独立的估计。在实施实质性分

析程序时不需要使用审计抽样和其他选取测试项目的方法。

（四）对其他选取测试项目方法的考虑

1. 选取全部项目

在确定适当的测试项目方法时，注册会计师应当考虑与所测试认定有关的重大错报风险和审计效率。在存在下列情形之一时，注册会计师可以考虑选取全部项目进行测试：

（1）总体由少量的大额项目构成。

如果某类交易或账户余额中的所有项目的金额都较大，注册会计师可以考虑选取全部项目进行测试。

（2）存在特别风险且其他方法未提供充分、适当的审计证据。

某类交易或账户余额中的所有项目的单个金额可能不大，却存在特别风险，注册会计师也可能需要测试全部项目。

存在特别风险的项目主要包括：

① 管理层高度参与的，或错报可能性较大的交易事项或账户余额；

② 非常规的交易事项或账户余额，特别是与关联方有关的交易或余额；

③ 长期不变的账户余额，如滞销的存货余额或账龄较长的应收账款余额；

④ 可疑的非正常项目，或明显的不规范项目；

⑤ 以前发生过错误的项目；

⑥ 期末人为调整的项目；

⑦ 其他存在特别风险的项目。

（3）符合成本效益原则。

由于信息系统自动执行的计算或其他程序具有重复性，对全部项目进行检查符合成本效益原则，注册会计师可以运用计算机辅助审计技术对全部项目进行测试。

对全部项目进行审查，通常更适用于细节测试。例如，在截止性测试中，注册会计师通常对截止日前后一段时期发生的全部交易进行测试。

2. 选取特定项目

根据对被审计单位的了解、评估的重大错报风险以及所测试总体的特征等，注册会计师可以确定从总体中选取特定项目进行测试。选取的特定项目可能包括：

（1）大额或关键项目。

关键项目本身就具有重要性。选择大额项目进行测试，可以保证较少的测试项目的金额在总体金额中占有较高的比例，以便对总体的推断有较高的可靠性。

（2）超过某一金额的全部项目。

抽取超过某一设定金额的全部项目进行测试，可以保证某类交易或账户的大部分金额得到验证。

（3）被用于获取某些信息的项目。

如果注册会计师选择某些项目进行测试的目的是获取与被审计单位的性质、交易的性质以及内部控制等事项有关的信息，那么对这些项目的测试实际上属于风险评估程序。

（4）被用于测试控制活动的项目。

同样，如果对某些项目进行测试的目的是确定某项控制是否得到有效执行，该种测试亦属于风险评估程序。

此外,可疑的项目、异常的项目、以前发生过错误的项目,均属于具有高风险特征的项目,也应作为特定项目进行测试。

从上述描述中我们可以看出,注册会计师在使用选取特定项目进行测试的方法时必然融入个人的主观判断成分,所以易产生非抽样风险,对此应采取一定的应对措施。

需要特别注意的是,虽然选取特定项目进行测试,也是对某类交易或账户余额中低于百分之百的项目实施审计程序,但不属于审计抽样,因为在这种方法下总体中所有抽样单元并非都有机会被选中,因此,不能根据所测试项目的结果推断总体偏差或错报。事实上,如果总体中剩余部分(即未测试项目)较大,注册会计师应当考虑是否需要针对剩余部分实施必要的程序,获取充分、适当的审计证据。注册会计师需要运用职业判断确定剩余部分是否重要。

三、对抽样风险和非抽样风险的考虑

审计风险由重大错报风险和检查风险构成,抽样风险和非抽样风险可能影响注册会计师对重大错报风险的评估和检查风险的确定。

(一)抽样风险的概念

抽样风险,是指注册会计师根据样本得出的结论,可能不同于如果对整个总体实施与样本相同的审计程序所得出的结论的风险。

抽样风险可分为两种类型:

1. 在控制测试中的抽样风险

控制测试中的抽样风险包括信赖过度风险和信赖不足风险。信赖过度风险是指推断的控制有效性高于其实际有效性的风险,也可以说,尽管样本结果支持注册会计师计划信赖内部控制的有效性,但实际偏差率不支持该信赖程度的风险。与审计的效果有关。如果注册会计师对内部控制过度信赖,就会导致他们对重大错报风险的评估偏低,注册会计师可能不适当地减少审计程序和审计证据,最终导致不恰当的审计意见的形成,所以更应该予以关注。

信赖不足风险是指推断的控制有效性低于其实际有效性的风险,也可以说,尽管样本结果不支持注册会计师计划信赖内部控制的程度,但实际偏差率支持该信赖程度的风险。信赖不足与审计的效率有关。当注册会计师评估的控制有效性低于其实际有效性时,评估的重大错报风险水平高于实际的水平,注册会计师可能会增加不必要的实质性程序。在这种情况下,审计效率可能降低。

2. 细节测试中的抽样风险

在细节测试时,注册会计师也要关注两类风险:误受风险和误拒风险。①误受风险是指注册会计师推断某一重大错报不存在而实际上存在的风险。注册会计师主要关注这类错误结论,其影响审计效果,非常有可能导致发表不恰当的审计意见。如果账面金额存在重大错报而注册会计师认为其不存在,他就会停止对账面金额的测试,并根据样本测试结果得出不存在重大错报的错误结论。所以,对注册会计师而言,这种风险更值得关注。②误拒风险是指注册会计师推断某一重大错报存在而实际上不存在的风险,这类错误结论影响审计效率,其通常导致注册会计师实施额外的工作,以证实初始结论是错误的,但一般不会导致注册会计

师发表不恰当的审计意见。这是因为如果注册会计师推断某一重大错报存在而实际上不存在，他很可能扩大细节测试的范围，或取得其他审计证据，得出的审计结论可能是恰当的，但审计效率无疑会降低。

抽样风险对审计工作的影响如表 8-1 所示。

表 8-1 抽样风险对审计工作的影响

审计测试	抽样风险种类	对审计工作的影响
控制测试	①信赖过度风险	效果
	②信赖不足风险	效率
细节测试	①误受风险	效果
	②误拒风险	效率

（二）非抽样风险的概念

非抽样风险是指注册会计师由于任何与抽样风险无关的原因而得出错误结论的风险。非抽样风险样风险包括审计风险中不是由抽样导致的所有风险。注册会计师即使对某类交易或账户余额的全部项目实施了必要的审计程序，仍有可能未发现重大错报或控制无效。产生非抽样风险的主要原因是使用了不适当的审计程序，或误解了审计证据而没有发现偏差。具体说来包括以下情况：

（1）选择的总体不适合测试目标。

（2）控制偏差或错报的定义不恰当。

不恰当地定义控制偏差或错报，可能使注册会计师未发现样本中存在的控制偏差或错报。

（3）审计程序选择不当。

注册会计师选择的审计程序如果不适合某个审计目标的实现，也可能导致错误的结论，例如，注册会计师使用函证程序来揭示未入账的应收账款是不适当的。

（4）对审计发现的评价不当。

比如，注册会计师对发现的偏差或错报的重要性做出了不当的判断，从而忽略性质本来重要的偏差或错报，导致得出不恰当的结论。对审计证据的错误解读也可以导致未发现偏差或错报。

无论是控制测试还是细节测试，非抽样风险对审计工作的效率和效果都有一定的影响。

（三）抽样风险与非抽样风险的控制

为了将审计风险降低至可接受的低水平，必须对抽样风险和非抽样风险进行控制。抽样风险是客观存在的，但无论是执行控制测试还是细节测试，注册会计师都可以通过扩大样本规模降低抽样风险。抽样风险与样本规模呈反方向变动，样本规模越小，抽样风险越大；样本规模越大，抽样风险越小。在使用统计抽样时，注册会计师可以准确地计量和控制抽样风险。

非抽样风险是由于人为因素造成的，虽然难以量化，但是注册会计师应当通过适当的计划、指导和监督审工作，仔细设计审计程序，将非抽样风险降低至可接受的低水平。

四、样本设计

样本设计是指注册会计师对审计样本进行计划。在计划样本时，注册会计师应当对审计程序的目标、抽样总体的属性、抽样单元、偏差的构成条件等进行综合考虑。

（一）审计程序目标

注册会计师在设计样本时，首先应当考虑审计程序将要达到的测试目标。概括起来，控制测试的目标是评价控制是否有效运行，以支持评估的重大错报风险水平。例如，在对企业的赊销过程进行控制测试时，要达到的一个目的就是确定销售单是否经过有关人员的审核和授权人员的批准。细节测试是对各类交易或账户余额的各项认定进行测试，以确定相关认定是否存在重大错报。例如，通过在应收账款账户余额中选取项目进行测试，可以确定应收账款是否存在虚构的项目。

（二）审计对象总体和分层

在实施抽样之前，注册会计师需要准确定义总体属性，确定抽样总体的范围。注册会计师所定义的总体需具备两个特征，即适当性和完整性。适当性是指确定总体必须与审计目标相关，审计目标不同，总体也就不同。例如，如果审计目标在于审查应收账款的存在性，测试总体应为应收账款明细账；如果审计目标在于审查应付账款是否被少计，则测试总体不仅应包括应付账款明细账，还应包括期后付款、未付发票及能够提供应付账款少计证据的其他项目。完整性是指测试总体必须包括被审计经济业务或资料的全部项目。例如，如果注册会计师要对某一控制活动在财务报告期间是否有效运行做出结论，测试总体应包括来自整个报告期间的所有相关项目。

在实务中，注册会计师通常是从代表总体的实物中选取样本项目，例如，如果注册会计师将总体定义为特定日期的应收账款余额，代表总体的实物就是该日期的客户应收账款余额明细表；如果总体是某一期间的销售收入，代表总体的实物就可能是销售日记账或销售发票。

在定义总体时，如果总体项目存在重大的变异性，注册会计师应当考虑分层。分层是指将总体划分为多个子总体的过程，每个子总体由一组具有相同特征（通常为货币金额）的抽样单元组成。分层可以降低每一层中项目的变异性，从而在抽样风险没有成比例提高的前提下减小样本的规模。分层时必须仔细界定子总体，使每一抽样单元只能属于一个层。分层可以按照不同的特征来进行，可以是业务的类型、账户余额的大小、项目的重要程度以及内部控制的强弱等。可见，分层除了能提高抽样效率外，也可使注册会计师能够按项目的重要性、变化频率或其他特征来选取不同的样本数，且可对不同层次使用不同的审计程序。通常，注册会计师应对包含最重要项目的层次实施全部审查。例如，为函证应收账款，可以将应收账款账户按金额的重要性分为3层，即账户金额在50000元以上的，在10000到50000元之间的和在10000元以下的。对应收账款金额在50000元以上的账户可进行全部函证。

在对总体进行分层的情况下要注意，对某一层中的样本实施审计程序的结果，只能用于推断该子总体，要想推断总体，注册会计师应当考虑与构成总体其他层有关的重大错报风险。

（三）抽样单元

抽样单元是指构成总体的个体项目。注册会计师在定义总体时通常都指明了抽样单元。定义的抽样单元应与测试目标相适应。在控制测试中，抽样单元通常是能够提供控制运行证据的一份文件资料或一个记录等，注册会计师应根据被测试的控制定义抽样单元。例如，如果控制测试目标是确定赊销是否得到授权，且设定的控制要求赊销之前授权人在销售单据上签字，抽样单元可以被定义为每一张销售单。在细节测试中，注册会计师是根据审计目标和拟实施的审计程序的性质定义抽样单元，抽样单元可能是一个账户余额、一笔交易或交易中的一项记录甚至是每一个货币单位。特别是在测试高估时，将构成某类交易或账户余额的每一货币单位作为抽样单元一般效率会很高，注册会计师可以从总体中选取特定货币单位，然后检查包含这些货币单位的特定项目，使大额项目被选取的机会更大，这种方法被称为金额加权选样。

（四）偏差或错报构成条件

确定偏差或错报构成条件，是为了在测试中识别偏差或错报。偏差或错报的定义也要符合审计目标。

在控制测试中，注册会计师应根据对内部控制的理解，确定哪些特征能够显示被测试控制的运行情况，据此定义偏差构成条件。例如，设定的控制要求每笔付款都要附有供应商发票、收据、验收报告和订购单等书面证据，并加盖"已付"戳记，注册会计师认为加盖了"已付"戳记的发票和验收报告足以证明控制的适当运行，偏差就可以被定义为没有"已付"戳记的发票和验收报告等证明文件的付款。

在细节测试中，注册会计师要确定什么构成错报。例如，在对应收账款存在性的细节测试中（如函证），客户在函证日之前支付、被审计单位在函证日之后不久收到的款项不构成错报。

（五）可容忍误差

可容忍误差是注册会计师认为抽样结果可以达到审计目的而愿意接受的审计对象总体的最大误差。注册会计师应当在审计的计划阶段，根据审计重要性原则，合理确定可容忍误差的界限。可容忍误差越小，需选取的样本规模就越大。

对于控制测试来说，可容忍误差就是可容忍偏差率，指注册会计师设定的偏离规定的内部控制程序的比率，注册会计师试图对总体中的实际偏差率不超过该比率获取适当水平的保证。

在进行细节测试时，可容忍误差就是可容忍错报，注册会计师试图对总体中的实际错报不超过该货币金额获取适当水平的保证。可容忍误差的数量界限主要取决于被测试的内部控制的重要程度、错报的性质和错报金额的大小。

（六）预计总体误差

注册会计师应根据前期审计所发现的偏差或错报、被审计单位的经济业务和经营环境的变化、对内部控制的评价以及分析程序的结果，或根据从总体中抽取少量项目进行检查的结果等，来确定审计对象总体的预计偏差或错报。在实施控制测试时，要评估预计总体偏差率，对于细节测试，要评估预计总体错报。预计总体偏差率或错报有助于设计审计样本和确定样本规模，如果存在预计总体偏差率或错报，则应当选取较大的样本规模。

注册会计师可以使用统计学公式或运用职业判断确定样本规模，确定的样本规模要保证将抽样风险降至可接受的低水平。

五、样本选取

选取样本要遵循的基本原则是保证总体中的所有抽样单元均有被选取的机会，以使样本能够代表总体。只有如此，才能保证根据抽样结果推断得到的总体特征具有合理性和可靠性。如果注册会计师有意识地选择总体中某些具有特殊特征的项目而放弃其他项目，就无法保证所选样本的代表性。

注册会计师可以采用统计抽样或非统计抽样方法选取样本，只要运用得当，均可以取得充分、适当的审计证据。

选取样本的方法有多种，注册会计师可根据审计目标的要求、被审计单位的实际情况、审计资源条件的限制等因素来加以选择，以达到预期的审计质量与效率。常用的样本选取方法有使用随机数表或计算机辅助审计技术选样、系统选样和随意选样等。

（一）使用随机数表或计算机辅助审计技术选样

使用随机数表或计算机辅助审计技术选样也称随机数选样，是指对审计对象总体或子总体的所有项目，按随机规则选取样本。使用随机数选样的前提是总体中的每一项目都有不同的编号。注册会计师可以使用计算机生成的随机数，如电子表格程序、随机数码生成程序、通用审计软件程序等计算机程序生成随机数，也可以使用随机数表获得所需的随机数。使用随机数表的实例如表 8-2 所示。

表 8-2 随机数表（部分列示）

序号	1	2	3	4	5	6	7
1	55956	76283	32751	7509	33422	25905	65112
2	41455	64560	99008	51407	68776	89131	45801
3	80439	15033	91192	12188	92180	84881	37336
4	28301	76134	13178	83916	99649	2903	42849
5	45475	54855	68547	1619	85864	90439	41618
6	89605	19093	89854	96603	12563	10416	73540
7	22108	21687	9575	87494	92062	57747	79651
8	40667	58243	27919	45200	56835	46950	37081
9	46012	57146	93591	87946	78478	95724	2496
10	85430	81691	59392	16912	69346	47410	72603
11	55780	2132	58423	25231	28822	1653	72667

续表

序号	1	2	3	4	5	6	7
12	33504	53757	39750	11271	69279	60114	761
13	24410	14760	70623	37988	1840	41063	98056
14	83317	34719	68099	6633	48001	62991	17533
15	26104	53255	18987	46848	91203	20485	45301
16	24232	618	81775	82054	54155	85395	93215
17	83304	47563	95041	35026	8579	51301	23447
18	43112	55123	35452	99282	35422	98768	20764
19	12018	50800	774	54109	13887	11694	29735
20	64965	66315	18425	6952	10380	29141	70979
21	5160	14074	20145	87567	93860	83587	27758

表中的每一个数都是运用随机方法选出的随机数，但此表并非全部的随机数。

使用随机数表时，首先应建立表中数字与总体中项目的一一对应关系。如果总体中的项目为连续编号，这种一一对应关系很容易确定，但有时也需要重新编号才能做到一一对应。例如，当经济业务事项编号为 A-001，B-001……时，注册会计师可指定用1代替A，用2代替B等。然后，应选择一个起点和一个选号路线。起点和选号路线可任意选择，但一经选定，则应从起点开始，按照选号路线依次选样。

例 8-1　随机数表法的运用

假定注册会计师对某公司连续编号为 300~999 的现金支票进行随机选样，希望选取一组样本规模为 20 的样本。首先，注册会计师确定只用随机数表所列数字的后 3 位数来与发运凭证号码一一对应。其次，确定第 1 列第 1 行为起点，选号路线为从左到右，从第 1 列，第 2 列，第 3 列，第 4 列，第 5 列，依次进行。最后，按照规定的一一对应关系和起点及选号路线，选出 20 个数码：956，283，751，509，422，905，112，455，560，008，407，776，131，801，439，033，192，188，180，881。凡后 3 位数在 300 以下或 999 以上的，因为支票号码没有一一对应关系，均不入选。选出 20 个数码后，按此数码选取编号与其对应的 20 张支票作为选定样本进行审查。

（二）系统选样

系统选样也称等距选样，是指首先计算选样间距，确定选样起点，然后，再根据选样间距，顺序选取样本的一种选样方法。

选样间距 = 总体规模 ÷ 样本规模

例 8-2 系统选样的运用

注册会计师希望采用系统选样法从 5000 张凭证中选出 100 张作为样本。首先计算出选样间距为 50（5000÷100）。假定注册会计师确定随机起点为 6#，则每隔 50 张凭证选取一张，共选取 100 张凭证作为样本即可，即 6#，56#，106#，156#……，直到抽完 100 为止。

系统选样方法使用简便，并可用于无限总体。但使用系统选样方法要求总体必须是随机排列的，否则容易发生较大的偏差。所以，在使用这种方法时，必须先确定总体是否为随机排列，若不是随机排列，则不宜使用。

系统选样可以在非统计抽样中使用，在总体随机分布时也可用于统计抽样。

（三）随意选样

随意选样就是不考虑金额大小、资料取得的难易程度及个人偏好，以随意的方式选出样本。随意选样的缺点在于很难完全无偏见地选取样本项目。随意选样属于非随机基础选样方法，只能在非统计抽样中使用。

六、样本结果评价

注册会计师在对样本实施必要的审计程序后，评价样本结果，确定使用审计抽样是否已为注册会计师针对所测试的总体得出的结论提供合理基础。其具体程序和内容是：分析样本偏差或错报、推断总体偏差或错报、重估抽样风险、形成审计结论（图 8-3）。

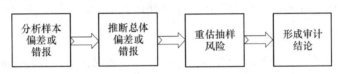

图 8-3　抽样结果的评价程序

（一）分析样本偏差或错报

注册会计师在分析样本偏差或错报时，一般应从以下方面着手：

（1）根据预先确定的构成偏差或错报的条件，确定有疑问的项目是否确为一项偏差或错报。例如，在审查应收账款余额时，注册会计师发现被审计单位将某客户应收账款错记在另一客户应收账款明细账中，但这种差错并不影响应收账款的余额，因此，在评价抽样结果时，不能认为这是一项偏差。

（2）当注册会计师按照既定的审计程序，无法就样本取得审计证据时，应当实施替代审计程序，以获取相应的审计证据。例如，在发出的应收账款肯定式询证函没有收到回函时，注册会计师必须审查后期收款情况，以证实应收账款的余额。如果未能对某个选取的项目实施设计的审计程序或适当的替代程序，注册会计师应当将该项目视为控制测试中对规定的控制的一项偏差，或细节测试中的一项错报。

（3）如果某些样本偏差项目具有共同的特征，如相同的经济业务类型、场所和时间，则应将这些具有共同特征的项目作为一个整体，实施相应的审计程序，并根据审计结果，进行单独的评价。

(4) 在对抽样中所发现的偏差或错报进行分析时，还应考虑偏差或错报的质的因素，包括偏差或错报的性质、原因及其对其他相关审计工作的影响。例如，在控制测试中，对样本偏差或错报可做如下的定性分析：

① 偏差或错报是否超过审计范畴？是关键的还是非关键的？

② 分析每一个关键偏差的性质和原因，是故意还是非故意造成的？是系统的还是偶然发生的？是频繁的还是偶尔出现的？如何影响到货币金额？

③ 确定这些偏差或错报对其他控制测试以及细节测试的影响。

此外，注册会计师还应判断是否存在异常误差。异常误差，是指明显不具有代表性的错报或偏差。注册会计师应当调查识别出所有偏差或错报的性质和原因，评价其对审计程序的目的和审计的其他方面可能产生的影响。

在极其特殊的情况下，如果认为样本中发现的某项偏差或错报是异常误差，注册会计师应当对该项偏差或错报对总体不具有代表性获取高度肯定。在获取这种高度肯定时，注册会计师应当实施追加的审计程序，获取充分、适当的审计证据，以确定该项偏差或错报不影响总体的其余部分。

(二) 推断总体偏差或错报

在对样本偏差或错报进行分析后，注册会计师应根据抽样中发现的偏差或错报，采用适当的方法，推断审计对象的总体偏差或错报。当总体划分为几个层次时，应先对每一层次做个别的推断，然后将推断结果加以汇总。由于存在多种抽样方法，注册会计师根据样本偏差或错报推断总体偏差或错报的方法应与所选用的抽样方法一致。

(三) 重估抽样风险

注册会计师在推断总体偏差或错报后，应将总体偏差或错报与可容忍偏差或错报进行比较，将抽样结果与从其他有关审计程序中所获得的证据相比较。如果推断的总体偏差或错报超过了可容忍偏差或错报，经重估后的抽样风险不能被接受，则应增加样本规模或执行替代审计程序。如果推断的总体偏差或错报接近可容忍偏差或错报，应考虑是否增加样本规模或执行替代审计程序。

在进行控制测试时，如果注册会计师认为抽样结果无法达到其对所测试的内部控制制度的预期信赖程度，应考虑增加样本规模或修改证实测试程序。

(四) 形成审计结论

注册会计师在评价抽样结果的基础上，应根据所取得的证据，确定审计证据是否足以证实某一审计对象的总体特征，从而得出审计结论。

第二节 控制测试中抽样技术的应用

对拟信赖的内部控制进行控制测试时，一般采用属性抽样审计方法。属性抽样审计就是在一定的精确度和可信赖水平的条件下，通过计算样本差错率来对总体的某种"差错"（属性）的发生频率进行推断的统计抽样审计方法。所谓属性，是指审计对象总体的质量特征，即被审计单位的业务活动或被审计单位的内部控制是否遵循了既定的标准以及存在的偏差水平。属性抽样审计是对总体某种属性的"是"或"否"的回答，抽样结果只有两种："对"与"错"或"是"与"否"。总体的特征通常为反映遵循制度规定或要求的相应水平。

一、属性抽样的基本概念

（一）偏差

一般说来，在属性抽样中，偏差是指注册会计师认为使控制程序失去效能的所有的控制无效事件。注册会计师应根据实际情况，恰当地定义偏差。例如，可将"偏差"定义为会计记录中的虚假账户、经济业务的记录未进行复核、审批手续不全等各类差错。

（二）审计对象总体

运用属性抽样时，注册会计师应保证总体中所有的项目被选取的概率是相同的，也就是说，总体所有项目的特征应是相同的。例如，某公司有国内和国外两个分公司，其国内、国外的销售业务是用两种不同的方式开展的。注册会计师在评价两个公司的会计控制时，则必须把它们分为两个不同的总体，即国内，国外两个总体。

（三）风险与可信赖程度

可信赖程度是指样本特征能够代表总体特征的可靠性程度。风险或称风险度，与可信赖程度是互补的，换句话说，1减去可信赖程度就是风险。例如，注册会计师选择一个99%的可信赖程度，那么，他就有1%的风险去接受抽样结果表示的内部控制是有效的结论，而实际上内部控制制度是无效的。属性抽样中的风险矩阵如表8－3所示。

表8－3 属性抽样中的风险矩阵

抽样结果 \ 内部控制实际情况	实际运行状况达到预期信赖程度	实际运行状况未达到预期信赖程度
肯定	正确的决定	信赖过度风险
否定	信赖不足风险	正确的决定

在控制测试中，一般将最小可信赖程度定为90%，如果其属性对于其他项目是重要的，则采用95%的可信赖程度。

（四）可容忍偏差率

在进行控制测试时，可容忍偏差率的建立应能确保当总体偏差率超过可容忍偏差率时注册会计师将降低对内部控制的可信赖程度。可容忍偏差率的确定如表8－4所示。

表8－4 可容忍偏差率的确定

可容忍偏差率	内部控制的可信赖程度
20%（或小于）考虑忽略抽样测试，进行详细测试	可信赖程度差，在信赖内部控制方面的细节测试工作不可有大幅度或中等的减少
10%（或小于）	中等可信赖程度，基于审计结论，在信赖内部控制方面细节测试工作将减少

续表

可容忍偏差率	内部控制的可信赖程度
5%（或小于）	内部控制实际可靠，基于审计结论，在信赖内部控制方面细节测试工作将减少一半到2/3

二、属性抽样的方法

属性抽样的方法主要有固定样本规模抽样、停—走抽样和发现抽样三种。

（一）固定样本规模抽样

固定样本规模抽样是一种使用最为广泛的属性抽样，常用于估计审计对象总体中某种偏差发生的比例。

一般情况下，固定样本规模抽样的基本步骤如下：

（1）确定审计目的。审计目的决定了"属性"的含义，审查某一个内部控制程序的执行情况与审查某个账户余额的准确性的"属性"含义是不同的。

（2）定义"属性"和"可容忍偏差率"。以购货付款业务为例，正常的内部控制应当包括核对验收报告与购货发票，然后再核准支付货款，因此，对于每张发票和验收报告，凡属于列情况之一的，均可以定义为偏差的属性：

① 未附验收单的发票；
② 与验收单所记载的内容不符的发票；
③ 计算有误的发票；
④ 要素不全的发票；
⑤ 涂改、伪造的发票。

如前所述，"可容忍偏差率"是注册会计师认为抽样结果可以达到审计目的所愿意接受的审计对象总体的最大偏差率。在运用属性抽样审计进行控制测试时，可容忍偏差率是指注册会计师不改变对内部控制的可信赖程度而愿意接受的最大偏差发生率。其界限主要取决于被测试的内部控制的重要程度、差错的性质、金额和对差错属性的定义。

（3）定义审计对象总体。在确定审计对象总体时，首先要明确审计目标，审计目标不同，被抽查的总体就不同。其次要明确审计对象总体的时间界限，通常以月度、季度、年度或经济业务活动的周期作为总体的时间范围。

（4）确定抽样方法。抽样方法应能保证样本的代表性，保证抽样审计结果的可靠性。抽样方法包括纯随机抽样、等距抽样、分层抽样、金额单位抽样、重复抽样和不重复抽样等。

（5）确定样本规模。属性审计的样本规模决定于抽样推断的精确度、可信度和总体差错率。

在控制测试中，审计人员必须先确定精确度。因为样本的预计差错率不一定等于实际的差错率，它可能大于或小于实际差错率，所以有必要根据样本结果，以一定的正数或负数为界限设立一个区间。这个区间也就是样本误差的容许界限，而这个容许界限就是精确度。所以，可以样本结果为基础，设定一个偏差区间，比如±2%，±2%就是精确度。样本结果加精确度，就构成精确度的界限，界限两端为精确度的上限和下限。如样本结果预计差错率为3%，精确度为±2%，则精确度的上限为5%（3%+2%），下限为1%（3%-2%）。如果总体差错率处于1%~5%，则总体可以接受的，1%~5%就是精确度界限。精确度除了用百分比表示外，也可以用绝对数值表示，如±500元。精确度越低，差错的容许界限越大，则抽查的样本数量越少；反之成立，即精确度越高，差错率的容许界限越小，则抽查的样本数量越多。精确度的高低取决于审计项目的重要性。审查重要项目时，应提高精确度，对差错的容许界限严格控制，对于一般的审查项目可适当放宽一些。精确度的高低与抽取样本的多少成反比例的关系。

可信度的确定主要取决于注册会计师对内部控制的评价，对不好的内部控制下的抽样审计结论应要求较高的可信度，以便减小抽样风险；对有效的内部控制制度，可适当地降低可信度要求。经常采用的可信度是90%和95%。

总体偏差率与样本规模成正比例关系。因为事先不知道总体偏差率，只能使用预计的总体偏差率。

在实际工作中通常是利用样本规模确定表（表8-5）直接查得样本规模。

（6）选取样本并进行审计。按照定义的偏差属性对选取的样本进行审查。

（7）评价抽样结果。在对样本进行审计后，应将查出的偏差加以汇总，并评价抽样结果。在评价抽样结果时，不仅要考虑偏差的次数，而且要考虑差错的性质。

（8）书面说明抽样程序。注册会计师应在其审计工作底稿上，书面说明前述7个步骤，作为审计抽样的整体结论的基础。

（二）停—走抽样

停—走抽样是固定样本规模抽样的一种特殊形式，它是从预计总体偏差次数为零开始，边抽样边评价来完成抽样工作的方法。在这种方法下，抽样工作要经过几个步骤，每一步骤完成后，注册会计师都需要决定是停止抽样还是继续下一个步骤。由于这种方法的样本规模是不固定的，抽查到哪一步结束，应根据注册会计师对审查结果是否满意而定，故此称为停—走抽样。

表8-5 样本规模确定表
（括号内是可接受的偏差数）

预计总体偏差率/%	可容忍偏差率/%										
	2	3	4	5	6	7	8	9	10	15	20
0	149 (0)	99 (0)	74 (0)	59 (0)	49 (0)	42 (0)	36 (0)	32 (0)	29 (0)	19 (0)	14 (0)
0.25	236 (1)	157 (1)	117 (1)	93 (1)	78 (1)	66 (1)	58 (1)	51 (1)	46 (1)	30 (1)	22 (1)
0.50	*	157 (1)	117 (1)	93 (1)	78 (1)	66 (1)	58 (1)	51 (1)	46 (1)	30 (1)	22 (1)
0.75	*	208 (1)	117 (1)	93 (1)	78 (1)	66 (1)	58 (1)	51 (1)	46 (1)	30 (1)	22 (1)
1.00	*	*	156 (1)	93 (1)	78 (1)	66 (1)	58 (1)	51 (1)	46 (1)	30 (1)	22 (1)
1.25	*	*	156 (1)	124 (2)	78 (1)	66 (1)	58 (1)	51 (1)	46 (1)	30 (1)	22 (1)
1.50	*	*	192 (3)	124 (2)	103 (2)	88 (2)	77 (2)	51 (1)	46 (1)	30 (1)	22 (1)

续表

预计总体偏差率/%	可容忍偏差率/%										
	2	3	4	5	6	7	8	9	10	15	20
1.75	*	*	227 (4)	153 (3)	103 (2)	88 (2)	77 (2)	51 (1)	46 (1)	30 (1)	22 (1)
2.00	*	*	*	181 (4)	127 (3)	88 (2)	77 (2)	68 (2)	46 (1)	30 (1)	22 (1)
2.25	*	*	*	208 (5)	127 (3)	88 (2)	77 (2)	68 (2)	61 (2)	30 (1)	22 (1)
2.50	*	*	*	*	150 (4)	109 (3)	77 (2)	68 (2)	61 (2)	30 (1)	22 (1)
2.75	*	*	*	*	173 (5)	109 (3)	95 (3)	68 (2)	61 (2)	30 (1)	22 (1)
3.00	*	*	*	*	195 (6)	129 (4)	95 (3)	84 (3)	61 (2)	30 (1)	22 (1)
3.25	*	*	*	*	*	148 (5)	112 (4)	84 (3)	61 (2)	30 (1)	22 (1)
3.50	*	*	*	*	*	167 (6)	112 (4)	84 (3)	76 (3)	30 (1)	22 (1)
3.75	*	*	*	*	*	185 (7)	129 (5)	100 (4)	76 (3)	40 (2)	22 (1)
4.00	*	*	*	*	*	*	146 (6)	100 (4)	89 (4)	40 (2)	22 (1)
5.00	*	*	*	*	*	*	*	158 (8)	116 (6)	40 (2)	30 (2)
6.00	*	*	*	*	*	*	*	*	179 (11)	50 (3)	30 (2)
7.00	*	*	*	*	*	*	*	*	*	68 (5)	37 (3)

停—走抽样法的基本步骤如下：

（1）确定可容忍偏差和风险水平。

（2）确定初始样本规模。通常根据所确定的可容忍偏差和风险水平查表（表8-6）获得。

（3）进行停—走抽样决策。通常是利用停—走抽样决策表进行决策。

例如，假定注册会计师确定的可容忍偏差率为5%，可接受的信赖过度风险为5%，查停—走抽样初始样本规模表（表8-6）可得样本规模应为60个。

表8-6 停—走抽样初始样本规模表

可容忍偏差率/%	信赖过度风险/% 样本规模/个		
	10	5	2.5
10	24	30	37
9	27	34	42
8	30	38	47
7	35	43	53
6	40	50	62
5	48	60	74

续表

可容忍偏差率/%	信赖过度风险/% 样本规模/个	10	5	2.5
4		60	75	93
3		80	100	124
2		120	150	185
1		240	300	370

如果注册会计师在50个项目中没有找到偏差，则总体偏差在5%的信赖过度风险下为6%（风险系数3.0除以样本规模50），该结果等于可容忍偏差率，则注册会计师有95%的把握确信总体偏差率不超过5%。

如果注册会计师在50个项目中找出一项偏差，则总体偏差在5%的信赖过度风险下为9.6%（4.8÷50），这个结果大于可容忍偏差率5%，因此，注册会计师需增加样本30个，将样本规模扩大到80个（风险系数除以可容忍偏差率4.8÷0.06）。如果对增加的30个样本审计后没有发现偏差，则注册会计师可有95%的把握确信总体偏差率不超过5%。表8-7所示为停—走抽样样本规模扩展及总体偏差率评估。

表8-7 停—走抽样样本规模扩展及总体偏差率评估

发现差错数/个	信赖过度风险/% 风险系数	10	5	2.5
0		2.4	3.0	3.7
1		3.9	4.8	5.6
2		5.4	6.3	7.3
3		6.7	7.8	8.8
4		8.0	9.2	10.3
5		9.3	10.6	11.7
6		10.6	11.9	13.1
7		11.8	13.2	14.5
8		13.0	14.5	15.8
9		14.3	16.0	17.1
10		15.5	17.0	18.4
11		16.7	18.3	19.7
12		18.0	19.5	21.0

续表

发现差错数/个	信赖过度风险/% 风险系数	10	5	2.5
13		19.0	21.0	22.3
14		20.2	22.0	23.5
15		21.4	23.4	24.7
16		22.6	24.3	26.0
17		23.8	26.0	27.3
18		25.0	27.0	28.5
19		26.0	28.0	29.6
20		27.1	29.0	31.0

如果首次对 50 个样本进行审计后发现了两项偏差,则总体偏差率为 12.6%（6.3÷50×100%）,大大超过可容忍偏差率,因此,注册会计师应决定增加 76 个样本（6.3÷0.05－50）。如对增加的 75 个样本审计后没有找到偏差,注册会计师同样可以有 95% 的把握说总体偏差率不超过 5%。如果又发现了一项偏差,则总体偏差率为 6.24%（7.8÷125×100%,这时,需要决定是再扩大样本规模到 156 个（7.8÷0.05）,还是将上述过程得出的结果作为选用固定样本规模的预计总体偏差率而改变抽样方式。一般来讲,样本规模不宜扩大到初始样本规模的 3 倍。

应用停—走抽样,注册会计师可以构造一个如表 8－8 所示的停—走抽样决策表。

表 8－8 停—走抽样决策

步骤	累计样本规模/个	如果累计偏差是以下数字就停止	如果累计偏差是以下数字,则增加样本规模/个	如果累计偏差是以下数字,则转到第 5 步
1	60	0	1~4	4
2	96	1	2~4	4
3	126	2	3~4	4
4	156	3	4	4
5	以样本偏差率作为总体偏差率采用固定样本规模抽样			

(三) 发现抽样

发现抽样又称显示抽样,它是在既定的可信赖程度下,在假定偏差以既定的偏差率存在于总体之中的情况下,至少查出一项偏差的抽样方法。发现抽样也是属性抽样的一种特殊形式,主要用于查找重大舞弊事项。它的理论依据是:假如总体中存在着一定发生率的舞弊事项,那么,在相当容量的样本中,至少可以发现一个舞弊事项。若对样本的审查结果没有发现舞弊事项，则可以得出结论说，在某一可信度下，总体中舞弊事项的发生率，不超过原先假定的发生率，我们知道，若总体中存在着发生率很低（如0.1%）的舞弊事项，那么采用抽样审计方法不能确保我们一定能发现这种行为。但发现抽样却能以较高的可信度，保证我们发现总体中存在着的发生率较低（如1%）的舞弊事项。所以，当怀疑总体中存在着某种舞弊事项时，宜于采用发现抽样方法。

发现抽样的步骤与固定样本规模抽样方法基本相同，只是需要说明以下几点：

第一，样本规模的确定仍需利用属性抽样时使用的样本规模确定表（表8–5），但应当把总体预计偏差率确定为0，这是由发现抽样的特点所决定的。如注册会计师对某企业现金收支凭证进行审查，在可信赖程度为95%，预计总体偏差为0，可容忍偏差率为3%时，查表8–5可知，样本规模为99。

第二，在审查样本的过程中，如果发现了一张假凭证，则注册会计师就达到了发现抽样审计的目的，这时就可以停止抽样程序，对总体进行彻底的检查。如果在全部99张凭证中没有发现假凭证，那么注册会计师就可以95%的可信度，保证总体中的舞弊事项在3%以下。换言之，这时注册会计师有95%的把握确信总体中不存在假凭证或假凭证的发生率在3%以下。

第三节　细节测试中抽样技术的应用

属性抽样虽然对控制测试极为有用，但它并不提供被审计项目货币价值量的资料，因此，不适用于变量总体。由于在审计工作中存在大量的变量总体，所以变量抽样在实践中得以广泛运用。

变量抽样是对审计对象总体的货币金额进行细节测试时所采用的抽样方法。变量抽样法可用于确定账户金额是多少，是否存在重大错报等。变量抽样法通常运用于审查应收账款的金额、存货的数量和金额、工资费用、交易活动的有效性等。

在进行细节测试时，一般可采用单位平均估计抽样、比率抽样、差额估计抽样和PPS等变量抽样方法，这些方法均可通过分层来实现。一般情况下，变量抽样的步骤与固定样本规模抽样的步骤基本相同：确定审计目的；定义审计对象总体；选定抽样方法；确定样本规模；确定样本选取方法；选取样本并进行审计；评价抽样结果；书面说明抽样程序。

一、传统变量抽样方法

传统的变量抽样方法主要有单位平均估计抽样、比率抽样和差额估计抽样等变量抽样方法。

（一）单位平均估计抽样

单位平均估计抽样是通过抽样审查确定样本平均值，根据样本平均值推断总体的平均值和总值。这种方法的适用范围十分广泛，无论被审计单位提供的数据是否完整可靠，甚至在被审计单位缺乏基本的经济业务账面记录的情况下，均可以使用该方法。

使用这种方法时,样本规模可以通过以下公式计算得出:

$$n' = \left(\frac{U_r \times S \times N}{P_a}\right)^2$$

$$n = \frac{n'}{1 + \frac{n'}{N}}$$

式中:U_r——可信赖程度系数;
S——预计的总体标准离差;
N——总体项目个数;
P_a——计划的抽样偏差(精确度);
n'——放回抽样的样本规模;
n——不放回抽样的样本规模(一般说来,审计抽样为不放回抽样)。

抽样时,注册会计师通常需要预先选取一个较小的初始样本规模(约30个),经检查分析后按估计的总体标准离差 $\left(\sqrt{\frac{\sum(X_i - \overline{X})^2}{n_0}}\right)$ 计算 S,式中,X_i 为各初始样本项目数值,$\overline{X}$ 为初始样本平均值,n_0 为初始样本规模。计划的抽样错报可根据可容忍错报与预计总体错报之间的差额进行确定。

运用这种方法进行抽样结果评价时,应该计算实际抽样错报,其计算公式为:

$$P_1 = U_r \times \frac{S_1}{\sqrt{n_1}} \times N \times \sqrt{1 - \frac{n_1}{N}}$$

式中:P_1——实际抽样偏差(精确度);
S_1——实际样本的标准离差;
n_1——实际样本规模。

评价样本时,若实际抽样偏差大于计划抽样偏差,应考虑增加样本规模以降低实际抽样偏差。表8-9所示为可信赖程度系数与可靠程度关系。

表8-9 可信赖程度系数与可靠程度关系

可靠程度/%	可信赖程度系数(标准正态离差系数)
70	1.04
75	1.15
80	1.28
85	1.44
90	1.64
95	1.96
99	2.58

平均估计抽样

例 8-3

甲公司 2016 年 12 月 31 日的应收账款有 1500 个账户,注册会计师要通过抽样来审查应收账款的账面价值。

(1) 确定审计目的:确定期末应收账款的账面价值。

(2) 定义审计对象总体:公司的 1500 个应收账款账户。

(3) 选定抽样方法:选定平均估计抽样方法。

(4) 确定样本规模:

根据货币金额的重要性,确定计划抽样偏差为 ±50000 元;根据内部控制及抽样风险的可接受水平,注册会计师确定可信赖程度为 95%,根据表 9-9,可信赖程度系数为 1.96。

根据被审计单位应收账款明细账,注册会计师估计总体的标准离差为 160 元。

样本规模的计算如下:

$$n' = \left(\frac{1.96 \times 150 \times 1500}{50000}\right)^2 \approx 89 \text{(取整数)}$$

$$n = \frac{89}{1 + \frac{89}{1500}} \approx 84 \text{(取整数)}$$

(5) 确定样本选取方法:采用随机选样法,从应收账款明细账中选取 84 个账户做样本。

(6) 选取样本并进行审计:注册会计师对选出的 84 个账户发函询证,函证结果表明,样本平均值为 3512.01 元,样本的标准离差为 120,实际抽样错报为:

$$P_1 = 1.96 \times \frac{120}{\sqrt{84}} \times 1500 \times \sqrt{1 - \frac{84}{1500}} = 37400 \text{(元)}$$

实际抽样错报 37400 元小于计划抽样错报 50000 元,则注册会计师估计的总体金额为 5268015(3512.01×1500)元。于是,注册会计师可以做出这样的结论:有 95% 的把握保证 1500 个应收账款账户的真实总体金额落在(5268015±37400)元,即 5230615~5305415 元。

(7) 评价抽样结果。根据以上抽样结果,如被审计单位应收账款的账面价值为 5273743 元,处于 5230615~5305415 元,则其应收账款金额并无重大错报。这时,注册会计师应将估计的总体金额 5268015 元和 5273743 元之间的差额视为审计差异,在对财务报表发表意见时予以考虑,同时,建议被审计单位予以调整。

如抽样结果表明被审计单位应收账款的账面价值没有落入 5230615~5305415 元,则注册会计师应要求被审计单位详细检查其应收账款,并加以调整。

(8) 书面说明抽样程序。

(二) 比率抽样和差额估计抽样

比率抽样是以样本实际价值与账面价值之间的比率关系来估计总体实际价值与账面价值之间的比率关系,然后再以这个比率乘以总体的账面价值,从而求出总体实际价值的估计金额的一种抽样方法。比率抽样法的计算公式如下:

$$比率 = \frac{样本实际价值之和}{样本账面价值之和}$$

估计的总体价值 = 总体账面价值 × 比率

当错报与账面价值成比例关系时，通常可以运用比率抽样。

差额估计抽样是以样本实际价值与样本账面价值的平均差额来估计总体实际价值与账面价值的平均差额，然后，再以这个平均差额乘以总体项目个数，从而求出总体的实际价值与账面价值差额的一种抽样方法。差额估计抽样的计算公式如下：

$$平均差额 = \frac{样本实际价值与账面价值的差额}{样本量}$$

估计的总体差额 = 平均差额 × 总体项目个数

当错报与账面价值不成比例时，通常可以运用差额估计抽样。

例8-4　　　　　差额估计抽样运用

被审计单位乙公司的原材料账面总值为6000000元，共计500个账户，注册会计师对原材料总额进行估计，现选出200个账户，账面价值为250000元，审计后认定的价值为265500元。

使用比率抽样时，注册会计师确定的实际价值与账面价值的比率为1.06（265500÷250000），因此，估计的总体价值为6372000（6000000×1.062）元。

使用差额估计抽样时，平均差额为 $77.5\left(\frac{265500-250000}{200}\right)$ 元，估计的总体差额为38750（77.5×500）元，因此，估计的总体价值为6038750（6000000+38750）元。

二、PPS抽样

PPS抽样（Probability–Proportional–to–Size Sampling），即概率比例规模抽样，是以货币单位作为抽样单元进行选样的一种方法。在该方法下总体中的每个货币单位被选中的机会相同，所以总体中某一项目被选中的概率等于该项目的金额与总体金额的比率。项目金额越大，被选中概率就越大。但实际上注册会计师并不是对总体中的货币单位实施检查，而是对包含被选取货币单位的余额或交易实施检查。注册会计师检查的余额或交易被称为逻辑单元。

PPS抽样有助于注册会计师将审计重点放在较大的余额或交易中。此抽样方法之所以得名，是因为总体中每一余额或交易被选取的概率与其账面金额（规模）成比例。当预计总体错报金额增加时，PPS抽样所需的样本规模也会增加。在这些情况下，PPS抽样的样本规模可能大于传统变量抽样的相应规模。PPS抽样结合了属性抽样和变量抽样的某些特征，主要用于账户余额的测试。

（一）PPS抽样的基本步骤

1. 确定测试目标

PPS抽样主要用于账户余额的测试，其目标应为账户余额有无重大错误。以存货为例，存货的余额实质性测试的目标是检验存货余额有无重大错误。

2. 确定总体

PPS 抽样将每一个货币单元作为抽样单元，所以在账簿记录中的某一账户的总体金额就构成了抽样总体。确定总体应把总体中的负余额和 0 余额予以排除在外。

3. 确定抽样单元

PPS 抽样法下，抽样单元为 1 元，而非每一笔业务。如一个有 5000 笔业务的主营业务收入总体，价值 76000000 元，其抽样总体就是由 76000000 个货币单元构成，而 76000000 元中的每 1 元就是一个抽样单元。一旦总体中的某 1 元被抽中，则包含该元的业务被抽中，此业务就是逻辑单位。

在 PPS 抽样法下金额大的业务包含的抽样单元多，被抽到的可能性大，这一特征使抽样程序能倾向于抽取金额较大的业务作为抽样的逻辑单位。而且，因为项目高估越多，越容易被选为样本，所以，PPS 抽样对于验证审计项目是否被高估比用来验证是否被低估更有效。

4. PPS 样本的选取

PPS 抽样中可以使用随机数法、系统选样法等选取样本。这里仅介绍 PPS 抽样中的系统选样法。这种方法在从手工或电子记录中选取样本时非常方便。系统选样首先要将总体分为若干个由同样的货币单位构成的组，并从每一组中选择一个逻辑单元（即实际单位）。每组的货币单位数量就是选样间距。

在使用系统选样方法时，注册会计师在 1 和选样间距（包含该选样间距）之间选择一个随机数，这个数字就是随机起点。然后注册会计师计算总体中逻辑单元的累计账面金额。选取的第一个逻辑单元就是包含与随机起点相对应的货币单位的那个项目。然后注册会计师每隔 n（n 代表选样间距）个货币单位依次选取所需的抽样单元（即货币单位），并选择包含这些抽样单元的所有逻辑单元（即实际单位）。

由于每个货币单位被选取的机会相等，逻辑单元所含的货币单位越多（即账面金额越大），被选中的机会越大。相反，较小的逻辑单元被选中的机会也较小。在 PPS 系统选样法下，金额等于或高于选样间距的所有逻辑单元肯定会被选中。而规模只有选样间距的一半的逻辑单元被选中的概率为 50%。

如果某逻辑单元的账面金额超过选样间距，它可能不止一次地被选中。如果出现这种情况，注册会计师忽略重复的选择，而且在评价样本结果时只考虑一次该逻辑单元。由于账面金额超过选样间距的逻辑单元可能被选中不止一次，所以实际检查的逻辑单元数量可能小于计算的样本规模。评价样本结果时对此要加以考虑。

对总体中余额为负的项目需要进行特别考虑，方法之一是抽样时将其排除在外并单独进行测试。

5. PPS 样本规模的确定

如前所述，注册会计师使用 PPS 抽样时，将总体分成统一的货币单位组，即选样间距，并从每一选样间距中选取一个逻辑单元。因此，选样的数量等于总体账面金额除以选样间距。

$$样本规模 = 总体账面金额 \div 选样间距$$

由于总体的账面金额是固定的，PPS 抽样的样本规模就取决于注册会计师确定的选样间距。

(1) 预计没有错报时。

选样间距的大小与注册会计师确定的误受风险和可容忍错报有关。有些注册会计师用可容错报除以一个反映误受风险的系数来计算适当的选样间距。在控制测试中该系数被称为风险系数。高估错报中的风险系数表（表8-10）提供了一些常用的误受风险所对应的风险系数。这里所应使用的行，应为高估错报数量为0的那一行。

表8-10 高估错报中的风险系数表

高估错报数量/个	误受风险/%								
	1	5	10	15	20	25	30	37	50
0	4.61	3.00	2.31	1.90	1.61	1.39	1.21	1.00	0.70
1	6.64	4.75	3.89	3.38	3.00	2.70	2.44	2.14	1.68
2	8.41	6.30	5.33	4.72	4.28	3.93	3.62	3.25	2.68
3	10.05	7.76	6.69	6.02	5.52	5.11	4.77	4.34	3.68
4	11.61	9.16	8.00	7.27	6.73	6.28	5.90	5.43	4.68
5	13.11	10.52	9.28	8.50	7.91	7.43	7.01	6.49	5.68
6	14.57	11.85	10.54	9.71	9.08	8.56	8.12	7.56	6.67
7	16.00	13.15	11.78	10.90	10.24	9.69	9.21	8.63	7.67
8	17.41	14.44	13.00	12.08	11.38	10.81	10.31	9.68	8.67
9	18.79	15.71	14.21	13.25	12.52	11.92	11.39	10.74	9.67
10	20.15	16.97	15.41	14.42	13.66	13.02	12.47	11.79	10.67
11	21.49	18.21	16.60	15.57	14.78	14.13	13.55	12.84	11.67
12	22.83	19.45	17.79	16.72	15.90	15.22	14.63	13.89	12.67
13	24.14	20.67	18.96	17.86	17.02	16.32	15.70	14.93	13.67
14	25.45	21.89	20.13	19.00	18.13	17.40	16.77	15.97	14.67
15	26.75	23.10	21.30	20.13	19.24	18.49	17.84	17.02	15.67
16	28.03	24.31	22.46	21.26	20.34	19.58	18.90	18.06	16.67
17	29.31	25.50	23.61	22.39	21.44	20.66	19.97	19.10	17.67
18	30.59	26.70	24.76	23.51	22.54	21.74	21.03	20.14	18.67
19	31.85	27.88	25.91	24.68	23.64	22.81	22.09	21.18	19.67
20	33.11	29.07	27.05	25.74	24.73	23.89	23.15	22.22	20.67

如果注册会计师确定的可容忍错报为46100元，误受风险是1%，计算的选样样间距就是10000（46100÷4.61）元。如果总体账面金额为1000000元，抽样规模则是100（1000000÷10000）个。这种计算样本规模的方法与控制测试中使用统计抽样时利用统计公式计算样本规模的方法相同。

样本规模 = 总体账面金额 ÷ 选样间距
      = 总体账面金额 ÷（可容忍错报/风险系数）
      = 风险系数 ÷ 可容忍错报率

(2) 预计存在错报时。

如果注册会计师预计存在错报，就要改变使用风险系数的方法。

方法一：注册会计师可以从可容忍错报中减去预计错报的影响，并使用预计没有错报时确定样本规模的方法计算选样间距。

方法二：注册会计师可以将可容忍错报和预计错报额转化为总体账面金额的百分比，使用根据属性抽样原理计算的样本规模表中相应比例所对应的样本规模。

例 8-5　PPS 抽样

注册会计师使用 PPS 抽样时，确定可容忍错报为 46100 元，期望的误受风险为 1%。而且注册会计师预计总体中大约存在 5000 元的错报。错报的预计影响应从 46100 元的可容忍错报中减去。注册会计师用预计错报 5000 元，乘以一个适当的扩张系数，计算错报的预计影响。预计错报的扩张系数表（表 8-11）提供了一些常用的误受风险所对应的扩张系数。

表 8-11　预计错报的扩张系数表

误受风险/%	系数
1	1.9
5	1.6
10	1.5
15	1.4
20	1.3
25	1.25
30	1.2
37	1.15
50	1.1

利用方法一，根据表 8-11 可知，1% 的误受风险对应的扩张系数大约是 1.9，因此影响是 9500（5000×1.9）元。注册会计师从 46100 元可容忍错报中减去 9500 元影响，并用得出的 36600（46100-9500）元除以预计没有错报时使用的风险系数（本例中是 4.61），由此得到选样间距为 7940（36600÷4.61）元（取整）。因此，当使用前例中的总体账面金额 1000000 元时，样本规模增加到 126（1000000÷7940）个。

例 8-6　PPS 抽样样本规模

注册会计师为一个账面金额为 1000000 元的总体设计 PPS 抽样，且评估的可容忍错报为

30000元，预计总体中的错报为5000元。利用方法二，则注册会计师计算出可容忍错报占账面金额的比例为3%（30000÷1000000×100%），预计错报占账面金额的比例为0.5%（5000÷1000000）。当可容忍偏差率为4%，预计偏差率为0.5%时，5%的信赖过度风险对应的样本规模为117个（表8-12）。

然后，注册会计师确定选样间距为8547（1000000÷117）元，如果注册会计师计算的预计错报比例和可容忍错报比例在表中没有出现，通常用插入法推算所需的样本规模。然后，注册会计师用账面金额除以样本规模计算选样间距。

表8-12 控制测试中统计抽样样本规模——信赖过度风险5%

（括号内是可接受的偏差数）

预计总体偏差率/%	可容忍偏差率/%										
	2	3	4	5	6	7	8	9	10	15	20
0	149 (0)	99 (0)	74 (0)	59 (0)	49 (0)	42 (0)	36 (0)	32 (0)	29 (0)	19 (0)	14 (0)
0.25	236 (1)	157 (1)	117 (1)	93 (1)	78 (1)	66 (1)	58 (1)	51 (1)	46 (1)	30 (1)	22 (1)
0.50	*	157 (1)	117 (1)	93 (1)	78 (1)	66 (1)	58 (1)	51 (1)	46 (1)	30 (1)	22 (1)
0.75	*	208 (2)	117 (1)	93 (1)	78 (1)	66 (1)	58 (1)	51 (1)	46 (1)	30 (1)	22 (1)
1.00	*	*	156 (2)	93 (1)	78 (1)	66 (1)	58 (1)	51 (1)	46 (1)	30 (1)	22 (1)
1.25	*	*	156 (2)	124 (2)	78 (1)	66 (1)	58 (1)	51 (1)	46 (1)	30 (1)	22 (1)
1.50	*	*	192 (3)	124 (2)	103 (2)	88 (2)	77 (2)	51 (1)	46 (1)	30 (1)	22 (1)
1.75	*	*	227 (4)	153 (3)	103 (2)	88 (2)	77 (2)	51 (1)	46 (1)	30 (1)	22 (1)
2.00	*	*	*	181 (4)	127 (3)	88 (2)	77 (2)	68 (2)	46 (1)	30 (1)	22 (1)
2.25	*	*	*	208 (5)	127 (3)	88 (2)	77 (2)	68 (2)	61 (2)	30 (1)	22 (1)
2.50	*	*	*	*	150 (4)	109 (3)	77 (2)	68 (2)	61 (2)	30 (1)	22 (1)
2.75	*	*	*	*	173 (5)	109 (3)	95 (3)	68 (2)	61 (2)	30 (1)	22 (1)
3.00	*	*	*	*	195 (6)	129 (4)	95 (3)	84 (3)	61 (2)	30 (1)	22 (1)
3.25	*	*	*	*	*	148 (5)	112 (4)	84 (3)	61 (2)	30 (1)	22 (1)
3.50	*	*	*	*	*	167 (6)	112 (4)	84 (3)	76 (3)	30 (1)	22 (1)
3.75	*	*	*	*	*	185 (7)	129 (5)	100 (4)	76 (3)	40 (2)	22 (1)
4.00	*	*	*	*	*	*	146 (6)	100 (4)	89 (4)	40 (2)	22 (1)
5.00	*	*	*	*	*	*	*	158 (8)	116 (6)	40 (2)	30 (2)
6.00	*	*	*	*	*	*	*	*	179 (11)	50 (3)	30 (2)
7.00	*	*	*	*	*	*	*	*	*	68 (5)	37 (3)

＊表示样本规模太大，因而在多数情况下不符合成本效益原则。

注：本表假设总体为大总体。

资料来源：AICPA, Audit and Accounting Guide: Audit Sampling, 2005.

6. PPS样本结果的评价

使用PPS抽样时，注册会计师应根据样本结果推断总体错报，并计算抽样风险允许限度。如果样本中没有发现错报，推断的错报就是零，抽样风险允许限度小于或等于样本设计时使用的可容忍错报。在这种情况下，注册会计师通常不需进行额外的计算就可得出结论，在既定的误受风险下，总体账面金额高估不超过可容忍错报。

如果样本中发现了错报，注册会计师需要计算推断的错报和抽样风险允许限度。这里所述的是用 PPS 抽样计算推断错报和抽样风险允许限度的方法。该方法的使用只限于高估，因为 PPS 抽样法主要为高估而设计。如果存在重大低估，注册会计师要确定是否需要为发现低估错报而设计单独的测试。

注册会计师计算推断错报和抽样风险允许限度的方法取决于错报等于还是小于逻辑单元的账面金额。

1）错报比例为 100% 时的样本评价。

(1) 推断总体错报。

逻辑单元中的错报比例代表一个选样间距中的错报比例。例如，如果选样间距是 4000 元，选取的一个账面金额为 100 元的应收账款账户经审计后的金额为 0 元（100 元错报占账面金额的 100%），该选样间距的推断错报就是 4000 元（100% × 4000）。如果逻辑单元大于或等于选样间距，推断的错报就是该逻辑单元的实际错报金额。注册会计师将所有选样间距的推断错报加总，即可计算总体的推断错报总额。

(2) 错报上限。

评价 PPS 样本时，注册会计师计算的错报上限等于推断的总体错报加上抽样风险允许限度。注册会计师可利用计算机程序或风险系数表，计算错报上限。误受风险为 5% 时的风险系数及增量表（表 8-13）的前两列来自于高估错报的风险系数表（表 8-10）。第三列是每一行高估数对应的风险系数与上一行的风险系数之间的差额。

表 8-13 误受风险为 5% 时的风险系数及增量表

高估数	误受风险 5%	增量	误受风险 10%	增量
0	3	—	2.31	—
1	4.75	1.75	3.89	1.58
2	6.3	1.55	5.33	1.44
3	7.76	1.46	6.69	1.36
4	9.16	1.4	8.00	1.31
5	10.52	1.36	9.28	1.28

① 如果样本中未发现错报，错报上限等于在一定的误受风险条件下没有错报时的风险系数乘以选样间距。

错报上限 = 风险系数 × 选样间距

这个错报上限的数值等于基本抽样风险允许限度，代表样本中内含的抽样风险的最低允许限度。例如，如果注册会计师确定的误受风险为 5%，使用的选样间距 4000 元，且没有发现错报，错报上限等于 12000 元（3 × 4000）。由于没有发现错报，推断的错报为零，抽样风险允许限度就等于错报上限。即没有发现错报时估计的总体错报上限也被称为"基本精确度"。

② 如果在账面金额大于或等于选样间隔的逻辑单元中发现了错报，无论该错报的百分比是否为100%，总体错报的上限 = 事实错报 + 基本精确度。如，误受风险为5%，选样间距为4000元，注册会计师在样本中发现1个错报，该项目的账目金额为6000元，审定金额为5000元，总体错报金额的上限为13000元（1000 + 3 × 4000）。又如，误受风险为5%，选样间距为4000元，注册会计师在样本中发现1个错报，该项目的账目金额为6000元，审定金额为0元，总体错报金额的上限为18000元（6000 + 3 × 4000）。

③ 如果在样本（排除账面金额大于或等于选样间隔的逻辑单元）中发现错报百分比为100%的错报，注册会计师计算错报上限时，总体错报的上限 = 风险系数 × 选样间距。如，误受风险为5%，选样间距为4000元，注册会计师在样本中发现1个错报，该项目的账目金额为60元，审定金额为0元，则总体错报的上限为19000元（4.75 × 4000）。

2）错报比例小于100%时的样本评价。

（1）推断总体错报。

为了推断总体错报，注册会计师要确定逻辑单元中错报的比例，并用这个比例乘以选样间距。例如，如果一个账面金额为100元的应收账款账户的审定金额为50元，注册会计师就计算出一个50%（50 ÷ 100 × 100%）的错报比例。除了账面金额大于或等于选样间距的逻辑单元以外，所有的逻辑单元都要计算错报比例。注册会计师用错报比例乘以选样间距，计算出推断错报。将所有推断错报之和加上大于或等于选样间距的逻辑单元中发现的实际错报，注册会计师就计算出推断错报总额了。

例 8-7　　　　　　　　　　　**样本推断总体**

样本中发现了6个错报，分别为75元、50元、250元、50元、1元、1000元。推断错报总额的计算表（表8-14）列示了注册会计师如何计算推断错报总额。

表8-14　推断错报总额的计算

A	B	C	D	E	F推断错报/元（D × E）
账面金额/元	经审计金额/元	错报/元（A - B）	错报比例/%（C ÷ A）	选样间距/元	
100	25	75	75	4000	3000
1000	950	50	5	4000	200
500	250	250	50	4000	2000
50	0	50	100	4000	4000
10	9	1	10	4000	400
10000	9000	1000	不适用*	不适用*	1000
推断错报总额					10600

（2）错报上限。

当发生了错报时，注册会计师计算的抽样风险（即抽样风险允许限度）包括两部分：基本抽样风险允许限度（即错报为零时的抽样风险允许限度）和附加抽样风险允许限度。在计算附加抽样风险允许限度时，注册会计师将错报分为两组：第一组是小于选样间距的逻辑单元中发生的错报，第二组是大于或等于选样间距的逻辑单元中发生的错报。在上例中，前面5个错报属于第一组，最后1个错报属于第二组。

对于大于或等于选样间距的逻辑单元中发生的错报，注册会计师不需要计算抽样风险允许限度，因为这类逻辑单元全部已接受检查。只有进行抽样时才会有抽样风险。

计算抽样风险允许限度的一种方法是，按照错报比例从大到小将推断的错报排序，并针对每一错报计算附加抽样风险允许限度。计算附加抽样风险允许限度时，注册会计师首先用小于选样间距的逻辑单元中发生的每一错报的推断错报乘以风险系数增量，然后减去相关的推断错报。在本例中，注册会计师将估计错报排序。表8–15所示为抽样风险允许限度计算。

表8–15 抽样风险允许限度计算

推断错报/元	风险系数增量	推断错报加上附加抽样风险允许限度/元
4000	1.75	7000
3000	1.55	4650
2000	1.46	2920
400	1.4	560
200	1.36	272
9600		15402

为了计算错报上限，注册会计师要在15402元的基础上加上两个部分：其一是基本抽样风险允许限度，其二是大于或等于选样间距的逻辑单元中发生的错报（如果有的话）。在本例中，基本抽样风险允许限度计算为12000元（3×4000），大于或等于选样间距的逻辑单元中发生的错报为1000元。错报上限则为28402元（15402+12000+1000）。

所以，总体的错报上限=推断错报×风险系数增量+基本精确度

样本结果可以总结如下：

① 样本包含的实际错报为1426元。

② 推断错报总额为10600元。

③ 抽样风险允许限度总数为17802元。

④ 因此，账面余额高估超过28402元（错报上限）的风险是5%，而有95%的把握保证应收账款账面金额的错报不超过28402元。如果错报上限28402元小于注册会计师确定的可容忍错报，应收账款账面金额就可以接受，即认为其不存在重大错报。

3. 金额和性质方面的考虑

通常情况下，如果错报上限小于可容忍错报，则总体可以接受，即样本结果支持在既定的误受风险下，总体错报不超过可容忍错报的结论。如果错报上限大于或等于可容忍错报，则总体不可接受。在这种情况下，注册会计师可以使用下列方法之一：

方法一：扩大细节测试的样本规模，即从总体中选取额外的代表性样本实施检查。根据PPS抽样法的机理，注册会计师可以选取与初始样本数量相等的额外抽样单元。

方法二：实施针对同一审计目标的其他实质性程序。对其他测试的依赖使注册会计师在抽样中能够接受更高的误受风险。

除了评价错报的频率和金额之外，注册会计师还要对错报进行定性分析。

（二）PPS抽样的优缺点

1. PPS抽样的优点

（1）PPS抽样一般比传统变量抽样更易于使用。由于PPS抽样以属性抽样原理为基础，注册会计师可以很方便地计算样本规模，并手工或使用量表评价样本结果。样本的选取可以在计算机程序或计算器的协助下进行。

（2）PPS抽样的样本规模不需考虑所审计金额的预计变异性。而计算传统变量抽样的样本规模是在需估计总体项目共有特征的变异性或标准差的基础上进行的。

（3）PPS抽样中项目被选取的概率与其货币金额大小成比例，因而生成的样本自动分层。如果使用传统变量抽样，注册会计师通常需要对总体进行分层，以减小样本规模。

（4）PPS抽样中如果项目金额超过选样间距，PPS系统选样自动识别所有单个重大项目。

（5）如果注册会计师预计没有错报，PPS抽样的样本规模通常比传统变量抽样方法更小。

（6）PPS抽样的样本更容易设计，且可在能够获得完整的总体之前开始选取样本。

2. PPS抽样的缺点

（1）使用PPS抽样时通常假设抽样单元的审定金额大于账面金额或不小于零。如果会计师预计存在低估或审定金额小于零的情况，在设计PPS抽样方法时就需要特别考虑。

（2）如果注册会计师在PPS抽样的样本中发现低估，在评价样本时需要特别考虑。

（3）对零余额或负余额的项目选取，需要在设计时特别考虑。例如，如果准备对应收账款进行抽样，注册会计师可能需要将贷方余额分离出去，作为一个单独的总体。如果检查零余额的项目对审计目标非常重要，注册会计师需要单独对其进行测试，因为零余额在PPS抽样中不会被选取。

（4）当发现错报时，如果风险水平一定，PPS抽样在评价样本时可能高估抽样风险的影响，从而导致注册会计师更可能拒绝一个可接受的总体账面金额。

（5）在PPS抽样中注册会计师通常需要逐个累计总体金额。但这不需要额外增加大量的审计成本，因为相关的会计数据一般会以电子形式储存。

当预计总体错报金额增加时，PPS抽样所需的样本规模也会增加。在这些情况下，PPS

抽样的样本规模可能大于传统变量抽样的相应规模。

思考题

1. 审计抽样方法适用于哪些审计程序？不适用于哪些审计程序？
2. 讨论随机选样、系统选样和随意选样的优缺点以及各自的适用范围。
3. 怎样理解抽样风险和非抽样风险？
4. 哪些因素能够影响样本规模？
5. 如何理解可信赖程度与抽样风险？二者的关系如何？

第九章

销售与收款循环审计

从本章起至第十二章,我们将以执行企业会计准则的企业的财务报表审计为例,介绍主要业务循环审计的具体内容,以及对这些业务循环中重要的财务报表项目如何进行审计测试。财务报表审计的组织方式大致有两种:一是对财务报表的每个账户余额单独进行审计,此法称为账户法(Account Approach);二是将财务报表分成几个循环进行审计,即把紧密相联的交易种类和账户余额归入同一循环中,按业务循环组织实施审计,此法称为循环法。一般而言,账户法与多数被审计单位账户设置体系及财务报表格式相吻合,具有操作方便的优点,但它将紧密联系的相关账户(如存货和营业成本)人为地予以分割,容易造成整个审计工作的脱节和重复,不利于审计效率的提高;而循环法则更符合被审计单位的业务流程和内部控制设计的实际情况,不仅可加深审计人员对被审计单位经济业务的理解,而且由于将特定业务循环所涉及的财务报表项目分配给一个或数个审计人员,增强了审计人员分工的合理性,有助于提高审计工作的效率与效果。

控制测试是在了解被审计单位内部控制、实施风险评估程序基础上进行的,与被审计单位的业务流程关系密切,因此,对控制测试通常应采用循环法实施。一般而言,在财务报表审计中可将被审计单位的所有交易和账户余额划分为4个、5个、6个甚至更多个业务循环。由于各被审计单位的业务性质和规模不同,其业务循环的划分也应有所不同。即使是同一被审计单位,不同注册会计师也可能有不同的循环划分方法。在本教材中,我们将交易和账户余额划分为销售与收款循环、采购与付款循环、生产与存货循环、人力资源与工薪循环、投资与筹资循环。由于货币资金与上述多个业务循环均密切相关,并且货币资金的业务和内部控制着不同于其他业务循环和其他财务报表项目的鲜明特征,因此,将货币资金审计单独安排。

对交易和账户余额的实质性程序,既可采用账户法实施,也可采用循环法实施。但由于控制测试通常按循环法实施,为有利于实质性程序与控制测试的衔接,提倡采用循环法。按照各财务报表项目与业务循环的相关程度,基本可以建立起各业务循环与其所涉及的主要财务报表项目(特殊行业的财务报表项目不涉及)之间的对应关系,如表 9-1 所示。

在财务报表审计中将被审计单位的所有交易和账户余额划分为多个业务循环，并不意味着各业务循环之间互不关联。事实上，各业务循环之间存在一定联系，如投资与筹资循环同采购与付款循环紧密联系，生产与存货循环则同其他所有业务循环均紧密联系。各业务循环之间的流转关系如表 9-1 所示。

表 9-1 业务循环与主要财务报表项目对照表

业务循环	资产负债表项目	利润表项目
销售与收款循环	应收票据、应收账款、长期应收款、预收账款、应交税费	营业收入、营业税金及附加、销售费用
采购与付款循环	预付账款、固定资产、在建工程、工程物资、固定资产清理、无形资产、研发支出、商誉、长期待摊费用、应付票据、应付账款、长期应收款	管理费用
生产与存货循环	存货（包括材料采购或在途物资、原材料、材料成本差异、库存商品、发出商品、商品进销差价、委托加工物资、委托代销商品、周转材料、受托代销商品、生产成本、制造费用、存货跌价准备、被套期项目等）	营业成本
人力资源与工薪循环	应付职工薪酬	营业成本、销售费用、管理费用
投资与筹资循环	交易性金融资产、应收利息、应收股利、其他应收款、可供出售金融资产、持有至到期投资、长期股权投资、投资性房地产、其他非流动资产、递延所得税资产、其他流动资产、短期投资、交易性金融负债、应付利息、应付股利、其他应付款、其他流动负债、其他非流动负债、长期借款、应付债券、专项应付款、预计负债、递延所得税负债、实收资本（或股本）、资本公积、盈余公积、未分配利润	财务费用、资产减值损失、公允价值变动损益、投资收益、营业外收入、营业外支出、所得税费用

第一节　销售与收款循环的特点

销售与收款循环的特点主要包括两个部分的内容：一是本业务循环所涉及的主要凭证和会计记录；二是本循环中的主要账户。

一、销售与收款循环涉及的主要凭证与会计记录

在内部控制比较健全的企业，处理销售与收款业务通常需要使用很多凭证与会计记录。

典型的销售与收款循环所涉及的主要凭证与会计记录有以下几种：

（一）客户订购单

客户订购单即客户提出的书面购货要求。企业可以通过销售人员或其他途径，如采用电话、信函和向现有的及潜在的客户发送订购单等方式接受订货，取得客户订购单。

（二）销售单

销售单是列示客户所订商品的名称、规格、数量以及其他与客户订购单有关信息的凭证，作为销售方内部处理客户订购单的凭据。

（三）发运凭证

发运凭证即在发运货物时编制的，用以反映发出商品的规格、数量和其他有关内容的凭据，发运凭证的一联留给客户，其余联（一联或数联）由企业保留。该凭证可用做向客户开具账单的依据。

（四）销售发票

销售发票是一种用来表明已销售商品的名称、规格、数量、价格、销售金额、运费和保险费、开票日期、付款条件等内容的凭证。以增值税发票为例，销售发票的两联（抵扣联和发票联）寄送给客户，一联由企业保留。销售发票也是在会计账簿中登记销售交易的基本凭据之一。

（五）商品价目表

商品价目表是列示已经授权批准的、可供销售的各种商品的价格清单。

（六）贷项通知单

贷项通知单是一种用来表示由于销售退回或经批准的折让而引起的应收销货款减少的凭证。这种凭证的格式通常与销售发票的格式相同，只不过它不是用来证明应收账款的增加，而是用来证明应收账款的减少。

（七）应收账款账龄分析表

通常，应收账款账龄分析表按月编制，反映月末尚未收回的应收账款总额的账龄，并详细反映每个客户月末尚未偿还的应收账款数额和账龄。

（八）应收账款明细账

应收账款明细账是用来记录每个客户各项赊销、还款、销售退回及折让的明细账。各应收账款明细账的余额合计数应与应收账款总账的余额相等。

（九）主营业务收入明细账

主营业务收入明细账是一种用来记录销售交易的明细账。它通常记载和反映不同类别商品或服务的营业收入的明细发生情况和总额。

（十）折扣与折让明细账

折扣与折让明细账是一种用来核算企业销售商品时，按销售合同规定为了及早收回货款而给予客户的销售折扣和因商品品种、质量等原因而给予客户的销售折让情况的明细账。当然，企业也可以不设置折扣与折让明细账，而将该类业务直接记录于主营业务收入明细账。

(十一) 汇款通知书

汇款通知书是一种与销售发票一起寄给客户，由客户在付款时再寄回销售单位的凭证。这种凭证注明了客户的姓名、销售发票号码、销售单位开户银行账号以及金额等内容。

(十二) 库存现金日记账和银行存款日记账

库存现金日记账和银行存款日记账是用来记录应收账款的收回或现销收入以及其他各种现金、银行存款收入和支出的日记账。

(十三) 坏账审批表

坏账审批表是一种用来批准将某些应收款项注销为坏账，仅在企业内部使用的凭证。

(十四) 客户月末对账单

客户月末对账单是一种按月定期寄送给客户的用于购销双方定期核对账目的凭证。客户月末对账单上应注明应收账款的月初余额、本月各项销售交易的金额、本月已收到的货款、各贷项通知单的数额以及月末余额等内容。

(十五) 转账凭证

转账凭证是指记录转账业务的记账凭证。它是根据有关转账业务（即不涉及现金、银行存款收付的各项业务）的原始凭证编制的。

(十六) 收款凭证

收款凭证是指用来记录现金和银行存款收入业务的记账凭证。

二、销售收款循环涉及的账户

表9-2所示为销售收款循环中的各类交易、涉及账户、业务活动、主要凭证和记录对照。

表9-2 销售收款循环中的各类交易、涉及账户、业务活动、主要凭证和记录对照

交易种类	账户	业务活动	主要凭证与记录
销售	主营业务收入 其他业务收入	接受客户订购单	客户订购单
	应收账款	批准赊销	销售单
		按销售单供货	顾客订购单、销售单
		按销售单装运货物	发运凭证
		向顾客开具账单	销售发票
		记录销售	记账凭证、应收账款明细账、主营业务收入明细账
	预收账款		应收账款对账单

续表

交易种类	账户	业务活动	主要凭证与记录
货币资金收入	银行存款	办理和记录现金、银行存款收入	汇款通知单
	库存现金		货币资金收入清单、收据
	应收账款		库存现金日记账或清单
销售退回	主营业收入	办理和记录销售退回	销售发票、应收账款明细账、主营业务收入明细账、贷项通知单
	应收账款		
注销坏账	应收账款	注销坏账	坏账审批表
	坏账准备		总账

三、销售与收款循环涉及的主要业务活动

了解企业在销售与收款循环中的典型活动，对该业务循环的审计非常必要。下面我们简单地介绍一下销售与收款循环所涉及的账户。

（一）接受客户订购单

客户提出订货要求是整个销售与收款循环的起点，是购买某种货物或接受某种劳务的一项申请。客户订购单只有在符合企业管理层的授权标准时才能被接受。例如，管理层一般设有已批准销售的客户名单。销售单管理部门在决定是否同意接受某客户的订购单时，应追查该客户是否被列入这张名单。如果该客户未被列入，则通常需要由销售单管理部门的主管来决定是否同意销售。

很多企业在批准了客户订购单之后，下一步就应编制一式多联的销售单。销售单是证明售交易的"发生"认定的凭据之一，也是此笔销售交易轨迹的起点之一。此外，由于客户订购单是来自外部的引发销售交易的文件之一，有时也能为有关销售交易的"发生"认定提供补充证据。

（二）批准赊销信用

对于赊销业务的批准是由信用管理部门根据管理层的赊销政策在每个客户的已授权的信用额度内进行的。信用管理部门的职员在收到销售单管理部门的销售单后，应将销售单与该客户已被授权的赊销信用额度以及至今尚欠的账款余额加以比较。执行人工赊销信用检查时，还应合理划分工作职责，以避免销售人员为扩大销售而使企业承受不适当的信用风险。

企业的信用管理部门通常应对每个新客户进行信用调查，包括获取信用评审机构对客户信用等级的评定报告。无论是否批准赊销，都要求被授权的信用管理部门人员在销售单上签意见，然后再将已签署意见的销售单送回销售单管理部门。

设计信用批准控制的目的是降低坏账风险，因此，这些控制与应收账款账面余额的"计价和分摊"认定有关。

（三）按销售单供货

企业管理层通常要求商品仓库只有在收到经过批准的销售单时才能供货。设立这项控制

程序的目的是防止仓库在未经授权的情况下擅自发货。因此,已批准销售单的一联通常应送达仓库,作为仓库按销售单供货和发货给装运部门的授权依据。

（四）按销售单装运货物

将按经批准的销售单供货与按销售单装运货物职责相分离,有助于避免负责装运货物的职员在未经授权的情况下装运产品。此外,装运部门职员在装运之前,还必须进行独立验证,确定从仓库提取的商品都附有经批准的销售单,并且,所提取商品的内容与销售单一致。

（五）向客户开具账单

开具账单是指开具并向客户寄送事先连续编号的销售发票。这项功能所针对的主要问题有：

（1）是否对所有装运的货物都开具了账单？（即"完整性"认定问题）

（2）是否只对实际装运货物才开具账单？有无重复开具账单或虚构交易？（即"发生"认定问题）

（3）是否按已授权批准的商品价目表所列价格计价开具账单？（即"准确性"认定问题）

为了降低开具账单过程中出现遗漏、重复、错误计价或其他差错的风险,应设立以下控控制程序：

（1）开具账单部门职员在开具每张销售发票之前,独立检查是否存在装运凭证和相应的批准销售单；

（2）依据已授权批准的商品价目表开具销售发票；

（3）独立检查销售发票计价和计算的正确性；

（4）将装运凭证上的商品总数与相对应的销售发票上的商品总数进行比较。

上述控制程序有助于保证用于记录销售交易的销售发票的正确性。因此,这些控制与销售交易的"发生""完整性"以及"准确性"认定有关。销售发票副联通常由开具账单部门保管。

（六）记录销售

在手工会计系统中,记录销售的过程包括区分赊销、现销,按销售发票编制转账凭证或现金、银行存款收款凭证,再据此登记销售明细账和应收账款明细账或库存现金、银行存款日记账。

记录销售的控制程序包括以下内容：

（1）只依据附有有效装运凭证和销售单的销售发票记录销售。这些装运凭证和销售单应能证明销售交易的发生及其发生的日期。

（2）控制所有事先连续编号的销售发票。

（3）独立检查已处理销售发票上的销售金额与会计记录金额的一致性。

（4）记录销售的职责应与处理销售交易的其他功能相分离。

（5）对记录过程中所涉及的有关记录的接触予以限制,以减少未经授权批准的记录发生。

（6）定期独立检查应收账款的明细账与总账的一致性。

（7）定期向客户寄送对账单,并要求客户将任何例外情况直接向指定的未执行或记录销售交易的会计主管报告。

以上这些控制与"发生""完整性""准确性"以及"计价和分摊"认定有关。对这项职能，注册会计师主要关心的问题是销售发票是否记录正确，并归属适当的会计期间。

（七）办理和记录现金、银行存款收入

这项功能涉及的是有关货款收回，现金、银行存款增加以及应收账款减少的活动。在办理和记录现金、银行存款收入时，最应关心的是货币资金失窃的可能性。货币资金失窃可能发生在货币资金收入登记入账之前或登记入账之后。处理货币资金收入时最重要的是要保证全部货币资金都必须如数、及时地记入库存现金、银行存款日记账或应收账款明细账，并如数、及时地将现金存入银行。在这方面，汇款通知书起着很重要的作用。

（八）办理和记录销售退回、销售折扣与折让

客户如果对商品不满意，销售企业一般都会同意接受退货，或给予一定的销售折让；客户如果提前支付货款，销售企业则可能会给予一定的销售折扣。发生此类事项时，必须经授权批准，并应确保与办理此事有关的部门和职员各司其职，分别控制物流和会计处理。在这方面，严格使用贷项通知单无疑会起到关键的作用。

（九）注销坏账

不管赊销部门的工作如何主动，客户因经营不善、宣告破产、死亡等原因而不支付货款的事仍可能发生。销售企业若认为某项货款再也无法收回，就必须注销这笔货款。对这些坏账，正确的处理方法应该是获取货款无法收回的确凿证据，经适当审批后及时做会计调整。

（十）提取坏账准备

坏账准备提取的数额必须能够抵补企业以后无法收回的销货款。

第二节　销售与收款循环的内部控制及内部控制测试

一、销售与收款循环的内部控制

（一）内部控制目标、内部控制与审计测试的关系

表9-3列示了销售交易的内部控制目标、关键内部控制和审计测试的关系。

表9-3　销售交易相关内部测试

内部控制目标	关键内部控制	审计测试	常用的交易实质性程序
登记入账的销售交易确已发货给真实的客户（发生）	销售交易是以经过审核的发运凭证及经过批准的客户订购单为依据登记入账的； 发货前，赊购已经被授权批准； 销售发票均经事先编号，并已恰当地登记入账； 每月向客户寄送对账单，对客户提出的意见做专门追查	检查销售发票副联是否附有发运凭证（或提货单）及客户订购单； 检查客户的赊购是否经授权批准； 检查销售发票连续编号的完整性； 观察是否寄发对账单，并检查客户回函档案	发生问题，要从账上开始查； 追查主营业务收入明细账中的分录至销售单、销售发票副联及发运凭证； 将发运凭证与存货永续记录中的发运分录进行核对； 将主营业务收入明细账中的分录与销售单中的赊销审批和发运审批进行核对

续表

内部控制目标	关键内部控制	审计测试	常用的交易实质性程序
所有销售交易均已登记入账（完整性）	发运凭证（或提货单）均经事先编号并已经登记入账；销售发票均经事先编号，并已登记入账	检查发运凭证连续编号的完整性；检查销售发票连续编号的完整性	从发运凭证开始查起；将发运凭证与相关的销售发票、主营实业务收入明细账及应收账款明细账中的分录进行核对
登记入账的销售数量确是已发货的数量，已正确开具账单并登记入账（计价和分摊）	销售价格、付款条件、运费和销售折扣的确定已经授权批准；由独立人员对销售发票的编制做内部核查	检查销售发票是否经适当的授权批准；检查有关凭证上的内部核查标记	已确认了发生与完整性，与追查方向无关；复算销售发票上的数据；追查主营业务收入明细账中的分录至销售发票；追查销售发票上的详细信息至发运凭证、经批准的商品价目表和客户订购单
销售交易的分类恰当（分类）	采用适当的会计科目表；内部复核和核查	检查会计科目表是否适当；检查有关凭证上内部复核和核查的标记	检查证明销售交易分类正确的原始凭证
销售交易的记录及时（截止）	采用尽量能在销售发生时开具收款账单和登记入账的控制方法；每月末由独立人员对销售部门的销售记录、发运部门的发运记录和财务部门的销售交易入账情况做内部核查	检查尚未开具收款账单的发货和尚未登记入账的销售交易；检查有关凭证上内部核查的标记	比较核对销售交易登记入账的日期与发运凭证的日期
销售交易已经正确地记入明细账，并经正确汇总（准确性、计价和分摊）	每月定期给客户寄送对账单；由独立人员对应收账款明细账做内部核查；将应收账款明细账余额合计数与其总账余额进行比较	观察对账单是否已经寄出；检查内部核查标记；将应收账款明细账余额合计数与其总账余额进行比较	将主营业务收入明细账加总，追查其至总账的过账

（二）销售与收款循环的内部控制

1. 适当的职责分离

适当的职责分离有助于防止各种有意或无意的错误。例如，主营业务收入账如果是由记录应收账款之外的职员独立登记,并由另一位不负责账簿记录的职员定期调节总账和明细账,就构成了一项交互牵制;规定负责主营业务收入和应收账款记账的职员不得经手货币资金,也是防止舞弊的一项重要控制。另外,销售人员通常有一种追求更大销售数量的自然倾向,而不管它是否将以巨额坏账损失为代价,赊销的审批则在一定程度上可以抑制这种倾向。因此,赊销批准职能与销售职能的分离,也是一种理想的控制。

为确保办理销售与收款业务的不相容岗位相互分离、制约和监督,一个企业销售与收款业务相关职责适当分离的现象有:

(1) 企业应当分别设立办理销售、发货、收款三项业务的部门(或岗位)。

(2) 企业在销售合同订立前,应当指定专门人员就销售价格、信用政策、发货及收款方式等具体事项与客户进行谈判,谈判人员至少应有两人,并与订立合同的人员相分离。

(3) 编制销售发票通知单的人员与开具销售发票的人员应相互分离。

(4) 销售人员应当避免接触销货现款。

(5) 企业应收票据的取得和贴现必须经由保管票据以外的主管人员的书面批准。

2. 恰当的授权审批

对于授权审批问题,注册会计师应当关注以下五个关键点上的审批程序:

(1) 赊销信用审批。在销售发生之前,赊销已经正确审批。

(2) 发货审批。非经正当审批,不得发出货物。

(3) 销售政策审批。销售价格、销售条件、运费、折扣等必须经过审批;坏账发生必须经有关人员审批。

(4) 限定审批授权范围。审批人应当根据销售与收款授权批准制度的规定,在授权范围内进行审批,不得超越审批权限。对于超过企业既定销售政策和信用政策规定范围的特殊销售交易,需要经过适当的授权。

前两项控制的目的在于防止企业因向虚构的或者无支付货款的客户发货而蒙受损失;价格审批控制的目的在于保证销售交易按照企业定价政策规定的价格开票收款;对授权审批范围设定权限的目的则在于防止因审批人决策失误而造成严重损失。

3. 充分的凭证和记录

只有具备充分的记录手续,才有可能实现各项控制目标。例如,企业在收到客户订购单后,就立即编制一份预先编号的一式多联的销售单,分别用于批准赊销、审批发货、记录发货数量以及向客户开具账单和销售发票等。在这种制度下,定期清点销售单和销售发票漏开账单的情形几乎就不会发生。相反的情况是,有的企业只在发货以后才开具账单,如果没有其他控制措施,这种制度下漏开账单的情况就很可能会发生。

4. 凭证的预先编号

对凭证预先进行编号,旨在防止销售以后遗漏向客户开具账单或登记入账,也可防止重复开具账单或重复记账。当然,如果对凭证的编号不做清点,预先编号就会失去其控制意义。由收款员对每笔销售开具账单后,将发运凭证按顺序归档,而由另一位职员定期检查全部凭证的编号,并调查凭证缺号的原因,就是实施这项控制的一种方法。

5. 按月寄出对账单

由不负责现金出纳和销售及应收账款记账的人员按月向客户寄发对账单,能促使客户在发现应付账款余额不正确后及时反馈有关信息。为了使这项控制更加有效，最好将账户余额中出现的所有核对不符的账项，指定一位既不掌管货币资金也不记录主营业务收入和应收账款账目的主管人员处理，然后由独立人员按月编制对账情况汇总报告并交管理层审阅。

6. 内部核查程序

由内部审计人员或其他独立人员核查销售交易的处理和记录，是实现内部控制目标所不可缺少的一项控制措施。

销售与收款内部控制检查的主要内容包括：

（1）销售与收款交易相关岗位及人员的设置情况。重点检查是否存在销售与收款交易不相容职务混岗的现象。

（2）销售与收款交易授权批准制度的执行情况。重点检查授权批准手续是否健全，是否存在越权审批行为。

（3）销售的管理情况。重点检查信用政策、销售政策的执行是否符合规定。

（4）收款的管理情况。重点检查销售收入是否及时入账，应收账款的催收是否有效，坏账核销和应收票据的管理是否符合规定。

（5）销售退回的管理情况。重点检查销售退回手续是否齐全，退回货物是否及时入库。

在确定被审计单位的内部控制中可能存在的薄弱环节，并且对其控制风险做出评价后，注册会计师应当判断继续实施控制测试的成本是否会低于因此而减少对交易、账户余额实施实质性程序所需的成本。如果被审计单位的相关内部控制不存在，则注册会计师不应再继续实施控制测试，而应直接实施实质性程序。

这说明，作为进一步审计程序的类型之一，控制测试并非在任何情况下都需要实施。但当存在下列情形之一时，注册会计师应当实施控制测试：①在评估认定层次重大错报风险时，预期控制的运行是有效的；②仅实施实质性程序不足以提供认定层次充分、适当的审计证据。

二、销售与收款循环的控制测试

控制测试是为了确定内部控制设计和执行是否有效而实施的审计程序。控制测试对于销售与收款具有非常重要的意义，因为这里主要是一些常规交易，交易的数量和规模都很大，单凭一些抽样、发函等实质性程序，不足以发现可能的错误。

在对销售与收款循环内部控制了解的基础上，审计人员只对那些准备信赖的内部控制执行测试，并且只有当信赖内部控制而减少实质性程序的工作量大于控制测试的工作量时，控制测试才是必要和经济的。销售与收款循环控制主要包括以下几个部分：

（1）抽取一定数量的销售发票，做如下检查：

① 检查销售发票本上所有的发票存根联是否连续编号，开票人员是否按照顺序开具发票，作废的发票是否加盖"作废"戳记并与存根联一并保存。

② 检查销售发票上的单价是否按批准的价目表执行，并将销售发票与相关的销售通知单、销售订单、出库单（提货单）所载明的品名、规格、数量、价格进行核对。销售通知单上应有负责信用核准人员的签字。

③ 检查销售发票中所列的数量、单价和金额是否正确。

④ 从销售发票追查至有关的记账凭证、应收账款明细账及主营业务收入明细账，确定被审计单位是否及时、正确地登记有关凭证、账簿。

（2）抽取一定数量的出库单或提货单，与相关的发票相核对，检查已发出的商品是否均已向顾客开出发票。

（3）抽取一定数量的销售调整业务的会计凭证，检查销售退回、销售折扣与折让的核准与会计核算。主要包括：

① 确定销售退回与折让的批准与贷项通知单的签发职责是否分离。
② 确定现金折扣是否经过适当授权，授权人与收款人的职责是否分离。
③ 检查销售退回和折让是否附有按顺序编号并经主管人员核准的贷项通知单。
④ 检查退回的商品是否具有仓库签发的退货验收报告（或入库单），并将验收报告的数量、金额与贷项通知单等进行核对。
⑤ 确定销售退回、销售折扣与折让的会计记录是否正确。

（4）抽取一定数量的记账凭证、应收账款明细账，做如下检查：

① 从应收账款明细账中抽取一定的记录，并与相应的记账凭证进行核对，比较两者记账的时间、金额是否一致。
② 从应收账款明细账中抽查一定数量的坏账注销业务，并与相应的记账凭证、原始凭证进行核对，确定坏账的注销是否合乎有关法规的规定、企业主管人员是否核准等。
③ 检查被审计单位是否定期与顾客对账，在可能的情况下，将被审计单位一定期间的对账单与相应的应收账款明细账的余额进行核对，如有差异，则应进行追查。

（5）检查主营业务收入明细账。

从主营业务收入明细账中抽取一定数量的会计记录，并与有关的记账凭证、销售发票相核对，以确定是否存在收入高估或低估的情况。

（6）实地观察。

① 观察被审计单位是否寄发对账单，并检查客户回函档案。
② 观察职工获得或接触有关资产、凭证和记录（包括存货、销售单、出库单、销售发票、账簿、现金及支票）的途径。
③ 观察职工在执行授权发货、开票、记账等职责时的表现，确定被审计单位是否存在必要的职责分离，内部控制在执行过程中是否存在弊端。

（7）内部控制评价。

在对销售与收款循环内部控制进行测试的基础上，审计人员应对该循环内部控制的健全情况、执行情况和控制风险做出评价，以确定其可信赖程度及存在的薄弱环节，并确定实质性程序的性质、时间和范围。对控制薄弱的环节，重点关照，以降低检查风险，将审计风险控制在可接受的低水平。对控制过程中发现的问题还应当在工作底稿中做出记录，并以适当的形式告知被审计单位的管理层。

例9-1　销售与收款的内部控制分析

甲公司主要经营中小型食品类产品的生产和销售，产品销售以甲公司仓库为交货地点，目前主要采用手工会计系统。通过对甲公司内部控制的了解，记录了所了解的内部控制程序，部分内容摘录如下：

（1）由销售部门信用人员对客户进行信用评价，充分了解客户的信誉、财务状况等，据此确定客户信用额度、信用期限、折扣期限与现金折扣比率。

（2）企业制定较为详细的折扣、折让等促销政策和规定，经销售经理批准，由销售人员严格执行。

（3）根据销售合同，销售部门编制预先连续编号的一式三联赊销销售单。被授权人员批准后，所有销售单的第一联直接送到仓库作为按销售单供货和发货给装运部门的授权依据，第二联交开具账单部门，第三联由销售部留存。装运部门将从仓库提取的商品与销售单核对无误后装运，并编制一式四联预先连续编号的发运单，其中三联及时分送开具账单部门、仓库和顾客，一联留存装运部门。

（4）需经销售经理审批方可销售退回，销售退回的货物经仓库部门清点后入库并填制退货接收报告，财务部门根据退货接收报告和退货方出具的退货凭证审核并办理相应的退款事项。

要求：请指出甲公司关于销售与收款循环的内部控制存在的缺陷，并指出改进意见。

分析过程：

（1）存在内部控制缺陷，应该由信用部门信用人员对顾客进行信用管理。

（2）存在内部控制缺陷，企业制定较为详细的折扣、折让等促销政策和规定，经董事会批准，由销售部门严格执行。

（3）存在内部控制缺陷，对于赊销则应当由信用审批部门根据管理当局的赊销政策进行确定，以及对每个顾客已经授权的信用额度进行调查。

（4）存在内部控制缺陷，销售退回的货物经质检部门检验和仓库部门清点后入库，并填制检验证明和退货接收报告，财务部门根据检验证明和退货接收报告、退货方出具的退货凭证审核并办理相应的退款事项。

第三节 销售与收款循环的实质性程序

一、销售与收款交易的实质性分析程序

通常，注册会计师在对交易和余额实施细节测试前实施实质性分析程序，符合成本效益原则。具体到销售与收款交易和相关余额，其应用包括：

（一）识别需要运用实质性分析程序的账户余额或交易

就销售与收款交易和相关余额而言，通常需要运用实质性分析程序的是销售交易、收款交易、营业收入项目和应收账款项目。

（二）确定期望值

基于注册会计师对被审计单位的相关预算情况、行业发展状况、市场份额、可比的行业信息、经济形势和发展历程的了解，确定期望值。

（三）确定可接受的差异额

在确定可接受的差异额时，注册会计师首先应考虑所涉及的重要性和计划的保证水平的影响。此外，根据拟进行实质性分析的具体指标的不同，可接受的差异额的确定有时与管理层使用的关键业绩指标相关，并需考虑这些指标的适当性和监督过程。

（四）识别需要进一步调查的差异并调查异常数据关系

注册会计师应当计算实际和期望值之间的差异，这涉及一些比率和比较，包括：

（1）分析月度（或每周）的销售记录趋势，与往年同行业公司的销售情况相比。任何异常波动都必须与管理层讨论，如果有必要的话还应做进一步的调查。

（2）将销售毛利率与同行业公司的销售毛利率相比。如果被审计单位各种产品的销售价格是不同的，那么就应当对每个产品或者相近毛利率的产品组进行分类比较。任何重大的差异都需要与管理层沟通。

（3）计算应收账款周转率和存货周转率，并与同行业公司的相关指标相比。未预期的差异可能由很多因素引起，包括未记录销售、虚构销售记录或截止问题。

（4）检查异常项目的销售，例如对大额销售应予以调查。对临近年末的异常销售记录更应加以特别关注。

（五）调查重大差异并做出判断

注册会计师在分析上述与预期相联系的指标后，如果认为存在未预期的重大差异，就可能需要对营业收入发生额和应收账款余额实施更加详细的细节测试。

（六）评价分析程序的结果

注册会计师应当就收集的审计证据是否能支持其试图证实的审计目标和认定形成结论。

二、销售交易的细节测试

有些交易细节测试程序与环境条件关系不大，适用于各审计项目，有些则不然，要取决于被审计单位内部控制的健全程度和注册会计师实施控制测试的结果。接下来，我们按照表9-3所列的顺序详细介绍销售交易常用的细节测试程序，有些程序在审计中常常被疏忽，而事实上它们恰恰需要注册会计师给予重视并根据它们做出审计决策。事先需要指出的是：这些细节测试程序并未包含销售交易全部的细节测试程序。

（一）登记入账的销售交易是真实的

对这一目标，注册会计师一般关心三类错误的可能性：一是未曾发货却已将销售交易登记入账；二是销售交易的重复入账；三是向虚构的客户发货，并作为销售交易登记入账。前两类错误可能是有意的，也可能是无意的，而第三类错误肯定是有意的。不难想象，将不真实的销售登记入账的情况虽然极少，但其后果却很严重，这会导致高估资产和收入。

鉴别高估销售究竟是有意还是无意的，这一点非常关键。尽管无意的高估也会导致应收账款明显增多，但注册会计师通常可以通过函证发觉。对于有意的高估就不同了，由于作假者试图加以隐瞒，注册会计师较难发现。在这种情况下，注册会计师就有必要制定并实施适当的细节测试以发现这种有意的高估。表9-4所示为三类销售错误或舞弊情形。

表 9-4 三类销售错误或舞弊情形

销售错误情形	是否故意	风险因素	无意时的发现手段
1. 未发货却将销售交易登记入账	不一定	较大	函证
2. 销售交易重复入账	不一定	较大	函证
3. 向虚构的顾客发货,并作为销售交易登记入账	故意	试图隐瞒,风险很大	

如何以适当的细节测试来发现不真实的销售,取决于注册会计师认为可能在何处发生错报,测试的性质取决于潜在的控制弱点的性质:

(1) 针对未曾发货却已将销售收入登记入账这类错误的可能性,注册会计师可以从主营业务收入明细账中抽取若干笔分录,追查有无发运凭证及其他佐证,借以查明有无事实上没有发货却已登记入账的销售交易。如果注册会计师对发运凭证等的真实性也有怀疑,就可能有必要再进一步追查存货的永续盘存记录,测试存货余额有无减少,以及考虑是否检查更多涉及外部单位的单据,例如外部运输单位出具的运输单据、客户签发的订货单据和到货签收记录等。

(2) 针对销售交易重复入账这类错误的可能性,注册会计师可以通过检查企业的销售交易记录清单以确定是否存在重号、缺号。

(3) 针对向虚构的客户发货并作为销售交易登记入账这类错误发生的可能性,注册会计师应当检查主营业务收入明细账中与销售分录相应的销货单,以确定销售是否履行赊销审批手续和发货审批手续。如果注册会计师认为被审计单位虚构客户和销售交易的风险较大,需要考量是否对相关重要交易和客户的情况(例如相关客户的经营场所、财务状况和股东情况等)专门展开进一步的独立调查。

检查上述三类高估销售错误的可能性的另一有效办法是追查应收账款明细账中贷方发生额的记录。如果应收账款最终得以收回或者由于合理原因收到货款,则记录入账的销售交易一开始通常是真实的;如果贷方发生额是注销坏账,或者直到审计时所欠货款仍未收回而又没有合理的原因,就需要考虑详细追查相应的发运凭证和客户订购单等,因为这些迹象都说明可能存在虚构的销售交易。

当然,通常只有在注册会计师认为由于缺乏足够的内部控制而可能出现舞弊时,才有必要实施上述细节测试。

(二) 已发生的销售交易均已登记入账

从发货部门的档案中选取部分发运凭证,并追查至有关的销售发票副本和主营业务收入明细账,是测试未入账的发货的一种有效程序。为使这一程序成为一项有意义的测试,注册会计师必须能够确信全部发运凭证均已归档,这一点一般可以通过检查发运凭证的顺序编号来查明。

由原始凭证追查至明细账与从明细账追查至原始凭证是有区别的:前者用来测试遗漏的交易("完整性"目标),后者用来测试不真实的交易("发生"目标)。

测试发生目标时,起点是明细账,即从主营业务收入明细账中抽取一个销售交易明细记录,追查至销售发票存根、发运凭证以及客户订购单;测试完整性目标时,起点应是发运凭证，即从发运凭证中选取样本，追查至销售发票存根和主营业务收入明细账，以确定是否存在遗漏事项。

设计发生目标和完整性目标的细节测试程序时，确定追查凭证的起点即测试的方向很重要。例如，注册会计师如果关心的是发生目标，但弄错了追查的方向（即由发运凭证追查至明细账），就属于严重的审计缺陷。这一点在后面营业收入的实质性程序中还将进一步介绍。

在测试其他目标时，方向一般无关紧要。例如，测试交易业务计价的准确性时，可以由销售发票追查至发运凭证，也可以反向追查。

（三）登记入账的销售交易均经正确计价

销售交易计价的准确性包括：按发货数量和价格准确地开具账单，以及将账单上的数额准确地记入会计账簿。对这三个方面，每次审计中一般都要实施细节测试，以确保其准确无误。

典型的细节测试程序包括复算会计记录中的数据。通常的做法是，以主营业务收入明细账中的会计分录为起点，将所选择的交易业务的合计数与应收账款明细账和销售发票存根进行比较核对。销售发票存根上所列的单价，通常还要与经过批准的商品价目表进行比较核对，对其金额小计和合计数也要进行复算。发票中列出的商品的规格、数量和客户代码等，则应与发运凭证进行比较核对。另外，往往还要审核客户订购单和销售单中的同类数据。

内部控制如果有效，细节测试的样本量便可以减少，审计成本也因控制测试的成本较低而将大为降低。

（四）登记入账的销售交易分类恰当

如果销售分为现销和赊销两种，应注意不要在现销时借记应收账款，也不要在收回应收账款时贷记主营业务收入，同样不要将营业资产的转让（例如固定资产转让）混作正常销售。对那些采用不止一种销售分类的企业，例如需要编制分部报告的企业来说，正确的分类是极为重要的。

销售分类恰当的测试一般可与计价准确性测试一并进行。注册会计师可以通过审核原始凭证确定具体交易业务的类别是否恰当，并以此与账簿的实际记录做比较。

（五）销售交易的记录及时

发货后应尽快开具账单并登记入账，以防止无意漏记销售交易，确保它们被记入正确的会计期间。在实施计价准确性细节测试的同时，一般要将所选取的提货单或其他发运凭证的日期与相应的销售发票存根、主营业务收入明细账和应收账款明细账上的日期做比较。如有重大差异，被审计单位就可能存在销售截止期限上的错误。

（六）销售交易已正确地记入明细账并正确地汇总

应收账款明细账的记录若不正确，将影响被审计单位收回应收账款，因此，将全部赊销业务正确地记入应收账款明细账极为重要。同理，为保证财务报表准确，主营业务收入明细账必须正确地加总并过入总账。在多数审计中，通常都要加总主营业务收入明细账，并将加总数和一些具体内容分别追查至主营业务收入总账和应收账款明细账或库存现金、银行存款日记账，以检查在销售过程中是否存在有意或无意的错报问题。不过这一测试的样本量要受内部控制的影响。从主营业务收入明细账追查至应收账款明细账，一般与为实现其他审计目标标所实施的测试一并进行；而将主营业务收入明细账加总，并追查、核对加总数至其总账则应作为一项单独的测试程序来执行。

第四节 营业收入的审计

一、营业收入的审计目标

营业收入项目核算企业在销售商品、提供劳务等主营业务活动中所产生的收入，以及企业确认的除主营业务活动以外的其他经营活动实现的收入，包括出租固定资产，出租无形资产，出租包装物、商品、销售材料等实现的收入。

其审计目标一般包括：

(1) 确定利润表中记录的营业收入是否已发生，且与被审计单位有关。

(2) 确定所有应当记录的营业收入是否均已记录。

(3) 确定与营业收入有关的金额及其他数据是否已恰当记录，包括对销售退回、销售折扣与折让的处理是否适当。

(4) 确定营业收入是否已记录于正确的会计期间。

(5) 确定营业收入是否已按照企业会计准则的规定在财务报表中做出恰当的列报。

营业收入包括主营业务收入和其他业务收入，下面分别介绍这两部分的实质性程序。

二、主营业务收入的实质性程序

(一) 获取或编制主营业务收入明细表

获取或编制主营业务收入明细表，并执行以下工作：

(1) 复核加计是否正确，并与总账数和明细账合计数核对，看其是否相符，结合其他业务收入科目与报表数，核对是否相符；

(2) 检查以非记账本位币结算的主营业务收入的折算汇率及折算是否正确。

(二) 检查主营业务收入的确认条件、方法是否正确

检查主营业务收入的确认条件、方法是否符合企业会计准则，前后期是否一致；关注周期性、偶然性的收入是否符合既定的收入确认原则、方法。按照《企业会计准则第14号——收入》的要求，企业商品销售收入应在下列条件均能满足时予以确认：

(1) 企业已将商品所有权上的主要风险和报酬转移给购货方；

(2) 企业既没有保留通常与所有权相联系的继续管理权，也没有对已售出的商品实施有效控制。

(3) 收入的金额能够可靠地计量。

(4) 相关的经济利益很可能流入企业。

(5) 相关的已发生或将发生的成本能够可靠地计量。

因此，对主营业务收入的实质性程序，应在了解被审计单位确认产品销售收入的会计政

策的基础上，重点测试被审计单位是否依据上述五个条件确认产品销售收入。具体来说，被审计采取的销售方式不同，确认销售的时点也是不同的：

（1）采用交款提货销售方式，通常应于货款已收到或取得收取货款的权利，同时已将发票账单和提货单交给购货单位时确认收入的实现。对此，注册会计师应着重检查被审计单位是否收到货款或取得收取货款的权利，发票账单和提货单是否已交付购货单位。应注意有无扣压结算凭证，将当期收入转入下期入账的现象，或者虚记收入、开具假发票、虚列购货单位，将当期未实现的收入虚转为收入记账，在下期予以冲销的现象。

（2）采用预收账款销售方式，通常应于商品已经发出时，确认收入的实现。对此，注册会计师应重点检查被审计单位是否收到了货款，商品是否已经发出。应注意是否存在对已收货款、已将商品发出的交易不入账，进而转为下期收入，或开具虚假出库凭证、虚增收入等现象。

（3）采用托收承付结算方式，通常应于商品已经发出，劳务已经提供，并已将发票账单提交银行、办妥收款手续时确认收入的实现。对此，注册会计师应重点检查被审计单位是否发货，托收手续是否办妥，货物发运凭证是否真实，托收承付结算回单是否正确。

（4）销售合同或协议明确销售价款的收取采用递延方式，可能实质上具有融资性质的，应当按照应收的合同或协议价款的公允价值确定销售商品收入金额。应收的合同或协议价款与其公允价值之间的差额，通常应当在合同或协议期间内采用实际利率法进行摊销，计入当期损益。

（5）长期工程合同收入，如果合同的结果能够可靠估计，通常应当根据完工百分比法确认合同收入。注册会计师应重点检查收入的计算、确认方法是否合乎规定，并核对应计收入与实际收入是否一致，注意查明有无随意确认收入、虚增或虚减本期收入的情况。

例9-2 销售审计程序运用

注册会计师于2017年年初对XYZ公司2016年度的财务报表进行审计。XYZ公司是公开发行A股的上市公司，主营业务为生产、销售配电箱、高中低压开关柜设备，其主要业务流程通常为：向客户提供技术建议书—签署销售合同—备货—委托货运公司送货—安装验收—根据安装验收报告开具发票并确认收入。经初步了解，XYZ公司2016年度经营形式、管理及经营机构与2015年度比较未发生重大变化，且未发生重大重组行为。其他相关资料如下（金额单位：万元）：

注册会计师在实施实质性程序时，抽查到以下销售业务：

（1）销售给A公司高中低压开关柜设备计585万元（含税，增值税税率为17%）。相关合同约定：签订合同后支付100万元，出具安装验收报告后支付100万元，试运行1个月并终验合格后支付385万元，交货日期为2016年11月21日。

实际执行情况是：XYZ公司于2016年11月16日发货，经双方签字盖章的安装验收报告日期为2016年12月26日，发票日期为2016年12月26日。截止到2016年12月31日，XYZ公司已经收取货款200万元，确认2016年度该项销售收入500万元。

（2）销售给B公司高中低压开关柜设备计1404万元（含税，增值税税率为17%）。相关合同约定，签订合同后支付400万元，出具安装验收报告后支付1004万元，交货日期为2016年12月25日。实际执行情况是：经双方签字、盖章的安装验收报告日期为2016年12月30日，发票日期为2016年12月30日。截止到2016年12月31日，XYZ公司已经收取货款1404万元，并确认2016年度该项销售收入1200万元。注册会计师在审计时，未能取得该项销售业务的发货单据，XYZ公司的理由是供货单位接受XYZ公司的指令，直接将货物发运至B公司。

(3) 销售给C公司高中低压开关柜设备计1170万元（含税，增值税税率为17%）。相关合同约定，该批货物直接发运至C公司的客户D公司，安装调试由C公司负责；C公司在签订合同后支付300万元，剩余货款870万元在C公司收取D公司货款后一次性支付。

实际执行情况是：XYZ公司于2016年12月17日发货，发票日期为2016年12月17日，无安装验收报告。截止到2016年12月31日，XYZ公司已经收取货款300万元，确认2016年度该项销售收入1000万元。

(4) 销售给F房地产公司配电箱计468万元（含税，增值税税率为17%）。相关合同约定，签订合同后支付100万元，货物发出后支付368万元，交货日期为2016年11月27日。实际执行中，XYZ公司于2016年12月30日向F房地产公司开具发票。截止至2016年12月31日，XYZ公司已经收取货款100万元，确认该项收入400万元。注册会计师在审计中注意到，上述货物尚存放在XYZ公司仓库，XYZ公司为此提供了一份F房地产公司2016年11月27日的传真，内容为："由于本公司原因，自贵公司购进的设备暂存贵公司，货物的所有权即日起转移至本公司。"

(5) 销售给H公司配电箱计702万元（含税，增值税税率为17%）。发货单、发票、安装验收报告、销售合同核对后无异常，截止到2016年12月31日，已收到货款500万元，尚有202万元货款未收到。2016年度，XYZ公司确认该项销售收入600万元。注册会计师在对应收H公司202款项进行函证时，H公司回函表示已经退货。经检查，XYZ公司已于2017年1月15日冲减了当月销售收入600万元，并冲减相关销售成本。

要求：针对资料中各项销售业务，请分别判断XYZ公司已经确认的销售收入是否能真正得到确认（按"能够确认""不能确认""不能全部确认""尚无法形成审计结论"四种结论分别予以回答）。若回答"不能确认"或"不能全部确认"，请简要说明理由；若回答"尚无法形成审计结论"，请指出应进一步实施哪些审计程序。

分析过程：

对(1)项销售业务，注册会计师"不能确认"其销售收入。双方签订的劳务合同规定，XYZ公司提供的安装劳务应当在安装验收后试运行1个月才能达到确认收入条件。由于验收报告日期为12月26日，距年底只有5天，XYZ公司不可能在当年满足试运行1个月的要求。

对(2)项销售业务，注册会计师"尚无法形成审计结论"。其原因在于没有获取XYZ公司的发货凭证，不能排除XYZ公司与B公司共同经营的可能性。如果是共同经营，XYZ公司所收款项不能全部属于XYZ公司。应向供货单位函证。

对(3)项销售业务，注册会计师"不能确认"销售收入。按合同约定，XYZ公司应将货物发到D公司，这需要D公司的验收凭证予以支持。实际执行情况是，XYZ公司仅能出示销售发票,未收到相关的验收凭证,不足以证实其已将货物发到 D 公司。

对（4）项销售业务,注册会计师"尚无法形成审计结论"。其原因在于,用以证实 XYZ 公司产品的所有权已转移至 F 房地产公司的关键证据为"传真件"。由于"传真件"不具有直接证明事实真相所要求的可靠性,注册会计师应直接获取传真件的原件或向 F 房地产公司发函询证。

对（5）项销售业务,注册会计师"不能确认"销售收入。虽然 XYZ 公司在 2016 年年末编制财务报表时可以确认收入,但在次年发生销货退回后应按期后事项冲回上年已确认的收入。

（三）选择实施以下实质性分析程序

（1）针对已识别需要运用分析程序的有关项目,并基于对被审计单位及其环境的了解,需要进行以下比较,同时考虑有关数据间关系的影响,以建立有关数据的期望值:

① 将本期的主营业务收入与上期的主营业务收入、销售预算或预测数等进行比较,分析主营业务收入及其构成的变动是否异常,并分析异常变动的原因;

② 计算本期重要产品的毛利率,与上期预算或预测数据比较,检查是否存在异常,各期之间是否存在重大波动,查明原因;

③ 比较本期各月各类主营业务收入的波动情况,分析其变动趋势是否正常,是否符合被审计单位季节性、周期性的经营规律,查明异常现象和重大波动的原因;

④ 将本期重要产品的毛利率与同行业企业进行对比分析,检查是否异常;

⑤ 根据增值税发票申报表或普通发票,估算全年收入,与实际收入金额比较。

（2）确定可接受的差异额。

（3）将实际的情况与期望值相比较,识别需要进一步调查的差异。

（4）如果其差额超过可接受的差异额,调查并获取充分的解释和恰当的、佐证性质的审计证据（如通过检查相关的凭证等）。

（5）评估分析程序的测试结果。

（四）审查主营业务收入确认与计量是否正确

（1）获取产品价格目录,抽查售价是否符合价格政策,并注意销售给关联方或关系密切的重要客户的产品价格是否合理,有无以低价或高价结算的方法相互之间转移利润的现象。

（2）抽取本期一定数量的发运凭证,审查存货出库日期、品名、数量等是否与销售发票、销售合同、记账凭证等一致。

（3）抽取本期一定数量的记账凭证,审查入账日期、品名、数量、单价、金额等是否与销售发票、发运凭证、销售合同等一致。

（4）结合对应收账款实施的函证程序,选择主要客户函证本期销售额。

（5）对于出口销售,应当将销售记录与出口报关单、货运提单、销售发票等出口销售单据进行核对,必要时向海关函证。

（五）实施销售的截止测试

（1）取资产负债表日前后若干天一定金额以上的发运凭证,与应收账款和收入明细账进行核对；同时，从应收账款和收入明细账选取在资产负债表日前后若一的凭证，与发运凭证核对，以确定销售是否存在跨期现象。

（2）复核资产负债表日前后销售和发货水平，确定业务活动水平是否异常，并考虑是否有必要追加实施截止测试程序。

（3）取得资产负债表日后所有的销售退回记录，检查是否存在提前确认收入的情况。

（4）结合对资产负债表日应收账款的函证程序，检查有无未取得对方认可的大额销售。

（5）调整重大跨期销售。

对销售实施截止测试，其目的主要在于确定被审计单位主营业务收入的会计记录归属期是否正确：应记入本期或下期的主营业务收入是否被推延至下期或提前至本期。

实施截止测试的前提是注册会计师充分了解被审计单位的收入，确认会计实务，并识别能够注明某笔销售符合收入确认条件的关键单据。例如，货物出库时，与货物相关的风险和报酬可能尚未转移，不符合收入确认的条件，因此，发货单可能不是实现收入的充分证据；又如，销售发票与收入相关，但是发票开具日期不一定与收入实现的日期一致。

例如，某一生产制造型企业在货物送达客户并由客户签收时确认收入，注册会计师可以考虑选择两条审计路径实施主营业务收入的截止测试。

表 9-5 销售的截止测试

起点	路线	目的	优点	缺点
账簿记录	从资产负债表日前后若干天的账簿记录追查至记账凭证和客户签收的发运凭证	证实已入账收入是否在同一期间已发货并由客户签收，有无多记收入	比较直观，容易追查至相关凭证记录，以确定其是否应在本期确认收入	缺乏全面性和连贯性，只能查多记，无法查漏记
发运凭证	从资产负债表日前后若干天的客户签收的发运凭证查至账簿记录	确认收入是否已记入适当的会计期间，防止低估收入	较全面、连贯，容易发现漏记的收入	难以查找相应的发货及账簿记录，不易发现多记收入

上述两条审计路径在实务中均被广泛采用，它们并不是孤立的，注册会计师可以考虑并用这两条路径，甚至可以在同一主营业务收入科目审计中并用。实际上，由于被审计单位的具体情况各异，管理层意图各不相同，有的为了达到利润目标、承包指标，达到更多地享受税收等优惠政策，便于筹资等目的，可能会多记收入；有的则为了达到以丰补歉、留有余地、推迟缴税时间等目的而少记收入。因此，为提高审计效率，注册会计师应当凭借专业经验和所掌握的信息、资料做出正确判断，选择适当的审计路径实施有效的收入截止测试。

（六）检查销售退回、折扣与折让

主要检查销货退回、折扣、折让业务是否真实，内容是否完整，检查相关手续是否符合规定，结合原始销售凭证检查其会计处理是否正确，结合存货项目审计关注其真实性。

企业在销售交易中，往往会因产品品种不符、质量不符合要求以及结算方面的原因发生销售折扣与折让。尽管引起销售折扣与折让的原因不尽相同,其表现形式也不尽一致,但都是对收入的抵减,直接影响收入的确认和计量。因此,注册会计师应重视退回、折扣与折让的审计。销售退回、折扣与折让的实质性程序主要包括:

(1) 获取或编制销售退回、折扣与折让明细表,复核加计正确,并与明细账合计数核对相符;

(2) 取得被审计单位有关退回、折扣与折让的具体规定和其他文件资料,并抽查较大的退回、折扣与折让发生额的授权批准情况,与实际执行情况进行核对,检查其是否经授权批准,是否合法、真实;

(3) 检查销售退回的产品是否已验收入库并登记入账,有无掌握物质情况;销售折扣与折让是否及时足额提交对方,有无虚设中介、转移收入、私设账外"小金库"等情况。

(4) 检查销售退回、折扣与折让会计处理是否正确。

(七) 检查有无特殊的销售行为

检查有无特殊的销售行为,如附有销售退回条件的商品销售、委托代销、售后回购、以旧换新、商品需要安装和检验的销售、分期收款销售、售后租回等,确定恰当的审计程序进行审核。

1. 附有销售退回条件的商品销售

如果对退货部分能做合理估计的,确定其是否按估计不会退回部分确认收入;如果对不能确定退货可能性的,确定其是否在退货期满时确认收入。

2. 售后回购

分析特定销售回购的实质,判断其是属于真正的销售交易,还是属于融资行为。

3. 以旧换新销售

确定销售的商品是否按照商品销售的方法确认收入,回收的商品是否作为购进商品处理。

4. 商品需要安装和检验的销售

确定商品需要安装或检验的销售,是否在安装和检验完毕后方确认收入。

5. 售后租回

若形成一项融资租赁,检查是否对售价与资产账面价值之间的差额予以递延,并按该项租赁资产的折旧进度进行分摊,作为折旧费用的调整;若售后租回形成一项经营租赁,检查是否对售价与资产账面价值之间的差额予以递延,并在租赁期内按照与确认租金费用相一致的方法进行分摊,作为租金费用的调整。但对有确凿证据表明售后回租交易是按照公允价值达成的,检查售价与资产账面价值之间的差额是否已经计入当期损益。

(八) 其他需要关注的事项

(1) 结合对资产负债表日应收账款的函证程序,检查有无未经顾客认可的巨额销售。

(2) 调查集团内部的销售情况,记录其价格、数量和金额,并追查在编制合并财务报表时是否已予以抵销。

(3) 调查向关联方销售的情况,记录其交易的品种、数量、价格、金额以及占主营业务收入总额的比例。

（4）如果存在被审计单位关联方注销及非关联方关联化的情况，需要关注被审计单位将原关联方非关联化行为的动机及后续交易的真实性、公允性。

（九）确定主营业务收入的列报是否恰当

按照企业会计准则的规定，企业应在年度财务报表附注中披露以下内容：

（1）收入确认所采用的会计政策，主要包括：

① 在各项重大交易中，企业确认收入采用的确认原则。如果被审计单位在本期存在与收入确认相关的重大会计政策、会计估计变更或会计差错更正事项，分析这些事项是否合理，检查是否在财务报表附注中做恰当披露。

② 确定是否有采用分期付款确认收入的情况。

③ 确定劳务的完成程度所采用的方法。

（2）当期确认每一重大的收入项目的金额，包括销售商品收入、劳务收入、利息收入、使用费收入等。

三、其他业务收入的实质性程序

获取或编制主营业务收入明细表，并执行以下工作：

（1）复核加计是否正确，并与总账数和明细账合计数核对是否相符。

（2）注意其他业务收入是否有相应的成本。

（3）计算本期其他业务收入与其他业务成本的比率，并与上期该比率比较，检查是否有重大波动，如有，应查明原因。

（4）检查其他业务收入内容是否真实、合法，收入确认原则及会计处理是否符合规定，择要抽查原始凭证予以核实。

（5）对于重大异常项目，应追查入账依据及有关法律文件是否充分。

（6）实施截止测试。抽查资产负债表日前后一定数据的记账凭证，追查至销售发票、收据等原始凭证，确定入账时间是否正确，对于重大跨期项目提出必要的调整建议。

（7）确定其他业务收入在财务报表中的列报是否恰当。

第五节　应收账款和坏账准备审计

应收账款是由于企业销售商品、提供劳务等原因，应向购货客户或接受劳务的客户收取的款项或代垫的运费，是企业在信用活动中形成的各种债权性资产。

一、应收账款的审计目标

（1）确定应收账款是否存在。

（2）所有应当记录的应收账款均已记录。

（3）记录的应收账款由被审计单位拥有或控制。

（4）应收账款以恰当的金额包括在财务报表中，与之相关的计价调整已恰当记录。

（5）应收账款已按照企业会计准则的规定在财务报表中做出恰当披露。

二、应收账款的实质性程序

（一）取得或编制应收账款明细表

（1）取得或编制应收账款明细表，并与报表数、总账数和明细账合计数核对相符。

（2）检查外币应收账款的折算汇率及折算是否正确。对于用外币结算的应收账款，注册会计师应检查被审计单位外币应收账款的增减变动是否采用交易发生日的即期汇率将外币金额折算为记账本位币金额，或者采用按照系统合理的方法确定的、与交易日即期汇率近似的汇率折算，选择采用汇率的方法前后各期是否一致；期末外币应收账款余额是否采用期末即期汇率折算为记账本位币金额；折算差额的会计处理是否正确。

（3）分析有贷方余额的项目，查明原因，必要时建议做重分类调整。

（4）结合其他应收账款、预收款项等往来项目的明细余额，调查有无同一客户多处挂账、异常余额或与销售有关的其他款项（如代销账户、关联方账户或员工账户）。如果有，应做出记录，必要时提出调整建议。

（二）应收账款的实质性分析程序

（1）复核应收账款借方累计发生额与主营业务收入是否配比，并将当期应收账款借方发生额占销售收入净额的百分比与管理层考核指标和被审计单位相关赊销政策比较，如存在差异应查明原因。

（2）计算应收账款周转率、应收账款周转天数等指标，并与被审计单位相关赊销政策、以前年度指标、同行业同期相关指标对比分析，检查是否存在重大异常。

（三）应收账款账龄分析是否正确

（1）取得或编制应收账款账龄分析表。应收账款账龄分析表如表9-6所示。

表9-6 应收账款账龄分析

顾客名称	期末余额	账龄			
		1年以内	1~2年	2~3年	3年以上
合计					

应收账款的账龄，通常是指资产负债表中的应收账款从销售实现、产生应收账款之日起，至资产负债表日止所经历的时间。编制应收账款账龄分析表时，可以考虑选择重要的客户及其余额列示，而将不重要的或余额较小的汇总列示。应收账款账龄分析表的合计数减去已计提的相应坏账准备后的净额，应该等于资产负债表中的应收账款项目余额。

（2）测试应收账款账龄分析表计算的准确性，并将应收账款账龄分析表中的合计数与应收账款总分类账余额相比，并调查重大调节项目。

（3）检查原始凭证，如销售发票、运输记录等，测试账龄划分的准确性。

（四）向债务人函证应收账款

函证应收账款的目的在于证实应收账款账户余额的真实性、正确性，防止或发现被审计单位及其有关人员在销售交易中发生的错误或舞弊行为。通过函证应收账款，可以比较有效地证明被询证者（即债务人）的存在和被审计单位记录的可靠性。

注册会计师应当考虑被审计单位的经营环境、内部控制的有效性、应收账款账户的性质、被询证者处理询证函的习惯做法及回函的可能性等，以确定应收账款函证的范围、对象、方式和时间。

1. 函证的范围和对象

除非有充分证据表明应收账款对被审计单位财务报表而言是不重要的，或者函证很可能是无效的，否则，注册会计师应当对应收账款进行函证。如注册册会计师不对应收账款进行函证，应当在审计工作底稿中说明理由。如果认为函证很可能是无效的，注册会计师应当实施替代审计程序，获取相关、可靠的审计证据。函证数量的多少、范围是由诸多因素决定的，主要有：

（1）应收账款在全部资产中的重要性。

若应收账款在全部资产中所占的比重较大，则函证的范围应相应大一些。

（2）被审计单位内部控制的强弱。

若内部控制制度较健全，则可以相应减少函证量；反之，则应相应扩大函证范围。

（3）以前期间的函证结果。

若以前期间函证中发现过重大差异，或欠款纠纷较多，则函证范围应相应扩大一些。

一般情况下，注册会计师应选择以下项目作为函证对象：大额或账龄较长的项目；与债务人发生纠纷的项目；重大关联方项目；主要客户（包括关系密切的客户）项目；交易频繁但期末余额较小甚至余额为零的项目；可能产生重大错报或舞弊的非正常的项目。

2. 函证的方式

注册会计师可采用积极的或消极的函证方式实施函证，也可将两种方式结合使用。

（1）积极的函证方式。

积极的函证方式又叫肯定式函证，是向债务人发出询证函，要求证实所函证的欠款是否正确，无论对错都要求复函。

采用积极的函证方式，审计人员应当要求被询证者在所有情况下必须回函，确认询证所列信息是否正确，或填列询证函要求的信息。

积极的函证方式又可以分为发函时就写明金额和其他信息和要求对方在回函中写明金额或其他信息两种。发函时就写明金额或其他信息，这种方式的函证回复能够提供可靠的审计证据，但这种情况的缺点是可能被询证者不加以验证就回函确认了。为了避免这种风险，审计人员可以采用另一种方式，即要求对方在回函中写明金额。

积极的函证方式使用范围如下：

① 预计差错率较高；

② 个别账户欠款金额较大；

③ 相关内部控制薄弱；

④ 有欠款可能存在争议、差错等问题。

在采用积极的函证方式时，只有审计人员收到回函，才能为财务报表认定提供证据。审计人员没有收到回函，可能是由于被询证者根本不存在，或者由于被询证者没有收到询证函,也可能是由于询证者没有理会,因此,无法确认所询证信息是否正确。

以下是积极的函证方式,以 MN 会计师事务所对 F 股份有限公司的债务人 Q 股份有限公司为例。

企业询证函

编号:

Q 股份有限公司:

本公司聘请的 MN 会计师事务所正在对本公司××年度财务报表进行审计,按照中国注册会计师审计准则的要求,应当询证本公司与贵公司的往来账项等事项。下列数据出自本公司账簿记录,如与贵公司记录相符,请在本函下端"信息证明无误"处签章证明;如有不符,请在"信息不符"处列明不符金额。回函请直接寄至 MN 会计师事务所。

回函地址:

邮编:电话:传真:联系人:

1. 本公司与贵公司的往来账项列示如下:

单位:元

截止日期	贵公司欠	欠贵公司	备注

2. 其他事项。

本函仅为复核账目之用,并非催款结算。若款项在上述日期之后已经付清,仍请及时回函。

(公司盖章)
年 月 日

结论:

年 月 日	
以下仅供被询证者使用	
1. 信息证明无误 确认上述贵公司账面金额与本公司账目相符。	2. 信息不符,请列明不符项目及具体内容(或在本函背面说明)。
(公司盖章) 经办人: 年 月 日	(公司盖章) 经办人: 年 月 日

（2）消极的函证方式。

消极的函证方式又叫否定式函证，是指要求被询证者只有在不同意所列的信息时才直接向审计人员回复的一种询证方式。

采用消极的函证方式，审计人员只要求被询证者仅在不同意的情况下才予以回函。

在采用消极的函证方式时，如果收到回函，就能够对财务报表认定提供说服力强的审计证据。未收到回函可能是因为被询证者已收到询证函且核对无误，也可能是因为被询证者根本就没收到询证函。因此，采用消极的方式函证时，审计人员通常还需要辅以其他审计程序。

消极式函证比积极式函证提供的证据的说服力低。除非同时满足下列条件，审计人员不得将消极的函证方式作为唯一的实质性程序，以应对评估的认定层重大错报风险。

① 适用于相关内部控制有效；
② 预计差错率较低；
③ 欠款余额小的债务人数量很多以及审计人员有理由相信大多数被函证者能认真对待询证函的情况。

消极的函证方式如下所示：

企业询证函

编号：

Q 股份有限公司：

本公司聘请的 MN 会计师事务所正在对本公司××年度财务报表进行审计，按照中国注册会计师审计准则的要求，应当询证本公司与贵公司的往来账项等事项。下列数据出自本公司账簿记录，如与贵公司记录相符，则无须回复；如有不符，请直接通知会计师事务所，并请在空白处列明贵公司认为正确的信息。回函请直接寄至 MN 会计师事务所。

回函地址：
邮编：电话：传真：联系人：

1. 本公司与贵公司的往来账项列示如下：

单位：元

截止日期	贵公司欠	欠贵公司	备注

2. 其他事项。

本函仅为复核账目之用,并非催款结算。若款项在上述日期之后已经付清,仍请及时回函。

(公司盖章)
年　月　日

结论:

年　月　日
MN 会计师事务所:
上面的信息不正确,差异如下:
(公司盖章)
年　月　日
经办人:

在审计实务中,审计人员可以将消极的函证方式和积极的函证方式结合使用。当应收账款的余额是由少量的大额应收账款和大量的小额应收账款构成时,审计人员可以对所有的或抽取的大额应收账款样本采取积极的函证方式,而对抽取的小额应收账款样本采用消极的函证方式。

3. 函证时间的选择

审计人员常以资产负债表日为截止日,在资产负债表日后适当时间内实施函证。如果重大错报风险评估为低水平,注册会计师可选资产负债表日前适当日期为截止日实施函证,并对所函证项目自该截止日起至资产负债表日止发生的变动实施其他实质性程序。

4. 函证的控制

审计人员通常利用被审计单位提供的应收账款明细账户名称及客户地址等资料编制询证函,但审计人员应当对确定需要确认或填列的信息、选择适当的被询证者、设计询证函以及发出和跟进(包括收回)询证函保持控制。

审计人员应当实施下列措施对函证进行控制:

(1) 将被询证者的名称、地址与被审计单位有关记录核对;

(2) 将被询证者列示的账户余额或其他信息进行核对;

(3) 在询证函中指明直接向接受审计业务的会计师事务所回函;

(4) 询证函经被审计单位盖章后,由审计人员直接发出;

(5) 将发出询证函的情况形成审计工作记录;

(6) 将收到的回函形成审计工作记录,并汇总统计函证结果。

审计人员可通过函证结果汇总表的方式对询证函的收回情况加以控制。应收账款函证结果汇总如表 9-7 所示。

表 9-7 应收账款函证结果汇总

被审计单位名称： 制表： 日期：
结账日：年 月 日 复核： 日期：

询证函编号	债务人名称	债务人地址及联系方式	账面金额	函证方式	函证日期		回函日期	替代程序	确认余额	差异金额及说明	备注
					第一次	第二次					
合计											
审计说明……											

询证函的发出和收回可以采用邮寄、跟函、电子形式函证（包括传真、电子邮件、直接访问网站）等方式。

① 通过邮寄方式发出询证函时采取的控制措施。为避免询证函被拦、篡改等舞弊风险，在邮寄询证函时，审计人员可以在核实由被审计单位提供的被询证者的联系方式后，不使用被审计单位本身的邮寄设施，而是独立寄发询证函（如直接到邮局投递或采用其他公司的快递）。审计人员应关注回函是否同之前发出的函证一致，在可能的情况下邮寄之前将已盖章的函证复印或拍照留档；关注回函是否由被审计单位的适当人员发出；快递单以及邮戳载明的地址信息是否同询证函中注明的地址一致；回函盖章是否符合要求。

② 通过跟函方式发出询证函时采取的控制措施。如果审计人员认为跟函的方式（即审计人员独自或在被审计单位员工的陪同下亲自将询证函送至被询证者，在被询证者核对并确认回函后，亲自将回函带回的方式）能够获取可靠信息，可以采取该方式发送并收回询证函。如果被审计单位员工陪同时，审计人员需要在整个过程中保持对询证函的控制，同时，对被审计单位和被询证者之间的串通舞弊的风险保持警觉。

③ 以电子形式收到的回函的控制。对于以电子形式收到的回函，由于回函者的身份及其授权情况很难确定，对回函的更改也难以发觉，因此可靠性存在风险。审计人员和回函者采用一定的程序如加密技术、电子数码签名技术、网页真实性认证等为电子形式的回函创造安全环境，可以降低该风险。

5. 对不符事项的处理

对应收账款而言，登记入账的时间不同而产生的不符事项主要表现为：①询证函发出时，债务人已经付款，而被审计单位尚未收到货款；②询证函发出时，被审计单位的货物已经发出并已做销售记录，但货物仍在途中，债务人尚未收到货物；③债务人由于某种原因将货物退回，而被审计单位尚未收到；④债务人对收到的货物的数量、质量及价格等方面有异议而全部或部分拒付货款等。如果不符事项构成错报，审计人员应当评价该错报是否表明存在舞弊，并重新考虑所实施审计程序的性质、时间安排和范围。

6. 对函证结果的总结和评价

注册会计师对函证结果可进行如下评价：

（1）重新考虑对内部控制的原有评价是否适当；控制测试的结果是否适当；分析程序的结果是否适当；相关的风险评价是否适当等。

（2）如果函证结果表明没有审计差异，则可以合理地推论，全部应收账款总体是正确的。

（3）如果函证结果表明存在审计差异，则应当估算应收账款总额中可能出现的累计差错是多少，估算未被选中进行函证的应收账款的累计差错是多少。为取得对应收账款累计差错更加准确的估计，也可以进一步扩大函证范围。

需要指出的是，注册会计师应当将询证函回函作为审计证据，纳入审计工作底稿管理，询证函回函的所有权归属所在会计师事务所。除法院、检察院及其他有关部门依法查阅审计工作底稿，注册会计师协会对执业情况进行检查以及前后任注册会计师进行沟通等情形外，会计师事务所没有义务将询证函回函提供给被审计单位作为法律诉讼证据。即使会计师事务所同意提供，也应保留回函原件，将复印件提供给被审计单位。

7. 对函证未回函及未函证应收账款实施替代审计程序

通常，注册会计师可能未能取得所有发放的应收账款积极式询证函的回函，并且注册会计师也不可能对所有应收账款进行函证，因此，对于函证未回函及未函证应收账款，注册会计师应抽查有关原始凭据，如销售合同、销售订单、销售发票副本、发运凭证及期后收款的回款单据等，以验证与其相关的应收账款的真实性。

替代审计程序的目的在于通过其他非函证方式确定非函证账户在函证日是否存在并已经得到恰当表达。对于未函证的积极式函证而言，可审查下列记录，以验证构成期末应收账款余额的个别销售交易的存在性和准确性。

（1）期后货币资金收入。函证日期后的货币资金收入证据，包括审查汇款通知单、货币资金收入记录的分录甚至是应收账款明细账中的贷方。尽管付款的事实并不表明顾客在函证日确实存在这一义务，但前后货币资金收入的证据的审查是一项非常有用的替代审计程序，它合理地假设被审计单位应收账款是存在的，否则债务人不可能向其付款；另外，还应注意把每一笔未付款的销售交易与其期后的证据进行比较，以测试未付款发票中的争议和分歧。

（2）销售发票副本。

（3）发货单。

（4）顾客往来函件。通常审计人员不需要将复核往来函件作为替代审计程序的一部分，但是往来函件可用于揭示其他方法未能发现的有争议和有疑问的应收账款。

所实施的替代审计程序的范围和性质主要取决于未回函的重要性、函证回函中发现的错报类型、未回函的期后货币资金收入以及审计人员对内部控制的结论。

如果实施函证和替代审计程序不能提供财务报表有关认定的充分、适当的审计证据，审计人员应当实施追加的审计程序。

8. 管理层不允许寄发询证函的处理

如果管理层不允许寄发询证函，审计人员应当：

（1）询问管理层不允许寄发询证函的原因，并就其原因的正当性及合理性收集证据。

(2) 评价管理层不允许寄发询证函对评估相关重大错报风险（包括舞弊风险）以及其他审计程序的性质、时间和范围的影响。

(3) 实施替代审计程序，以获取相关、可靠的审计证据。

如果管理层不允许寄发询证函的原因不合理，或实施替代审计程序无法获取相关、可靠的审计证据，审计人员应当按照《中国注册会计师准则第1511号——与治理层的沟通》的规定，与治理层进行沟通。审计人员还应当按照《中国注册会计师准则第1502号——在审计报告中发表非无保留意见》的规定，确定其对审计工作和审计意见的影响。

例 9-3　　函证差异分析

注册会计师A对华恒公司2016年度的应收账款进行审计，实施了函证程序。A注册会计师了解和测试了与华恒公司应收账款相关的内部控制，并将控制风险评估为高水平。函证汇总表摘录如表9-8所示。

表9-8　函证汇总表摘录

单位：万元

客户名称	华恒公司账面金额	回函金额	差异金额	回函方式	审计说明
A公司	723	664.5	58.5	原件	(1)
B公司	702	0	702	原件	(2)
D公司	468	368	100	原件	(3)
E公司	351	未回函	不适用	未回函	(4)
F公司	234	234	0	QQ邮箱回复	(5)

(1) 回函直接寄回本所。经询问华恒公司财务负责人得知，回函差异是由于华恒公司在12月31日向A公司发出一批产品（合同价50万元），同时确认了58.5万元的应收账款及相应的主营业务收入和增值税税费。A公司于2017年1月3日收到该批产品。其回函差异未将该58.5万元款项包含在回函金额中，经审计人员检查与A公司相关的销售合同、销售发票、出库单以及相关的记账凭证，没有发现异常。该回函差异不构成错报，无须实施进一步的审计程序。

(2) 回函直接寄回本所。经询问华恒公司财务负责人得知，回函差异是由于华恒公司2016年12月28日销售给B公司一批产品（合同价600万元），同时确认了702万元的应收账款及相应的主营业务收入和增值税税费。2017年1月10日，B公司退货，华恒公司于2017年1月13日收到退货的产品并验收入库。该回函差异不构成错报，无须实施进一步的审计程序。

(3) 回函直接寄回本所。经询问华恒公司财务负责人得知，回函差异是由于D公司的回函金额已扣除其在2016年12月30日以电汇的方式向华恒公司支付的一笔100万元的货款。华恒公司于2017年1月4日实际收到该笔货款，并记入2017年应收账款明细表。该回函不构成错报，无须实施进一步的审计程序。

(4) 未收到回函。执行替代审计程序：检查与E公司相关的销售合同、销售发票、出库单，以及相关的记账凭证，并确认执行文件中的记录是一致的。没有发现异常，无须实施进一步审计程序。

(5) 由F公司的财务负责人利用QQ邮件形式回函。回函没有差异，无须实施进一步的审计程序。

要求：针对上述资料中的审计说明第（1）~（5）项，假定不考虑其他条件，逐项指出A注册会计师实施的审计程序及其结论是否存在不当之处。如果存在，简要说明理由并提出改进建议。

分析过程（表9-9）：

表9-9 分析过程

审计说明序号	审计程序及其结论是否存在不当之处（是/否）	理由	改进建议
（1）	是	未向A公司进一步函证	应向A公司再次发函，询证A公司是否在1月3日收到产品，以证实赊销业务的真实性
（2）	是	华恒公司年末可以确认收入，但在次年发生销货退回后应按期后事项冲回上年已确认的收入	应在工作底稿中做出审计调整
（3）	是	未对华恒公司2017年1月4日是否真实收到100万元货款进行追查	结合货币资金审计，确认华恒公司在2017年1月4日是否实际收到100万元货款
（4）	是	未再次向E公司实施函证	应再次向E公司实施函证
（5）	是	未向F公司索取询证函回函原件	应向F公司索取询证函回函原件

（五）确定已收回的应收账款金额

请被审计单位协助，在应收账款账龄分析表中标出至审计时已收回的应收账款金额，对已收回金额较大的款项进行常规检查，如核对收款凭证、银行对账单、销售发票等，并注意凭证发生日期的合理性，分析收款时间是否与合同相关要素一致。

（六）检查坏账的确认和处理

首先，注册会计师应检查有无债务人破产或者死亡的，以及破产或以遗产清偿后仍无法收回的，或者债务人长期未履行清偿义务的应收账款；其次，应检查被审计单位坏账的处理是否经授权批准，有关会计处理是否正确。

（七）抽查有无不属于结算业务的债权

不属于结算业务的债权，不应在应收账款中进行核算。因此，注册会计师应抽查应收账款明细账，并追查有关原始凭证，查证被审计单位有无不属于结算业务的债权。如有，应建议被审计单位做适当调整。

（八）检查应收账款的贴现、质押或出售

检查银行存款和银行借款等询证函的回函、会议纪要、借款协议和其他文件，确定应收账款是否已被贴现、质押或出售，应收账款贴现业务是否满足金融资产转移终止确认条件，其会计处理是否正确。

(九）对应收账款实施关联方及其交易审计程序

标明应收关联方［包括持股5%以上（含5%）的股东］的款项，实施关联方及其交易审计程序，并注明合并财务报表时应予抵销的金额；对关联企业、有密切关系的主要客户的交易事项做专门核查：

（1）了解交易事项目的、价格和条件，做比较分析。

（2）检查销售合同、销售发票、发运凭证等相关文件资料。

（3）检查收款凭证等货款结算单据。

（4）向关联方或有密切关系的主要客户函询，以确认交易的真实性、合理性。

（十）确定应收账款的列报是否恰当

如果被审计单位为上市公司，则其财务报表附注通常应披露期初、期末余额的账龄分析，期末欠款金额较大的单位账款，以及持有5%以上（含5%）股份的股东单位账款等情况。

三、坏账准备的实质性程序

企业会计准则规定，企业应当在期末对应收款项进行检查，并合理预计可能产生的坏账损失。应收款项包括应收票据、应收账款、预付款项、其他应收款和长期应收款等，下面以应收账款相关的坏账准备为例，阐述坏账准备审计常用的实质性程序。

（1）取得或编制坏账准备明细表，复核加计是否正确，与坏账准备总账数、明细账合计数核对是否相符。

（2）核对应收账款坏账准备本期计提数与资产减值损失相应明细项目的发生额是否相符。

（3）检查应收账款坏账准备计提和核销的批准程序，取得书面报告等证明文件，评价计提坏账准备所依据的资料、假设及方法。

① 企业应根据所持应收账款的实际可收回情况，合理计提坏账准备，不得多提或少提，否则应视为滥用会计估计，按照重大会计差错更正的方法进行会计处理。

② 对于单项金额重大的应收账款，企业应当单独进行减值测试，如有客观证据证明其已发生减值，应当计提坏账准备。对于单项金额不重大的应收账款，可以单独进行减值测试，或包括在具有类似信用风险特征的应收账款组合中（如账龄分析）进行减值测试。此外，单独测试未发生减值的应收账款，应当包括在具有类似信用风险特征的应收账款组合中（如账龄分析）再进行减值测试。

③ 采用账龄分析法时，收到债务单位当期偿还的部分债务后，剩余的应收账款，不应改变其账龄，仍应按原账龄加上本期应增加的账龄确定；在存在多笔应收账款且各笔应收账款账龄不同的情况下，收到债务单位当期偿还的部分债务，应当逐笔认定收到的是哪一笔应收账款；如果确实无法认定的，按照先发生先收回的原则确定，剩余应收账款的账龄按上述同一原则确定。

④ 在确定坏账准备的计提比例时，企业应当在综合考虑以往的经验、债务单位的实际财务状况和预计未来现金流量（不包括尚未发生的未来信用损失）等因素，以及其他相关信息的基础上做出合理估计。

（4）实际发生坏账损失的，检查转销依据是否符合有关规定，会计处理是否正确。对于被审计单位在被审计期间内发生的坏账损失，注册会计师应检查其原因是否清楚，是否符合有关规定，有无授权批准，有无已做坏账处理后又重新收回的应收账款，相应的会计处理是否正确。对有确凿证据表明确实无法收回的应收账款，如债务单位已撤销、破产、资不抵债、现金流量严重不足等，企业应根据管理权限，经股东（大）会或董事会，或经理（厂长）办公会或类似机构批准作为坏账损失，冲销提取的坏账准备。

（5）已经确认并转销的坏账重新收回的，检查其会计处理是否正确。

（6）检查函证结果。对债务人回函中反映的例外事项及存在争议的余额，注册会计师应查明原因并做记录。必要时，应建议被审计单位考虑是否存在坏账可能以及是否需要做相应的调整。

（7）实施分析程序。通过比较前期坏账准备计提数和实际发生数，以及检查后期事项，评价应收账款坏账准备计提的合理性。

（8）确定应收账款坏账准备的披露是否恰当。企业应当在财务报表附注中清晰地说明坏账的确认标准、坏账准备的计提方法和计提比例。上市公司还应在财务报表附注中分项披露以下主要事项：

① 本期全额计提坏账准备，或计提坏账准备的比例较大的（计提比例一般超过40%及以上，下同），应说明计提的比例以及理由。

② 以前期间已全额计提坏账准备，或计提坏账准备的比例较大但在本期又全额或部分收回的，或通过重组等其他方式收回的，应说明其原因、原估计计提比例的理由以及原估计计提比例的合理性。

③ 本期实际冲销的应收款项及其理由等，其中，实际冲销的关联交易产生的应收账款应单独披露。

例9-4　坏账准备的计提

华恒公司12月31日应收账款总账余额为3000万元，其所属明细账中有借方余额的合计数为3200万元，有贷方余额的合计数为200万元；其他应收账款总账余额为1000万元，该公司采用余额百分比计提坏账准备，计提比例为10%，计提金额为400万元。坏账准备明细账表详见表9-10。

表9-10　坏账准备明细账表（简表）

单位：万元

日期	凭证字号	摘要	借方	贷方	余额
1/1		结转上年			50（贷方）
7/6	转字40	核销坏账	10		40（贷方）
10/9	转字85	核销坏账	50		10（借方）
18/11	转字96	收回以前核销的坏账		30	20（贷方）
31/12	转字114	计提本年坏账准备		380	400（贷方）

要求：根据上述资料，指出坏账准备计提中存在的问题并进行纠正。

分析过程：

一是该公司没有将应收账款区分为单项金额重大的应收账款和单项金额不重大的应收账款，并据此确定坏账准备的计提；二是该公司坏账准备的计提金额有误。

首先，对于应收账款明细账中有贷方余额的不应计提坏账准备，应进行重分类。重分类分录为：

借：应收账款　　　2000000
　　贷：预收账款　　　2000000

坏账准备的计提基数 = 3200 + 1000 = 4200（万元）

坏账准备的期末余额 = 4200 × 10% = 420（万元）

坏账准备的计提金额 = 420 - 20 = 400（万元）

华恒公司计提了坏账准备380万元，差额20万元，审计人员应要求华恒公司补提坏账准备：

借：资产减值损失　　　　　200000
　　贷：应收账款——坏账准备　　200000

第六节　其他相关账户审计

在销售与收款循环中，除以上介绍的财务报表项目或会计科目之外，还有应收票据、预收账款、应交税费、其他应交款、营业税金及附加、销售（营业）费用等项目。对这些项目审计的阐述，一般只直接列示其相应的实质性测试审计程序。

一、应收票据审计

如果企业销售实现时没有收到现款，而是收到了客户的商业汇票，包括商业承兑汇票和银行承兑汇票，便产生了应收票据。应收票据是以书面形式表现的债权资产，其款项具有一定的保证，经持有人背书后可以提交银行贴现，具有较大的灵活性。由于应收票据是在企业赊销业务中产生的，因此对应收票据的审计也必须结合赊销业务一起进行。

应收票据的实质性测试程序主要有：

（1）获取或编制应收票据明细表。注册会计师获取或编制应收票据明细表，复核加计正确，并核对其期末余额合计数与报表数、总账数和明细账合计数是否相符。

应收票据明细表通常包括出票人姓名、出票日、到期日、金额和利率等资料。在复核加计正确及与上述有关数额核对相符的基础上，注册会计师应抽查部分票据，并追查至相关文件资料，判断其内容是否正确，有无应转应收账款的逾期应收票据，以及虽未逾期但有确凿证据表明不能够收回或收回可能性不大的应收票据。

（2）监盘库存票据。注册会计师监盘库存票据时，应注意票据的种类、号数、签收的日期、到期日、票面金额、合同交易号、付款人、承兑人、背书人姓名或单位名称，以及利率、贴现率、收款日期、收回金额等是否与应收票据登记簿的记录相符，是否存在已做抵押的票据和银行退回的票据。

（3）函证应收票据。必要时，抽取部分票据向出票人函证，以证实应收票据的存在性和可收回性，并编制函证结果汇总表。

（4）审查应收票据的利息收入。如果注册会计师计算的应计利息金额与账面所列金额不符，则应加以分析，特别要对"财务费用——利息收入"账户中那些与应收票据账户中所列任何票据均不相关的贷方金额加以注意，因为这些贷项可能代表据此收取利息的票据未曾入账。

（5）审查已贴现的应收票据。对于已贴现的应收票据，注册会计师应审查其贴现额与贴现息的计算是否正确，会计处理方法是否适当。

（6）确定应收票据在财务报表中的披露是否恰当。注册会计师应检查被审计单位资产负债表中应收票据项目的数额是否与审定数相符，是否减除了已贴现票据；在财务报表附注中应披露的内容是否充分。

例9-5　应收票据审计

B注册会计师2017年2月审查华恒公司应收票据时，发现2016年12月26日贴现一张票面金额为100000元，利率为8%，90天到期的带息应收票据，该公司已持有60天，按10%的贴现率进行贴现，该公司账户资料记载所得贴现款为99150元，无银行出具的有关凭证，账务处理为：

借：银行存款　　　99150
　　财务费用　　　　850
　　　贷：应收票据　　　100000

要求： 根据上述资料，审查该笔贴现业务的公允性，指出存在的问题，并做调整分录。

分析过程：

根据资料，该公司这笔应收票据贴现应得的贴现额计算如下：

本金　100000元

利息（100000×8%×90/360）　2000元

到期价值　102000元

减：贴现息（102000×10%×30/360）　850元

贴现额　101150元

因此，该公司的应收票据贴现款99150元是不正确的，实际为101150元。

该公司将贴现票据收入101150元记为99150元，并且无银行的有关原始凭证，则少记的2000（101150-99150）元，很可能是经手人的重大错报，应进一步收集审计证据，确定问题的性质，追究经手人的责任。

该公司上年度应做的正确分录为：

借：银行存款　　　101150
　　贷：应收票据　　　100000
　　　　财务费用　　　　1150

因此，该公司上年度财务费用多计2000（1150+850）元，要求在2017年2月进行调整。因上年度的财务报表已经董事会审议通过并对外报送，财务费用作为期间费用已在上年利润总额中扣除，所以不能调整"财务费用"账户，只能调整"以前年度损益调整"账户，即增加本年度利润2000元，同时这2000元应向经手人追回。分录为：

借：其他应收款——×××　　2000
　　贷：以前年度损益调整　　　2000

同时应补交增加利润所缴的所得税，假定该公司2017年的所得税税率为25%，则应补交的所得税为500（2000×25%）元。分录为：

借：以前年度损益调整　　　　500
　　贷：应交税费——应交所得税　500

二、预收账款审计

预收账款是在企业销售业务成立以前，预先收取的部分货款，由于预收账款是随着企业销货业务的发生而发生的，注册会计师应结合企业销货业务对预收账款进行审计。预收账款的实质性测试程序一般包括：

（1）获取或编制预收账款明细表，复核加计是否正确，并核对其期末余额合计数与报表数、总账数和明细账合计数是否相符。

（2）请被审计单位协助，在预收账款明细表上标出截至审计日已转销的预收账款，对已转销金额较大的预收账款进行检查，核对记账凭证、仓库发运凭证、销售发票等，并注意这些凭证发生日期的合理性。

（3）抽查与预收账款有关的销售合同、仓库发运凭证、收款凭证，检查已实现销售的商品是否及时转销预收账款，确保预收账款期末余额的正确性和合理性。

（4）选择预收账款的若干重大项目函证，根据回函情况编制函证结果汇总表。

函证测试样本通常应考虑选择大额或账龄较长的项目、关联方项目以及主要客户项目。对于回函金额不符的，应查明原因并做出记录或建议做适当调整；对于未回函的，应再次函证或通过检查资产负债表日后已转销的预收账款是否与仓库发运凭证、销售发票相一致等替代程序，确定其是否真实、正确。

（5）检查预收账款是否存在借方余额，决定是否建议做重分类调整。

（6）检查预收账款长期挂账的原因，并做出记录，必要时提请被审计单位予以调整。

（7）检查预收账款是否已在资产负债表中做恰当披露。

公司财务报表附注中通常披露持有其5%以上股份的股东单位预收账款情况，并说明账龄超过1年的预收账款未结转的原因。

三、应交税费审计

企业形成销售收入和实现利润后，要缴纳各种税费，对税费的核算，在权责发生制的基础上，形成应交税费；实际缴纳税费后，再从该账户转出。企业缴纳的主要税种为增值税和所得税，它们与企业的销售业务关系较为密切，尤其是增值税中的销项税，对其审计应放在销售与收款循环中。应交税费的实质性测试程序包括：

（1）获取或编制应交税费明细表，复核其加计数是否正确，并核对其期末余额与报表数、总账数和明细账合计数是否相符。注意印花税、耕地占用税等有无误入应交税费项目。

(2) 检查被审计单位纳税的相关规定，应获取纳税通知书及征、免、减税的批准文件，了解被审计单位适用的税种、计税基础、税率，以及征、免、减税的范围与期限，确认其在被审计期间内的应纳税的内容。对重要的减、免、抵、退税收批文应索取复印件，归入审计工作底稿。

(3) 检查应交增值税的计算是否正确。获取或编制应交增值税明细表，加计复核其正确性，并与明细账核对相符。将应交增值税明细表与企业增值税纳税申报表核对，检查进项、销项的入账与申报期间是否一致，金额是否相符，对销项税的复核可以结合营业收入明细表来进行。

复核国内采购货物、进口货物、购进的免税产品、接受投资或捐赠、通过非货币性交易取得的存货、接受应税劳务等应计的进项税额是否按规定进行了会计处理。

复核存货销售、非货币性交易换出的存货、将存货用于投资、无偿赠予他人、分配给股东或投资人应计的销项税额，以及将自产、委托加工的产品用于非应税项目，应计的销项税额的计算是否正确，是否按规定进行了会计处理。

复核因存货改变用途或发生非常损失应计的进项税额转出数的计算是否正确，是否按照有关规定进行了会计处理；检查出口货物退税的计算是否正确，是否进行了合理的会计处理。

对营业税金及附加的审计最好与应交增值税的审计结合起来，因营业税金及附加的计税基数多数为本期应缴的增值税，根据增值税审定表来计算核定企业营业税金及附加是否正确。

(4) 审查企业应缴的所得税。确定所得税的应交金额和税率，复核应缴企业所得税的计算是否正确，是否按有关规定进行了会计处理；是否存在偷逃税款的行为，有无乱用所得税的优惠政策。

(5) 确定应交税费是否已在资产负债表中做恰当披露。公司财务报表附注中应按税的种类分项列示应交税费金额，并说明本期执行的法定税率。

例9-6   应交税费审计

A 注册会计师在对华恒公司 2016 年业务的审计过程中发现，公司为增值税一般纳税人，本期以库存商品对乙公司进行投资，双方协议按公允价值作价。该批库存商品的公允价值为 100 万元，计税价格为 120 万元，该商品的增值税税率为 17%。甲公司做的会计分录为：

借：长期股权投资　　1000000
　　贷：库存商品　　　1000000

要求：指出该项业务存在的问题，并指明正确的会计处理。

分析过程：

华恒公司用库存商品对外投资，应视同销售货物，需计算应交增值税。

对外投资转出原材料应计销项税额 = 120 × 17% = 20.4 (万元)

华恒公司正确的会计处理应为：

借：长期股权投资　　1404000
　　贷：主营业务收入　　1200000
　　　　应交税费——应交增值税（销项税额）　　204000
借：主营业务成本　　1000000
　　贷：库存商品　　1000000

四、销售费用审计

销售费用是指企业在销售商品过程中发生的费用。销售费用的实质性测试程序主要包括：

（1）获取或编制销售费用明细表，复核加计正确，与报表数、总账数及明细账合计数核对相符，并检查其明细项目的设置是否符合规定的核算内容与范围，是否划清了销售费用和其他费用的界限。

（2）检查销售费用的项目设置和开支标准是否符合有关规定，查明其项目设置是否划清了销售费用与其他费用的界限。有关费用支出是否按规定标准列支。

（3）将本期销售费用与上期销售费用进行比较，并将本期各月的销售费用进行比较，如有重大波动和异常情况应查明原因，并做适当处理。

（4）选择重要或异常的销售费用，检查其原始凭证是否合法，会计处理是否正确，必要时，对销售费用实施截止测试，检查有无跨期入账的现象，对于重大跨期项目应建议做必要调整。

（5）检查销售费用的结转是否正确、合规，查明有无多转、少转或不转销售费用，以及人为调节利润的情况。

（6）检查销售费用是否已在利润表中恰当披露。

思考题

1. 在销售与收款循环的交易中，针对发生认定的可能实质性程序包括哪些？
2. 如何实施销售业务的截止测试？
3. 什么是收入的实质性分析程序？一般如何实施收入的实质性分析程序？
4. 应收账款函证的方式、函证范围和函证对象有哪些？
5. 销售与收款的内部控制有哪些？

第十章

采购与付款循环审计

第一节 采购与付款循环的特点

本节包括三部分内容：一是本循环涉及的主要凭证与会计记录；二是本循环涉及的账户；三是采购与付款循环的主要业务活动。

一、涉及的主要凭证与会计记录

采购与付款交易通常要经过请购—订货—验收—付款这样的程序。同销售与收款交易一样，在内部控制比较健全的企业，处理采购与付款交易通常需要使用很多凭证与会计记录。典型的采购与付款循环所涉及的主要凭证与会计记录有以下几种：

（一）请购单

请购单是由产品制造、资产使用等部门的有关人员填写，送交采购部门，申请购买商品、劳务或其他资产的书面凭证。

（二）订购单

订购单是由采购部门填写，向另一企业购买订购单上所指定的商品、劳务或其他资产的书面凭证。

（三）验收单

验收单是收到商品、资产时所编制的凭证，列示从供应商处收到的商品、资产的种类和数量等内容。

（四）卖方发票

卖方发票（供应商发票）是供应商开具的，交给买方以载明发运的货物或提供的劳务、应付款金额和付款条件等事项的凭证。

（五）付款凭单

付款凭单是采购方企业的应付凭单部门编制的，载明已收到的商品、资产或接受的劳务、应付款金额和付款日期的凭证。付款凭单是采购方企业内部记录和支付负债的授权证明文件。

（六）转账凭证

转账凭证是指记录转账交易的记账凭证，它是根据有关转账交易（即不涉及库存现金、银行存款收付的各项交易）的原始凭证编制的。

（七）付款凭证

付款凭证包括现金付款凭证和银行存款付款凭证，是指用来记录库存现金和银行存款支出交易的记账凭证。

（八）应付账款明细账

应付账款指因购买材料、商品或接受劳务供应等而发生的债务，这是买卖双方在购销活动中由于取得物资与支付货款在时间上不一致而产生的负债。应付账款明细账应按债权人设置三栏式明细账。

（九）现金和存款日记账

现金和银行存款日记账是由出纳人员根据审核无误的现金及银行存款收付凭证，顺时逐笔登记的账簿。现金和银行存款日记账是专门用来记录现金和银行存款收支业务的一种特种日记账。日记账必须采用订本式账簿，其账页格式一般采用"收入"（借方）、"支出"（贷方）和"余额"三栏式。

（十）供应商对账单

供应商对账单是由供应商按月编制的，标明期初余额、本期购买、本期支付给供应商的款项和期末余额的凭证。供应商对账单是供应商对有关交易的陈述，如果不考虑买卖双方在收发货物上可能存在的时间差等因素，其期末余额通常应与采购方相应的应付账款期末余额一致。

二、采购与付款循环涉及的账户

采购与付款循环涉及的账户如表 10–1 所示。

表 10–1 采购与付款循环涉及的账户

交易类型	账户	业务环节	凭证
采购	原材料	请购	请购单
	固定资产	订购	订购单（采购合同）
	库存商品	验收	验收单
	周转材料	储存	入库单
	应付账款		
	制造费用		
	销售费用		
	管理费用		

续表

交易类型	账户	业务环节	凭证
付款	银行存款	确认并记录负债	购货发票
	库存现金	付款申请	付款申请单
	应付账款	付款	付款凭证
		记录资金支出	库存现金日记账
			银行存款日记账
			应付账款明细账
			转账凭证
			供应商对账单

三、采购与付款循环的主要业务活动

在一个企业，如可能的话，应将各项职能活动指派给不同的部门或职员来完成。这样，每个部门或职员都可以独立检查其他部门和职员工作的正确性。下面以采购商品为例，分别阐述采购与付款循环所涉及的主要业务活动及其适当的控制程序和相关的认定。

四、采购与付款循环业务活动

（一）请购商品和劳务

仓库负责对需要购买的已列入存货清单的项目填写请购单，其他部门也可以对所需要购买的未列入存货清单的项目编制请购单。大多数企业对正常经营所需物资的购买均作一般授权，例如，仓库在现有库存达到再订购点时就可直接提出采购申请，其他部门也可为正常的维修工作和类似工作直接申请采购有关物品。但对资本支出和租赁合同，企业则通常要求做特别授权，只允许指定人员提出请购。请购单可由手工或计算机信息系统编制。由于企业内不少部门都可以填列请购单，可能不便事先编号，为加强控制，每张请购单必须经过对这类支出预算负责的主管人员签字批准。

请购单是证明有关采购交易的"发生"认定的凭据之一，也是采购交易轨迹的起点。

（二）订购

经过批准的请购单传递到采购部门，采购部门在收到请购单后，由采购部门负责该种商品的采购员进行订购活动。对每张订购单，采购部门应采用询价、比价、谈判、招标等方式确定最佳的供应来源，以保证供货的质、时、价、量。对一些大额、重要的采购项目，应采取招标的形式集体决策确定。之后采购部门职员填写"订购单"或与供应商签订"采购合同"。

"订购单"或"采购合同"应正确填写所需要的商品品名、数量、价格、厂商名称和地址等，预先予以顺序编号并经过被授权的采购人员审核并签名。"订购单"或"采购合同"中除以上信息很重要以外，另一个重要因素就是交货地点。是由对方送货到厂还是自己到指

定地方提货，还是由第三方负责运输，这不仅涉及运费的问题，更重要的是涉及商品所有权与风险转移的时点问题，进而涉及资产和负债的入账问题。

订购单正联应送交供应商，副联则送至企业内部的验收部门、应付凭单部门和编制请购单的部门。随后，财务部门应独立检查订购单的处理，以确定是否确实收到商品并确认入账。这项检查与采购交易的"完整性"和"发生"认定有关。

（三）验收商品

有效的订购单代表企业已授权验收部门接受供应商发运来的商品。验收部门首先应比较所收商品与订购单上的要求是否相符，如商品的品名、摘要、数量、到货时间等，然后再盘点商品并检查商品有无损坏。

验收后，验收部门应对已收货的每张订购单编制一式多联、预先按顺序编号的验收单，作为验收和检验商品的依据。验收人员将商品送交仓库或其他请购部门时，应取得经过签字的收据，或要求其在验收单的副联上签收，以确立他们对所采购的资产应负的保管责任。验收人员还应将其中的一联验收单送交应付凭单部门。

验收单是支持资产或费用以及与采购有关的负债的"存在或发生"认定的重要凭证。定期独立检查验收单的顺序以确定每笔采购交易都已编制凭单，则与采购交易的"完整性"认定有关。

（四）储存已验收的商品

将已验收商品的保管与采购的其他职责相分离，可减少未经授权的采购和盗用商品的风险。存放商品的仓储区应相对独立，限制无关人员接近。这些控制与商品的"存在"认定有关。

（五）编制付款凭单

记录采购交易之前，应付凭单部门应编制付款凭单。这项功能的控制包括：

（1）确定供应商发票的内容与相关的验收单、订购单的一致性。

（2）确定供应商发票计算的正确性。

（3）编制有预先顺序编号的付款凭单，并附上支持性凭证（如订购单、验收单和供应商发票等）。这些支持性凭证的种类，因交易对象的不同而不同。

（4）独立检查付款凭单计算的正确性。

（5）在付款凭单上填入应借记的资产或费用账户名称。

（6）由被授权人员在凭单上签字，以示批准照此凭单要求付款。所有未付凭单的副联应保存在未付凭单档案中，以待日后付款。经适当批准和有预先编号的凭单为记录采购交易提供了依据，因此，这些控制与"存在""发生""完整性""权利和义务"和"计价和分摊"等认定有关。

（六）确认与记录负债

应正确确认已验收货物和已接受劳务的债务，要求准确、及时地记录负债。该记录对企业财务报表和实际现金支出具有重大影响。与应付账款确认和记录相关的部门一般有责任核查购置的财产，并在应付凭单登记簿或应付账款明细账中加以记录。在收到供应商发票时，应付账款部门应将发票上所记载的品名、规格、价格、数量、条件及运费与订购单上的有关资料核对,如有可能,还应与验收单上的资料进行比较。

应付账款确认与记录的一项重要控制是要求记录现金支出的人员不得经手现金、有价证券和其他资产。恰当的凭证、记录与记账手续,对业绩的独立考核和应付账款而言是必不可少的控制。

将已批准的未付款凭单送达会计部门,据以编制有关记账凭证和登记有关账簿。会计主管应监督为采购交易而编制的记账凭证中账户分类的适当性;通过定期核对编制记账凭证的日期与凭单副联的日期,监督入账的及时性。而独立检查会计人员则应核对所记录的凭单总数与应付凭单部门送来的每日凭单汇总表是否一致,并定期独立检查应付账款总账余额与应付凭单部门未付款凭单档案中的总金额是否一致。

(七) 付款

通常是由应付凭单部门负责确定未付凭单在到期日付款。企业有多种款项结算方式。以支票结算方式为例,编制和签署支票的有关控制包括:

(1) 独立检查已签发支票的总额与所处理的付款凭单的总额的一致性。

(2) 应由被授权的财务部门的人员负责签署支票。

(3) 被授权签署支票的人员应确定每张支票都附有一张已经适当批准的未付款凭单,并确定支票收款人姓名和金额与凭单内容的一致性。

(4) 支票一经签署就应在其凭单和支持性凭证上用加盖印戳或打洞等方式将其注销,以免重复付款。

(5) 支票签署人不应签发无记名甚至空白的支票。

(6) 支票应预先顺序编号,保证支出支票存根的完整性和作废支票处理的恰当性。

(7) 应确保只有被授权的人员才能接近未经使用的空白支票。

(八) 记录现金、银行存款支出

仍以支票结算方式为例,会计部门应根据已签发的支票编制付款记账凭证,并据以登记银行存款日记账及其他相关账簿。以记录银行存款支出为例,有关控制包括:

(1) 会计主管应独立检查记入银行存款日记账和应付账款明细账的金额的一致性,以及与支票汇总记录的一致性。

(2) 通过定期比较银行存款日记账记录的日期与支票副本的日期,独立检查入账的及时性。

(3) 独立编制银行存款余额调节表。

第二节 采购与付款循环业务活动和相关内部控制

一、采购交易的内部控制

(一) 内部控制目标、关键内部控制与审计测试的关系

表10-2列示了采购交易的内部控制目标、关键内部控制和审计测试的关系。

表 10-2 采购交易的内部控制目标、关键内部控制和审计测试的关系

内部控制目标	关键内部控制	常用的审计测试	常用的交易实质性程序
所记录的采购都确已收到商品或已接受劳务（发生）	请购单、订购单、验收单查验付款凭单和卖方发票应俱全，并附在付款凭单后；采购经适当级别批准；注销凭证以防止重复使用；对请购单、订购单、验收单和卖方发票做内部核查	查验付款凭单后面是否附有相关单据；检查批准采购的标记；检查注销凭证的标记；检查内部核查的标记	复核采购明细账、总账及是否有大额或不正常的金额；检查请购单、订购单、验收单和卖方发票的合理性和真实性；追查存货的采购至存货永续记录；检查取得的固定资产采购合同、发票
已发生的采购交易均已记录（完整性）	订购单均经事先编号并已登记入账；验收单均经事先编号并已登记入账；应付凭单均事先编号并已登记入账	检查订购单连续编号的完整性；检查验收单连续编号的完整性；检查应付凭单连续编号的完整性	从验收单追查至采购明细账；将卖方发票追查至明细账
所记录的采购交易均已记录（准确性、计价和分摊）	对计算准确性进行内部核查；采购价格和折扣的批准	检查内部核查的标记；检查批准采购价格和折扣的标记	将采购明细账中记录的交易同卖方发票、验收单和其他证明文件比较。复算包括折扣和运费在内的卖方发票填写金额的准确性
采购交易的分类正确（分类）	采用适当的会计科目表；分类的内部核查	检查工作手册和会计科目表是否适当；检查有关凭证上内部复核和核查的标记	参照卖方发票，比较会计科目表上的分类
采购交易的记录及时（截止）	要求收到商品或接受劳务后及时记录采购交易；内部核查	检查工作手册并观察有无未记录的卖方发票存在；检查内部核查的标记	将验收单和卖方发票上的日期与采购明细账中的日期进行比较
采购交易已经正确地记入应付账款和存货等明细账，并经正确汇总（准确性、计价和分摊）	由独立人员对应付账款明细账做内部核查	检查内部核查标记	通过加计采购明细账，追查过入采购总账和应付账款、存货明细账的数额是否正确，用以测试过账和汇总的正确性

(二) 采购交易的内部控制

应付账款、固定资产等财务报表项目均属采购与付款循环。在正常的审计中，如果忽视采购与付款循环的控制测试及相应的交易实质性程序，仅仅依赖于对这些具体财务报表项目余额实施实质性程序，则可能不利于审计效率和审计质量的提高。如果被审计单位具有健全并且运行良好的相关内部控制，注册会计师把审计重点放在控制测试和交易的实质性程序上，则既可以降低审计风险，又可大大减少报表项目实质性程序的工作量，提高审计效率。

对每一项内部控制目标，也就是注册会计师实施相应控制测试和实质性程序所要达到的审计目标，审计时都需按前面有关章节已讨论过的逻辑过程处理。注册会计师必须了解被审计单位的内部控制，确定其存在哪些关键的内部控制。一旦注册会计师确认了每一目标的有效控制和薄弱环节，就要对每一目标的控制风险做出初步评估，通过制订计划确定对哪些控制实施控制测试。而对与这些目标有关的、旨在发现金额错误的交易实质性程序，则应根据对控制风险的初步评估和计划实施的控制测试加以确定。当注册会计师对每一项目标均制订了审计测试程序后，把这些审计测试程序综合起来即可构成一个能够有效执行的审计方案。

很显然，采购与付款循环的交易测试包括采购交易测试和付款交易测试两个部分。采购交易测试与本章前面讨论的八项主要业务活动中的前六项有关，即：请购商品、劳务，编制订购单，验收商品，储存已验收的商品，编制付款凭单，确认与记录债务。付款交易测试则涉及第七、第八两项业务活动：支付负债，记录现金、银行存款支出。

在第九章第二节中，我们以每项内部控制目标为出发点，比较详细地讨论了销售交易相关的内部控制。鉴于采购交易与销售交易无论在控制目标还是在关键内部控制方面，就原理而言大同小异，并且表10-2也比较容易理解，因此，以下仅就采购交易内部控制的特殊之处予以说明。

1. 适当的职责分离

如前所述，适当的职责分离有助于防止各种有意或无意的错误。与销售和收款交易一样，采购与付款交易也需要适当的职责分离。企业应当建立采购与付款交易的岗位责任制，明确相关部门和岗位的职责、权限，确保办理采购与付款交易的不相容岗位相互分离、制约和监督。采购与付款交易不相容岗位至少包括：请购与审批；询价与确定供应商；采购合同的订立与审批；采购与验收；采购、验收与相关会计记录；付款审批与付款执行。这些都是对企业提出的、有关采购与付款交易相关职责适当分离的基本要求，以确保办理采购与付款交易的不相容岗位相互分离、制约和监督。

2. 内部核查程序

企业应当建立对采购与付款交易内部控制的监督检查制度。采购与付款交易内部控制监督检查的主要内容通常包括：

(1) 采购与付款交易相关岗位及人员的设置情况。重点检查是否存在采购与付款交易不相容职务混岗的现象。

(2) 采购与付款交易授权批准制度的执行情况。重点检查大宗采购与付款交易的授权批准手续是否健全，是否存在越权审批的行为。

(3) 应付账款和预付账款的管理。重点审查应付账款和预付账款支付的正确性、时效性和合法性。

（4）有关单据、凭证和文件的使用和保管情况。重点检查凭证的登记、领用、传递、保管、注销手续是否健全，使用和保管制度是否存在漏洞。

二、固定资产的内部控制

在本教材的业务循环划分中，固定资产归属采购与付款循环，固定资产与一般的商品在内部控制和控制测试问题上固然有许多共性的地方，但固定资产还有其特殊性，有必要单独加以说明。

就许多从事制造业的被审计单位而言，固定资产在其资产总额中占有很大的比重，固定资产的购建会影响其现金流量，而固定资产的折旧、维修等费用则是影响其损益的重要因素。固定资产管理一旦失控，所造成的损失将远远超过一般的商品存货等流动资产。为了确保固定资产的真实、完整、安全和有效利用，被审计单位应当建立和健全固定资产的内部控制。

（一）固定资产的预算制度

预算制度是固定资产内部控制中最重要的部分。通常，大中型企业应编制旨在预测与控制固定资产增减和合理运用资金的年度预算；小规模企业即使没有正规的预算，对固定资产的购建也要事先加以计划。

（二）授权批准制度

完善的授权批准制度包括：企业的资本性预算只有经过董事会等高层管理机构批准方可生效；所有固定资产的取得和处置均需经企业管理层的书面认可。

（三）账簿记录制度

除固定资产总账外，被审计单位还需设置固定资产明细分类账和固定资产登记卡，按固定资产类别、使用部门和每项固定资产进行明细分类核算。固定资产的增减变化均应有充分的原始凭证。

（四）职责分工制度

对固定资产的取得、记录、保管、使用、维修、处置等，均应明确划分责任，由专门部门和专人负责。

（五）资本性支出和收益性支出的区分制度

企业应制定区分资本性支出和收益性支出的书面标准。通常需明确资本性支出的范围和最低金额，凡不属于资本性支出的范围、金额低于下限的任何支出，均应列作费用并抵减当期收益。

（六）固定资产的处置制度

固定资产的处置包括投资转出、报废、出售等，均要有一定的申请报批程序。

（七）固定资产的定期盘点制度

对固定资产的定期盘点，是验证账面各项固定资产是否真实存在、了解固定资产放置地点和使用状况以及发现是否存在未入账固定资产的必要手段。

(八) 固定资产的维护保养制度

固定资产应有严密的维护保养制度,以防其因各种自然和人为的因素而遭受损失,并应建立日常维护和定期检修制度,以延长其使用寿命。

严格地讲,固定资产的保险不属于企业固定资产的内部控制范围,但它作为一项针对企业重要资产的特别保障,往往对企业非常重要。

作为与固定资产密切相关的一个项目,在建工程项目有其特殊性。在建工程的内部控制通常包括以下内容:

1. 岗位分工与授权批准

(1) 企业应当建立工程项目业务的岗位责任制,明确相关部门和岗位的职责、权限,确保办理工程项目业务的不相容岗位相互分离、制约和监督。工程项目业务不相容岗位一般包括:项目建议、可行性研究与项目决策;概预算编制与审核;项目实施与价款支付;竣工决算与竣工审计。

(2) 企业应当对工程项目相关业务建立严格的授权批准制度,明确审批人的授权批准方式、权限、程序、责任及相关控制措施,规定经办人的职责范围和工作要求。审批人应当根据工程项目相关业务授权批准制度的规定,在授权范围内进行审批,不得超越审批权限。经办人应当在职责范围内,按照审批人的批准意见办理工程项目业务。对于审批人超越授权范围审批的工程项目业务,经办人有权拒绝办理,并及时向审批人的上级授权部门报告。

(3) 企业应当制定工程项目业务流程,明确项目决策、概预算编制、价款支付、竣工决算等环节的控制要求,并设置相应的记录或凭证,如实记载各环节业务的开展情况,确保工程项目全过程得到有效控制。

2. 项目决策控制

企业应当建立工程项目决策环节的控制制度,对项目建议书和可行性研究报告的编制、项目决策程序等做出明确规定,确保项目决策科学、合理。

3. 概预算控制

企业应当建立工程项目概预算环节的控制制度,对概预算的编制、审核等做出明确规定,确保概预算编制科学、合理。

4. 价款支付控制

企业应当建立工程进度价款支付环节的控制制度,对价款支付的条件、方式以及会计核算程序做出明确规定,确保价款支付及时、正确。

5. 竣工决算控制

企业应当建立竣工决算环节的控制制度,对竣工清理、竣工决算、竣工审计、竣工验收等做出明确规定,确保竣工决算真实、完整、及时。

6. 监督检查

企业应当建立对工程项目内部控制的监督检查制度,明确监督检查机构或人员的职责权限,定期或不定期地进行检查。检查内容主要包括:

(1) 工程项目业务相关岗位及人员的设置情况。

（2）工程项目业务授权批准制度的执行情况。
（3）工程项目决策责任制的建立及执行情况。
（4）概预算控制制度的执行情况。
（5）各类款项支付制度的执行情况。
（6）竣工决算制度的执行情况。

第三节　采购与付款循环的控制测试

在本节前面，我们提供了"采购交易的内部控制目标、关键内部控制和审计测试的关系表（表10-2）"，以内部控制目标和相关认定为起点，列示了相应的关键内部控制和常用控制测试程序，并就采购交易、付款交易和固定资产的内部控制进行了讨论。由于表10-2列示的采购交易的常用控制测试程序比较清晰，无须逐一解释，因此，下面仅仅讨论在实施采购与付款交易的控制测试时应当注意的一些内容。

（1）注册会计师应当通过控制测试获取支持将被审计单位的控制风险评价为中或低的证据。如果能够获取这些证据，注册会计师就可能接受较高的检查风险，并在很大程度上可以通过实施实质性分析程序获取进一步的审计证据，同时减少对采购与付款交易和相关余额实施细节测试的依赖。

（2）考虑到采购与付款交易控制测试的重要性，注册会计师通常对这一循环采用属性抽样审计方法。在测试该循环中的大多数属性时，注册会计师通常选择相对较低的可容忍误差。

（3）在本章第一节介绍的采购与付款交易涉及的八项主要业务活动中，前三项分别是请购商品和劳务、编制订购单、验收商品。注册会计师在实施控制测试时，应抽取请购单、订购单和商品验收单，检查请购单、订购单是否得到适当审批，验收单是否有相关人员的签名，订购单和验收单是否按顺序编号。

有些被审计单位的内部控制要求，应付账款记账员应定期汇总该期间生成的所有订购单并与请购单核对，编制采购信息报告。对此，注册会计师在实施控制测试时，应抽取采购信息报告，检查其是否已复核，如有不符，是否已经及时调查和处理。

（4）对于编制付款凭单、确认与记录负债这两项主要业务活动，被审计单位的内部控制通常要求应付账款记账员将采购发票所载信息与验收单、订购单进行核对，核对相符应在发票上加盖"相符"印戳。对此，注册会计师在实施控制测试时，应抽取订购单、验收单和采购发票，检查所载信息是否核对一致，发票上是否加盖了"相符"印戳。

有些被审计单位内部控制要求，每月月末，应付账款主管应编制应付账款账龄分析报告，其内容包括应付账款总额与应付账款明细账合计数以及应付账款明细账与供应商对账单的核对情况。如有差异，应付账款主管应立即进行调查，如调查结果表明需调整账务记录，则应编制应付账款调节表和调整建议。对此，注册会计师在实施控制测试时，应抽取应付账款调节表，检查调节项目与有效的支持性文件是否相符，以及是否与应付账款明细账相符。

（5）对于付款这项主要业务活动，有些被审计单位内部控制要求，由应付账款记账员负责编制付款凭证，并附相关单证，提交会计主管审批。在完成对付款凭证及相关单证的复核后，会计主管在付款凭证上签字，作为复核证据，并在所有单证上加盖"核销"印戳。对此，注册会计师在实施控制测试时，应抽取付款凭证，检查其是否经会计主管复核和审批，并检查款项支付是否得到适当人员的复核和审批。

（6）固定资产的内部控制测试。结合前面固定资产内部控制的讨论内容和顺序，注册会计师在对被审计单位的固定资产实施控制测试时应注意：

① 对于固定资产的预算制度，注册会计师应选取固定资产投资预算和投资可行性项目论证报告，检查是否编制预算并进行论证，以及是否经适当层次审批；对实际支出与预算之间的差异以及未列入预算的特殊事项，应检查其是否履行特别的审批手续。如果固定资产增减均能处于良好的经批准的预算控制之下，注册会计师即可适当减少针对固定资产增加、减少实施的实质性程序的样本量。

② 对于固定资产的授权批准制度，注册会计师不仅应检查被审计单位固定资产授权批准制度本身是否完善，还应选取固定资产请购单及相关采购合同，检查是否得到适当审批和签署，关注授权批准制度是否切实得到执行。

③ 对于固定资产的账簿记录制度，注册会计师应当认识到，一套设置完善的固定资产明细分类账和登记卡，将为分析固定资产的取得和处置、复核折旧费用和修理支出的列支带来帮助。

④ 对于固定资产的职责分工制度，注册会计师应当认识到，明确的职责分工制度，有利于防止舞弊，降低注册会计师的审计风险。

⑤ 对于资本性支出和收益性支出的区分制度，注册会计师应当检查该制度是否遵循企业会计准则的要求，是否适应被审计单位的行业特点和经营规模，并抽查实际发生与固定资产相关的支出时是否按照该制度进行恰当的会计处理。

⑥ 对于固定资产的处置制度，注册会计师应当关注被审计单位是否建立了有关固定资产处置的分级申请报批程序；抽取固定资产盘点明细表，检查账实之间的差异是否经审批后及时处理；抽取固定资产报废单，检查报废是否经适当批准和处理；抽取固定资产内部调拨单，检查调入、调出是否已进行适当处理；抽取固定资产增减变动情况分析报告，检查是否经复核。

⑦ 对于固定资产的定期盘点制度，注册会计师应了解和评价企业固定资产盘点制度，并应注意查询盘盈、盘亏固定资产的处理情况。

⑧ 对于固定资产的保险情况，注册会计师应抽取固定资产保险单盘点表，检查是否已办理商业保险。

（7）在建工程的内部控制测试。如果被审计单位的在建工程项目比较重要，占其资产总额的比重较大，则对在建工程项目的内部控制测试，注册会计师应注意把握以下几点：

① 对工程项目业务相关岗位及人员的设置情况，应重点检查是否存在不相容职务混岗的现象。

② 对工程项目业务授权批准制度的执行情况，应重点检查重要业务的授权批准手续是否健全，是否存在越权审批行为。

③ 对工程项目决策责任制的建立及执行情况,应重点检查责任制度是否健全,奖惩措施是否落实到位。

④ 对概预算控制制度的执行情况,应重点检查概预算编制的依据是否真实,是否按规定对概预算进行审核。

⑤ 对各类款项支付制度的执行情况,应重点检查工程款、材料设备款及其他费用的支付是否符合相关法规、制度和合同的要求。

⑥ 对竣工决算制度的执行情况,应重点检查是否按规定办理竣工决算、实施决算审计。

第四节　应付账款的审计

应付账款是企业在正常经营过程中,因购买材料、商品和接受劳务供应等经营活动而应付给供应商的款项。注册会计师应结合赊购交易进行应付账款的审计。

一、应付账款的审计目标

应付账款的审计目标一般包括:
(1) 确定资产负债表中记录的应付账款是否存在。
(2) 确定所有应当记录的应付账款是否均已记录。
(3) 确定资产负债表中记录的应付账款是否为被审计单位应当履行的现时义务。
(4) 确定应付账款是否以恰当的金额包括在财务报表中,与之相关的计价调整是否已恰当记录。
(5) 确定应付账款是否已按照企业会计准则的规定在财务报表中做出恰当的列报。

二、应付账款的实质性程序

(一) 获取或编制应付账款明细表

审计人员获取或编制表格后执行以下工作:
(1) 复核加计是否正确,并与报表数、总账数和明细账合计数核对是否相符。
(2) 检查非记账本位币应付账款的折算汇率及折算是否正确。
(3) 分析出现借方余额的项目,查明原因,必要时,建议做重分类调整。
(4) 结合预付账款、其他应付款等往来项目的明细余额,调查有无异常项目、异常余额或与购货无关的其他款项(如关联方账户或雇员账户),如有,应做出记录,必要时建议做调整。

(二) 根据被审计单位实际情况,对应付账款执行实质性分析程序

(1) 将期末应付账款余额与期初余额进行比较,分析波动原因。
(2) 分析长期挂账的应付账款,要求被审计单位做出解释,判断被审计单位是否缺乏偿债能力或利用应付账款隐瞒利润,并注意其是否可能无须支付。对确实无须支付的应付账款的会计处理是否正确,依据是否充分;关注账龄超过3年的大额应付账款在资产负债表日后是否偿付,检查偿付记录、单据及披露情况。

（3）计算应付账款与存货的比率，应付账款与流动负债的比率，并与以前年度相关比率对比分析，评价应付账款整体的合理性。

（4）分析存货和营业成本等项目的增减变动，判断应付账款增减变动的合理性。

（三）函证应付账款

一般情况下，并非必须函证应付账款，这是因为函证不能保证查出未记录的应付账款，况且注册会计师能够取得采购发票等外部凭证来证实应付账款的余额。但如果控制风险较高，某应付账款明细账户金额较大，则应考虑进行应付账款的函证。进行函证时，注册会计师应选择较大金额的债权人，以及资产负债表日金额不大甚至为零，但为被审计单位重要供应商的债权人作为函证对象。函证最好采用积极函证方式，并具体说明应付金额。与应收账款的函证一样，注册会计师必须对函证的过程进行控制，要求债权人直接回函，并根据回函情况编制与分析函证结果汇总表，对未回函的，应考虑是否再次函证。

如果存在未回函的重大项目，注册会计师应采用替代审计程序。例如，可以检查决算日后应付账款明细账及库存现金和银行存款日记账，核实其是否已支付，同时检查该笔债务的相关凭证资料，如合同、发票、验收单，核实应付账款的真实性。

（四）检查应付账款是否计入正确的会计期间，是否存在未入账的应付账款

（1）检查债务形成的相关原始凭证，如供应商发票、验收报告或入库单等，查找有无未及时入账的应付账款，确认应付账款期末余额的完整性。

（2）检查资产负债表日后应付账款明细账贷方发生额的相应凭证，关注其购货发票的日期，确认其入账时间是否合理。

（3）获取被审计单位与其供应商之间的对账单，并将对账单和被审计单位财务记录之间的差异进行调节（如在途款项、在途商品、付款折扣、未记录的负债等），查找有无未入账的应付账款，确定应付账款金额的准确性。

（4）针对资产负债表日后付款项目，检查银行对账单及有关付款凭证（如银行汇款通知、供应商收据等），询问被审计单位内部或外部的知情人员，查找有无未及时入账的应付账款。

（5）结合存货监盘程序，检查被审计单位在资产负债表日前后的存货入库资料（验收报告或入库单），检查是否有大额货到单未到的情况，确认相关负债是否计入了正确的会计期间。

如果注册会计师通过这些审计程序发现某些未入账的应付账款，应将有关情况详细计入审计工作底稿，并根据其重要性确定是否需建议被审计单位进行相应的调整。

例10-1　应付账款的审计

审计人员吴红在抽盘华恒公司存货时，发现盘盈塑钢板300000元。仓库保管员和会计人员均解释是因为未收到天星公司发票，所以未入账。吴红认为应该暂估入账。编制调整分类为：

借：原材料——塑钢板　300000
　　贷：应付账款——天星公司　300000

（五）检查真实偿付

针对已偿付的应付账款，追查至银行对账单、银行付款单据和其他原始凭证，检查其是否在资产负债表日前真实偿付。

（六）重大调整事项

针对异常或大额交易及重大调整事项（如大额的购货折扣或退回，会计处理异常的交易，未经授权的交易，以及缺乏支持性凭证的交易等），检查相关原始凭证和会计记录，以分析交易的真实性、合理性。

（七）债务重组及关联交易

被审计单位与债权人进行债务重组的，检查不同债务重组方式下的会计处理是否正确。标明应付关联方［包括持5%以上（含5%）表决权股份的股东］的款项，执行关联方及其交易审计程序，并注明合并报表时应予抵销的金额。

（八）恰当列报

审计人员检查应付账款是否已按照企业会计准则的规定在财务报表中做出恰当列报。一般来说，"应付账款"项目应根据"应付账款"和"预付账款"科目所属明细科目的期末贷方余额的合计数填列。

如果被审计单位为上市公司，则通常在其财务报表附注中应说明有无欠持有5%以上（含5%）表决权股份的股东账款；说明账龄超过3年的大额应付账款未偿还的原因，并在期后事项中反映资产负债表日后是否偿还。

第五节 固定资产的审计

固定资产是指同时具有下列两个特征的有形资产：①为生产商品、提供劳务、出租或经营管理而持有的。②使用寿命超过一个会计年度。这里的使用寿命是指企业使用固定资产的预计期间，或者该固定资产所能生产产品或提供劳务的数量。固定资产只有同时满足下列两个条件才能予以确认：①与该固定资产有关的经济利益很可能流入企业。②该固定资产的成本能够可靠地计量。

由于固定资产在企业资产总额中一般都占有较大的比例，固定资产的安全、完整对企业的生产经营影响极大，注册会计师应对固定资产的审计给予高度重视。

固定资产审计的范围很广。固定资产科目余额反映企业所有固定资产的原价，累计折旧科目余额反映企业固定资产的累计折旧数额，固定资产减值准备科目余额反映企业对固定资产计提的减值准备数额，固定资产项目余额由固定资产科目余额、扣除累计折旧科目余额和固定资产减值准备科目余额构成，这三项无疑属于固定资产的审计范围。除此之外，由于固定资产的增加包括购置、自行建造、投资者投入、融资租赁、更新改造、以非现金资产抵偿债务方式取得或以应收债权换入、以非货币性资产交换方式换入、经批准无偿调入、接受捐赠和盘盈等多种途径，所以相应涉及货币资金、应付账款、预付款项、在建工程、股本、资本公积、长期应付款、递延所得税负债等项目；企业的固定资产又因出售、报废、投资转出、捐赠转出、抵债转出、以非货币性资产交换方式换出、无偿调出、毁损和盘亏等原因而减少，与固定资产清理、其他应收款、营业外收入和营业外支出等项目有关；另外，企业按月计提固定资产折旧，这又与制造费用、销售费用、管理费用等项目联系在一起。因此，在进行固定资产审计时，应当关注这些相关项目。广义的固定资产审计范围，自然也包括这些相关项目在内。

一、固定资产的审计目标

固定资产的审计目标一般包括：确定资产负债表中记录的固定资产是否存在；确定所有应记录的固定资产是否均已记录；确定记录的固定资产是否由被审计单位拥有或控制；确定固定资产以恰当的金额包括在财务报表中，与之相关的计价或分摊已恰当记录；确定固定资产原价、累计折旧和固定资产减值准备是否已按照企业会计准则的规定在财务报表中做出恰当列报。

二、固定资产——账面余额的实质性程序

（一）获取或编制固定资产和累计折旧分类汇总表，检查固定资产的分类是否正确并与总账数和明细账合计数核对是否相符，结合累计折旧、减值准备科目与报表数，核对是否相符

固定资产和累计折旧分类汇总表又称一览表或综合分析表，是审计固定资产和累计折旧的重要工作底稿，其参考格式如表10－3所示。

表10－3 固定资产和累计折旧分类汇总表

被审计单位： 编制人： 日期：
项目时间： 复核人： 日期：

固定资产类别	固定资产				累计折旧				
	期初余额	本期增加	本期减少	期末余额	折旧方法	折旧率	期初余额	本期增加	本期减少	期末余额
合计										

汇总表包括固定资产与累计折旧两部分，应按照固定资产类别分别填列。需要解释的是"期初余额"栏，注册会计师对其审计应分三种情况：一是在连续审计情况下，应注意与上期审计工作底稿中的固定资产和累计折旧的期末余额审定数核对相符；二是在变更会计师事务所时，后任注册会计师应考虑查阅前任注册会计师有关审计工作底稿；三是如果被审计单位以往未经注册会计师审计，即在首次接受审计情况下，注册会计师应对期初余额进行较全面的审计，尤其是当被审计单位的固定资产数量多、价值高、占资产总额比重大时，最理想的方法是全面审计被审计单位设立以来延续至期初的"固定资产"和"累计折旧"账户中的所有重要的借贷记录。这样，既可核实期初余额的真实性，又可从中加深对被审计单位固定资产管理和会计核算工作的了解。

（二）对固定资产实施实质性分析程序

（1）基于对被审计单位及其环境的了解，通过进行以下比较，并考虑有关数据间关系的影响，建立有关数据的期望值：

① 分类计算本期计提折旧额与固定资产原值的比率，并与上期比较。

② 计算固定资产修理及维护费用占固定资产原值的比例，并进行本期各月间、本期与以前各期的比较。

（2）确定可接受的差异额。

（3）将实际情况与期望值相比较，识别需要进一步调查的差异。

（4）如果其差额超过可接受的差额，调查并获取充分的解释和恰当的佐证审计证据，如检查相关的凭证。

（5）评估实质性分析程序的测试结果。

（三）实地检查重要固定资产，确定其是否存在，关注是否存在已报废但仍未核销的固定资产

实施实地检查审计程序时，注册会计师可以以固定资产明细分类账为起点，进行实地追查，以证明会计记录中所列固定资产确实存在，并了解其目前的使用状况；也应考虑以实地为起点，追查至固定资产明细分类账，以获取实际存在的固定资产均已入账的证据。

当然，注册会计师实地检查的重点是本期新增加的重要固定资产，有时，观察范围也会扩展到以前期间增加的重要固定资产。观察范围的确定需要依据被审计单位内部控制的强弱、固定资产的重要性和注册会计师的经验来判断。如为首次接受审计，则应适当扩大检查范围。

例10-2　固定资产盘点

注册会计师张敏对华恒公司"固定资产"和"累计折旧"进行审计，在对固定资产实施了实地观察、检查审计程序后，做出了表10-4所示的盘点。

表10-4　固定资产账存数与盘点数

单位：元

固定资产名称	固定资产明细账	固定资产卡片	实存价值	每台单价
A	570000	570000	513000	57000
B	946000	946000	1032000	86000
C	351000	234000	351000	117000
D	72000	60000	60000	6000

要求：根据注册会计师张敏对华恒公司固定资产实地观察、检查的结果，分析可能存在的问题并提出审计意见（假定不存在舞弊情况）。

分析过程：

（1）A设备账、卡相符，但实物短缺1台，经过分析，可能存在以下情况：

① A设备报废1台，但未做会计处理，固定资产卡片也未注销。查明后，应当做相应处理，注销账、卡。

② 管理不善，设备被盗。如果确属此因，应当做出账务处理，并追究责任人的保管责任。

③ 设备出租，但没有记入"出租固定资产"账户。查明后，应当补记。

（2）B设备账、卡相符，但实物多出1台，经过分析，可能存在以下情况：

① B设备报废处理，固定资产卡片也已注销，但设备仍在使用。

② 购入固定资产时，未作为固定资产入账，但盘点时列入固定资产。查明后，应当对照其价值和使用年限，做出相应的调整和账务处理。

③ 经营租赁租入设备误作固定资产盘盈，查明后，将设备登记在备查簿中即可。

（3）C设备账、实相符，但卡片上少1台，经过分析，可能是购入时未登记卡片，补记卡片即可。

（4）D设备卡、实相符，但账上多2台，经过分析，可能是设备已经出售或报废，但未做账务处理。查明后应当做出账务处理，并将其注销。

（四）检查固定资产的所有权或控制权

对各类固定资产，注册会计师应获取、收集不同的证据以确定其是否确归被审计单位所有：对外购的机器设备等固定资产，通常经审核采购发票、采购合同等予以确定；对于房地产类固定资产，需查阅有关的合同、产权证明、财产税单、抵押借款的还款凭据、保险单等书面文件；对融资租入的固定资产，应验证有关融资租赁合同，证实其并非经营租赁；对汽车等运输设备，应验证有关运营证件等；对受留置权限制的固定资产，通常还应审核被审计单位的有关负债项目等予以证实。

（五）检查本期固定资产的增加

被审计单位如果不正确核算固定资产的增加，将对资产负债表和利润表产生长期的影响。因此，审计固定资产的增加，是固定资产实质性程序中重要内容。固定资产的增加有多种途径，审计中应注意：

（1）询问管理层当年固定资产的增加情况，并与获取或编制的固定资产明细表进行核对。

（2）检查本年度增加固定资产的计价是否正确，手续是否齐备，会计处理是否正确。

① 对于外购固定资产，通过核对采购合同、发票、保险单、发运凭证等资料，抽查测试其入账价值是否正确，授权批准手续是否齐备，会计处理是否正确；如果购买的是房屋建筑物，还应检查契税的会计处理是否正确；检查分期付款购买固定资产的入账价值及会计处理是否正确。

② 对于在建工程转入的固定资产，应检查在建工程转入固定资产的时点是否符合会计准则的规定，入账价值与在建工程的相关记录是否核对相符，是否与竣工决算、验收和移交报告等一致；对已经达到预定可使用状态，但尚未办理竣工决算手续的固定资产，检查其是

否已按估计价值入账，相关估价是否合理，并按规定计提折旧。

③ 对于投资者投入的固定资产，检查投资者投入的固定资产是否按投资各方确认的价值入账，并检查确认价值是否公允，交接手续是否齐全；涉及国有资产的，是否有评估报告并经国有资产管理部门评审备案或核准确认。

④ 对于更新改造增加的固定资产，检查通过更新改造而增加的固定资产，增加的原值是否符合资本化条件，是否真实，会计处理是否正确；重新确定的剩余折旧年限是否恰当。

⑤ 对于融资租赁增加的固定资产，获取融资租人固定资产的相关证明文件，检查融资租赁合同的主要内容，并结合长期应付款、未确认融资费用科目检查相关的会计处理是否正确。

⑥ 对于企业合并、债务重组和非货币性资产交换增加的固定资产，检查产权过户手续是否齐备，检查固定资产入账价值及确认的损益和负债是否符合规定。

⑦ 如果被审计单位为外商投资企业，检查其采购国产设备退还增值税的会计处理是否正确。

⑧ 对于通过其他途径增加的固定资产，应检查增加固定资产的原始凭证，核对其计价及会计处理是否正确，法律手续是否齐全。

（3）检查固定资产是否存在弃置费用，如果存在弃置费用，检查弃置费用的估计方法和弃置费用现值的计算是否合理，会计处理是否正确。

（六）检查本期固定资产的减少

固定资产的减少主要包括出售、向其他单位投资转出、向债权人抵债转出、报废、毁损、盘亏等。有的被审计单位在全面清查固定资产时，常常会出现固定资产账存实亡现象，这可能是由于固定资产管理或使用部门不了解报废固定资产与会计核算两者间的关系，擅自报废固定资产而未及时通知财务部门做相应的会计核算所致，这样势必造成财务报表反映失真。审计固定资产减少的主要目的就在于查明业已减少的固定资产是否已做适当的会计处理。其审计要点如下：

（1）结合固定资产清理科目，抽查固定资产账面转销额是否正确。

（2）检查出售、盘亏、转让、报废或毁损的固定资产是否经授权批准，会计处理是否正确。

（3）检查因修理、更新改造而停止使用的固定资产的会计处理是否正确。

（4）检查投资转出固定资产的会计处理是否正确。

（5）检查债务重组或非货币性资产交换转出固定资产的会计处理是否正确。

（6）检查转出的投资性房地产账面价值及会计处理是否正确。

（7）检查其他减少固定资产的会计处理是否正确。

（七）检查固定资产的后续支出

通过检查，判断与固定资产有关的后续支出是否满足资产确认条件；如不满足，该支出是否在该后续支出发生时计入当期损益。

（八）检查固定资产的租赁

企业在生产经营过程中，有时可能有闲置的固定资产供其他单位租用；有时由于生产经营的需要，又需租用固定资产。租赁一般分为经营租赁和融资租赁两种。

在经营租赁中，租入固定资产的企业按合同规定的时间交付一定的租金，享有固定资产的使用权，而固定资产的所有权仍属出租单位。因此，租入固定资产的企业的固定资产价值并未因此而增加，企业对以经营性租赁方式租入的固定资产，不在"固定资产"账户内核算，另设备查簿进行登记。而租出固定资产的企业，仍继续提取折旧，同时取得租金收入。检查经营性租赁时，应查明：

(1) 固定资产的租赁是否签订了合同、租约，手续是否完备，合同内容是否符合国家规定，是否经相关管理部门的审批。

(2) 租入的固定资产是否确属企业必需，或出租的固定资产是否确属企业多余、闲置不用的，双方是否认真履行合同，是否存在不正当交易。

(3) 租金收取是否签有合同，有无多收、少收现象。

(4) 租入固定资产有无久占不用、浪费损坏的现象；租出的固定资产有无长期不收租金、无人过问，是否有变相馈送、转让等情况。

(5) 租入固定资产是否已登入备查簿。

(6) 必要时，向出租人函证租赁合同及执行情况。

(7) 租入固定资产改良支出的核算是否符合规定。

在融资租赁中，租入企业在租赁期间，对融资租入的固定资产应按企业自有固定资产管理，并计提折旧，进行维修。如果被审计单位的固定资产中融资租赁占有相当大的比例，应当复核租赁协议，确定租赁是否符合融资租赁的条件，结合长期应付款、未确认融资费用等科目检查相关的会计处理是否正确（资产的入账价值、折旧、相关负债）。在审计融资租赁固定资产时，除可参照经营租赁固定资产检查要点以外，还应补充实施以下审计程序：

(1) 复核租赁的折现率是否合理。

(2) 检查租赁相关税费、保险费、维修费等费用的会计处理是否符合企业会计准则的规定。

(3) 检查融资租入固定资产的折旧方法是否合理。

(4) 检查租赁付款情况。

(5) 检查租入固定资产的成新程度。

(6) 检查融资租入固定资产发生的固定资产后续支出，其会计处理是否遵循自有固定资产发生的后续支出的处理原则。

(九) 检查其他例外情况

(1) 检查闲置固定资产，获取暂时闲置固定资产的相关证明文件，并观察其实际状况，检查是否已按规定计提折旧，相关的会计处理是否正确。

(2) 获取已提足折旧仍继续使用固定资产的相关证明文件，并做相应记录。

(3) 获取持有待售固定资产的相关证明文件，并做相应记录，检查对其预计净残值调整是否正确、会计处理是否正确。

(4) 检查固定资产保险情况，复核保险范围是否足够。

(5) 检查有无与关联方的固定资产购售活动，是否经适当授权，交易价格是否公允。

对于合并范围内的购售活动，记录应予合并抵销的金额。

（6）结合对银行借款等的检查，了解固定资产是否存在重大的抵押、担保情况。如存在，应取证，并做相应的记录，同时提请被审计单位做恰当披露。

（十）检查借款费用

对应计入固定资产的借款费用，应根据企业会计准则的规定，结合长短期借款、应付债券或长期应付款的审计，检查借款费用（借款利息、折溢价摊销、汇兑差额、辅助费用）资本化的计算方法和资本化金额，以及会计处理是否正确。

（十一）确定固定资产是否已按照企业会计准则的规定在财务报表中做出恰当列报

财务报表附注通常应说明固定资产的标准、分类、计价方法和折旧方法；融资租入固定资产的计价方法；固定资产的预计使用寿命和预计净残值；对固定资产所有权的限制及其金额（这一披露要求是指企业因贷款或其他原因而以固定资产进行抵押、质押或担保的类别、金额、时间等情况）；已承诺将为购买固定资产支付的金额；暂时闲置的固定资产账面价值（这一披露要求是指企业应披露暂时闲置的固定资产账面价值，导致固定资产暂时闲置的原因，如开工不足、自然灾害或其他情况等）；已提足折旧仍继续使用的固定资产账面价值；已报废和准备处置的固定资产账面价值。固定资产因使用磨损或其他原因而需报废时，企业应及时对其处置，如果其已处于处置状态而尚未转销时，企业应披露这些固定资产的账面价值。

如果被审计单位是上市公司，则通常应在其财务报表附注中按类别分项列示固定资产期初余额、本期增加额、本期减少额及期末余额；说明固定资产中存在的在建工程转入、出售、置换、抵押或担保等情况；披露通过融资租赁租入的固定资产每类租入资产的账面原值、累计折旧、账面净值；披露通过经营租赁租出的固定资产每类租出资产的账面价值。

三、累计折旧的审计

固定资产可以长期参加生产经营而仍保持其原有实物形态，但其价值将随着固定资产的使用而逐渐转移到生产的产品中，或构成经营成本或费用。这部分在固定资产使用寿命内，按照确定的方法对应计折旧额进行的系统分摊就是固定资产的折旧。

在不考虑固定资产减值准备的前提下，影响折旧的因素有折旧的基数（一般指固定资产的账面原价）、固定资产的残余价值和使用寿命三个方面。在考虑固定资产减值准备的前提下，影响折旧的因素则包括折旧的基数、累计折旧、固定资产减值准备、固定资产预计净残值和固定资产尚可使用年限五个方面。在计算折旧时，对固定资产的残余价值和清理费用只能人为估计；对固定资产的使用寿命，由于固定资产的有形和无形损耗难以准确计算，因而也只能估计；同样，对固定资产减值准备的计提也带有估计的成分。因此，固定资产折旧主要取决于企业根据其固定资产特点制定的折旧政策，在一定程度上具有主观性。

累计折旧的实质性程序通常包括：

（1）获取或编制累计折旧分类汇总表，复核加计是否正确，并与总账数和明细账合计数核对是否相符。

(2) 检查被审计单位制定的折旧政策和方法是否符合相关会计准则的规定，确定其所采用的折旧方法能否在固定资产预计使用寿命内合理分摊其成本，前后期是否一致，预计使用寿命和预计净残值是否合理。

(3) 复核本期折旧费用的计提和分配。

① 了解被审计单位的折旧政策是否符合规定，计提折旧的范围是否正确，确定的使用寿命、预计净残值和折旧方法是否合理；如采用加速折旧法，是否取得批准文件。

② 检查被审计单位折旧政策前后期是否一致。如果折旧政策或者相关会计估计（如使用寿命、预计净残值）有变更，确认变更理由是否合理；如果没有变更，是否存在需要提请被审计单位关注的对折旧政策或者会计估计产生重大影响的事项（如重大技术更新或者设备使用环境的恶化等）。

③ 复核本期折旧费用的计提是否正确。

a. 已计提部分减值准备的固定资产，计提的折旧是否正确。按照《企业会计准则第4号——固定资产》的规定，已计提减值准备的固定资产的应计折旧额应当扣除已计提的固定资产减值准备累计金额，按照该固定资产的账面价值以及尚可使用寿命重新计算确定折旧率和折旧额。

b. 已全额计提减值准备的固定资产，是否已停止计提折旧。

c. 因更新改造而停止使用的固定资产是否已停止计提折旧，因大修理而停止使用的固定资产是否照提折旧。

d. 对按规定予以资本化的固定资产装修费用是否在两次装修期间与固定资产尚可使用年限两者中较短的期间内，采用合理的方法单独计提折旧，并在下次装修时将该项固定资产装修余额一次全部计入了当期营业外支出。

e. 对融资租入固定资产发生的、按规定可予以资本化的固定资产装修费用，是否在两次装修期间、剩余租赁期与固定资产尚可使用年限三者中较短的期间内，采用合理的方法单独计提折旧。

f. 对采用经营租赁方式租入的固定资产发生的改良支出，是否在剩余租赁期与租赁资产尚可使用年限两者中较短的期间内，采用合理的方法单独计提折旧。

g. 未使用、不需用和暂时闲置的固定资产是否按规定计提折旧。

h. 持有待售的固定资产折旧处理是否符合规定。

④ 检查折旧费用的分配方法是否合理，是否与上期一致；分配计入各项目的金额占本期全部折旧计提额的比例与上期比较是否有重大差异。

⑤ 注意固定资产增减变动时，有关折旧的会计处理是否符合规定，查明通过更新改造、接受捐赠或融资租入而增加的固定资产的折旧费用计算是否正确。

(4) 将"累计折旧"账户贷方的本期计提折旧额与相应的成本费用中的折旧费用明细账户的借方相比较，以查明所计提折旧金额是否已全部摊入本期产品成本或费用。若存在差异，应追查原因，并考虑是否应建议做适当调整。

(5) 检查累计折旧的减少是否合理、会计处理是否正确。

(6) 确定累计折旧的披露是否恰当。

如果被审计单位是上市公司,通常应在其财务报表附注中按固定资产类别分项列示累计折旧期初余额、本期计提额、本期减少额及期末余额。

例 10-3 累计折旧的审计

注册会计师张敏对华恒公司 2016 年年底财务报表进行审计。在审查固定资产业务时,发现"累计折旧"账户上 1—6 月每月计提折旧 64000 元,而 7—12 月多计提折旧 236000 元。而相应的"固定资产"账面记录没有变动,本年度内固定资产原值没有发生增减变动。这些情况引起了张敏的注意。

经过进一步的审查,张敏发现引起 7—12 月折旧费用增加的原因为:

(1) 华恒公司为提前收回投资,加速设备更新,从 7 月起将折旧方法从年限平均法改为双倍余额递减法,7—12 月份多提折旧 56000 元(管理用固定资产)。

(2) 华恒公司 6 月底经营租入 2 台机器设备计提折旧,7—12 月多计提折旧 180000 元。

要求:分析华恒公司的业务处理。假设不考虑所得税、递延所得税资产、递延所得税负债,应如何处理。

分析过程:

会计准则规定:企业在某一会计年度内不能随意变更折旧方法,如果确实需要变更,应当在会计报表附注中披露这一事项,披露折旧方法变更的原因以及对会计报表的影响。

华恒公司对经营租入固定资产计提折旧,这是不符合会计准则规定的。企业会计准则规定:以经营租入固定资产不计提折旧,只在固定资产备查簿中登记即可。

经过以上分析,可以认为华恒公司对固定资产计提折旧业务具有一定的随意性,会计处理不规范;也有可能是经过企业管理部门授意,加大折旧费用,降低盈利水平。

张敏应当做出如下处理:

(1) 对折旧方法的改变应当进一步调查公司改变的原因,可以通过向华恒公司相关会计人员和管理部门询问的方法来进行。如果认为公司没有必要或无充分理由改变折旧方法,则应提请华恒公司做如下账务处理:

借:管理费用　　56000
　　贷:固定资产——累计折旧　　56000

如果注册会计师张敏认为企业确有必要改变折旧方法,则应提请华恒公司在会计报表负债中披露。

(2) 对于以经营租赁方式租入的固定资产,应当提请华恒公司做出如下调整:

借:管理费用　　18000
　　贷:固定资产——累计折旧　　18000

四、固定资产减值准备的审计

固定资产的可收回金额低于其账面价值称为固定资产减值。这里的可收回金额应当根据固定资产的公允价值减去处置费用后的净额与资产预计未来现金流量的现值两者之间的较高者确定。这里的处置费用包括与固定资产处置有关的法律费用、相关税费、搬运费以及为使固定资产达到可销售状态所发生的直接费用等。

企业应当在资产负债表日判断固定资产是否存在可能发生减值的迹象。根据《企业会计准则第8号——资产减值》的规定，如存在下列迹象，表明固定资产可能发生了减值：

（1）固定资产的市价当期大幅度下跌，其跌幅明显高于因时间的推移或正常使用而预计的下跌。

（2）企业经营所处的经济、技术或者法律等环境以及固定资产所处的市场在当期或者将在近期发生重大变化，从而对企业产生不利影响。

（3）市场利率或者其他市场投资回报率在当期已经提高，从而影响企业计算固定资产预计未来现金流量现值的折现率，导致固定资产可收回金额大幅度降低。

（4）有证据表明固定资产陈旧、过时或者其实体已经损坏。

（5）固定资产已经或者将被闲置、终止使用或计划提前处置。

（6）企业内部报告的证据表明固定资产的经济绩效已经低于或者将低于预期，如固定资产所创造的净现金流量或者实现的营业利润（或损失）远远低于（或高于）预计金额等。

（7）其他表明固定资产可能已经发生减值的迹象。

如果由于该固定资产存在上述迹象，导致其可收回金额低于账面价值的，应当将固定资产的账面金额减计至可收回金额，将减计的金额确认为固定资产减值损失，计入当期损益，同时计提相应的固定资产减值准备。

固定资产减值准备的实质性程序一般包括：

（1）获取或编制固定资产减值准备明细表，复核加计是否正确，并与总账数和明细账合计数核对是否相符。

（2）检查被审计单位计提固定资产减值准备的依据是否充分，会计处理是否正确。

（3）获取闲置固定资产的清单，并观察其实际状况，识别是否存在减值迹象。

（4）检查资产组的认定是否恰当，计提固定资产减值准备的依据是否充分，会计处理是否正确。

（5）计算本期末固定资产减值准备占期末固定资产原值的比率，并与期初该比率比较，分析固定资产的质量状况。

（6）检查被审计单位处置固定资产时原计提的减值准备是否同时结转，会计处理是否正确。

（7）检查是否存在转回固定资产减值准备的情况。按照《企业会计准则》的规定，固定资产减值损失一经确认，在以后会计期间不得转回。

（8）确定固定资产减值准备的披露是否恰当。

如果企业计提了固定资产减值准备，根据《企业会计准则第8号——资产减值》的规定，企业应当在财务报表附注中披露：①当期确认的固定资产减值损失金额。②企业计提的固定资产减值准备累计金额。如果发生重大固定资产减值损失，还应当说明导致重大固定资产减值损失的原因，固定资产可收回金额的确定方法，以及当期确认的重大固定资产减值损失的金额。

如果被审计单位是上市公司，其财务报表附注中通常还应分项列示计提的固定资产减值准备金额、增减变动情况以及计提的原因。

思考题

1. 采购与付款循环的关键内部控制有哪些？如何进行控制测试？
2. 采购发票与供应商对账单这两种审计证据哪种更具有可靠性？在验证应付账款余额时哪种作为审计证据更妥当？为什么？
3. 如何查出未入账的应付账款？
4. 应收账款函证和应付账款函证是否同样重要？有何异同？
5. 固定资产内部控制有哪些？

第十一章

生产与存货循环审计

第一节 生产与存货循环的特点

生产活动通常由原材料转化为产成品的有关活动组成,包括制订生产计划,生产制造,控制,保存存货等有关交易事项,涉及领料、生产加工、存储产成品等主要环节。生产活动常常伴随着存货的不同形态的变化。本节包括三部分内容:一是本循环涉及的主要凭证与会计记录;二是生产循环涉及的主要账户;三是本循环涉及的主要业务活动。

一、本循环涉及的主要凭证与会计记录

以制造业为例,生产与存货循环由将原材料转化为产成品的有关活动组成。该循环包括制订生产计划,控制、保持存货水平以及与制造过程有关的交易和事项,涉及领料、生产加工、销售产成品等主要环节。生产与存货循环所涉及的凭证和记录主要包括以下几方面内容:

(一)生产指令

生产指令又称"生产任务通知单"或"生产通知单",是企业下达制造产品等生产任务的书面文件,用以通知供应部门组织材料发放,生产车间组织产品制造,会计部门组织成本计算。广义的生产指令也包括用于指导产品加工的工艺规程,如机械加工企业的"路线图"等。

(二)领发料凭证

领发料凭证是企业为控制材料发出所采用的各种凭证,如材料发出汇总表、领料单、限额领料单、领料登记簿、退料单等。

（三）产量和工时记录

产量和工时记录是登记工人或生产班组在出勤时间内完成产品数量、质量和生产这些产品所耗费工时数量的原始记录。产量和工时记录的内容与格式是多种多样的，在不同的生产企业中，甚至在同一企业的不同生产车间中，由于生产类型不同而采用不同格式的产量和工时记录。常见的产量和工时记录主要有工作通知单、工序进程单、工作班产量报告、产量通知单、产量明细表、废品通知单等。

（四）工薪汇总表及工薪费用分配表

工薪汇总表是为了反映企业全部工薪的结算情况，并据以进行工薪总分类核算和汇总整个企业工薪费用而编制的，它是企业进行工薪费用分配的依据。工薪费用分配表反映了各生产车间各产品应负担的生产工人工薪及福利费。

（五）材料费用分配表

材料费用分配表是用来汇总反映各生产车间各产品所耗费的材料费用的原始记录。

（六）制造费用分配汇总表

制造费用分配汇总表是用来汇总反映各生产车间各产品所应负担的制造费用的原始记录。

（七）成本计算单

成本计算单是用来归集某一成本计算对象所应承担的生产费用，计算该成本计算对象的总成本和单位成本的记录。

（八）存货明细账

存货明细账是用来反映各种存货增减变动情况和期末库存数量及相关成本信息的会计记录。

二、生产循环涉及的主要账户

生产循环涉及的主要账户如表 11-1 所示。

表 11-1 生产循环涉及的主要账户

资产负债表	利润表
存货 存货跌价准备 应付职工薪酬 制造费用	营业成本

制造企业既有商品流通，又有相关成本流动。当存货在企业中流动时，应对其实物流动和成本流动加以足够的控制（图 11-1）。采购与付款循环、人力资源与工薪循环之间的关系可以通过原材料、直接人工和制造费用 T 型账户的借方清楚地看出。

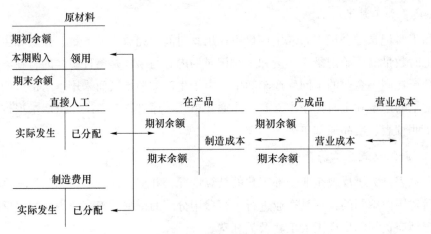

图 11-1 商品实物流动和存货成本流动示意图

三、本循环涉及的主要业务活动

同样以制造业为例,生产与存货循环所涉及的主要业务活动包括计划和安排生产、发出原材料、生产产品、核算产品成本、储存产成品、发出产成品等。上述业务活动通常涉及以下部门:生产计划部门、仓库部门、生产部门、人事部门、销售部门、会计部门等。

(一) 计划和安排生产

生产计划部门的职责是根据客户订购单或者对销售预测和产品需求的分析来决定生产授权。如决定授权生产,即签发预先顺序编号的生产通知单。该部门通常应将发出的所有生产通知单按顺序编号并加以记录控制。此外,通常该部门还需编制一份材料需求报告,列示所需要的材料和零件及其库存。

(二) 发出原材料

仓库部门的责任是根据生产部门的领料单发出原材料。领料单上必须列示所需的材料数量和种类,以及领料部门的名称。领料单可以一料一单,也可以多料一单,通常需一式三联。仓库发料后,将其中一联连同材料交给领料部门,一联留在仓库登记材料明细账,一联交会计部门进行材料收发核算和成本核算。

(三) 生产产品

生产部门在收到生产通知单及领取原材料后,便将生产任务分解到每一个生产工人,并将所领取的原材料交给生产工人,据以执行生产任务。生产工人在完成生产任务后,将完成的产品交生产部门查点,然后转交检验员验收并办理入库手续;或是将所完成的产品移交下一个部门,做进一步加工。

(四) 核算产品成本

为了正确核算并有效控制产品成本,必须建立健全成本会计制度,将生产控制和成本核算有机结合在一起。一方面,生产过程中的各种记录、生产通知单、领料单、计工单、入库单等文件资料都要汇集到会计部门,由会计部门对其进行检查和核对,了解和控制生产过程中存货的实物流转;另一方面,会计部门要设置相应的会计账户,会同有关部门对生产过程中的成本进行核算和控制。成本会计制度可以非常简单,只是在期末记录存货余额;也可以是完善的标准成本制度,持续地记录所有材料处理、在产品和产成品,并形成对成本差异的分析报告。完善的成本会计制度应该提供原材料转为在产品,在产品转为产成品,以及按成本中心、分批次生产任务通知单或生产周期所消耗的材料、人工和间接费用的分配与归集的详细资料。

（五）储存产成品

产成品入库,须由仓库部门先行点验和检查,然后签收。签收后,将实际入库数量通知会计部门。据此,仓库部门确立了本身应承担的责任,并对验收部门的工作进行验证。除此之外,仓库部门还应根据产成品的品质特征分类存放,并填制标签。

（六）发出产成品

产成品的发出须由独立的发运部门进行。装运产成品时必须持有经有关部门核准的发运通知单,并据此编制出库单。出库单一般为一式四联,一联交仓库部门,一联由发运部门留存,一联送交顾客,一联作为给顾客开发票的依据。

生产循环涉及的主要业务环节、部门、凭证、控制措施如表11-2所示。

表11-2 生产循环涉及的主要业务环节、部门、凭证、控制措施

业务环节	执行部门	凭证或账簿	控制措施
1. 计划安排生产	生产计划	生产通知单、材料需求报告	预先顺序编号
2. 发出原材料	仓库	领料单	一式三联：生产、仓库、财务
3. 生产产品	生产	生产通知单	生产依据
		领料单	直接材料
		计工单	直接人工、制造费用
		入库单	完工产品产量
4. 验收产品	验收	验收单	验收数量、质量，交接产品
5. 核算产品成本	财务	工薪费用分配表 材料费用分配表 制造费用分配表	根据：生产通知单 领发料凭证 产量和工时记录	编制：工薪费用分配表 材料费用分配表 制造费用分配表
6. 储存产成品	仓库	入库单、存货明细账	点验，在验收单上签收，填制存货标签
7. 发出产成品	发运	销售单、出库单	出库单一式四联：留底、入库、提货、开票

第二节 生产与存货循环的内部控制和控制测试

一、生产与存货交易的内部控制

总体上看,生产与存货循环的内部控制主要包括存货的内部控制和成本会计制度的内部控制两项内容。

关于存货的内部控制,需要做两个方面的说明:一方面,如前所述,由于生产与存货循环与其他业务循环的内在联系,生产与存货循环中某些审计测试,特别是对存货的审计测试,与其他相关业务循环的审计测试同时进行将更为有效。例如,原材料的取得和记录是作为采购与付款循环的一部分进行测试的,而装运产成品和记录营业收入与成本则是作为销售与收款循环审计的一部分进行测试的。这些在前面相应章节已经结合其他循环作了介绍,不再赘述。另一方面,尽管不同的企业对其存货可能采取不同的内部控制,但从根本上说,均可概括为存货的数量和计价两个关键因素的控制,这将在本章第三节中分别予以阐述。基于上述原因,本节对生产与存货循环的内部控制的讨论,以及对以控制目标和认定为起点的相关控制测试的讨论,主要关注成本会计制度,较少涉及存货方面的相关内容。

表 11-3 列示了生产与存货循环的风险、存在的内部控制及控制测试程序。

表 11-3 生产与存货循环的风险、存在的内部控制及控制测试程序

可能发生错报的环节	相关财务报表项目及认定	存在的内部控制 (自动)	存在的内部控制 (人工)	内部控制测试程序
发出原材料				
原材料的发出可能未经授权	生产成本:发生		所有领料单由生产主管签字批准,仓库管理员凭经批准的领料单发出原材料	选取原材料,检查是否有生产主管的签字授权
发出的原材料可能未正确记入相应产品的生产成本中	生产成本:准确性	领料单信息输入系统时须输入对应的生产任务单编号和所生产产品代码,每月月末系统自动归集生成材料成本明细表	生产主管每月月末将生产任务单及相关领料单存根联与材料明细表进行核对,调查差异并处理	检查生产主管核对材料明细表的记录,并询问核对过程及结果
记录人工成本				
生产工人的人工成本可能未得到准确反映	生产成本:准确性	所有员工有专属员工代码和部门代码,员工的考勤记录记入相应员工代码	人事部每月编制工薪费用分配表,按员工所属部门将工薪费用分配至生产成本、制造费用、管理费用和销售费用,经财务经理复核后入账	检查系统中员工的部门代码设置是否与其实际职责相符。询问并检查财务经理复核工资费用分配表的过程和记录

续表

			记录制造费用		
发生的制造费用可能未得到完整归集	制造费用：完整性	系统根据输入的成本和费用代码自动识别制造费用并进行归集	成本会计每月复核系统生成的制造费用明细表并调整异常波动。必要时由财务经理批准进行调整	检查系统自动归集设置是否符合有关成本和费用的性质，是否合理。询问并检查成本会计复核制造费用明细表的过程和记录，检查财务经理对调整制造费用分录的批准记录	
			计算产品成本		
生产成本和制造费用在不同产品之间、产品和产成品之间的分配可能不正确	存货：计价和分摊 营业成本：准确性		成本会计执行产品成本核算日常成本核算，财务经理每月月末审核产品成本计算表及相关资料（原材料成本核算表、工薪费用分配表、制造费用分配表等），并调查异常原因	询问财务经理如何执行复核及调查。选取产品成本计算表及相关资料，检查财务经理的复核记录	
			产成品入库		
已完工产品的生产成本可能没有转移到产品成本中					
发出产成品	存货：计价和分摊	系统根据当月输入的产成品入库单和出库单信息自动生成产成品信息表	成本会计将产成品入库数量与当月成本计算表中结转的产成品成本对应的数据进行核对	询问和检查成本会计将产成品收发存报表与成本计算表进行核对的过程和记录	
销售发出的产成品的成本可能没有准确转入营业成本	存货：计价和分摊 营业成本：准确性	系统根据确认的营业收入所对应的售出产品自动结转营业成本	财务经理和总经理每月对毛利率进行比较分析，对异常波动进行调查和处理	检查系统设置的自动结转功能是否正常运行，成本结转方式是否符合公司成本核算政策。询问和检查财务经理和总经理进行毛利率分析的过程和记录，并对异常波动的调查和处理结果进行核实	

续表

			盘点存货	
存货可能被盗或因材料领用/产品销售未入账而出现账实不符	存货：存在		仓库保管员每月月末盘点存货并与仓库台账核对并调节一致；成本会计监督其盘点与核对并抽取部分存货复盘。每年年末盘点所有存货并根据盘点结果分析盘盈盘亏并进行账面调整	
			计提存货跌价准备	
可能存在残冷背次的存货，影响存货的价值	存货：计价和分摊资产减值损失；完整性	系统根据存货入库日期自动统计货龄，每月月末生成存货货龄分析表	财务部根据系统生成的存货货龄分析表，结合生产和仓储部门上报的存货损毁情况及存货盘点中对存货状况的检查结果，计提存货减值准备，报总经理审核批准后入账	询问财务经理识别减值风险并确定减值准备的过程，检查总经理的复核批准记录

表 11-3 列示的是生产与存货循环一些较为常见的内部控制和相应的控制测试程序，目的在于帮助注册会计师根据具体情况设计能够实现审计目标的控制测试。该表未包含所有的内部控制和内部控制测试，也并不意味着审计实务应当按此执行。被审计单位行业不同、规模不同、内部控制制度的设计和执行方式不同，以前期间接受审计情况也各不相同。同时，受审计时间、成本的限制，注册会计师除了确保审计质量、效果外，还需要提高审计效率，尽可能地消除重复的测试程序，保证检查某一凭证时能够一次完成对该凭证的全部审计测试程序，并按最有效的顺序实施审计测试。因此，在审计实务中，注册会计师需要从实际出发，设计适合被审计单位具体情况的、高效的、实用的控制测试计划。

二、控制测试

（一）生产产品

通常根据经审批的月度生产计划书，由生产计划经理签发预先按顺序编号的生产通知单。实施控制测试时，应抽取生产通知单，检查是否与月度生产计划书中的内容一致。

（二）发出原材料

（1）仓库管理员应把领料单编号、领用数量、规格等信息输入计算机系统，经仓储负责人复核并以电子签名方式确认后，系统自动更新材料明细台账。

控制测试时应当：抽取出库单及相关的领料单，检查是否正确输入并经适当层次复核。

(2) 原材料仓库分别于每月、每季和年度终了，对原材料存货进行盘点，会计部门对盘点结果进行复盘。由仓库管理员编写原材料盘点明细表，发现差异及时处理，经仓储负责人、财务负债人和生产负责人复核后调整入账。

控制测试时应当抽取原材料盘点明细表并检查是否经适当层次复核、有关差异是否得到处理。

(三) 成本核算

(1) 生产成本记账员应根据原材料出库单，编制原材料领用凭证，与计算机系统自动生成的生产记录日报表核对材料耗用和流转信息；由会计主管审核无误后，生成记账凭证并过账至生产成本及原材料明细账和总分类账。

控制测试时应当：抽取原材料领用凭证，检查是否与原材料出库单（原材料领用凭证的编制依据）生产记录日报表一致，是否经适当审核，如有差异是否及时处理；抽取核对记录，检查差异是否已得到处理（尽管内控中没有明确强调差异处理，但控制测试仍然特别关注差异是否得到处理）。

(2) 每月末，由生产车间与仓库核对原材料、半成品、产成品的转出和转入记录，如有差异，仓库管理员应编制差异分析报告，经仓储负责人和生产负责人签字确认后交会计部门调整。

控制测试时应当：抽取生产成本结转凭证，检查与支持性文件是否一致并经适当复核；抽取差异分析报告，检查是否经仓储负责人和生产负责人签字共同签字确认，并追踪是否由会计部门进行恰当调整。

(3) 每月末，由计算机系统对生产成本中各项组成部分进行归集，按照预设的分摊公式和方法，自动将当月发生的生产成本在完工产品和在产品中按比例分配，同时，将完工产品成本在各不同产品类别中分配，由此生成产品成本计算表和生产成本分配表。由生产成本记账员编制成生产成本结转凭证，经会计主管审核批准后进行账务处理。

控制测试时应当：验证预设的分摊公式和方法是否存在变更，变更是否经适当审批，必要时考虑利用计算机专家的工作。抽取产成品结转凭证，检查是否经会计主管审核，审核发现的差异是否得以纠正。

第三节　存货审计

一、存货审计的特点

《企业会计准则第1号——存货》指出，存货是指企业在日常活动中持有的以备出售的产成品或商品、处在生产过程中的在产品、在生产过程或提供劳务过程中耗用的材料和物料等。

在通常情况下，存货对企业经营特点的反映能力强于其他资产项目。存货对于生产制造业、贸易行业一般十分重要。通常，存货的重大错报对于财务状况和经营成果都会产生直接的影响。审计中许多复杂和重大的问题都与存货有关。存货、产品生产和销售成本构成了会计、审计乃至企业管理中最为普遍、重要和复杂的问题。

存货审计，尤其是对年末存货余额的测试，通常是审计中最复杂也最费时的部分。对存货存在和存货价值的评估常常十分困难。

（一）导致存货审计复杂的主要原因

（1）存货通常是资产负债表中的一个主要项目，而且通常是构成营运资本的最大项目。

（2）存货存放于不同的地点，这使得对它的实物控制和盘点都很困难。企业必须将存货置放于便于产品生产和销售的地方，这种分散带来了审计的困难。

（3）存货项目的多样性也给审计带来了困难。例如，化学制品、宝石、电子元件以及其他高科技产品。

（4）存货本身的陈旧以及存货成本的分配使得存货的估价存在困难。

（5）不同企业采用的存货计价方法多样。

存货对于企业的重要性、存货问题的复杂性以及存货与其他项目密切的关联度，要求注册会计师对存货项目的审计予以特别的关注。相应地，实施存货项目审计的注册会计师应具备较高的专业素质和相关业务知识，能够分配较多的审计工时、运用多种有针对性的审计程序。

（二）存货审计的内容

存货审计涉及数量和单价两个方面。

（1）针对存货数量的实质性程序主要是存货监盘，包括对第三方保管的存货实施函证等程序，对在途存货检查相关凭证和期后入库记录等。

（2）针对存货单价的实质性程序包括对购买和生产成本的审计程序和对存货可变现净值的审计程序。其中原材料成本的计量较为简单，通常通过对采购成本的审计进行测试，在产品和产成品的单价较为复杂，包括测试原材料成本、人工成本和制造成本的归集和分摊。

二、存货审计的目标

（1）账面存货余额对应的实物是否真实存在。

（2）属于被审计单位的存货是否均已入账。

（3）存货是否属于被审计单位。

（4）存货单位成本的计量是否准确。

（5）存货的账面价值是否可以实现。

三、存货审计的一般审计程序

（一）获取年末存货余额明细表

（1）复核单项存货金额的计算（单位成本与数量）和明细表的加总计算是否准确。

（2）将本年末存货余额与上年末存货余额进行比较，总体分析变动原因。

（二）实施实质性分析程序

存货的实质性分析程序中较常见的是对存货周转天数的实质性分析程序：

存货周转天数 = 360/存货周转次数 = 360/销售成本×年初年末存货平均余额

（1）根据对被审计单位的经营活动、实际经营情况、市场情况、行业惯例和行业现状的了解，确定存货周转天数的期望值。

（2）根据对本期存货余额组成、存货采购情况等的了解，确定可接受的重大差异额。

（3）计算实际存货周转天数和预期周转天数之间的差异。

（4）通过询问管理层和相关员工，调查存在重大差异额的原因，并评估差异是否存在重大错报风险，是否需要设计恰当的细节测试程序以识别和应对重大错报风险。

（三）存货监盘

存货监盘是审计人员现场监督被审计单位各种存货的盘点，并进行适当的抽查。存货监盘程序是审计人员在参加被审计企业的存货盘点过程中所实施的抽查盘点和观察工作。实施存货实物监盘的目的是确定被审计企业存货是否真实存在，且计量和记录程序的运作是否有效。

（四）存货计价测试

存货计价测试的目的是确认存货的计价和分摊认定是否存在错报，即期末存货金额是否正确。存货计价测试的重点是对存货单位成本进行测试。

四、存货监盘

（一）存货监盘的作用

如果存货对财务报表是重要的，注册会计师应当实施下列审计程序，对存货的存在和状况获取充分、适当的审计证据：

（1）在存货盘点现场实施监盘（除非不可行）。

（2）对期末存货记录实施审计程序，以确定其是否准确反映实际的存货盘点结果。在存货盘点现场实施监盘时，注册会计师应当实施下列审计程序：

① 评价管理层用以记录和控制存货盘点结果的指令和程序。

② 观察管理层制定的盘点程序的执行情况。

③ 检查存货。

④ 执行抽盘。

存货监盘的相关程序可以用作控制测试或者实质性程序。注册会计师可以根据风险评估结果、审计方案和实施的特定程序做出判断。例如，如果只有少数项目构成了存货的主要部分，注册会计师可能选择将存货监盘用作实质性程序。

需要说明的是，尽管实施存货监盘，获取有关期末存货数量和状况的充分、适当的审计证据是注册会计师的责任，但这并不能取代被审计单位管理层定期盘点存货、合理确定存货的数量和状况的责任。事实上，管理层通常制定程序，对存货每年至少进行一次实物盘点，以作为编制财务报表的基础，并用以确定被审计单位永续盘存制的可靠性（如适用）。

存货监盘针对的主要是存货的存在认定和完整性认定，注册会计师监盘存货的目的在于获取有关存货数量和状况的审计证据。此外，注册会计师还可能在存货监盘中获取有关存货所有权的部分审计证据。例如，如果注册会计师在监盘中注意到某些存货已经被法院查封，需要考虑被审计单位对这些存货的所有权是否受到了限制。但如《〈中国注册会计师审计准则第1311号——对存货、诉讼和索赔、分部信息等特定项目获取审计证据的具体考虑〉应用指南》第6段所述，存货监盘本身并不足以供注册会计师确定存货的所有权，注册会计师可能需要执行其他实质性审计程序以应对所有权认定的相关风险。

（二）存货监盘计划

1. 制订存货监盘计划的基本要求

注册会计师应当根据被审计单位存货的特点、盘存制度和存货内部控制的有效性等情况，在评价被审计单位管理层制定的存货盘点程序的基础上，编制存货监盘计划，对存货监盘做出合理安排。

有效的存货监盘需要制订周密、细致的计划。为了避免误解并有助于有效地实施存货监盘，注册会计师通常需要与被审计单位就存货监盘等问题达成一致意见。因此，注册会计师首先应当充分了解被审计单位存货的特点、盘存制度和存货内部控制的有效性等情况，并考虑获取、审阅和评价被审计单位预定的盘点程序。存货存在与完整性的认定具有较高的重大错报风险，而且注册会计师通常只有一次机会通过存货的实地监盘对有关认定做出评价。根据计划过程所搜集到的信息，有助于注册会计师合理确定参与监盘的地点以及存货监盘的程序。

2. 制订存货监盘计划应考虑的相关事项

在编制存货监盘计划时，注册会计师需要考虑以下事项：

（1）与存货相关的重大错报风险。存货通常具有较高水平的重大错报风险，影响重大错报风险的因素具体包括存货的数量和种类、成本归集的难易程度、陈旧过时的速度或易损坏程度、遭受失窃的难易程度。由于制造过程和成本归集制度的差异，制造企业的存货与其他企业（如批发企业）的存货相比往往具有更高的重大错报风险，对于注册会计师的审计工作而言则更具复杂性。外部因素也会对重大错报风险产生影响。例如，技术进步可能导致某些产品过时，从而导致存货价值更容易发生高估。

（2）与存货相关的内部控制的性质。在制订存货监盘计划时，注册会计师应当了解被审计单位与存货相关的内部控制，并根据内部控制的完善程度确定进一步审计程序的性质、时间安排和范围。与存货相关的内部控制涉及被审计单位供、产、销各个环节，包括采购、验收、仓储、领用、加工、装运出库等方面。需要说明的是，与存货内部控制相关的措施有很多，其有效程度也存在差异。

被审计单位与存货实地盘点相关的内部控制通常包括：制订合理的存货盘点计划，确定合理的存货盘点程序，配备相应的监督人员，对存货进行独立的内部验证，将盘点结果与永续存货记录进行独立的调节，对盘点表和盘点标签进行充分控制。

（3）对存货盘点是否制定了适当的程序，并下达了正确的指令。注册会计师一般需要复核或与管理层讨论其存货盘点程序。在复核或与管理层讨论其存货盘点程序时，注册会计师应当考虑下列主要因素，以评价其能否合理地确定存货的数量和状况：盘点的时间安排；存货盘点范围和场所的确定；盘点人员的分工及胜任能力；盘点前的会议及任务布置；存货的整理和排列，对毁损、陈旧、过时、残次及所有权不属于被审计单位的存货的区分；存货的计量工具和计量方法；在产品完工程度的确定方法；存放在外单位的存货的盘点安排；存货收发截止的控制；盘点期间存货移动的控制；盘点表单的设计、使用与控制；盘点结果的汇总以及盘盈或盘亏的分析、调查与处理。

如果认为被审计单位的存货盘点程序存在缺陷，注册会计师应当提请被审计单位调整。

（4）存货盘点的时间安排。如果存货盘点在财务报表日以外的其他日期进行，注册会计师除实施存货监盘相关审计程序外，还应当实施其他审计程序，以获取审计证据，确定存货盘点日与财务报表日之间的存货变动是否已得到恰当的记录。

（5）被审计单位是否一贯采用永续盘存制。存货数量的盘存制度一般分为实地盘存制和永续盘存制。存货盘存制度不同，注册会计师需要做出的存货监盘安排也不同。如果被审计单位通过实地盘存制确定存货数量，则注册会计师要参加此种盘点。如果被审计单位采用永续盘存制，注册会计师应在年度中一次或多次参加盘点。

（6）存货的存放地点（包括不同存放地点的存货的重要性和重大错报风险），以确定适当的监盘地点。

如果被审计单位的存货存放在多个地点，注册会计师可以要求被审计单位提供一份完整的存货存放地点清单（包括期末库存量为零的仓库、租赁的仓库，以及第三方代被审计单位保管存货的仓库等），并考虑其完整性。根据具体情况下的风险评估结果，注册会计师可以考虑执行以下一项或多项审计程序：

① 询问被审计单位除管理层和财务部门以外的其他人员，如营销人员、仓库人员等以了解有关存货存放地点的情况。

② 比较被审计单位不同时期的存货存放地点清单，关注仓库变动情况，以确定是否存在因仓库变动而未将存货纳入盘点范围的情况发生。

③ 检查被审计单位存货的出、入库单，关注是否存在被审计单位尚未告知注册会计师的仓库（如期末库存量为零的仓库）。

④ 检查费用支出明细账和租赁合同，关注被审计单位是否租赁仓库并支付租金，如果有，该仓库是否已包括在被审计单位提供的仓库清单中。

⑤ 检查被审计单位"固定资产——房屋建筑物"明细清单，了解被审计单位可用于存放存货的房屋建筑物。

在获取完整的存货存放地点清单的基础上，注册会计师可以根据不同地点所存放存货的重要性以及对各个地点与存货相关的重大错报风险的评估结果（例如，注册会计师在以往审计中可能注意到某些地点存在存货相关的错报，在本期审计时对其予以特别关注），选择适当的地点进行监盘，并记录选择这些地点的原因。

如果识别出由于舞弊导致的影响存货数量的重大错报风险，注册会计师在检查被审计单位存货记录的基础上，可能决定在不预先通知的情况下对特定存放地点的存货实施监盘，或在同一天对所有存放地点的存货实施监盘。

在连续审计中，注册会计师可以考虑在不同期间的审计中变更所选择实施监盘的地点。

（7）是否需要专家协助。注册会计师可能不具备其他专业领域专长与技能。在确定资产数量或资产实物状况（如矿石堆），或在收集特殊类别存货（如艺术品、稀有玉石、房地产、电子器件、工程设计等）的审计证据时，注册会计师可以考虑利用专家的工作。

当在产品存货金额较大时，可能面临如何评估在产品完工程度的问题。注册会计师可以了解被审计单位的盘点程序，如果有关在产品的完工程度未被明确列出，注册会计师应当考虑采用其他有助于确定完工程度的措施，如获取零部件明细清单、标准成本表以及作业成本表，与工厂的有关人员进行讨论等，并进行职业判断。注册会计师也可以根据存货生产过程的复杂程度考虑利用专家的工作。

3. 存货监盘计划的主要内容

存货监盘计划应当包括以下主要内容：

（1）存货监盘的目标、范围及时间安排。存货监盘的主要目标包括获取被审计单位资产负债表日有关存货数量和状况以及有关管理层存货盘点程序可靠性的审计证据，检查存货的数量是否真实完整，是否归属被审计单位，存货有无毁损、陈旧、过时、残次和短缺等状况。

存货监盘范围的大小取决于存货的内容、性质以及与存货相关的内部控制的完善程度和重大错报风险的评估结果。

存货监盘的时间，包括实地查看盘点现场的时间、观察存货盘点的时间和对已盘点存货实施检查的时间等，应当与被审计单位实施存货盘点的时间相协调。

（2）存货监盘的要点及关注事项。存货监盘的要点主要包括注册会计师实施存货监盘程序的方法、步骤，各个环节应注意的问题以及所要解决的问题。注册会计师需要重点关注的事项包括盘点期间的存货移动、存货的状况、存货的截止确认、存货的各个存放地点及金额等。

（3）参加存货监盘人员的分工。注册会计师应当根据被审计单位参加存货盘点人员分工、分组情况、存货监盘工作量的大小和人员素质情况，确定参加存货监盘的人员组成以及各组成人员的职责和具体的分工情况，并加强督导。

（4）检查存货的范围。注册会计师应当根据对被审计单位存货盘点和对被审计单位内部控制的评价结果确定检查存货的范围。在实施观察程序后，如果认为被审计单位内部控制设计良好且得到有效实施，存货盘点组织良好，可以相应缩小实施检查程序的范围。

（三）存货监盘程序

在存货盘点现场实施监盘时，注册会计师应当实施下列审计程序：

1. 评价管理层用以记录和控制存货盘点结果的指令和程序

注册会计师需要考虑这些指令和程序是否包括下列几方面：

（1）适当控制活动的运用，例如，收集已使用的存货盘点记录，清点未使用的存货盘点表单，实施盘点和复盘程序。

（2）准确认定在产品的完工程度，流动缓慢（呆滞）、过时或毁损的存货项目，以及第三方拥有的存货（如寄存货物）。

（3）适用的情况下用于估计存货数量的方法，如可能需要估计煤堆的重量。

（4）对存货在不同存放地点之间的移动以及截止日前后期间出入库的控制。

一般而言，被审计单位在盘点过程中停止生产并关闭存货存放地点以确保停止存货的移动，有利于保证盘点的准确性。但特定情况下，被审计单位可能由于实际原因无法停止生产或收发货物。这种情况下，注册会计师可以根据被审计单位的具体情况考虑其无法停止存货移动的原因及其合理性。

同时，注册会计师可以通过询问管理层以及阅读被审计单位的盘点计划等方式，了解被审计单位对存货移动所采取的控制程序和对存货收发截止影响的考虑。例如，如果被审计单位在盘点过程中无法停止生产，可以考虑在仓库内划分出独立的过渡区域，将预计在盘点期间领用的存货移至过渡区域，将盘点期间办理入库手续的存货暂时存放在过渡区域，以此确保相关存货只被盘点一次。

在实施存货监盘程序时，注册会计师需要观察被审计单位有关存货移动的控制程序是否得到执行。同时，注册会计师可以向管理层索取盘点期间存货移动相关的书面记录以及出、入库资料作为执行截止测试的资料，为监盘结束的后续工作提供证据。

2. 观察管理层制定的盘点程序（如对盘点时及其前后的存货移动的控制程序）的执行情况

这有助于注册会计师获取有关管理层指令和程序是否得到适当设计和执行的审计证据。尽管盘点存货时最好能保持存货不发生移动，但在某些情况下存货的移动是难以避免的。如果在盘点过程中被审计单位的生产经营仍将持续进行，注册会计师应通过实施必要的检查程序，确定被审计单位是否已经对此设置了相应的控制程序，确保在适当的期间内对存货做出了准确记录。

此外，注册会计师可以获取有关截止性信息（如存货移动的具体情况）的复印件，有助于日后对存货移动的会计处理实施审计程序。具体来说，注册会计师一般应当获取盘点日前后存货收发及移动的凭证，检查库存记录与会计记录期末截止是否正确。注册会计师在对期末存货进行截止测试时，通常应当关注：

（1）所有在截止日以前入库的存货项目是否均已包括在盘点范围内，并已反映在截止日以前的会计记录中。任何在截止日以后入库的存货项目是否均未包括在盘点范围内，也未反映在截止日以前的会计记录中。

（2）所有在截止日以前装运出库的存货项目是否均未包括在盘点范围内，且未包括在截止日的存货账面余额中。任何在截止日期以后装运出库的存货项目是否均已包括在盘点范围内，并已包括在截止日的存货账面余额中。

（3）所有已确认为销售但尚未装运出库的商品是否均未包括在盘点范围内，且未包括在截止日的存货账面余额中；所有已记录为购货但尚未入库的存货是否均已包括在盘点范围内，并已反映在会计记录中。

（4）在途存货和被审计单位直接向顾客发运的存货是否均已得到了适当的会计处理。

注册会计师通常可观察存货的验收入库地点和装运出库地点以执行截止测试。在存货入库和装运过程中采用连续编号的凭证时，注册会计师应当关注截止日期前的最后编号。如果被审计单位没有使用连续编号的凭证，注册会计师应当列出截止日期以前的最后几笔装运和入库记录。如果被审计单位使用运货车厢或拖车进行存储、运输或验收入库，注册会计师应当详细列出存货场地上满载和空载的车厢或拖车，并记录各自的存货状况。

3. 检查存货

在存货监盘过程中检查存货，虽然不一定能确定存货的所有权，但有助于确定存货的存在，以及识别过时、毁损或陈旧的存货。注册会计师应当把所有过时、毁损或陈旧存货的详细情况记录下来，这既便于进一步追查这些存货的处置情况，也能为测试被审计单位存货跌价准备计提的准确性提供证据。

4. 执行抽盘

在对存货盘点结果进行测试时，注册会计师可以从存货盘点记录中选取项目追查至存货实物，以及从存货实物中选取项目追查至盘点记录，以获取有关盘点记录准确性和完整性的审计证据。需要说明的是，注册会计师应尽可能避免让被审计单位事先了解将抽盘的存货项目。除记录注册会计师对存货盘点结果进行的测试情况外，获取管理层完成的存货盘点记录的复印件也有助于注册会计师日后实施审计程序，以确定被审计单位的期末存货记录是否准确地反映了存货的实际盘点结果。

注册会计师在实施抽盘程序时发现差异，很可能表明被审计单位的存货盘点在准确性或完整性方面存在错误。由于检查的内容通常仅仅是已盘点存货中的一部分，所以在检查中发现的错误很可能意味着被审计单位的存货盘点还存在着其他错误。一方面，注册会计师应当查明原因，并及时提请被审计单位更正；另一方面，注册会计师应当考虑错误的潜在范围和重大程度，在可能的情况下，扩大检查范围以减少错误的发生。注册会计师还可要求被审计单位重新盘点。重新盘点的范围可限于某一特殊领域的存货或特定盘点小组。

5. 需要特别关注的情况

在被审计单位盘点存货前，注册会计师应当观察盘点现场，确定应纳入盘点范围的存货是否已经适当整理和排列，并附有盘点标识，防止遗漏或重复盘点。对未纳入盘点范围的存货，注册会计师应当查明未纳入的原因。

对所有权不属于被审计单位的存货，注册会计师应当取得其规格、数量等有关资料，确定是否已单独存放、标明，且未被纳入盘点范围。在存货监盘过程中，注册会计师应当根据取得的所有权不属于被审计单位的存货的有关资料，观察这些存货的实际存放情况，确保其未被纳入盘点范围。即使在被审计单位声明不存在受托代存存货的情形下，注册会计师在存货监盘时也应当关注是否存在某些存货不属于被审计单位的迹象，避免盘点范围不当。

6. 存货监盘结束时的工作

在被审计单位存货盘点结束前，注册会计师应当：

（1）再次观察盘点现场，以确定所有应纳入盘点范围的存货是否均已盘点。

（2）取得并检查已填用、作废及未使用盘点表单的号码记录，确定其是否连续编号，查明已发放的表单是否均已收回，并与存货盘点的汇总记录进行核对。注册会计师应当根据自己在存货监盘过程中获取的信息对被审计单位最终的存货盘点结果汇总记录进行复核，并评估其是否正确地反映了实际盘点结果。

如果存货盘点日不是资产负债表日，注册会计师应当实施适当的审计程序，确定盘点日与资产负债表日之间存货的变动是否已得到恰当的记录。

在实务中，注册会计师可以结合盘点日至财务报表日之间间隔期的长短、相关内部控制的有效性等因素进行风险评估，设计和执行适当的审计程序。在实质性程序方面，注册会计师可以实施的程序示例包括：

① 比较盘点日和财务报表日之间的存货信息以识别异常项目，并对其执行适当的审计程序（如实地查看等）。

② 对存货周转率或存货销售周转天数等实施实质性分析程序。

③ 对盘点日至财务报表日之间的存货采购和存货销售分别实施双向检查（例如，对存货采购从入库单查至其相应的永续盘存记录及从永续盘存记录查至其相应的入库单等支持性文件，对存货销售从货运单据查至其相应的永续盘存记录及从永续盘存记录查至其相应的货运单据等支持性文件）。

④ 测试存货销售和采购在盘点日和财务报表日的截止是否正确。

（四）特殊情况的处理

1. 在存货盘点现场实施存货监盘不可行

在某些情况下，实施存货监盘可能是不可行的。这可能是由存货性质和存放地点等因素造成的，如存货存放在对注册会计师的安全有威胁的地点。然而，对注册会计师带来不便的一般因素不足以支持注册会计师做出实施存货监盘不可行的决定。审计中的困难、时间或成本等事项本身，不能作为注册会计师省略不可替代的审计程序或满足于说服力不足的审计证据的正当理由。

如果在存货盘点现场实施存货监盘不可行，注册会计师应当实施替代审计程序（如检查盘点日后出售盘点日之前取得或购买的特定存货的文件记录），以获取有关存货的存在和状况的充分、适当的审计证据。

但在其他一些情况下，如果不能实施替代审计程序，或者实施替代审计程序可能无法获取有关存货的存在和状况的充分、适当的审计证据，注册会计师需要按照《中国注册会计师审计准则第1502号——在审计报告中发表非无保留意见》的规定发表非无保留意见。

2. 因不可预见的情况导致无法在存货盘点现场实施监盘

有时，由于不可预见情况而可能导致无法在预定日期实施存货监盘，两种比较典型的情况包括：一是注册会计师无法亲临现场，即由于不可抗力因素，其无法到达存货存放地实施存货监盘；二是气候因素，即由于恶劣的天气，注册会计师无法实施存货监盘程序，或由于恶劣的天气，其无法观察存货，如木材被积雪覆盖。

如果由于不可预见的情况，其无法在存货盘点现场实施监盘，注册会计师应当另择日期实施监盘，并对间隔期内发生的交易实施审计程序。

3. 由第三方保管或控制的存货

如果由第三方保管或控制的存货对财务报表是重要的，注册会计师应当实施下列一项或两项审计程序，以获取有关该存货存在和状况的充分、适当的审计证据：

（1）向持有被审计单位存货的第三方函证存货的数量和状况。

（2）实施检查或其他适合具体情况的审计程序。根据具体情况（如获取的信息使注册会计师对第三方的诚信和客观性产生疑虑），注册会计师可能认为实施其他审计程序是适当的。其他审计程序可以作为函证的替代程序，也可以作为追加的审计程序。

其他审计程序的示例包括：

① 实施或安排其他注册会计师实施对第三方的存货监盘（如可行）。

② 获取其他注册会计师或服务机构注册会计师针对用以保证存货得到恰当盘点和保管的内部控制的适当性而出具的报告。

③ 检查与第三方持有的存货相关的文件记录，如仓储单。

④ 当存货被作为抵押品时，要求其他机构或人员进行确认。

考虑到第三方仅在特定时点执行存货盘点工作，在实务中，注册会计师可以事先考虑实施函证的可行性。如果预期不能通过函证获取相关审计证据，可以事先计划和安排存货监盘等工作。

此外，注册会计师可以考虑由第三方保管存货的商业理由的合理性，以进行存货相关风险（包括舞弊风险）的评估，并计划和实施适当的审计程序，例如检查被审计单位和第三方所签署的存货保管协议的相关条款、复核被审计单位调查及评价第三方工作的程序等。

例 11-1　液体存货盘点

复兴化学公司制造工业用液体化学品。为鉴证复兴公司 2017 年度的财务报表，会计师事务所的审计师观察了公司存货的盘点工作。

存货余额内所包含的原料部分并不重大；在产品及产成品占主要部分，而且包含许多大的（铁）桶装液体化学品。每一个容器的容量为 5000 加仑，价值超过 12000000 美元。总存货金额约为 625000000 元，占资产总数的 40%。

复兴公司为了营运周转需要，以存货抵押，按存货金额的某一百分比向银行办理营运资金贷款。

审计师测试在产品及产成品的存货盘点时，自某些容器内抽取样本，送外面实验室做化学成分分析。分析结果显示，10 个样本中有 6 个与盘点表上所记载的名称不符。这些是低价化学混合物，显然是用以替代作为盘点之用。

审计师进一步调查结果，发现复兴公司蓄意以低价化学品虚增其存货金额。审计师的最后核算结果是发现存货的金额显著虚增。

由于审计师对容器内的化学品的内容及品质做了适当测试，而且利用专家对此化学品做了必要的分析，终于查出公司对存货蓄意加以虚饰的情况。

例 11-2　外地存货的监盘

审计师了解到被审计单位华恒公司螺帽 A 存放在 13 个城市的零售连锁超市，应如何监盘？

审计师应在充分评价华恒公司内部控制的前提下，选择一定数量的连锁超市进行监盘；或者利用分析程序，或者利用内部审计人员的工作。

例 11-3 堆放存货的监盘

B 注册会计师负责对乙公司 2017 年度财务报表进行审计。乙公司为玻璃制造企业，2017 年年末存货余额占资产总额比重重大。存货包括玻璃、煤炭、烧碱、石英砂，其中 60% 的玻璃存放在外地公用仓库。乙公司对存货核算采用永续盘存制，与存货相关的内部控制比较薄弱。乙公司拟于 2017 年 11 月 25 日至 27 日盘点存货，盘点工作和盘点监督工作分别由熟悉相关业务且具有独立的人员执行，不同类型的存货安排不同的盘点小组。

资料一：乙公司存货盘点计划的部分内容摘录如下：

(1) 存货盘点范围、地点和时间安排如表 11-4 所示。

表 11-4 存货盘点安排表

地点	存货类型	估计占存货总额的比例	盘点时间
A 仓库	烧碱、煤炭	烧碱 10%，煤炭 5%	2017 年 11 月 25 日
B 仓库	烧碱、石英砂	烧碱 10%，石英砂 10%	2017 年 11 月 26 日
C 仓库	玻璃	玻璃 26%	2017 年 11 月 27 日
外地公用仓库	玻璃	玻璃 39%	—

(2) 存放在外地公用仓库存货的检查。对存放在外地公用仓库的玻璃，检查公用仓库签收单，请公用仓库自行盘点，并提供 2017 年 11 月 27 日的盘点清单。

(3) 存货数量的确定方法。对于烧碱、煤炭和石英砂等堆积型存货，采用观察以及检查相关的收、发、存凭证和记录的方法，确定存货数量；对于存放在 C 仓库的玻璃，按照包装箱标明的规格和数量进行盘点，并辅以适当的开箱检查。

(4) 盘点标签的设计、使用和控制。对存放在 C 仓库玻璃的盘点，设计预先编号的一式两联的盘点标签。使用时，由负责盘点存货的人员将一联粘贴在已盘点的存货上，另一联由其留存；盘点结束后，连同存货盘点表交存财务部门。

(5) 盘点结束后，对出现盘盈或盘亏的存货，由仓库保管员将存货实物数量和仓库存货记录调节相符。

要求： 针对上述资料一中的存货盘点计划第 (1) 至第 (5) 项，逐项判断上述存货盘点计划是否存在缺陷。如果存在缺陷，简要提出改进建议。

分析过程：

(1) 第 (1) 项中存在缺陷。乙公司确定的存货整体盘点时间不正确，内部控制比较薄弱，应该选择在期末进行盘点。烧碱盘点时间不正确，A 仓库和 B 仓库的存货中均存在烧碱，对于同一类型的存货，建议采用同时盘点的方法，不应该安排在不同的时间。

(2) 第 (2) 项中存在缺陷。对于存放在外地公用仓库的存货——玻璃盘点方式不正确，因为其占存货总额的比例达到 39%，所以应该考虑采用实地盘点的方式。

(3) 第 (3) 项中存在缺陷。对堆积型存货数量的确定方法不正确，对于烧碱、煤炭和石英砂等堆积型存货，应该选择的盘点方式，通常为运用工程估测、几何计算、高空勘测，并依赖详细的存货记录；如果堆场中存货堆不高，通过旋转存货堆加以估计。

(4) 第 (4) 项中存在缺陷。盘点标签的使用和控制不正确。由负责盘点存货的人员将一套标签粘贴在已盘点的存货上，另一套由其返还给盘点监督人员，由其将标签连同盘点表交存财务部门。

(5) 第 (5) 项中存在缺陷。盘点结束后，对于盘盈或盘亏的存货，不应由仓库保管人员对存货实物数量和仓库存货记录进行调节。应由乙公司组成调查小组对盘盈或盘亏进行分析和处理（复核确认），并将存货实物数量和仓库记录调节相符。

五、存货计价测试

监盘程序主要是对存货的结存数量予以确认。为验证财务报表上存货余额的真实性，还必须对存货的计价进行审计，即确定存货实物数量和永续盘存记录中的数量是否经过正确地计价和汇总。存货计价测试主要是针对被审计单位所使用的存货单位成本是否正确所做的测试，当然，广义地看，存货成本的审计也可以被视为存货计价测试的一项内容。

单位成本的充分的内部控制与生产和会计记录结合起来，对于确保用于期末存货计价的成本的合理性十分重要。一项重要的内部控制是使用标准成本记录来反映原材料、直接人工和制造费用的差异，它还可以用来评价生产。使用标准成本时，应设置相应程序及时反映生产过程与成本的变化。由独立于成本核算部门的雇员来复核单位成本的合理性，也是一项有用的计价控制。

(1) 样本的选择。计价审计的样本，应从存货数量已经盘点、单价和总金额已经计入存货汇总表的结存存货中选择。选择样本时应着重选择结存余额较大且价格变化比较频繁的项目，同时考虑所选样本的代表性。抽样方法一般采用分层抽样法，抽样规模应足以推断总体的情况。

(2) 计价方法的确认。存货的计价方法多种多样，被审计单位应结合企业会计准则的基本要求选择符合自身特点的方法。注册会计师除应了解掌握被审计单位的存货计价方法外，还应对这种计价方法的合理性与一贯性予以关注，没有足够理由，计价方法在同一会计年度内不得变动。

(3) 计价测试。进行计价测试时，注册会计师首先应对存货价格的组成内容予以审核，然后按照所了解的计价方法对所选择的存货样本进行计价测试。测试时，应尽量排除被审计单位已有计算程序和结果的影响，进行独立测试。测试结果出来后，应与被审计单位账面记录对比，编制对比分析表，分析形成差异的原因。如果差异过大，应扩大测试范围，并根据审计结果考虑是否应提出审计调整建议。

在存货计价审计中，由于被审计单位对期末存货采用成本与可变现净值孰低的方法计价，所以注册会计师应充分关注其对存货可变现净值的确定及存货跌价准备的计提。

可变现净值是指企业在日常活动中，存货的估计售价减去至完工时估计将要发生的成本、估计的销售费用以及相关税费后的金额。企业确定存货的可变现净值，应当以取得的确凿证据为基础，并且考虑持有存货的目的以及资产负债表日后事项的影响等因素。

例 11-4 存货计价测试审计

丹妮注册会计师负责审计华恒公司 2016 年度财务报表中的存货。华恒公司的会计政策规定，入库产成品按实际生产成本入账，发出产成品采用先进先出法核算。2016 年 12 月 31 日，华恒公司开关柜期末结存数量为 1400 件，期末余额为 6310 万元。华恒公司 2016 年度开关柜的存货明细账如表 11-5 所示（数量单位为件，金额单位为万元人民币，假定期初余额和所有的数量、入库单价均无误）。

表 11-5 存货明细账

日期	摘要	入库			发出			结存		
		数量/件	单价/万元	金额/万元	数量/件	单价/万元	金额/万元	数量/件	单价/万元	金额/万元
1.1	期初余额							600		3000
2.8	入库	500	5.1	2550				1100		
4.7	销售				900			200		
9.1	入库	1500	4.8	7200				1700		
11.6	销售				700			1000		
12.1	入库	1000	4.6	4600				2000		
12.31	销售				600			1400		
12.31	期末余额							1400		6310

丹妮注册会计师对产成品存货进行计价测试，以下所提出的审计调整建议中恰当的是（   ）。

A. 调增营业成本 200 万元
B. 调减营业成本 200 万元
C. 调增营业成本 210 万元
D. 调减营业成本 210 万元

分析过程：

选项 D 恰当。丹妮注册会计师重新计算期末开关柜成本为 6520（1000×4.6+400×4.8）万元，华恒公司期末开关柜成本少计了 210（6520-6310）万元，则说明当期营业成本多结转了 210 万元，因此，应提请甲公司调减 2016 年利润表中已多结转的营业成本 210 万元。调整分录为：

借：存货 2100000
　　贷：营业成本 2100000

例 11-5 生产成本审计

注册会计师在审计某公司 2016 年度的会计报表时，抽查 12 月份的生产成本资料，发现生产的甲产品已完工 600 件，月末在产品 300 件，原材料在生产时一次投入，月末完工产品与在产品之间的费用，按约当产量比例法进行分配，在产品完工程度为 50%。

甲产品的成本计算资料如表 11-6 所示。

表 11-6 甲产品完工产品成本计算单

单位：元

项目	月初在产品	本期生产费用	完工产品成本	月末在产品
直接材料费用	16000	149000	138000	27000
直接人工费用	5800	53200	48200	10800
制造费用	2350	17112.5	15712.5	3750
合计	24150	219312.5	201912.5	41550

审计过程中，注册会计师发现下列情况：

（1）生产车间建造生产线领用材料 30000 元，计入直接材料成本。

（2）销售人员工资 5000 元计入直接人工。

（3）本年度 11 月份出售 1 台价值 90000 元的设备，该设备原为生产甲产品使用，企业当年仍一直未停计提折旧。该设备预计使用年限为 10 年；残值率 5%，该企业采用直线法计提折旧。

要求：

（1）指出该单位计算的成本是否正确，验算甲产品完工产品总成本和单位成本，月末在产品总成本，列出计算过程。

（2）针对上述情况指出存在的问题以及处理方法。

分析过程：

（1）生产车间建造生产线领用材料 30000 元，应计入在建工程，因此减少直接材料成本 30000 元。

（2）销售人员工资 5000 元应计入销售费用，因此直接人工减少 5000 元。

（3）11 月份出售 1 台价值 90000 元的设备，12 月份应停止计提折旧。

月折旧额 = 90000 × (1 - 5%) ÷ 10 ÷ 12 = 712.5（元）

本期生产费用各项目如下：

直接材料费用 = 149000 - 30000 = 119000（元）

直接人工费用 = 53200 - 5000 = 48200（元）

制造费用 = 17112.5 - 712.5 = 16400（元）

直接材料费用分配率 = (16000 + 119000) / (600 + 300) = 150

甲产品完工产品直接材料费用 = 600 × 150 = 90000（元）

月末在产品直接材料费用 = 300 × 150 = 45000（元）

直接人工费用分配率 = (5800 + 48200) / (600 + 300 × 50%) = 72

甲产品完工产品直接人工费用 = 600 × 72 = 43200（元）

月末在产品直接人工费用 = 72 × 150 = 10800（元）

制造费用分配率 =（2350 + 16400）/（600 + 300 × 50%）= 25
甲产品完工产品制造费用 = 600 × 25 = 15000（元）
月末在产品制造费用 = 25 × 150 = 3750（元）
注册会计师经验算的完工产品计算单如表 11 - 7 所示。

表 11 - 7　甲产品完工产品成本计算单

单位：万元

项目	月初在产品	本期生产费用	完工产品成本	月末在产品
直接材料费用	16000	119000	90000	45000
直接人工费用	5800	48200	43200	10800
制造费用	2350	16400	15000	3750
合计	24150	183600	148200	59550

因此，该企业当月多转完工产品成本为 53712.5（201912.5 - 148200）元，少计月末在产品成本 18000（59550 - 41550）元，注册会计师应提请被审计单位调整。

思考题

1. 列举存货审计中常用的实质性程序。
2. 存货监盘程序包括哪些环节？
3. 如果无法实施存货监盘，注册会计师如何获取有关期末存货数量和状况的审计证据？
4. 简述存货计价审计的方法。
5. 生产循环涉及的业务活动有哪些？

第十二章

筹资与投资循环审计

第一节 筹资与投资循环概述

筹资与投资循环由筹资活动和投资活动的交易事项构成。筹资活动是指企业为满足生存和发展的需要，通过改变企业资本及债务规模和构成而筹集资金的活动。筹资活动主要由负债交易和股东投资交易组成。投资活动是指企业为享有被投资单位分配的利润，或为谋求其他利益，将资产让渡给其他单位而获得另一项资产的活动。投资活动主要由权益性投资和债权性投资组成。筹资与投资循环具有如下特征：

（1）年度内筹资与投资循环的交易数量较少，而每笔交易的金额通常较大。

（2）漏记或不恰当地对一笔业务进行会计处理，将会导致重大错报，从而对企业财务报表的公允反映产生较大的影响。

（3）筹资与投资循环交易必须遵守国家法律、法规和相关合同的规定。

一、主要凭证与会计记录

（一）筹资活动的凭证和会计记录

1. 债券或股票

债券是政府、金融机构、企业等机构直接向社会借债筹措资金时，向投资者发行，承诺按一定利率支付利息并按约定条件偿还本金的债权债务凭证。债券的本质是债的证明书，具有法律效力。债券购买者与发行者之间是一种债权债务关系。这里主要是指企业发行的债券。

股票是企业发行的所有权凭证，企业为筹集资金而发行给各个股东作为持股凭证并借以取得股息和红利的一种有价证券。每股股票都代表股东对企业拥有一个基本单位的所有权。

2. 债券合同

债券合同是指确定、变更、终止债券所代表的债权债务关系的合同，是企业发行债券时与投资者签订的具有法律效力的文件。

3. 股东名册

对于记名股票和无记名股票，股东名册记载的内容是不同的。发行记名股票应记载的内容一般包括：股东姓名或名称及住所；各股东所持股份数；各股东所持股票的编号；各股东取得其股份的日期。发行无记名股票，公司应记载其股票数量、编号及发行日期。

4. 公司债券存根簿

发行记名债券的公司应记载的内容一般包括：债券持有人的姓名或名称及住所；债券持有人取得债券的日期及债券的编号；债券总额、债券的票面金额、债券的利率、债券还本付息的期限和方式；债券的发行日期。发行无记名债券，公司应记载债券总额、利率、偿还期限和方式、发行日期和债券编号。

5. 承销或包销协议

承销或包销协议是指企业与证券公司签订承销、包销协议，应明确下列内容：当事人的名称、住所及法定代表人姓名；代销、包销证券的种类、数量、金额及发行价格；代销、包销的期限及起止日期；代销、包销的付款方式及日期；代销、包销证券的费用和结算办法；违约责任等。

6. 借款合同或协议

借款合同或协议是指企业与债权人之间签订的关于双方责、权、利约束的文件，包括借款的种类、金额、利率、还款日期以及相关约束条件等。

7. 有关记账凭证、会计明细账和总账

有关记账凭证、会计明细账和总账是指筹资活动涉及的凭证、账簿，主要内容涉及股本、应付债券、长（短）期借款、财务费用、应付股利等科目。

（二）投资活动的凭证和会计记录

1. 股票或债券

股票或债券前面已提及，不重复解释。

2. 股票或债券登记簿

股票或债券登记簿是指用于登记股票或债券的增加、减少的种类、数量、价格及变动日期等信息的记录簿。审计人员可通过它了解证券的变动情况。

3. 经纪人通知单（书）

当投资是通过经纪人代理进行时，对经纪人通知单的审查可证实企业投资业务的合理性、投资账务处理的正确性。

4. 债券合同

债券合同是指确定、变更、终止基于债券相关的债权债务关系的合同。

5. 被投资企业的章程及有关的投资协议

企业章程是指企业依法制定的、规定企业名称、住所、经营范围、经营管理制度等重大事项的基本文件，也是企业必备的规定企业组织及活动基本规则的书面文件。此文件便于审计人员了解企业的基本信息。

6. 与投资有关的记账凭证、会计明细账和总账

与投资有关的记账凭证、会计明细账和总账主要内容涉及长期股权投资、金融资产、投资性房地产等科目。

筹资和投资活动涉及的主要凭证与会计记录如表12-1所示。

表12-1 筹资和投资活动涉及的主要凭证与会计记录

筹资活动	投资活动
债券或股票	债券或股票
债券合同	债券合同
股东名册	股票或债券登记簿
公司债券存根簿	经纪人通知单
承销或包销协议	被投资企业的章程及有关的投资协议
借款合同或协议	与投资有关的记账凭证、会计明细账和总账
有关记账凭证、会计明细账和总账	

二、筹资与投资循环涉及的主要业务活动

(一) 筹资涉及的主要业务活动

1. 审批授权

企业通过借款筹集资金须经管理层的审批，其中债券的发行每次均要由董事会授权；企业发行股票必须依据国家有关法规或企业章程的规定，报经企业最高权力机构（如股东大会）及国家有关管理部门批准。

2. 签订合同或协议

向银行或其他金融机构融资须签订借款合同，发行债券须签订债券合同和债券承销或包销合同。

3. 取得资金

企业实际取得银行或金融机构划入的款项或债券、股票的融入资金。

4. 计算利息或股利

企业应按有关合同或协议的规定，及时计算利息或股利。

5. 偿还本息或发放股利

银行借款或发行债券应按有关合同或协议的规定偿还本息，融入的股本根据股东大会的决定发放股利。

(二) 投资涉及的主要业务活动

1. 审批授权

投资业务一般应由企业董事会进行审批，重大的投资业务须经股东会或股东大会批准。

2. 取得证券或其他投资

企业可以通过购买股票或债券进行投资，也可以通过与其他单位联合形成投资。

3. 取得投资收益

企业可以取得股权投资的股利收入、债券投资的利息收入和其他投资收益。

4. 转让证券或收回其他投资

企业可以通过转让证券实现投资的收回，其投资一经投出，除联营合同期满或由于其他特殊原因联营企业解散外，一般不得抽回投资。

三、筹资与投资循环涉及的账户

筹资与投资循环涉及的主要账户及其关系如图 12-1 所示。

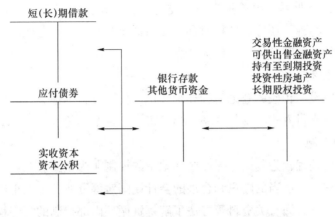

图 12-1　筹资与投资循环涉及的主要账户及其关系

第二节　筹资与投资循环的控制测试

一、筹资活动的控制测试

（一）筹资活动的内部控制

筹资活动由借款交易和股东投资组成。企业的借款交易涉及短期借款、长期借款和应付债券，这些内部控制基本类似，股东投资增减变动的业务较少而金额较大，注册会计师在审计中一般直接进行实质性测试。筹资活动的内部控制系统一般包括下列内容：

1. 筹资的授权审批控制

适当授权及审批可明显提高筹资活动效率，降低筹资风险，防止由于缺乏授权、审批而出现舞弊现象。

2. 筹资循环的职务分离控制

职责分工、明确责任是筹资循环内部控制的重要手段，筹资业务中的职务分离包括：

（1）筹资计划编制人与审批人适当分离，以利于审批人独立地评价筹资计划的优劣。

（2）经办人员不能接触会计记录。

（3）会计记录人员与负责收付款的人员分离，有条件的应聘请独立的机构负责支付业务。

（4）证券保管人员与会计记录人员分离。

3. 筹资收入款项的控制

为了能使企业的内部控制系统有效执行，客观、公正地证实企业会计记录的可信性，防止以筹资业务为名进行不正当活动或者伪造会计记录掩盖不正当活动的事项发生，企业最好委托独立的代理机构筹资。

4. 还本付息、支付股利等付出款项的控制

无论何种筹资形式都面临利息的支付或股利的发放等支付款项的问题。由于企业债券受息人社会化的特征，企业可开出单张支票，委托有关代理机构代发，从而减少支票签发次数，降低舞弊可能。另外，还应定期核对利息支付清单和开出支票总额。股利发放要以股东会或股东大会有关发放股利的决议文件为依据。

5. 实物保管的控制

债券和股票都应设立相应的登记簿，详细登记已核准发行的债券和股票有关事项，如签发日期、到期日期、支付方式、支付利率、当时市场率、金额等。

6. 会计记录的控制

筹资业务的会计处理较为复杂，因此会计记录的控制尤为重要。企业应及时按正确的金额，采用合理的方法，在适当的账户和合理的会计期间对筹资业务予以正确记录，注册会计师应通过询问、观测、查阅有关资料等方法了解筹资循环内部控制的完善程度。

（二）评估筹资活动的重大错报风险

注册会计师应当在了解被审计单位筹资活动的内部控制基础上考虑重大错报风险，并对被审计单位业务活动中可能出现的特别风险保持警惕。考虑到严格的监管环境和董事会对筹资活动的严格控制，除非注册会计师对被审计单位管理层的诚信产生疑虑，否则对筹资活动的重大错报一般应当评估为低水平。

尽管筹资活动的账户余额发生错报的可能性不大，但仍然可能存在借款和权益的权利和义务被忽视或发生错报的可能性。对此，注册会计师应当关注被审计单位的筹资活动是否按照企业会计准则和监管法规的披露要求，正确披露借款和权益的完整性、计价和分摊、列报等认定。

在实施实质性测试前，注册会计师应当评估权益、借款、利息、股利交易和余额在报表层次和认定层次的重大错报风险。注册会计师应当通过询问、检查文件记录、观察控制程序等方法获取确切的信息以支持对重大错报风险的评估，识别特定账户余额的影响，并设计适当的审计程序以发现和纠正剩余重大错报风险。

（三）筹资活动的控制测试

对筹资活动的内部控制进行控制测试是在了解筹资活动的内部控制要点后，对于控制较强的部分，测试其有效性，从而最终对筹资活动的内部控制做出评价。这种控制测试主要包括以下工作：

1. 筹资活动是否经过授权批准

测试授权审批控制，可以直接向被审计单位管理层询问，并查看有关记录。例如，对于长期借款，审查被审计单位管理层是否制定举债政策及审批程序，是否审慎做出举债决策，

是否制订合理的借还款计划,并按规定程序报经审批。

2. 筹资活动的授权、执行、记录和实物保管等是否严格分离

对职务分离控制的控制测试可以采取跟踪业务的方法,调查各有关方面的情况;对收入资金和偿还款项控制的控制测试可以结合货币资金业务的内部控制测试进行;对实物保管控制的控制测试可以采取实地调查的方法。

3. 筹资活动是否建立了严密的账簿体系和记录制度,并定期检查

此项测试应采取账务追索收集证据的方法。例如,对于长期借款取得、使用和偿还情况,会计记录是否能够及时、完整地反映,会计人员是否对明细账和总账进行了全面登记,并定期检查和核对其是否相符。

注册会计师在对筹资活动的内部控制实施控制测试的基础上对其进行分析、评价,以确定控制的强弱点及其可依赖程度,据以确定实质性测试的性质、时间和范围,并针对控制的薄弱环节提出改进建议。

二、投资活动的控制测试

(一)投资活动的内部控制

投资活动的内部控制应该包括以下几个方面:

1. 投资计划的审批授权控制

投资必须编制投资计划,详细说明投资的对象、投资目的、影响投资收益的风险。投资计划在执行前必须严格审核,审查的内容主要有:对证券市场的估计是否合理;投资收益的估算是否正确;投资的理由是否恰当;计划购入的证券能否达到投资目的等。所有投资计划及其审批应当用书面文件予以记录。

2. 投资业务的职责分工控制

合法的投资业务应在业务的授权、执行、会计记录以及资产的保管方面等有明确的分工,任何一项投资业务的全过程或过程中的某一重要环节不得由一人或一个机构独立负责。这种合理的职责分工所形成的相互牵制机制,有利于避免或减少投资业务中发生错误或舞弊的可能性,并且一旦发生,也能及时发现,从而将企业的损失控制到最低限度。

3. 投资资产的安全保护控制

企业对投资资产(股票和债券)一般有两种保管方式:一种方式是由独立的专门机构保管。例如,企业在拥有数额较大的投资资产的情况下,委托银行、证券公司、信托投资公司等进行保管。这些机构有专门的保存和防护措施,可以防止各种证券及单据的失窃或毁损,并且由于它们与投资业务的会计记录工作是完全分离的,可以大大降低舞弊的可能性。另一种方式是由企业自行保管,在这种方式下,必须建立严格的相互牵制制度,即至少要由两名以上人员共同控制,不得一人单独接触证券。对于任何证券的存入和取出,要将证券名称、数量、价值及存取的日期、数量等详细记录于证券登记簿内,并由在场的经手人员签名。

4. 投资业务会计记录控制

对于股票或债券类投资,无论是企业拥有的还是由其他人保管的,都要进行完整的会计记录,并对其增减变动及投资收益的实现情况进行相关会计核算。具体而言,应对每一种股票或债券分别设立明细分类账,并详细记录其名称、面值、证书编号、数量、取得日期、经纪人(或证券商)名称、购入成本、收取的股息或利息等。对于联营投资类的其他投资也应设置明细账,核算其他投资的投出及其投资收益和投资收回等业务,并对投资的形式、投向、投资的计价及投资收益等做出详细的记录。

5. 投资收益控制

不同投资形成的投资收益内容是不同的。短期投资因为主要是购买有价证券,所以对投资收益的监控就是及时掌握证券市场的行情变动,由投资管理部门或者财务部门进行该项控制;而对于长期投资,若以非证券购买方式进行投资,应对接受投资方行使所有权进行监督,若以证券购买方式进行投资,则应对证券市场行情和投资的使用情况进行控制。

(二) 评估投资活动的重大错报风险

在实施控制测试和实质性测试前,注册会计师应考虑重大错报风险对投资活的影响,并对被审计单位可能发生的与投资活动相关的特定风险保持警惕。影响投资活动和相关账户余额存在的重大错报风险可能包括:

1. 管理层错报投资业务及其收益的偏好

被审计单位管理层可能为了完成经营目标,满足业绩考核的要求,保证从外部获得资金,或影响公司股价,往往会在财务报表中错报投资业务及其收益,以达到调节当期利润的目的。

2. 投资计量的复杂性

尽管多数被审计单位可能只拥有少量的投资业务,并且买入和卖出的业务不频繁,投资交易的非经常性可能导致做出会计处理时出现错误。

如果会计人员没有意识到不同类型投资计量或计价的复杂性,被审计单位管理层通常不能轻易发现这些错报。

3. 投资的公允价值难以确定

如金融资产的价格受全球供求的影响,由于其公允价值难以确定,会影响投资成本和投资收益的确定,并将影响注册会计师对与投资业务有关的风险进行评估。

4. 投资业务凭证控制风险

被审计单位自己保管投资业务凭证,如果对有价证券的控制不充分,权益性有价证券的舞弊和盗窃风险可能很高,从而影响投资的存在性。

5. 投资多元化的风险

在企业同一会计期间,可能投资多个领域或多种产品,使相关投资费用和投资收益在不同投资业务之间进行分配就变得十分烦琐,而且投资的多元化会增加投资失误的风险。

6. 发生各种错误的可能性

如果每年发生的投资交易数量有限,会计人员可能不能确定投资业务与相关的购置或处置业务以及投资损益的关系,与投资业务相关的会计记录可能会发生错误。

7. 衍生金融工具交易的复杂性

注册会计师不应低估衍生金融工具交易的复杂性,以及潜在的重大错报风险。注册会计师应当通过询问、检查文件记录、观察控制程序等方法获取确切的信息以支持对投资活动重大错报风险的评估，识别特定账户余额的影响，并设计适当的审计程序以发现和纠正剩余重大错报风险。

(三) 投资活动的控制测试

对投资活动的内部控制进行控制测试的目的在于，检查投资活动内部控制系统的设计和执行情况，以判明其对被审计单位错误和舞弊发生的有效抑制程度，进而据以确定实质性测试的重点、范围和数量，以达到确保审计质量和提高审计效率的目的。

注册会计师对投资活动内部控制的控制测试内容包括：

1. 投资项目是否经授权批准

对于投资计划的审批授权控制，主要通过查阅有关计划资料、文件或直接向管理层询问进行审查。如通过查阅企业董事会的会议纪要、证券投资的各类权益证明文书、联营投资中的投资协议、合同和章程等来了解投资循环授权批准制度的执行情况。

2. 投资项目的授权、执行、保管和记录是否有严格分工

对于职务分离控制的测试，注册会计师可以采取实地调查、跟踪业务的方法进行。

3. 有无健全的有价证券保管制度

注册会计师应审阅内部相关人员对有价证券进行定期盘点的报告，重点审阅盘点方法是否适当，盘点结果与会计记录进行核对的情况，以及出现差异的处理是否合规等。如果各期盘点报告的结果未发现账实之间存在差异（或差异不大），说明投资活动的内部控制比较健全有效。

4. 投资活动的核算方式是否符合规定，相关投资收益的会计处理是否正确

注册会计师可从各类投资业务的明细账中抽取部分会计分录，按"原始凭证—明细账—总账"的顺序核对有关数据和情况，判断其会计处理过程是否合规完整，并据以核实上述了解的有关内部控制是否得到有效的执行。

5. 对投资收益的监控是否适当

对此可以采取查阅分析报告或资料的方法进行测试。

注册会计师在完成上述工作后，取得了有关内部控制是否有效的证据，并在工作底稿中标明投资活动的内部控制的强弱点，对投资业务内部控制进行总体评价，确认对投资业务内部控制的可依赖程度，进而确定实质性测试的程序和重点。

例 12-1　投资与筹资内部控制测试

注册会计师丹妮于 2016 年 12 月 20 日对华恒公司筹资与投资循环的内部控制进行了解和测试，并在相关审计工作底稿中记录了了解和测试的事项，摘录如下：华恒公司股东大会批准董事会的投资权限为 1 亿元以下。董事会决定由总经理负责实施。总经理决定由证券部负责总额在 1 亿元以下的股票买卖。华恒公司规定：公司划入营业部的款项由证券部申请，由会计部审核，总经理批准后划入公司在营业部开立的资金账户。经总经理批准，证券部直接从营业部资金账户支取款项。证券买卖、资金存取的会计记录由会计部处理。注册会计师丹妮了解和测试投资的内部控制系统后发现证券部在某营业部开户的有关协议及补充协议未经会计部或其他部门审核。根据总经理的批准，会计部已将6000万元汇入该账户。证券部处理证券买卖的会计记录，月底将证券买卖清单交给会计部，会计部据以汇总登记。

要求：根据上述摘录，请代注册会计师丹妮指出筹资与投资循环内部控制的缺陷，并提出改进建议。

分析过程：

华恒公司筹资与投资循环内部控制的缺陷有：

（1）由证券部直接支取款项，授权与执行职务未得到分离，不易保证款项安全。应建议华恒公司从资金账户支取款项时，由会计部审核和记录，由证券部办理。

（2）与证券投资有关的活动要由两个部门控制。有关协议未经独立部门审查，会使有关的条款未全部在协议中载明，可能存在协议外的约定。建议华恒公司与营业部的协议应经会计部或法律部审查。证券部自己进行证券买卖的会计处理，业务的执行与记录的不相容职务未分离，并且未得到适当的授权和批准。月末会计部汇总登记证券投资记录，未及时按每一种证券分别设立明细账，详细核算。应建议华恒公司由会计部负责对投资进行核算，及时分品种设立明细账详细核算。

第三节 借款审计

借款是企业承担的一项经济义务，是企业的负债项目。在一般情况下，被审计单位不会高估负债，因为这样于自身不利，且难以与债权人的会计记录相互印证；除少数情况外，负债的金额都是真实的。注册会计师对于负债项目的审计，主要是防止企业低估负债。低估负债经常伴随着低估成本费用，从而达到高估利润的目的。因此，低估负债不仅影响财务状况的反映，而且会影响企业财务成果的反映。所以，注册会计师在执行借款业务审计时，应将被审计单位是否低估负债作为一个关注的重点。

一、借款的审计目标

借款的审计目标一般包括：

（1）了解并确定被审计单位有关借款的内部控制是否存在、有效且一贯遵守。

（2）确定被审计单位在特定期间内发生的借款业务是否均已记录完毕、有无遗漏。

（3）确认被审计单位所记录的借款在特定期间是否确实存在，是否为被审计单位承担。

（4）确认被审计单位所有借款的会计处理是否正确。

（5）确定被审计单位各项借款的发生是否符合有关法律的规定，被审计单位是否遵守了有关债务合同的规定。

（6）确认被审计单位借款余额在有关财务报表中的反映是否恰当。

二、借款的实质性测试

借款的实质性测试内容包括短期借款实质性测试、长期借款实质性测试、应付债券实质性测试和财务费用的实质性测试。

(一) 短期借款的实质性测试

对短期借款进行实质性测试，注册会计师应根据被审计单位年末短期借款余额的大小、占负债总额的比重、以前年度发现问题的多少，以及相关内部控制系统的强弱等确定短期借款实质性测试的审计程序和方法。一般而言，注册会计师对于短期借款的实质性测试应包括以下内容：

1. 获取或编制短期借款明细表

注册会计师应首先获取或编制短期借款明细表，复核其加计数是否正确，并与明细账和总账核对相符。

2. 函证短期借款的实有数

注册会计师应在期末短期借款余额较大或认为必要时向银行或其他债权人函证短期借款。

3. 检查短期借款的增减

对年度内增加的短期借款，注册会计师应检查借款合同和授权批准，了解借款数额、借款条件、借款日期、还款期限、借款利率，并与相关会计记录进行核对。对年度内减少的短期借款，注册会计师应检查相关记录和原始凭证，核实还款数额。

4. 检查有无到期未偿还的短期借款

注册会计师应检查相关记录和原始凭证，检查被审计单位有无到期未偿还的短期借款，如有，则应查明是否已向银行提出申请并经同意后办理延期手续。

5. 复核短期借款利息

注册会计师应根据短期借款的利率和期限，复核被审计单位短期借款的利息计算是否正确，有无多算或少算利息的情况，如有未计利息和多计利息情况，应做出记录，必要时提出调整建议。

6. 检查短期借款在资产负债表中的反映是否恰当

企业的短期借款在资产负债表上通常设"短期借款"项目单独列示，对于因抵押而取得的短期借款，应在资产负债表附注中揭示，注册会计师应注意被审计单位对短期借款项目的反映是否充分。

(二) 长期借款的实质性测试

长期借款与短期借款一样，都是企业向银行或其他金融机构借入的款项，因此，长期借款的实质性测试与短期借款的实质性测试较为相似。注册会计师在进行长期借款的实质性测试时，一般需要执行的程序包括：

(1) 获取或编制长期借款明细表，复核其加计数是否正确，并与明细账和总账核对相符。

(2) 了解金融机构对被审计单位的授信情况以及被审计单位的信用等级评估情况，了解被审计单位获得长期借款的抵押和担保情况，评估被审计单位的信誉和融资能力。

(3) 对年度内增加的长期借款，应检查借款合同和授权批准，了解借款数额、借款条件、借款日期、还款期限、借款利率，并与相关会计记录进行核对。

(4) 向银行或其他债权人函证重大的长期借款。

(5) 对年度内减少的长期借款，注册会计师应检查相关记录和原始凭证，核实还款数额。

(6) 检查一年内到期的长期借款是否已转列为流动负债。

(7) 计算长期借款在各个月份的平均余额，选取适用的利率匡算利息支出总额，并与基建成本、财务费用的相关记录进行核对，判断被审计单位是否高估或低估利息支出。

(8) 检查借款费用的会计处理是否正确。

(9) 检查企业抵押长期借款的抵押资产的所有权是否属于企业，其价值和实物状况是否与抵押合同中的规定一致。

(10) 检查长期借款是否已在资产负债表中做充分披露。

长期借款在资产负债表中列示于长期负债类下，该项目应根据"长期借款"科目的期末余额扣减将于一年内到期的长期借款后的数额填列。注册会计师应根据审计结果，确定被审计单位长期借款在资产负债表中的列示是否充分，并注意长期借款的抵押和担保是否已在财务报表注释中做了充分的说明。

（三）应付债券的实质性测试

被审计单位应付债券业务不多，但每笔业务可能都是重要的。因此，注册会计师应重视此项负债的实质性测试工作。应付债券的实质性测试一般包括：

(1) 注册会计师应索取或编制应付债券明细表并与明细账及备查簿核对相符，必要时，询证债权人及债券的承销人或包销人，以验证应付债券期末余额的正确性。

(2) 审查被审计单位债券业务是否真实、合法。注册会计师应着重审查被审计单位发行债券是否经过有关部门的批准，发行债券所形成的负债是否及时记录等。

(3) 审查被审计单位债券是否按期计提利息，溢价或折价发行债券，其实际收到的金额与债券票面金额的差额，是否在债券存续期间分期摊销。

(4) 审查被审计单位在发行债券时，是否将待发行债券的票面金额、债券票面利率、还本期限与方式、发行总额、发行日期和编号、委托代售部门、转换股份等情况在备查簿中进行登记。

(5) 检查利息费用的会计处理是否正确。

(6) 检查应付债券是否已在资产负债表中充分披露。

应付债券在资产负债表中列示于长期负债类下，该项目应根据"应付债券"科目的期末余额扣除将于一年内到期的应付债券后的数额填列。注册会计师应根据审计结果，确定被审计单位应付债券在财务报表上的反映是否充分，应注意有关应付债券的类别是否已在财务报表注释中做了充分的说明。

第四节 所有者权益审计

企业资产负债表上的所有者权益，是企业投资者对企业净资产的所有权，包括投资者对企业的投入资本以及企业存续过程中形成的资本公积、盈余公积和未分配利润所有者权益在数量上等于企业的全部资产减去全部负债后的余额，即企业净资产数额根据这一平衡原理，可以清楚地看出，如果注册会计师能够对企业的资产和负债进行充分的审计，证明两者的期初余额、期末余额和本期变动都是正确的,便从侧面为所有者权益的期末余额和本期变动的正确性提供了有力的证据。同时,由于所有者权益增减变动的业务较少、金额较大的特点,注册会计师在审计了企业的资产和负债之后,往往只花费相对较少的时间对所有者权益进行审计。尽管如此,在审计过程中,对所有者权益进行单独审计仍然十分必要。

一、所有者权益的审计目标

所有者权益的审计目标主要包括:

(1) 确定被审计单位有关所有者权益内部控制是否存在、有效且一贯遵守,包括对投资的有关协议、合同和企业章程条款,利润分配的决议、分配方案,会计处理程序等方面的检查,并为被审计单位改善内部控制提供意见或建议。

(2) 确定投入资本、资本公积的形成、增减及其他有关经济业务会计记录的合法性与真实性,为投资者及其他有关方面研究企业的财务结构,进行投资决策提供依据。

(3) 确定盈余公积和未分配利润的形成和增减变动的合法性、真实性,为投资者及其他有关方面了解企业的增值、积累情况等提供资料。

(4) 确定财务报表中所有者权益的反映是否恰当。

二、所有者权益的实质性测试

(一) 股本或实收资本的实质性测试

股本是股份有限公司按照公司章程、合同和投资协议的规定向股东募集的资本,代表股东对公司净资产的所有权。股份有限公司的股本,是在核定的资本总额及核定的股份总额的范围内,通过向股东发行股票的方式筹集的。通常股本不发生变化,只有在股份有限公司设立、增资扩股和减资时发生变化。

除股份有限公司的投入资本在"股本"科目中核算外,其他组织形式的企业,其投入资本集中在"实收资本"科目中核算。实收资本的实质性测试程序与股本的实质性测试程序基本相同。

对于股本的实质性测试,注册会计师应通过"股本"账户进行,其程序一般包括:

1. 审阅公司章程及实施细则和股东大会、董事会会议记录

注册会计师应向被审计单位索取公司章程及实施细则和股东大会、董事会会议记录的副本,认真研究其中有关股本的规定。注册会计师应了解的资料包括:核定股份和已发行股份的份数、股票面值、股票收回、股票分割及认股权证等。通过这些资料,注册会计师应进一步确定被审计单位股本的交易是否符合有关法规规定及股东大会或董事会的决议。

2. 检查股东是否按照公司章程、合同、协议规定的出资方式出资,各种出资方式的比例是否符合规定

我国法律规定股份有限公司的出资可以采取货币资金、实物、知识产权、土地使用权方式,但法律、行政法规规定不得作为出资的财产除外。股份有限公司的设立,可以采取发起设立或募集设立的方式。注册会计师审计时,应当了解企业章程、合同、协议中的出资方式、出资比例,确定其内容的合法性。在具体分析企业实际募股时,是否存在与公司章程、合同、协议内容存在差异的情况,了解形成差异的原因,将有关问题与公司有关人员协商、对审计过程及有关问题的处理，以适当的方式记录于工作底稿中。

3. 索取或自己编制股本明细表

注册会计师应向被审计单位索取或自己编制股本明细表，作为永久档案存档，以供本年度和以后年度检查股本时使用。股本明细表的内容应包括各类股本变动的详细记载及有关的分析评价。编制时应将每次变动情况逐一记载并与有关的原始凭证和会计账目进行核对。

4. 检查股票的发行、收回等交易活动

检查与股票发行、收回有关的原始凭证和会计记录，是验证股票发行、收回是否确实存在的重要步骤。应检查的原始凭证包括已发行股票的登记簿、向外界收回的股票、募股清单、银行对账单等。会计记录则主要包括银行存款日记账与总账、股本明细账与总账等。

5. 函证发行在外的股票

注册会计师应检查已发行的股票数量是否真实，是否均已收到股款或资产。目前我国股票发行和转让大都由企业委托证券交易所和金融机构进行，由证券交易所和金融机构对发行在外的股票份数进行登记和控制。因为这些机构一般既了解公司发行股票的总数，又掌握公司股东的个人记录以及股票转让情况，故在审计时可采取与证券交易所和金融机构函证及查阅的方法来验证发行股份的数量，并与股本账面数额进行核对，确定是否相符。对个别自己发行股票、自己进行有关股票发行数量、金额及股东情况登记的企业，由于企业已在股票登记簿和股东名单上进行了记录，在进行股本审计时，可在检查这些记录的基础上，抽查其记录是否真实有据，核对发行的股票存根，看其数额是否与股本账面数额相符。

6. 检查股本是否已在资产负债表中恰当披露

股本应在资产负债表和所有者权益变动表中单项列示，注册会计师应核对被审计单位资产负债表和所有者权益变动表中股本项目的数字是否与审定数相符，并检查是否在财务报表附注中披露与股本有关的重要事项，如股本的种类、各类股本金额及股票发行的数额、每股股票的面值、本会计期间发行的股票等。

（二）资本公积的实质性测试

资本公积是因非经营性因素形成的不能计入股本或实收资本的所有者权益，主要包括投资者实际缴付的出资额超过其资本份额的差额（如股本溢价、资本溢价）、接受捐赠非现金资产、接受现金捐赠、股权投资准备、拨款转入、外币资本折算差额、其他资本公积等。

注册会计师对资本公积进行实质性测试，其测试内容应包括：

1. 检查资本公积形成的合法性

注册会计师应首先检查资本公积形成的内容及其依据，并查阅相关的会计记录和原始凭证，确认资本公积形成的合法性和正确性。资本公积形成的审计包括审查股本溢价或资本溢价、审查外币资本折算差额、审查其他资本公积等。

（1）审查资本溢价或股本溢价。对资本溢价应检查是否在企业吸收新投资时形成，资本溢价的确定是否按实际出资额扣除其投资比例所占的资本额计算，其投资是否经企业董事会决定，并已报原审批机关批准。对股本溢价应检查发行是否合法，是否经有关部门批准，股票发行价格与其面值的差额是否全部计入资本公积，发行股票支付的手续费或佣金、其他相关费用等减去发行股票冻结期间所产生的利息收入后的余额是否已从溢价中扣除。

（2）审查外币资本折算差额。对外币资本折算差额应审查资本账户折算汇率是否按合同约定确定,并由投资各方认可,且符合国家有关法规、制度的规定,资本账户折算所采用的汇率是不是收到出资日的市场汇率或当月1日的市场汇率。

(3) 审查同一控制下企业合并形成的资本公积。同一控制企业合并,当支付的对价账面价值低于合并方所有者权益账面价值享有份额的差额作为合并溢价,在资本公积中反映。

2. 审查资本公积运用的合法性

注册会计师应审查资本公积是否挪作他用;对于资本公积转增股本,注册会计师应审查转增股本是否经股东会或股东大会决定并报经工商行政管理机关批准,并依法办理增资手续;获得批准后,资本公积运用的账务处理是否及时正确。

3. 确定资本公积是否在资产负债表和所有者权益变动表中恰当反映

注册会计师应审查资本公积是否在资产负债表中单独列示,同时还应将资本公积明细账与所有者权益变动表中列示的资本公积的期末余额及期初余额对比相符。

(三) 盈余公积的实质性测试

盈余公积是企业按照规定从税后利润中提取的积累资金,是具有特定用途的留存收益,主要用于弥补亏损和转增资本,也可以按规定用于分配股利。

注册会计师对盈余公积进行实质性测试,其一般程序包括:

1. 获取或编制盈余公积明细表

检查盈余公积种类,并与明细账和总账的余额核对相符。在此基础上,对盈余公积各明细项目的发生额,逐项检查其原始凭证。

2. 检查盈余公积的提取

对盈余公积的提取,注册会计师应主要检查盈余公积的提取是否符合规定并经过批准,提取手续是否完备,提取的依据(即税后利润)是否真实、正确,提取项目是否完整,提取比例是否合法,有无多提或少提。

3. 检查盈余公积的使用

对盈余公积的使用,注册会计师应主要检查盈余公积的使用是否符合规定用途并经过批准。盈余公积的使用按规定必须经过一定的授权批准手续,盈余公积可用于弥补亏损、转增股本,但必须符合国家规定的条件;转增股本还必须经股东会或股东大会批准,依法办理增资手续,取得合法的增资文件;弥补亏损也必须按批准数额转账。

4. 检查盈余公积是否已在资产负债表和所有者权益变动表中恰当披露

企业的盈余公积应在资产负债表中列示,同时还应在所有者权益变动表中反映各项盈余公积的期末余额及期初至期末间的重要变化。

(四) 未分配利润的实质性测试

未分配利润是指未做分配的净利润,即这部分利润没有分配给投资者,也未指定用途。未分配利润是企业当年税后利润在弥补以前年度亏损、提取公积金以后加年初未分配利润,再扣除向所有者分配的利润后的余额,是企业留于以后年度分配的利润。它是企业历年积存的利润分配后的余额,也是所有者权益的一个重要组成部分。

企业的未分配利润通过"利润分配——未分配利润"明细科目核算,其年末余额反映历年积存的未分配利润(或未弥补亏损)。

注册会计师对未分配利润进行实质性测试，其程序一般应包括：

（1）检查利润分配比例是否符合合同、协议、章程以及股东会或股东大会纪要的规定，利润分配数额及年末未分配数额是否正确。

（2）根据审计结果调整本年损益数，直接增加或减少未分配利润，确定调整后的未分配利润数。

（3）检查未分配利润是否已在资产负债表和所有者权益变动表中恰当披露。

第五节 金融资产审计

与投资相关的金融资产包括交易性金融资产、可供出售金融资产、持有至到期投资、长期股权投资等。注册会计师对金融资产的审计，就是对这些项目的审计。

一、交易性金融资产审计

交易性金融资产，是指企业为了近期出售而持有的金融资产。在会计科目设置上，企业持有的直接指定为以公允价值计量且其变动计入当期损益的金融资产，也通过该科目核算。

（一）交易性金融资产的审计目标

交易性金融资产的审计目标一般包括：

(1) 确定交易性金融资产是否存在。
(2) 确定交易性金融资产是否归被审计单位所有。
(3) 确定交易性金融资产的增减变动及其损益的记录是否完整。
(4) 确定交易性金融资产的计价是否正确。
(5) 确定交易性金融资产期末余额是否正确。
(6) 确定交易性金融资产的披露是否恰当。

（二）交易性金融资产的实质性测试程序

注册会计师对交易性金融资产的实质性测试程序通常包括：

（1）获取或编制交易性金融资产明细表，复核加计正确，并与报表数、总账数和明细账合计数核对相符。

（2）对期末结存的相关交易性金融资产，向被审计单位核实其持有目的，检查本科目核算范围是否恰当。

（3）获取股票、债券及基金等交易流水单及被审计单位证券投资部门的交易记录，与明细账核对，检查会计记录是否完整、会计处理是否正确。

（4）监盘库存交易性金融资产，并与相关账户余额进行核对，如有差异，应查明原因，并做出记录或进行适当调整。

（5）向相关金融机构发函询证交易性金融资产期末数量以及是否存在变现限制，并记录函证过程。

（6）抽取交易性金融资产增减变动的相关凭证，检查其原始凭证是否完整合法，会计处理是否正确。

(7) 复核与交易性金融资产相关的损益计算是否准确,并与公允价值变动损益及投资收益等有关数据核对。

(8) 复核股票、债券及基金等交易性金融资产的期末公允价值是否合理,相关会计处理是否正确。

(9) 关注交易性金融资产是否存在重大的变现限制。

(10) 检查交易性金融资产的披露是否恰当。

例 12-2 交易性金融资产审计

注册会计师 A 在审计 XYZ 公司 2017 年财务报表时,发现 2017 年 4 月 21 日 XYZ 公司支付价款 2000000 元从二级市场购入 M 公司发行的股票 200000 股,每股价格 10 元(含已宣告但尚未发放的现金股利 0.60 元),另支付交易费用 40000 元。甲公司将持有的乙公司股权划分为交易性金融资产,且持有乙公司股权后对其无重大影响。

甲公司其他相关资料如下:

(1) 4 月 24 日,收到乙公司发放的现金股利。

(2) 4 月 30 日,乙公司股票价格涨到每股 12 元。

(3) 5 月 16 日,将持有的乙公司股票全部售出,每股售价 13 元。

甲公司在购入乙公司股票时,账务处理为:

借:交易性金融资产——成本　　　　　　　　　　　　2040000
　　贷:银行存款　　　　　　　　　　　　　　　　　　2040000

甲公司在出售乙公司股票时,账务处理为:

借:银行存款　　　　　　　　　　　　　　　　　　　2600000
　　贷:交易性金融资产——成本　　　　　　　　　　　2040000
　　　　投资收益　　　　　　　　　　　　　　　　　　56000

要求: 请代注册会计师 A 指出上述账务处理存在的问题,并指出正确的账务处理。

分析过程:(此处按新会计准则进行会计处理)

上述账务处理是错误的,未能按照不同的时点对 XYZ 公司交易性金融资产做出正确处理。

假定不考虑其他因素,XYZ 公司正确的账务处理如下:

(1) 4 月 21 日,购入 M 公司股票。

借:交易性金融资产——成本　　　　　　　　　　　　2000000
　　投资收益　　　　　　　　　　　　　　　　　　　　40000
　　贷:银行存款　　　　　　　　　　　　　　　　　　2040000

(2) 4 月 24 日,收到 M 公司发放的现金股利。

借:银行存款　　　　　　　　　　　　　　　　　　　120000
　　贷:投资收益　　　　　　　　　　　　　　　　　　120000

(3) 4 月 30 日,确认股票价格变动。

借:交易性金融资产——公允价值变动　　　　　　　　400000

  贷：公允价值变动损益   400000

(4) 5月16日，M公司股票全部售出。

借：银行存款   2600000
  贷：交易性金融资产——成本   2000000
     ——公允价值变动   400000
    投资收益   200000
借：公允价值变动损益   400000
  贷：投资收益   400000

二、可供出售金融资产审计

  可供出售金融资产，是指初始确认时即被指定为可供出售的非衍生金融资产，以及除下列各类资产以外的金融资产：①贷款和应收账款；②持有至到期投资；③以公允价值计量且其变动计入当期损益的金融资产。

（一）可供出售金融资产的审计目标

可供出售金融资产的审计目标一般包括：

(1) 确定可供出售金融资产是否存在。

(2) 确定可供出售金融资产是否归被审计单位所有。

(3) 确定可供出售金融资产的增减变动及其损益的记录是否完整。

(4) 确定可供出售金融资产的计价是否正确。

(5) 确定可供出售金融资产减值准备的计提方法是否恰当，计提是否充分。

(6) 确定可供出售金融资产减值准备的增减变动记录是否完整。

(7) 确定可供出售金融资产及其减值准备期末余额是否正确。

(8) 确定可供出售金融资产及其减值准备的披露是否恰当。

（二）可供出售金融资产的实质性测试程序

注册会计师对可供出售金融资产的实质性测试程序通常包括：

(1) 获取或编制可供出售金融资产明细表，复核加计正确，并与总账数和明细账合计数核对相符。

(2) 获取可供出售金融资产对账单，与明细账核对，并检查其会计处理是否正确。

(3) 检查库存可供出售金融资产，并与相关账户余额进行核对，如有差异，应查明原因，并做出记录或进行调整。

(4) 向相关金融机构发函询证可供出售金融资产期末数量，并记录函证过程。取得回函时应检查相关签章是否符合要求。

(5) 对期末结存的可供出售金融资产，向被审计单位核实其持有目的，检查本科目核算范围是否恰当。

(6) 抽取可供出售金融资产增减变动的相关凭证，检查其原始凭证是否完整合法，会计处理是否正确。

(7) 复核可供出售金融资产的期末公允价值是否合理，是否需计提减值准备，检查会计处理是否正确。

（8）检查可供出售金融资产出售时，其相关损益计算及会计处理是否正确，已计入资本公积的公允价值累计变动额是否转入投资收益科目。

（9）复核可供出售金融资产划转为持有至到期投资的依据是否充分，会计处理是否正确。

（10）检查可供出售金融资产的披露是否恰当。结合银行借款等科目，了解是否存在已用于债务担保的可供出售金融资产。如有，则应取证并做相应的记录，同时提请被审计单位做恰当披露。

例 12-3　可供出售金融资产审计

注册会计师 B 审计 F 公司 2017 年度财务报表时，发现 F 公司于 2017 年 12 月 15 日从二级市场购入股票 100000 股，每股市价 12 元，手续费 24000 元；初始确认时，该股票划分为可供出售金融资产。

F 公司至 2017 年 12 月 31 日仍持有该股票，该股票当时的市价为每股 15 元。

2018 年 1 月 8 日，F 公司将该股票售出，售价为每股 14 元，另支付交易费 28000 元。

F 公司购入股票时的账务处理为：

借：可供出售金融资产——成本　　　　　　　　　　　　　　　1224000
　　贷：银行存款　　　　　　　　　　　　　　　　　　　　　　1224000

F 公司出售股票时的账务处理为：

借：银行存款　　　　　　　　　　　　　　　　　　　　　　　1372000
　　贷：可供出售金融资产　　　　　　　　　　　　　　　　　　1224000
　　　　投资收益　　　　　　　　　　　　　　　　　　　　　　148000

要求：请代注册会计师 B 指出上述账务处理存在的问题，并指出正确的账务处理。

分析过程：

上述 F 公司出售股票时的账务处理是错误的，未能反映出 2017 年 12 月 31 日该股票的公允价值变动损益。正确的账务处理如下：

（1）2017 年 11 月 15 日，购入股票。

F 公司购入股票时的账务处理为：

借：可供出售金融资产——成本　　　　　　　　　　　　　　　1224000
　　贷：银行存款　　　　　　　　　　　　　　　　　　　　　　1224000

（2）2017 年 12 月 31 日，确认股票价格变动。

借：可供出售金融资产——公允价值变动　　　　　　　　　　　276000
　　贷：其他综合收益　　　　　　　　　　　　　　　　　　　　276000

（3）2018 年 1 月 8 日，出售股票。

借：银行存款　　　　　　　　　　　　　　　　　　　　　　　1372000
　　投资收益　　　　　　　　　　　　　　　　　　　　　　　　128000
　　贷：可供出售金融资产——成本　　　　　　　　　　　　　　1224000
　　　　　　　　　　　　——公允价值变动　　　　　　　　　　276000

借：其他综合收益　　　　　　　　　　　　　　　　　　　　276000
　　贷：投资收益　　　　　　　　　　　　　　　　　　　　　　276000

三、持有至到期投资审计

持有至到期投资，是指到期日固定、回收金额固定或可确定，且企业有明确意图和能力持有至到期的非衍生金融资产。

(一) 持有至到期投资的审计目标

持有至到期投资的审计目标一般包括：
(1) 确定持有至到期投资是否存在。
(2) 确定持有至到期投资是否归被审计单位所有。
(3) 确定持有至到期投资的增减变动及其损益的记录是否完整。
(4) 确定持有至到期投资的计价是否正确。
(5) 确定持有至到期投资减值准备的计提方法是否恰当，计提是否充分。
(6) 确定持有至到期投资减值准备的增减变动的记录是否完整。
(7) 确定持有至到期投资及其减值准备期末余额是否正确。
(8) 确定持有至到期投资及其减值准备的披露是否恰当。

(二) 持有至到期投资的实质性测试程序

注册会计师对持有至到期投资的实质性测试程序通常包括：
(1) 获取或编制持有至到期投资明细表，复核加计正确，并与总账数和明细账合计数核对相符。
(2) 获取持有至到期投资对账单，与明细账核对，并检查其会计处理是否正确。
(3) 检查库存持有至到期投资，并与账面余额进行核对，如有差异，应查明原因，并做出记录或进行适当调整。
(4) 向相关金融机构发函询证持有至到期投资期末数量，并记录函证过程。取得回函时，应检查相关签章是否符合要求。
(5) 对期末结存的持有至到期投资资产，核实被审计单位持有的目的和能力，检查本科目核算范围是否恰当。
(6) 抽取持有至到期投资增加、减少的记账凭证，注意其原始凭证是否完整合法，成本、交易费用和相关利息的会计处理是否符合规定。
(7) 结合投资收益科目，复核处置持有至到期投资的损益计算是否准确，已计提的减值准备是否同时结转。
(8) 检查当持有目的改变时，持有至到期投资划转为可供出售金融资产的会计处理是否正确。
(9) 当有客观证据表明持有至到期投资发生减值的，应当复核相关资产项目的预计未来现金流量现值，并与其账面价值进行比较，检查相关减值准备计提是否充分。
(10) 检查持有至到期投资的披露是否恰当。注意一年内到期的持有至到期投资是否已重分类至一年内到期的非流动资产，了解是否存在已用于债务担保的持有至到期投资。如有，则应取证并做相应的记录，同时提请被审计单位做恰当披露。

四、长期股权投资审计

股权投资是指企业持有的采用权益法或成本法核算的长期股权投资，具体包括：①企业持有的能够对被投资单位实施控制的权益性投资，即对子公司的投资；②企业持有的能够与其他合营方一同对被投资单位实施共同控制的权益性投资，即对合营企业的投资；③企业持有的能够对被投资单位施加重大影响的权益性投资，即对联营企业的投资；④企业对被投资单位不具有控制、共同控制或重大影响，且在活跃市场中没有报价、公允价值不能可靠计量的权益性投资。

（一）长期股权投资的审计目标

长期股权投资的审计目标一般包括：

(1) 确定长期股权投资是否存在。

(2) 确定长期股权投资是否归被审计单位所有。

(3) 确定长期股权投资的增减变动及投资损益的记录是否完整。

(4) 确定长期股权投资的核算方法是否正确。

(5) 确定长期股权投资减值准备的计提方法是否恰当。

(6) 确定长期股权投资减值准备增减变动的记录是否完整。

(7) 确定长期股权投资及其减值准备的披露是否恰当。

（二）长期股权投资的实质性测试程序

注册会计师对长期股权投资的实质性测试程序通常包括：

(1) 获取或编制长期股权投资明细表，复核加计正确，并与总账数和明细账合计数核对相符；结合长期股权投资减值准备科目与报表数核对相符。

(2) 根据有关合同和文件，确认股权投资的股权比例和持有时间，检查股权投资核算方法是否正确。

(3) 对于重大的投资，向被投资单位函证被审计单位的投资额、持股比例及被投资单位发放股利等情况。

(4) 对于采用权益法核算的长期股权投资，获取被投资单位已经注册会计师审计的年度财务报表，如果未经注册会计师审计，则应考虑对被投资单位的财务报表实施适当的审计或审阅程序。

(5) 对于采用成本法核算的长期股权投资，检查股利分配的原始凭证及分配决议等资料，确定会计处理是否正确。

(6) 对于成本法和权益法相互转换的，检查其投资成本的确定是否正确。

(7) 确定长期股权投资的增减变动的记录是否完整，检查本期增减变动的长期股权投资，追查至原始凭证及相关的文件或决议及被投资单位验资报告或财务资料等，确认长期股权投资是否符合投资合同、协议的规定并已实际投资，会计处理是否正确。

(8) 期末对长期股权投资进行逐项检查，以确定长期股权投资是否已经发生减值。减值损失一经确认，在以后会计期间不得转回。

（9）结合银行存款等的检查，了解长期股权投资是否存在质押、担保情况。如有，则应详细记录，并提请被审计单位进行充分披露。

（10）检查长期股权投资在资产负债表中是否已恰当列报。了解是否存在被投资单位由于所在国家和地区及其他方面的影响，其向被审计单位转移资金的能力受到限制的情况。如存在，应详细记录受限情况，并提请被审计单位充分披露。

第六节　其他相关账户审计

对于筹资与投资循环审计，除以上介绍的财务报表项目审计外，还有其他应收款审计、其他应付款审计、无形资产审计、长期待摊费用审计、应付股利审计、长期应付款审计、管理费用审计、营业外收入审计、营业外支出审计、所得税审计等。对这些项目审计的阐述，一般只列示相应的实质性测试审计程序。

一、其他应收款审计

其他应收款审计项目包括除应收票据、应收账款、预付账款等以外的其他各种应收、暂付款项，包括不设置"备用金"科目的企业拨出的备用金、应收的各种赔款、罚款，应向职工收取的各种垫付款项等。

对于其他应收款，注册会计师应实施以下实质性测试程序：

1. 检查其他应收款的真实性

注册会计师应要求被审计单位编制并提供其他应收款明细表。注册会计师应将明细表与有关账户数加以核对，复核加计正确，并验证账账之间、账表之间是否一致。必要时向对方发出函证，以确定其他应收款的结算业务是否真实存在。在函证时需注意：选择金额较大或异常的其他应收款项目，函证其余额是否正确，并根据回函情况编制函证结果汇总表；对回函不符、未回函及未发函证的其他应收款，应采用替代程序核实年末余额的正确性，如查核下期明细账，或追踪至其他应收款发生时的原始凭证，特别注意是否存在抽逃资金、隐藏费用的现象。

2. 检查其他应收款的账龄分析是否正确

注册会计师可向被审计单位财会部门索取或自己编制其他应收款账龄分析表。分析明细账户，对于长期未能收回的项目，应查明原因，确定是否可能发生坏账损失。对于转作坏账损失项目，审查是否符合规定，并办妥审批手续。

3. 检查其他应收款的披露是否恰当

应注意被审计单位对其他应收款是否计提坏账准备，其财务报表上的其他应收款余额是"其他应收款"科目的期末余额减去"坏账准备"科目中有关其他应收款计提的坏账准备期末余额后的金额。

此外，注意检查备用金的设立和使用是否合理、合法，备用金的管理、审批制度是否健全，备用金报销的原始凭证是否合规，金额是否正确，有无白条报账的问题等。

二、其他应付款审计

其他应付款核算企业应付、暂收其他单位或个人的款项,主要包括应付租入固定资产和包装物的租金、存入保证金、应付统筹退休金等。它是企业流动负债的重要组成部分。对于其他应付款,注册会计师应实施以下实质性测试程序:

(1) 获取或编制其他应付款明细表,复核加计正确,并与报表数、总账数和明细账合计数核对是否相符。请被审计单位协助,在其他应付款明细表上标出截止审计日已支付的其他应付款项,抽查付款凭证、银行对账单等,并注意这些凭证发生日期的合理性。

(2) 分析其他应付款的账龄,对于长期挂账的其他应付款,注册会计师须查明原因,加以记录,必要时提请被审计单位进行调整。判断选择一定金额以上和异常的明细余额,检查其原始凭证,并考虑向债权人函询。

(3) 审查租入固定资产和包装物租金的会计处理是否正确,存入保证金的会计处理是否正确,应付统筹退休金的会计处理是否正确。

此外,注册会计师应注意审查对非记账本位币结算的其他应付款,检查其采用的折算汇率是否正确,检查其他应付款的披露是否恰当等。

三、无形资产审计

无形资产是指企业为生产商品、提供劳务、出租给其他单位,或为管理目的而持有的,没有实物形态的非货币性资产,包括专利权、非专利技术、商标权、著作权、土地使用权、购入的能够单独计价的计算机软件和支付的土地出让金等。

对于无形资产,注册会计师应实施的实质性测试程序有:

(1) 获取或编制无形资产明细表,复核加计正确,并与报表数、总账数和明细账合计数核对是否相符。

(2) 获取有关协议和董事会纪要等文件、资料,检查无形资产的性质、构成内容、计价依据,其所有权是否归被审计单位所有;检查无形资产各项目的摊销政策是否符合有关规定,是否与上期一致,若改变摊销政策,检查其依据是否充分。

(3) 检查无形资产的增加是否合规。对股东投入的无形资产,检查是否符合有关规定,并经过适当的批准程序,无形资产的价值是否分别与验资报告及资产评估结果确认书或合同协议等证明文件一致,会计处理是否正确;对自行取得或购入的无形资产,检查其原始凭证,确认计价是否正确,法律程序是否完备(如依法登记、注册及变更登记的批准文件和有效期),会计处理是否正确。

(4) 检查无形资产转让的会计处理是否正确,注意转让的是所有权还是使用权。

(5) 检查本期摊销额是否正确、会计处理是否正确。

(6) 检查无形资产减值准备的计提是否正确。

当存在下列一项或若干项情况时,应当将该项无形资产的账面摊余价值全部转入当期损益:某项无形资产已被其他新技术替代,并且该项无形资产已无使用价值和转让价值;某项无形资产已超过法律保护期限,并且已不能为企业带来经济利益;其他足以证明某项无形资产已经丧失了使用价值和转让价值的情形。

当存在下列一项或若干项情况时,应当计提无形资产的减值准备:某项无形资产已被其他新技术替代,但仍然具有部分使用价值;某项无形资产的市场价值逐年下跌,在可预见的未来无回升的希望;某项无形资产已超过法律保护期限,但仍然具有部分使用价值;其他足以证明某项无形资产实质上已经发生了减值的情形。

(7) 检查无形资产的披露是否恰当。

四、应付股利的审计

注册会计师对应付股利的实质性测试程序如下:

(1) 获取或编制应付股利明细表,复核加计正确,并与报表数、总账数和明细账合计数核对是否相符。

(2) 审阅公司章程、股东大会和董事会会议纪要中有关股利分配的规定,了解股利分配标准和发放方式是否符合有关规定并经法定程序批准。

(3) 检查应付股利的发生额,是否根据董事会或股东大会决定的利润分配方案,从税后可供分配利润中计算确定,并复核应付股利计算和会计处理的正确性。

(4) 被审计单位董事会确定的上期利润分配预案,如股东大会决议做了修改,应按股东大会决议调整应付股利的期初数,检查有关会计处理是否正确。

(5) 检查股利支付的原始凭证的内容和金额是否正确。现金股利是否按公告规定的时间、金额予以发放结算;对无法结算及委托发放而长期未结算的股利是否做出适当处理;股利宣布、结算、转账的会计处理是否正确、适当。

(6) 检查应付股利的披露是否恰当。

五、营业外收入的审计

注册会计师对营业外收入的实质性测试程序主要有:

(1) 获得或编制营业外收入明细表,复核加计正确,并与报表数、总账数及明细账合计数核对相符。

(2) 检查营业外收入核算内容是否符合规定。

(3) 检查营业外收入中金额较大或性质特殊的项目,审核其内容的真实性和依据的充分性。

(4) 对营业外收入中各项目,包括处理固定资产净收益、处理无形资产净收益、固定资产盘盈、罚款净收入等相关账户记录核对相符,并追查至相关原始凭证。

(5) 检查营业外收入的披露是否恰当。

六、营业外支出的审计

注册会计师对营业外支出的实质性测试程序主要有:

(1) 获取或编制营业外支出明细表,复核加计正确,并与报表数、总账数及明细账合计数核对相符。

(2) 检查营业外支出的内容是否符合规定。

(3) 对营业外支出的各项目,包括处理固定资产、无形资产净损失、固定资产盘亏、债务重组净损失等,与固定资产、无形资产等相关账户记录核对相符,并追查至相关原始凭证。

(4)检查是否存在非公益性捐赠支出、税收滞纳金、罚金、罚款支出、各种赞助会费支出等,必要时进行应纳税所得额调整。

(5)对非常损失应详细检查有关资料、被审计单位实际损失和保险理赔情况及审批文件,检查有关会计处理是否正确。

(6)检查营业外支出的披露是否恰当。

七、公允价值变动收益审计

公允价值变动收益包括交易性金融资产、交易性金融负债,以及采用公允价值模式计量的投资性房地产、衍生金融工具、套期保值业务等公允价值变动形成的应计入当期损益的利得或损失。

注册会计师对公允价值变动收益的实质性测试程序主要有:

(1)获取或编制公允价值变动收益明细表,复核加计正确,与报表数、总账数及明细账合计数核对相符。

(2)根据公允价值变动收益明细账,对交易性金融资产(负债)、衍生金融工具、套期保值业务和投资性房地产等各明细发生额逐项检查:

① 在资产负债表日,被审计单位是否将交易性金融资产(负债)的公允价值与其账面价值的差额记入本科目;处置交易性金融资产(负债)时,是否将原已记入本科目的公允价值变动金额转入投资收益。

② 在资产负债表日,被审计单位是否将衍生金融工具的公允价值与其账面价值的差额记入本科目;终止衍生金融工具时,其会计处理是否正确。

③ 对于在资产负债表日,满足运用套期会计方法条件的现金流量套期和境外经营净投资套期产生的利得和损失,是否进行了正确的会计处理。

④ 以公允价值模式计量的投资性房地产的公允价值变动收益,应结合对应科目,检查其初始成本确定是否正确,期末公允价值确定是否合理;处置时原公允价值变动(含记入本科目和其他综合收益)有无正确结转至其他业务成本。

⑤ 确定公允价值变动收益的披露是否恰当。

八、递延所得税资产审计

注册会计师对递延所得税资产的实质性测试程序通常包括:

(1)获取或编制递延所得税资产明细表,复核加计正确,并与报表数、总账数和明细账合计数核对相符。

(2)检查被审计单位对递延所得税资产采用的会计政策是否恰当,前后期是否一致。

(3)检查被审计单位用于确认递延所得税资产的税率是否正确。

(4)检查递延所得税资产增减变动记录,以及可抵扣暂时性差异的形成原因,确定是否符合有关规定,计算是否正确,预计转销期是否适当,并特别关注以下事项:

① 对根据税法规定可用以后年度税前利润弥补的亏损及税款抵减所形成的递延所得税

资产，检查其计算及会计处理是否正确。

② 对非同一控制下企业合并中取得资产、负债的入账价值与其计税基础不同形成的可抵扣暂时性差异，检查其计算及会计处理是否正确。

③ 检查被审计单位对子公司、联营企业及合营企业投资相关的可抵扣暂时性差异，是否根据条件确认相应的递延所得税资产。

④ 检查被审计单位是否在资产负债表日对递延所得税资产的账面价值进行复核，如果预计未来期间很可能无法获得足够的应纳税所得额用以抵扣递延所得税资产，应当减记递延所得税资产的账面价值。

⑤ 当适用税率发生变化时，检查被审计单位是否对递延所得税资产进行重新计量，对其影响数的会计处理是否正确。

⑥ 确定递延所得税资产的披露是否恰当。

九、递延所得税负债审计

注册会计师对递延所得税负债的实质性测试程序通常包括：

（1）获取或编制递延所得税负债明细表，复核加计正确，并与报表数、总账数和明细账合计数核对相符。

（2）检查被审计单位对递延所得税负债采用的会计政策是否恰当，前后是否一致。

（3）检查被审计单位用于确认递延所得税负债的税率是否正确。

（4）检查递延所得税负债增减变动记录，以及应纳税暂时性差异的形成原因，确定是否符合有关规定，计算是否正确，预计转销期是否适当，并关注以下事项：

① 对非同一控制下企业合并中取得资产、负债的入账价值与其计税基础不同形成的应纳税暂时性差异，检查其计算及会计处理是否正确。

② 检查是否存在交易中产生的递延所得税负债不应予以确认，而被审计单位予以确认的情况。

③ 检查是否存在被审计单位对子公司、联营企业及合营企业投资相关的应纳税暂时性差异，根据条件不应确认相应的递延所得税负债，而被审计单位予以确认的情况。

④ 当适用税率发生变化时，检查被审计单位是否对递延所得税负债进行重新计量，对其影响数的会计处理是否正确。

⑤ 确定递延所得税负债在财务报表中的披露是否恰当。

思考题

1. 投资和筹资业务审计有哪些账户？
2. 如何实施投资的实质性程序？
3. 可供出售金融资产的实质性程序包括哪些？
4. 短期借款和长期借款的实质性程序包括哪些？
5. 筹资活动内部控制测试有哪些？

第十三章

货币资金的审计

第一节 货币资金审计概述

货币资金是企业资产的重要组成部分,是企业资产中流动性最强的一种资产。任何企业进行生产经营活动都必须拥有一定数额的货币资金,持有货币资金是企业生产经营活动的基本条件,可能关乎企业的命脉。货币资金主要来源于资本的投入和营业收入,主要用于资产的取得和费用的结付。总的来说,只有保持健康的、正的现金流,企业才能够继续生存;如果出现现金流逆转迹象,产生了不健康的、负的现金流,长此以往,企业将会陷入财务困境,并导致对自身的持续经营能力产生疑虑。

根据货币资金存放地点及用途的不同,货币资金分为库存现金、银行存款及其他货币资金。

一、货币资金与业务循环

货币资金与各业务循环均直接相关,如图 13-1 所示。

货币资金	
销售与收款循环 投资与筹资循环	采购与付款循环 生产与存货循环 人力资源与工薪循环 投资与筹资循环

图 13-1 货币资金与相关业务循环关系图

二、涉及的主要凭证和会计记录

货币资金审计涉及的凭证和会计记录主要有:①现金盘点表;②银行对账单;③银行存

款余额调节表；④有关科目的记账凭证；⑤有关会计账簿。

三、货币资金的种类

货币资金主要包括三大类，即库存现金、银行存款和其他货币资金。

每一个企业都会持有一定数量的现金，用于企业日常的小额物质的采购或费用的支付等，同时也会收取一定数量的现金或不便于通过银行结算的现金收入。尽管每笔业务支付的金额有限，但其业务发生频繁，累计金额并不一定小。

银行存款是企业存放于银行或其他金融机构的货币资金，用于现金结算以外的所有货币资金收支业务，它是企业对外结算的主要方式。

其他货币资金主要包括外埠存款、银行汇票存款、银行本票存款、信用卡存款、信用证保证金存款、存出投资款等。

四、货币资金的业务活动

（一）现金管理

（1）出纳员每日对库存现金自行盘点，编制现金日报表，计算当日现金收入、支出及结余额，并将结余额与实际库存额核对，如有差异及时查明原因。

（2）会计主管不定期检查现金日报表。

（3）每月月末，会计主管指定出纳员以外的人员对现金进行盘点，编制库存现金盘点表，将盘点金额与现金日记账余额进行核对。

会计主管复核库存现金盘点表，如果盘点金额与现金日记账余额存在差异，需查明原因并报经财务经理批准后进行财务处理。

（二）银行存款管理

1. 银行账户管理

企业的银行账户开立、变更或注销须经财务经理审核，报总经理审批。

2. 编制银行存款余额调节表

每月月末，会计主管指定出纳员以外的人员核对银行存款日记账和银行对账单，编制银行存款余额调节表，使银行存款账面余额与银行对账单调节相符。如调节不符，查明原因。

会计主管复核银行存款余额调节表，对需要进行调整的调节项目及时进行处理。

（三）票据管理

财务部门设置银行票据登记簿，防止票据遗失或盗用。出纳员登记银行票据的购买、领用、背书转让及注销等事项。空白票据存放在保险柜中。

每月月末，会计主管指定出纳员以外的人员对空白票据、未办理收款和承兑的票据进行盘点，编制银行票据盘点表，并与银行票据登记簿进行核对。

会计主管复核库存银行票据盘点表，如存在差异，需查明原因。

（四）印章管理

企业的财务专用章由财务经理保管，办理相关业务中使用的个人名章由出纳员保管。

五、货币资金内部控制概述

由于货币资金是企业流动性最强的资产,企业必须加强对货币资金的管理,建立良好的货币资金内部控制,以确保全部应收取的货币资金均能收取,并及时正确地予以记录;全部货币资金支出是按照经批准的用途进行的,并及时正确地予以记录;库存现金、银行存款报告正确,并得以恰当保管;正确预测企业正常经营所需的货币资金收支额,确保企业有充足又不过剩的货币资金余额。

在实务中,库存现金、银行存款和其他货币资金的转换比较频繁,三者的内部控制目标、内部控制制度的制定与实施大致相似,因此,先统一对货币资金的内部控制作一个概述,各自内部控制的特点以及控制测试将在后面分述。一般而言,一个良好的货币资金内部控制应该做到以下几点:

(1) 货币资金收支与记账的岗位分离。
(2) 货币资金收支要有合理、合法的凭据。
(3) 全部收支及时准确入账,并且资金支付应严格履行审批、复核制度。
(4) 控制现金坐支,当日收入现金应及时送存银行。
(5) 按月盘点现金,编制银行存款余额调节表,以做到账实相符。
(6) 对货币资金进行内部审计。

尽管由于每个企业的性质、所处行业、规模以及内部控制健全程度等不同,其与货币资金相关的内部控制内容有所不同,但以下要求是通常应当共同遵循的:

(一) 岗位分工及授权批准

(1) 企业应当建立货币资金业务的岗位责任制,明确相关部门和岗位的职责权限,确保办理货币资金业务的不相容岗位相互分离、制约和监督。出纳人员不得兼任稽核、会计档案保管和收入、支出、费用、债权债务账目的登记工作。企业不得由一人办理货币资金业务的全过程。

(2) 企业应当对货币资金业务建立严格的授权批准制度,明确审批人对货币资金业务的授权批准方式、权限、程序、责任和相关控制措施,规定经办人办理货币资金业务的职责范围和工作要求。审批人应当根据货币资金授权批准制度的规定,在授权范围内进行审批,不得超越审批权限。经办人应当在职责范围内,按照审批人的批准意见办理货币资金业务。对于审批人超越授权范围审批的货币资金业务,经办人员有权拒绝办理,并及时向审批人的上级授权部门报告。

(3) 企业应当按照规定的程序办理货币资金支付业务。

① 支付申请。企业有关部门或个人用款时,应当提前向审批人提交货币资金支付申请,注明款项的用途、金额、预算、支付方式等内容,并附有效经济合同或相关证明。

② 支付审批。审批人根据其职责、权限和相应程序对支付申请进行审批。对不符合规定的货币资金支付申请,审批人应当拒绝批准。

③ 支付复核。复核人应当对批准后的货币资金支付申请进行复核,复核货币资金支付

申请的批准范围、权限、程序是否正确,手续及相关单证是否齐备,金额计算是否准确,支付方式、支付企业是否妥当等,复核无误后,交由出纳人员办理支付手续。

④ 办理支付。出纳人员应当根据复核无误的支付申请,按规定办理货币资金支付手续,及时登记库存现金和银行存款日记账。

(4) 企业对于重要货币资金支付业务,应当实行集体决策和审批,并建立责任追究制度,防范贪污、侵占、挪用货币资金等行为。

(5) 严禁未经授权的机构或人员办理货币资金业务或直接接触货币资金。

(二) 现金和银行存款的管理

(1) 企业应当加强现金库存限额的管理,超过库存限额的现金应及时存入银行。

(2) 企业必须根据《现金管理暂行条例》的规定,结合本企业的实际情况,确定本企业现金的开支范围。不属于现金开支范围的业务应当通过银行办理转账结算。

(3) 企业现金收入应当及时存入银行,不得用于直接支付企业自身的支出。因特殊情况需坐支现金的,应事先报经开户银行审查批准。

企业借出款项必须执行严格的授权批准程序,严禁擅自挪用、借出货币资金。

(4) 企业取得的货币资金收入必须及时入账,不得私设"小金库",不得账外设账,严禁收款不入账。

(5) 企业应当严格按照《支付结算办法》等国家有关规定,加强银行账户的管理,严格按照规定开立账户,办理存款、取款和结算。

企业应当定期检查、清理银行账户的开立及使用情况,发现问题应及时处理。

企业应当加强对银行结算凭证的填制、传递及保管等环节的管理与控制。

(6) 企业应当严格遵守银行结算纪律,不准签发没有资金保证的票据或远期支票,套取银行信用;不准签发、取得和转让没有真实交易和债权债务的票据,套取银行和他人资金;不准无理拒绝付款,任意占用他人资金;不准违反规定开立和使用银行账户。

(7) 企业应当指定专人定期核对银行账户(每月至少核对一次),编制银行存款余额调节表,使银行存款账面余额与银行对账单调节相符。如调节不符,应查明原因,及时处理。

(8) 企业应当定期和不定期地进行现金盘点,确保现金账面余额与实际库存相符。发现不符,及时查明原因并做出处理。

(三) 票据及有关印章的管理

(1) 企业应当加强与货币资金相关的票据的管理,明确各种票据的购买、保管、领用、背书转让、注销等环节的职责权限和程序,并专设登记簿进行记录,防止空白票据的遗失和被盗用。

(2) 企业应当加强银行预留印鉴的管理。财务专用章应由专人保管,个人名章必须由本人或其授权人员保管。严禁一人保管支付款项所需的全部印章。

按规定需要有关负责人签字或盖章的经济业务,必须严格履行签字或盖章手续。

（四）监督检查

（1）企业应当建立对货币资金业务的监督检查制度，明确监督检查机构或人员的职责权限，定期和不定期地进行检查。

（2）货币资金监督检查的内容主要包括：

① 货币资金业务相关岗位及人员的设置情况。重点检查是否存在货币资金业务不相容职务混岗的现象。

② 货币资金授权批准制度的执行情况。重点检查货币资金支出的授权批准手续是否健全，是否存在越权审批行为。

③ 支付款项印章的保管情况。重点检查是否存在办理付款业务所需的全部印章交由一人保管的现象。

④ 票据的保管情况。重点检查票据的购买、领用、保管手续是否健全，票据保管是否存在漏洞。

（3）对监督检查过程中发现的货币资金内部控制中的薄弱环节，应当及时采取措施，加以纠正和完善。

第二节　货币资金的重大错报风险

一、货币资金可能发生错报环节

以一般制造业为例，与库存现金、银行存款相关的交易和余额的可能发生错报环节通常包括（括号内为相应的认定）：

（1）被审计单位资产负债表的货币资金项目中的库存现金和银行存款在资产负债表日不存在。（存在）

（2）被审计单位所有应当记录的现金收支业务和银行存款收支业务未得到完整记录，存在遗漏。（完整性）

（3）被审计单位的现金收款通过舞弊手段被侵占。（完整性）

（4）记录的库存现金和银行存款不为被审计单位所拥有或控制。（权利和义务）

（5）库存现金和银行存款的金额未被恰当地包括在财务报表的货币资金项目中，与之相关的计价调整未得到恰当记录。（计价和分摊）

（6）库存现金和银行存款未按照企业会计准则的规定在财务报表中做出恰当列报。（列报）

二、识别应对可能发生错报环节的内部控制

为评估与货币资金的交易、余额和列报相关的认定的重大错报风险，注册会计师应了解与货币资金相关的内部控制，这些控制主要是为防止、发现并纠正相关认定发生重大错报的固有风险（即可能发生错报的环节）而设置的。注册会计师可以通过审阅以前年度工作定稿、观察内部控制执行情况、询问管理层和员工、检查相关的文件和资料等方法对这些控制

进行了解，此外，对相关文件和资料进行检查也可以提供审计证据，如通过检查财务人员编制的银行存款余额调节表，可以发现差错并加以纠正。

(一) 库存现金内部控制

一般而言，一个良好的现金内部控制应该做到以下几点：

(1) 现金收支与记账的岗位分离。
(2) 现金收支要有合理合法的依据。
(3) 全部收入及时准确入账，全部支出要有核准手续。
(4) 控制现金坐支，当日收入现金应及时送存银行。
(5) 按月盘点现金，做到账实相符。
(6) 加强对现金收支业务的内部审计。

注册会计师应当注意检查库存现金内部控制的建立和执行情况，重点包括：

(1) 库存现金的收支是否按规定的程序和权限办理。
(2) 是否存在与被审计单位经营无关的款项收支情况。
(3) 出纳与会计的职责是否严格分离。
(4) 库存现金是否妥善保管，是否定期盘点、核对等。

(二) 银行存款的内部控制

银行存款的内部控制与库存现金的内部控制相似，应做到以下几点：

(1) 银行存款收支与记账的岗位分离。
(2) 银行存款收支要有合理合法的依据。
(3) 全部收入及时准确入账，全部支出要有核准手续。
(4) 按月编制银行存款余额调节表，做到账实相符。
(5) 加强对银行存款收支业务的内部审计。

注册会计师对银行存款内部控制的了解一般与库存现金的内部控制同时进行。注册会计师应当注意的内容包括：

(1) 银行存款的收支是否按规定的程序和权限办理。
(2) 银行账户的开立是否符合《银行账户管理办法》等相关法律法规的要求。
(3) 银行账户是否存在与本单位经营无关的款项收支情况。
(4) 是否存在出租、出借银行账户的情况。
(5) 出纳与会计的职责是否严格分离。
(6) 是否定期取得银行对账单并编制银行存款余额调节表等。

三、与货币资金相关的重大错报风险

对于货币资金业务交易、账户余额和列报的认定层次的重大错报风险，注册会计师通常运用职业判断，依据因货币资金业务的交易账户余额和列报的具体特征而导致重大错报风险的可能性（即固有风险），以及风险评估是否考虑了相关控制（即控制风险），形成对与货币资金相关的重大错报风险的评估，进而影响进一步审计程序。

(一) 货币资金业务交易、账户余额和列报的认定层次重大错报风险的可能性

(1) 虚假的余额或交易导致银行存款余额的存在性或交易的发生存在重大错报风险。

(2) 因未采用正确的折算汇率导致外币交易计价错误(计价和分摊、准确性)。

(3) 期末银行存款收支存在大额的截止性错误(截止)。如银付企未付、企收银未收等。

(4) 未按规定对货币资金做出恰当披露。例如,未披露限制使用的大额银行存款,但在编制财务报表时未在财务报表附注中对其进行披露。

(二) 货币资金审计中需要保持警觉的主要情形

存在以下事项或情形时,需要保持警觉:

(1) 被审计单位的现金交易比例较高,并与其所在的行业常用的结算模式不同。

(2) 库存现金规模明显超过业务周转所需资金。

(3) 银行账户开立数量与企业实际的业务规模不匹配。

(4) 在没有经营业务的地区开立银行账户。

(5) 企业资金存放于管理层或员工个人账户。

(6) 货币资金收支金额与现金流量表不匹配。

(7) 不能提供银行对账单或银行存款余额调节表。

(8) 存在长期或大量银行未达账项。

(9) 银行存款明细账存在非正常转账的"一借一贷"。

(10) 违反货币资金存放和使用规定(如上市公司未经批准开立账户转移募集资金、未经许可将募集资金转作其他用途等)。

(11) 存在大额外币收付记录,而被审计单位并不涉足外贸业务。

(12) 被审计单位以各种理由不配合注册会计师实施银行函证。

(三) 需要保持警觉的其他事项或情形

(1) 存在没有具体业务支持或与交易不相匹配的大额资金往来。

(2) 长期挂账的大额预付款项。

(3) 存在大额自有资金的同时,向银行高额举债。

(4) 付款方账户名称与销售客户名称不一致、收款方账户名称与供应商名称不一致。

(5) 开具的银行承兑汇票没有银行承兑协议支持。

(6) 银行承兑票据保证金余额与应付票据余额比例不合理。

当被审计单位存在以上事项或情形时,可能表明存在舞弊风险。

四、拟实施进一步审计程序的总体方案

注册会计师基于以上识别的重大错报风险评估结果,制定实施进一步审计程序的总体方案(包括综合性方案和实质性方案),继而实施控制测试和实质性审计程序,以应对识别出的重大错报风险。注册会计师通过综合性方案和实质性方案获取的审计证据应足以识别出认定层次的重大错报风险。

第三节　货币资金的内部控制测试

如果在评估认定层次重大错报风险时预期控制的运行是有效的,或仅实施实质性程序不足以提供认定层次充分、适当的审计证据,注册会计师应对实施控制测试,以就与认定相关的控制在相关期间或时点的运行有效性获取充分、适当的审计证据。如果根据注册会计师的判断,决定对货币资金采取实质性审计方案,在此情况下,就无须实施测试内部控制运行有效性的程序。

一、库存现金的控制测试

在已识别的重大错报风险的基础上,注册会计师选取拟测试的控制并实施控制测试。常见的库存现金内部控制以及注册会计师相应可能实施的内部控制测试程序如下:

现金付款审批和复核流程及控制测试

被审计单位现金付款内部控制流程及控制测试如图13-2所示。

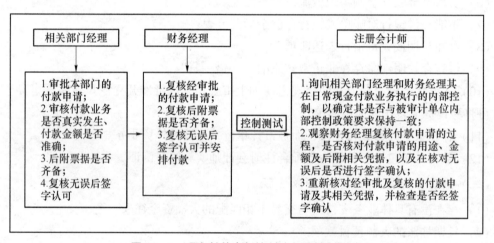

图13-2　现金付款内部控制流程及控制测试

现金监盘程序是用作控制测试还是实质性程序,取决于注册会计师对风险评估结果、审计方案和实施的特定程序的判断。注册会计师可以将现金监盘同时用作控制测试和实质性程序。如被审计单位库存现金存放部门有两处或两处以上的,应同时进行盘点。

(1) 检查现金以确定其是否存在,并检查现金盘点结果。

(2) 观察执行现金盘点的人员对盘点计划的遵循情况,以及用于记录和控制现金盘点结果的程序的实施情况。

(3) 获取有关被审计单位现金盘点程序可靠性的审计证据。

被审计单位现金盘点内部控制流程及控制测试如图13-3所示。

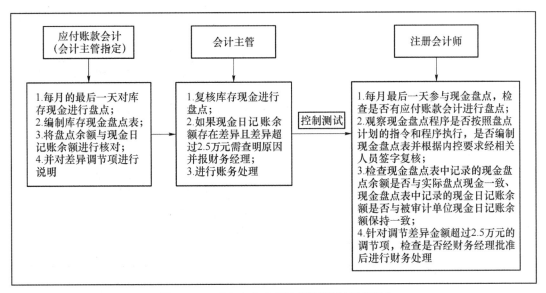

图 13 – 3　现金盘点内部控制流程及控制测试

二、银行存款的控制测试

在已识别的重大错报风险的基础上,注册会计师选取拟测试的控制并实施控制测试。常见的银行存款内部控制以及注册会计师相应可能实施的内部控制测试程序如下:

(一) 银行存款的开立、变更和注销

被审计单位银行存款开立、变更和注销流程及控制测试如图 13 – 4 所示。

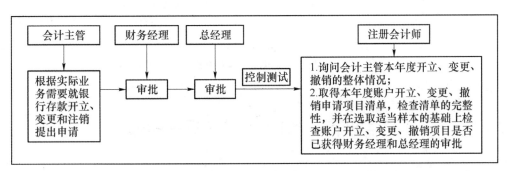

图 13 – 4　银行存款开立、变更和注销流程及控制测试

(二) 银行存款的审批与复核

被审计单位银行付款内部控制流程及控制测试如图 13 – 5 所示。

(三) 编制银行存款余额调节表

被审计单位银行存款余额调节表流程及控制测试如图 13 – 6 所示。

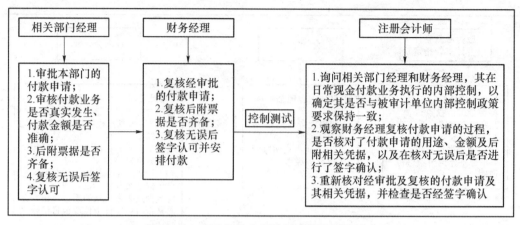

图 13-5　银行付款内部控制流程及控制测试

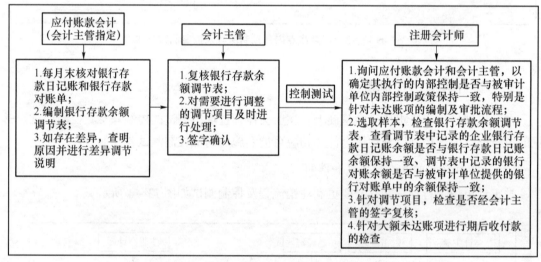

图 13-6　银行存款余额调节表流程及控制测试

第四节　货币资金的实质性程序

一、库存现金的实质性程序

根据重大错报风险的评估和从控制测试（如实施）中所获取的审计证据和保证程度，注册会计师就库存现金实施的实质性程序可能包括：

（一）核对库存现金日记账与总账的金额是否相符，检查非记账本位币库存现金的折算汇率及折算金额是否正确

注册会计师测试现金余额的起点是，核对库存现金日记账与总账的金额是否相符。如果

不相符，应查明原因，必要时应建议做出适当调整。

（二）监盘库存现金

监盘库存现金是证实资产负债表中货币资金项目下所列库存现金是否存在的一项重要审计程序。

企业盘点库存现金，通常包括对已收到但未存入银行的现金、零用金、找换金等的盘点。盘点库存现金的时间和人员应视被审计单位的具体情况而定，但现金出纳员和被审计单位会计主管人员必须参加，并由注册会计师进行监盘。盘点和监盘库存现金的步骤与方法主要有：

（1）查看被审计单位制订的监盘计划，以确定监盘时间。对库存现金的监盘最好实施突击性的检查，时间最好选择在上午上班前或下午下班时，盘点的范围一般包括被审计单位各部门经管的所有现金。

（2）查阅库存现金日记账并同时与现金收付凭证核对。一方面，检查库存现金日记账的记录与凭证的内容和金额是否相符；另一方面，了解凭证日期与库存现金日记账日期是否相符或接近。

（3）检查被审计单位现金实存数，并将该盘点金额与库存现金日记账余额进行核对，如有差异，应要求被审计单位查明原因，必要时应提请被审计单位做出调整；如无法查明原因，应要求被审计单位按管理权限批准后做出调整。若有冲抵库存现金的借条、未提现支票、未做报销的原始凭证，应在"库存现金监盘表"中注明，必要时应提请被审计单位做出调整。

（4）在非资产负债表日进行盘点和监盘时，应调整至资产负债表日的金额。

例 13-1 库存现金审计

2018年1月15日，注册会计师刘莹、丹妮对华恒公司2017年12月31日资产负债表审计中，查得"货币资金"中的库存现金为9049元，2018年1月16日上午8时，刘莹、丹妮对该企业出纳汪芳所经管的库存现金进行了监督盘点。该企业1月15日，库存现金日记账余额为9415.5元。

（1）库存现金面值明细表如表13-1所示。

表 13-1 库存现金面值明细表

面值	100元	50元	20元	10元	5元	1元	5角	1角	合计
张（枚）数/张（枚）	60	4	5	8	2	1	0	0	
金额/元	6000	200	100	80	10	1	0	0	6391

（2）某职工借条一张，金额2100元，日期为2018年1月11日，未经批准，也没有说明用途。

(3) 在保险柜中，有已收款但未记账的凭证共3张，金额324.5元。

(4) 保险柜里销售人员预借差旅费借条一张，金额1200元，日期为2018年1月15日，由相关人员批准。

(5) 银行为华恒公司核定的库存现金限额为9000元。

(6) 公司2018年1月1日到15日的现金收入数为4200元，现金支出数为4700元。

要求：

(1) 根据以上资料编制库存现金盘点表；(2) 对公司现金收支、留存管理的合法性提出审计意见。

分析过程：

库存现金盘点表如表13-2所示。

表13-2 库存现金盘点表

被审计单位：华恒公司						索引号4100-2		页次：		
项目：库存现金盘点表						编制人：丹妮		日期：		
财务报表截止日/期间：2017.12.31						复核人：刘莹		日期：		
库存现金盘点记录						核对账目				
面额/元	人民币		美元		×外币	项目		人民币/元	美元	×外币
	张	金额/元	张	金额	张	金额				
1000							盘点日账面库存余额	(1)	9415.5	
500							加：盘点日未记账传票收入金额	(2)	324.5	
100	60	6000					减：盘点日未记账传票支出金额	(3)	1200	
50	4	200					盘点日账面应有余额	(4)=(1)+(2)-(3)	8540	
20	5	100					盘点日实有库存现金数额	(5)	6391	
10	8	80					盘点日应有与实有差异	(6)=(4)-(5)	2149	
5	2	10					差异原因分析	白条抵库（张）	2100	
2							短缺		49	
1	1	1					现金盘点日调整后余额	(7)	8549	

续表

库存现金盘点记录						核对账目				
面额/元	人民币		美元		×外币		项目	人民币/元	美元	×外币
	张	金额/元	张	金额	张	金额				
0.5							报表日至审计日库存现金付出总额	（8）	4700	
0.2							报表日至审计日库存现金收入总额	（9）	4200	
0.1							报表日库存现金应有余额	（10）=（7）+（8）-（9）	9049	
0.05							报表日账面汇率	（11）		
0.02							报表日余额折合本位币金额	（12）=（11）×（10）		
0.01							报表日账面余额	（13）	9049	
合计		6391					差异	（14）=（13）-（12）		
出纳：汪芳		会计主管人员：邹某			监盘人：		丹妮、刘莹	检查日期：2018.1.16		

审计说明：

(1) 经批准的预借差旅费借条，没有及时进行处理，应及时补记入账，并防止类似问题再次发生；

(2) 未经批准的职工借条，是白条抵库，违反现金管理挪用现金，应责令及时追回外借现金；

(3) 2017 年 12 月 31 日的现金超限额 49 元，违反现金库存限额管理规定；

(4) 除白条抵库外，现金短缺 49 元，进一步询问出纳发现，为出纳前一天为其他职工垫付，应及时追回。

（三）抽查大额库存现金收支

检查大额现金收支的原始凭证是否齐全、原始凭证内容是否完整、有无授权批准、记账凭证与原始凭证是否相符、账务处理是否正确、是否记录于恰当的会计期间等项内容。

（四）检查库存现金是否在财务报表中做出恰当列报

根据有关规定，库存现金在资产负债表的"货币资金"项目中反映，注册会计师应在实施上述审计程序后，确定"库存现金"账户的期末余额是否恰当，进而确定库存现金是否在资产负债表中恰当披露。

二、银行存款的实质性程序

根据重大错报风险的评估和从控制测试（如实施）中所获取的审计证据和保证程度，

注册会计师就银行存款实施的实质性程序可能包括:

(一) 获取银行存款余额明细表

审计人员复核加计是否正确,并与总账数和日记账合计数核对是否相符;检查非记账本位币银行存款的折算汇率及折算金额是否正确。注册会计师测试银行存款余额的起点是核对银行存款日记账与总账的余额是否相符。如果不相符,应查明原因,必要时建议做出适当调整。

如果对被审计单位银行账户的完整性存有疑虑,例如,当被审计单位可能存在账外账或资金体外循环时,除实施其他审计程序外,注册会计师可以考虑实施以下审计程序:

(1) 注册会计师亲自到人民银行或基本存款账户开户行查询并打印《已开立银行结算账户清单》,以确认被审计单位账面记录的银行人民币结算账户是否完整。

(2) 结合其他相关细节测试,关注原始单据中被审计单位的收(付)款银行账户是否包含在注册会计师已获取的开立银行账户清单内。

(二) 实施实质性分析程序

计算银行存款累计余额应收利息收入,分析比较被审计单位银行存款应收利息收入与实际利息收入的差异是否恰当,评估利息收入的合理性,检查是否存在高息资金拆借,确认银行存款余额是否存在、利息收入是否已经完整记录。

(三) 检查银行存款账户发生额

注册会计师对银行存款账户的发生额进行审计,通常能够有效应对被审计单位编制虚假财务报告、管理层或员工非法侵占货币资金等舞弊风险。除实施其他审计程序外,注册会计师还可以考虑对银行存款账户的发生额实施以下程序:

(1) 分析不同账户发生银行日记账漏记银行交易的可能性,获取相关账户相关期间的全部银行对账单。

(2) 如果对被审计单位银行对账单的真实性存有疑虑,注册会计师可以在被审计单位的协助下亲自到银行获取银行对账单。在获取银行对账单时,注册会计师要全程关注银行对账单的打印过程。

(3) 选取银行对账单中记录的交易与被审计单位银行日记账记录进行核对;从被审计单位银行存款日记账上选取样本,核对至银行对账单。

(4) 浏览银行对账单,选取大额异常交易,如银行对账单上有一收一付相同金额,或分次转出相同金额等,检查被审计单位银行存款日记账上有无该项收付金额记录。

(四) 取得并检查银行对账单和银行存款余额调节表

取得并检查银行对账单和银行存款余额调节表是证实资产负债表中所列银行存款是否存在的重要程序。银行存款余额调节表通常应由被审计单位根据不同的银行账户及货币种类分别编制,其格式如表13-3所示。

具体测试程序通常包括:

表 13-3　银行存款余额调节表

年　　月　　日

编制人：　　　　日期：　　　　　　　　　　　　　　索引号：

复核人：　　　　日期：　　　　　　　　　　　　　　页次：

户别币别：

项目
银行对账单账户余额（　年　月　日）
加：企业已收、银行尚未入账金额
其中：1. _____元
2. _____元
减：企业已付、银行尚未入账金额
其中：1. _____元
2. _____元
调整后银行对账单金额
企业银行存款日记账金额（年月日）
加：银行已收、企业尚未入账金额
其中：1. _____元
2. _____元
减：银行已付、企业尚未入账金额
其中：1. _____元
2. _____元
调整后企业银行存款日记账金额

经办会计人员：（签字）　　　　　　　　　　　　　　会计主管：（签字）

1. 取得并检查银行对账单

（1）取得被审计单位加盖银行印章的银行对账单，必要时，亲自到银行获取对账单，并对获取过程保持控制。

（2）将获取的银行对账单余额与银行日记账余额进行核对，如存在差异，获取银行存款余额调节表。

（3）将被审计单位资产负债表日的银行对账单与银行询证函回函核对，确认是否一致。

2. 取得并检查银行存款余额调节表

（1）检查调节表中加计数是否正确，检查调节后银行存款日记账余额与银行对账单余额是否一致。

（2）检查调节事项。对于企业已收付、银行尚未入账的事项，检查相关收付款凭证，并取得期后银行对账单，确认未达账项是否存在，银行是否已于期后入账；对于银行已收付、企业尚未入账的事项，检查期后企业入账的收付款凭证，确认未达账项是否存在，必要时，提请被审计单位进行调整。

（3）关注长期未达账项，查看是否存在挪用资金等事项。

(4) 特别关注银付企未付、企付银未付中支付异常的领款事项,包括没有载明收款人、签字不全等支付事项,确认是否存在舞弊情况。

(五) 函证银行存款余额,编制银行函证结果汇总表,检查银行回函

应注意:

函证银行存款余额是证实资产负债表所列银行存款是否存在的重要程序。通过向往来银行函证,注册会计师不仅可了解企业资产的存在,还可了解企业账面反映所欠银行债务的情况,并有助于发现企业未入账的银行借款和未披露的或有负债。

注册会计师应当对银行存款(包括零余额账户和在本期内注销的账户)及与金融机构往来的其他重要信息实施函证程序,除非有充分证据表明某一银行存款及与金融机构往来的其他重要信息对财务报表不重要且与之相关的重大错报风险很低。

如果不对这些项目实施函证程序,注册会计师应当在审计工作底稿中说明理由。当实施函证程序时,注册会计师应当对询证函保持控制,当函证信息与银行回函结果不符时,注册会计师应当调查不符事项,以确定是否表明存在错报。

在实施银行函证时,注册会计师需要以被审计单位名义向银行发函询证,以验证被审计单位的银行存款是否真实、合法、完整。根据《关于进一步规范银行函证及回函工作的通知》(财会〔2016〕13号,以下简称《通知》),各银行应对询证函列示的全部项目做出回应,并在收到询证函之日起10个工作日内,将回函直接寄往会计师事务所。表13-4列示了《通知》中给出的银行询证函格式(通用格式)。

表13-4 审计业务银行询证函(通用格式)

××(银行):

本公司聘请的××会计师事务所正在对本公司××年度(或期间)财务报表进行审计,按照中国注册会计师审计准则的要求,应当询证本公司与贵行相关的信息。下列信息第1~14项出自本公司记录:

(1) 如与贵行记录相符,请在本函下端"结论"部分签字、签章;

(2) 如有不符,请在本函"结论"部分列明不符项目及具体内容,并签字和签章。

本公司谨授权贵行将回函直接寄至××会计师事务所,地址及联系方式如下:

回函地址:

联系人: 电话: 传真: 邮编:

电子邮箱:

本公司谨授权贵行可从本公司××账户支取办理本询证函回函服务的费用。

截至 年 月 日,本公司与贵行相关的信息列示如下:

1. 银行存款

账户名称	银行账号	币种	利率	账户类型	余额	起止日期	是否用于担保或存在其他使用限制	备注

续表

除上述列示的银行存款外，本公司并无在贵行的其他存款。

注："起止日期"一栏仅适用于定期存款，如为活期或保证金存款，可只填写"活期"或"保证金"字样；"账户类型"列明账户性质，如基本户、一般户等。

2. 银行借款

借款人名称	银行账号	币种	余额	借款日期	到期日期	利率	抵（质）押品/担保人	备注

除上述列示的银行借款外，本公司并无自贵行的其他借款。

注：如存在本金或利息逾期未付行为，在"备注"栏中予以说明。

3. 自　年　月　日起至　年　月　日期间内注销的账户

账户名称	银行账号	币　种	注销账户日

除上述列示的注销账户外，本公司在此期间并未在贵行注销其他账户。

4. 本公司作为贷款方的委托贷款

账户名称	银行账号	资金借入方	币种	利率	余额	贷款起止日期	备注

除上述列示的委托贷款外，本公司并无通过贵行办理的其他委托贷款。

注：如资金借入方存在本金或利息逾期未付行为，在"备注"栏中予以说明。

5. 本公司作为借款方的委托贷款

账户名称	银行账号	资金借出方	币种	利率	余额	贷款起止日期	备注

除上述列示的委托贷款外，本公司并无通过贵行办理的其他委托贷款。

注：如存在本金或利息逾期未付行为，在"备注"栏中予以说明。

续表

6. 担保（包括保函）

（1）本公司为其他单位提供的、以贵行为担保受益人的担保

被担保人	担保方式	担保余额	担保到期日	担保合同编号	备注

除上述列示的担保外，本公司并无其他以贵行为担保受益人的担保。

注：如采用抵押或质押方式提供担保的，应在"备注"栏中说明抵押或质押物情况；如被担保方存在本金或利息逾期未付行为，在"备注"栏中予以说明。

（2）贵行向本公司提供的担保

被担保人	担保方式	担保金额	担保到期日	担保合同编号	备注

除上述列示的担保外，本公司并无贵行提供的其他担保。

7. 本公司为出票人且由贵行承兑而尚未支付的银行承兑汇票

银行承兑汇票号码	承兑银行名称	结算账户账号	票面金额	出票日	到期日

除上述列示的银行承兑汇票外，本公司并无由贵行承兑而尚未支付的其他银行承兑汇票。

8. 本公司向贵行已贴现而尚未到期的商业汇票

商业汇票号码	付款人名称	承兑人名称	票面金额	出票日	到期日	贴现日	贴现率	贴现净额

除上述列示的商业汇票外，本公司并无向贵行已贴现而尚未到期的其他商业汇票。

9. 本公司为持票人且由贵行托收的商业汇票

商业汇票号码	承兑人名称	票面金额	出票日	到期日

续表

除上述列示的商业汇票外，本公司并无由贵行托收的其他商业汇票。

10. 本公司为申请人、由贵行开具的、未履行完毕的不可撤销信用证

信用证号码	受益人	信用证金额	到期日	未使用金额

除上述列示的不可撤销信用证外，本公司并无由贵行开具的、未履行完毕的其他不可撤销信用证。

11. 本公司与贵行之间未履行完毕的外汇买卖合约

类别	合约号码	买卖币种	未履行的合约买卖金额	汇率	交收日期
贵行卖予本公司					
本公司卖予贵行					

除上述列示的外汇买卖合约外，本公司并无与贵行之间未履行完毕的其他外汇买卖合约。

12. 本公司存放于贵行托管的有价证券或其他产权文件

有价证券或其他产权文件名称	产权文件编号	数量	金额

除上述列示的有价证券或其他产权文件外，本公司并无存放于贵行托管的其他有价证券或其他产权文件。

13. 本公司购买的由贵行发行的未到期银行理财产品

产品名称	产品类型	认购金额	购买日	到期日	币种

除上述列示的银行理财产品外，本公司并无购买其他由贵行发行的理财产品。

14. 其他

续表

注：此项应填列注册会计师认为重大且应予函证的其他事项，如欠银行的其他负债或者或有负债、除外汇买卖外的其他衍生交易、贵金属交易等。

（预留印鉴）
年　月　日
经办人：
职　务：
电　话：

结论：

经本行核对，所函证项目与本行记载信息相符。特此函复。 　　　　　　　　　　年　月　日 　　　　　　　经办人：　　　　职务：　　　　电话： 　　　　　　　复核人：　　　　职务：　　　　电话： 　　　　　　　　　　　　　　　　　　　　　（银行盖章）
经本行核对，存在以下不符之处。 　　　　　　　　　　年　月　日 　　　　　　　经办人：　　　　职务：　　　　电话： 　　　　　　　复核人：　　　　职务：　　　　电话： 　　　　　　　　　　　　　　　　　　　　　（银行盖章）

说明：

(1) 本询证函（包括回函）中所列信息应当严格保密，仅用于注册会计师审计目的。

(2) 注册会计师可根据审计的需要，从本函所列 1～14 项目中选择所需询证的项目，对于不适用的项目，应当将该项目中的表格用斜线划掉。

(3) 本函应由被审计单位加盖骑缝章。

（六）检查银行存款账户存款人是否为被审计单位

若存款人非被审计单位，应获取该账户户主和被审计单位的书面声明，确认资产负债表日是否需要提请被审计单位进行调整。

（七）关注是否存在质押、冻结等对变现有限制或存在境外的款项

如果存在，提请被审计单位做必要的调整和披露。

（八）对不符合现金及现金等价物条件的银行存款在审计工作底稿中予以列明，以考虑对现金流量表的影响

现金等价物是指企业持有的期限短、流动性强、易于变化为已知金额的现金、价值变动及风险很小的投资。通常投资日起三个月到期或清偿的国库券、货币基金、可随时转让定期存单、商业本票及银行承兑汇票等皆可列为现金等价物。现金等价物虽然不是现金，但其支付能力与现金的差别不大，可视为现金。如企业为保证支付能力，手持必要的现金，为了不使现金闲置，可以购买短期证券，在需要现金时，可以随时变现。但有一些票据如定期存款、交易性金融资产（超过3个月）等这些持有时间相对较长、不能即时变现的资金，它们不是真正意义上的现金等价物，在审计时应予以关注，考虑其对现金流量的影响程度。

（九）抽查大额银行存款收支的原始凭证

检查原始凭证是否齐全、记账凭证与原始凭证是否相符、账务处理是否正确、是否记录于恰当的会计期间等项内容。检查是否存在非营业目的的大额货币资金转移，并核对相关账户的进账情况；如有与被审计单位生产经营无关的收支事项，应查明原因并做相应的记录。

（十）检查银行存款收支的截止是否正确

选取资产负债表日前后若干张、一定金额以上的凭证实施截止测试，关注业务内容及对应项目，如有跨期收支事项，应考虑是否提请被审计单位进行调整。

（十一）检查银行存款是否在财务报表中做出恰当列报

根据有关规定，企业的银行存款在资产负债表的"货币资金"项目中反映，所以，注册会计师应在实施上述审计程序后，确定银行存款账户的期末余额是否恰当，进而确定银行存款是否在资产负债表中恰当披露。此外，如果企业的银行存款存在抵押、冻结等使用限制情况或者潜在回收风险，注册会计师应关注企业是否已经恰当披露有关情况。

例 13-2　银行存款审计

注册会计师刘莹、丹妮对华恒公司 2017 年 12 月 31 日资产负债表审计中，查得该公司银行存款日记账余额为 1580000 元，银行对账单余额为 1605400 元。审计人员发现以下情况：

(1) 12 月 26 日，公司开出转账支票 15500 元，尚未到银行办理转账手续。

(2) 12 月 27 日，银行收到公司的外地汇款 40000 元，公司尚未收到相关单据。

(3) 12 月 28 日，银行从公司账户中扣除借款利息 1230 元，公司尚未入账。

(4) 12 月 29 日，公司收到外单位的转账支票一张 26400 元，企业已收款入账，银行尚未入账。

银行存款余额调节表如表 13-5 所示。

要求：（1）编制银行存款余额调节表。

（2）假定银行对账单所列企业银行存款余额正确无误，试问在编制银行存款余额调节表时发现的错误金额是多少？属于什么性质的错误？12月31日银行存款日记账账目的正确金额是多少？

表13-5　银行存款余额调节表

2017年12月31日

编制人：　　　　　日期：　　　　　　　　　　　　　　索引号：
复核人：　　　　　日期：　　　　　　　　　　　　　　页　次：
户别币别：人民币

项目
银行对账单账户余额（2017年12月31日）1605400元
加：企业已收、银行尚未入账金额
其中：1. 26400元
2. _____元
减：企业已付、银行尚未入账金额
其中：1. 15500元
2. _____元
调整后银行对账单金额　1616300元
企业银行存款日记账金额（2016年12月31日）1580000元
加：银行已收、企业尚未入账金额
其中：1. 40000元
2. _____元
减：银行已付、企业尚未入账金额
其中：1. 1230元
2. _____元
减：企业记账差错数：2500元
调整后企业银行存款日记账金额　1616300元

经办会计人员：（签字）　　　　　　　　　　　　　　会计主管：（签字）

假设银行对账单所列银行存款余额正确无误，则记账查错为2500元，属于多记收入或少记支出，12月31日企业银行存款日记账账面正确余额为1618800 - 2500 = 1616300（元）。

三、其他货币资金的实质性程序

如果被审计单位有定期存款，注册会计师可以考虑实施以下审计程序：

（1）向管理层询问定期存款存在的商业理由并评估其合理性。

（2）获取定期存款明细表，检查是否与账面记录金额一致，存款人是否为被审计单位，定期存款是否被质押或限制使用。

（3）在监盘库存现金的同时，监盘定期存款凭据。如果被审计单位在资产负债表日有大额定期存款，基于对风险的判断考虑选择在资产负债表日实施监盘。

（4）对未质押的定期存款，检查开户证实书原件，以防止被审计单位提供的复印件是未质押（或未提现）前原件的复印件。在检查时，还要认真核对相关信息，包括存款人、金额、规限等，如有异常，需实施进一步审计程序。

（5）对已质押的定期存款，检查定期存单复印件，并与相应的质押合同核对。对于质押借款的定期存单，关注定期存单对应的质押借款有无入账，对于超过借款期限但仍处于质押状态的定期存款，还应关注相关借款的偿还情况，了解相关质押权是否已被行使；对于为他人担保的定期存单，关注担保是否逾期及相关质押权是否已被行使。

（6）函证定期存款相关信息。

（7）结合财务费用审计测算利息收入的合理性，判断是否存在体外资金循环的情形。

（8）在资产负债表日后已提取的定期存款，核对相应的兑付凭证等。

（9）关注被审计单位是否在财务报表附注中对定期存款给予充分披露。

除定期存款外，注册会计师对其他货币资金实施审计程序时，通常可能特别关注以下事项：

（1）保证金存款的检查，检查开立银行承兑汇票的协议或银行授信审批文件。可以将保证金账户对账单与相应的交易进行核对，根据被审计单位应付票据的规模合理推断保证金数额，检查保证金与相关债务的比例和合同约定是否一致，特别关注是否存在有保证金发生而被审计单位无对应保证事项的情形。

（2）对于存出投资款，跟踪资金流向，并获取董事会决议等批准文件、开户资料、授权操作资料。如果投资于证券交易业务，通常结合相应金融资产项目审计，核对证券账户名称是否与被审计单位相符，获取证券公司证券交易结算资金账户的交易流水，抽查大额的资金收支，关注资金收支的财务账面记录与资金流水是否相符。

思考题

1. 简述货币资金与各业务循环之间的关系。
2. 简述库存现金的内部控制及其测试。
3. 简述银行存款的内部控制及其控制。
4. 简述库存现金监盘和存货监盘的区别。
5. 简述银行存款函证的具体内容。

审计报告

第一节 审计报告概述

一、审计报告的含义

审计报告是指注册会计师根据审计准则的规定，在执行审计工作的基础上，对财务报表发表审计意见的书面文件。

审计报告是注册会计师在完成审计工作后向委托人提交的最终产品，具有以下特征：

（1）注册会计师应当按照审计准则的规定执行审计工作。
（2）注册会计师在实施审计工作的基础上才能出具审计报告。
（3）注册会计师通过对财务报表发表意见履行业务约定书约定的责任。
（4）注册会计师应当以书面形式出具审计报告。

注册会计师应当根据由审计证据得出的结论，清楚表达对财务报表的意见。注册会计师一旦在审计报告上签名并盖章，就要对其出具的审计报告负责。

审计报告是注册会计师对财务报表是否在所有重大方面按照财务报告编制基础编制并实现公允反映发表审计意见的书面文件，因此，注册会计师应当将已审计的财务报表附于审计报告之后，以便财务报表使用者正确理解和使用审计报告，并防止被审计单位替换、更改已审计的财务报表。

二、审计报告的作用

注册会计师签发的审计报告，主要具有鉴证、保护和证明三方面的作用。

（一）鉴证作用

注册会计师签发的审计报告，不同于政府审计和内部审计的审计报告，是以超然独立的第三者身份，对被审计单位财务报表合法性、公允性发表意见。这种意见，具有鉴证作用，得到政府、投资者和其他利益相关者的普遍认可。政府有关部门判断财务报表是否合法、公允，主要依据注册会计师的审计报告。企业的投资者，主要依据注册会计师的审计报告来判断被投资企业的财务报表是否公允地反映了财务状况和经营成果，以进行投资决策等。

(二) 保护作用

注册会计师通过审计，可以对被审计单位财务报表出具不同类型审计意见的审计报告，以提高或降低财务报表使用者对财务报表的信赖程度，能够在一定程度上对被审计单位的债权人和股东以及其他利害关系人的利益起到保护作用。如投资者为了减少投资风险，在进行投资之前，需要查阅被投资企业的财务报表和注册会计师的审计报告，了解被投资企业的经营情况和财务状况。

(三) 证明作用

审计报告是对注册会计师审计任务完成情况及其结果所作的总结，它可以表明审计工作的质量并明确注册会计师的审计责任。因此，审计报告可以对审计工作质量和注册会计师审计责任起证明作用。例如，是否以审计工作底稿为依据发表审计意见，发表的审计意见是否与被审计单位的实际情况相一致，审计工作的质量是否符合要求。

第二节 审计意见的形成

一、得出审计结论时考虑的领域

注册会计师应当就财务报表是否在所有重大方面按照适用的财务报告编制基础编制并实现公允反映形成审计意见。为了形成审计意见，针对财务报表整体是否不存在由于舞弊或错误导致的重大错报，注册会计师应当得出结论，确定是否已就此获取合理保证。

在得出结论时，注册会计师应当考虑下列方面：

(1) 按照《中国注册会计师审计准则第1231号——针对评估的重大错报风险采取的应对措施》的规定，是否已获取充分、适当的审计证据。在得出总体结论之前，注册会计师应当根据实施的审计程序和获取的审计证据，评价对认定层次重大错报风险的评估是否仍然适当。在形成审计意见时，注册会计师应当考虑所有相关的审计证据，无论该证据与财务报表认定相互印证还是相互矛盾。

如果对重大的财务报表认定没有获取充分、适当的审计证据，注册会计师应当尽可能获取进一步的审计证据。

(2) 按照《中国注册会计师审计准则第1251号——评价审计过程中识别出的错报》的规定，未更正错报单独或汇总起来是否构成重大错报。

在确定时，注册会计师应当考虑以下方面：

① 相对特定类别的交易、账户余额或披露以及财务报表整体而言，错报的金额和性质以及错报发生的特定环境。

② 与以前期间相关的未更正错报对相关类别的交易、账户余额或披露以及财务报表整体的影响。

（3）评价财务报表是否在所有重大方面按照适用的财务报告编制基础编制。注册会计师应当依据适用的财务报告编制基础评价下列内容：

① 财务报表是否充分披露了选择和运用的重要会计政策。

② 选择和运用的会计政策是否符合适用的财务报告编制基础，并适合被审计单位的具体情况。会计政策是被审计单位在会计确认、计量和报告中采用的原则、基础和会计处理方法。被审计单位选择和运用的会计政策既应符合适用的财务报告编制基础，也应适合被审计单位的具体情况。在考虑被审计单位选用的会计政策是否适当时，注册会计师还应当关注重要的事项。重要事项包括重要项目的会计政策和行业惯例、重大和异常交易的会计处理方法、在新领域和缺乏权威性标准或共识的领域采用重要会计政策产生的影响、会计政策的变更等。

③ 管理层做出的会计估计是否合理。会计估计通常是指被审计单位以最近可利用的信息为基础对结果不确定的交易或事项所做的判断。由于会计估计的主观性、复杂性和不确定性，管理层做出的会计估计发生重大错报的可能性较大。因此，注册会计师应当判断管理层做出的会计估计是否合理，确定会计估计的重大错报风险是否是特别风险，是否采取了有效的措施予以应对。

④ 财务报表列报的信息是否具有相关性、可靠性、可比性和可理解性。财务报表反映的信息应当符合信息质量特征，具有相关性、可靠性、可比性和可理解性。注册会计师应当根据适用的财务报告编制基础的规定，考虑财务报表反映的信息是否符合信息质量特征。

⑤ 财务报表披露的充分性。财务报表是否做出充分披露，使财务报表预期使用者能够理解重大交易和事项对财务报表所传递的信息的影响。按照通用目的编制基础编制的财务报表通常反映被审计单位的财务状况、经营成果和现金流量。对于通用目的财务报表，注册会计师需要评价财务报表是否做出充分披露，以使财务报表预期使用者能够理解重大交易和事项对被审计单位财务状况、经营成果和现金流量的影响。

⑥ 财务报表使用的术语（包括每一财务报表的标题）是否适当。在评价财务报表是否在所有重大方面按照适用的财务报告编制基础编制时，注册会计师还应当考虑被审计单位会计实务的质量，包括表明管理层的判断可能出现偏向的迹象。

管理层需要对财务报表中的金额和披露做出大量判断。在考虑被审计单位会计实务的质量时，注册会计师可能注意到管理层判断中存在的偏向。注册会计师可能认为缺乏中立性产生的累积影响，连同未更正错报的影响，会导致财务报表整体存在重大错报。管理层缺乏中立性可能影响注册会计师对财务报表整体是否存在重大错报的评价。缺乏中立性的迹象包括下列情形：

第一，管理层对注册会计师在审计期间提请其更正的错报进行选择性更正。例如，如果更正某一错报将减少盈利，则对该错报不予以更正；反之，则对该错报予以更正。

第二，管理层在做出会计估计时可能存在偏向。在得出某项会计估计是否合理的结论时，可能存在管理层偏向的迹象，这些迹象可能影响注册会计师对财务报表整体是否不存在重大错报的评价。

（4）评价财务报表是否实现公允反映。在评价财务报表是否实现公允反映时，注册会计师应当考虑下列内容：

① 财务报表的整体列报、结构和内容是否合理。

② 财务报表（包括相关附注）是否公允地反映了相关交易和事项。

（5）评价财务报表是否恰当提及或说明适用的财务报告编制基础。管理层和治理层（如适用）编制的财务报表需要恰当说明适用的财务报告编制基础。由于这种说明向财务报表使用者告知编制财务报表所依据的编制基础，因此非常重要。但只有财务报表符合适用的财务报告编制基础（在财务报表所涵盖的期间内有效）的所有要求，声明财务报表按照该编制基础编制才是恰当的。在对适用的财务报告编制基础的说明中使用不严密的修饰语或限定性的语言（如"财务报表实质上符合国际财务报告准则的要求"）是不恰当的，因为这可能误导财务报表使用者。

在某些情况下，财务报表可能声明按照两个财务报告编制基础（如某一国家或地区的财务报告编制基础和国际财务报告准则）编制。这可能是因为管理层被要求或自愿选择同时按照两个编制基础的规定编制财务报表，在这种情况下，两个财务报告编制基础都是适用的财务报告编制基础。只有当财务报表分别符合每个财务报告编制基础的所有要求时，声明财务报表按照这两个编制基础编制才是恰当的。财务报表需要同时符合两个编制基础的要求并且不需要调节，才能被视为按照两个财务报告编制基础编制。在实务中，同时遵守两个编制基础的可能性很小，除非某一国家或地区采用另一财务报告编制基础（如国际财务报告准则）作为本国或地区的财务报告编制基础，或者已消除遵守另一财务报告编制基础的所有障碍。

二、审计意见的类型

注册会计师的目标是在评价根据审计证据得出的结论的基础上，对财务报表形成审计意见，并通过书面报告的形式清楚地表达审计意见。

如果认为财务报表在所有重大方面按照适用的财务报告编制基础编制并实现公允反映，注册会计师应当发表无保留意见。

无保留意见，是指当注册会计师认为财务报表在所有重大方面按照适用的财务报告编制基础编制并实现公允反映时发表的审计意见。当存在下列情况之一时，注册会计师应当按照规定，在审计报告中发表非无保留意见：①根据获取的审计证据，得出财务报表整体存在重大错报的结论；②无法获取充分、适当的审计证据，不能得出财务报表整体不存在重大错报的结论。

如果财务报表没有实现公允反映，注册会计师应当就该事项与管理层讨论，并根据适用的财务报告编制基础的规定和该事项得到解决的情况，决定是否有必要按照规定在审计报告中发表非无保留意见。非无保留意见，是指对财务报表发表的保留意见、否定意见或无法表示意见。

第三节 审计报告的基本内容

一、审计报告的要素

无保留意见审计报告应当包括下列要素：
（1）标题。
（2）收件人。
（3）审计意见。
（4）形成审计意见的基础。
（5）管理层对财务报表的责任。
（6）注册会计师对财务报表审计的责任。
（7）按照相关法律法规的要求报告的事项（如适用）。
（8）注册会计师的签名和盖章。
（9）会计师事务所的名称、地址和盖章。
（10）报告日期。

在适用的情况下，注册会计师还应当按照相关规定，在审计报告中对与持续经营相关的重大不确定性、关键审计事项、被审计单位年度报告中包含的除财务报表和审计报告之外的其他信息进行报告。

二、标题

审计报告应当具有标题，统一规范为"审计报告"。

三、收件人

审计报告的收件人是指注册会计师按照业务约定书的要求致送审计报告的对象，一般是指审计业务的委托人。审计报告应当按照审计业务的约定载明收件人的全称。注册会计师应当与委托人在业务约定书中约定致送审计报告的对象，以防止在此问题上发生分歧或审计报告被委托人滥用。针对整套通用目的财务报表出具的审计报告，审计报告的致送对象通常为被审计单位的股东或治理层。

四、审计意见

审计意见部分由两部分构成。

第一部分指出已审计财务报表，审计报告可说明："我们审计了被审计单位的财务报表，包括指明适用的财务报告编制基础规定的构成整套财务报表的每一财务报表名称、日期或涵盖的期间以及财务报表附注，包括重大会计政策和会计估计。"审计意见涵盖由适用的财务报告编制基础所确定的整套财务报表。

第二部分应当说明注册会计师发表的审计意见。如果对财务报表发表无保留意见，除非法律法规另有规定，审计意见应当使用"我们认为，财务报表在所有重大方面按照适用的财务报告编制基础（如企业会计准则等）编制，公允反映了（……）"的措辞。审计意见说明财务报表在所有重大方面按照适用的财务报告编制基础编制，公允反映了财务报表旨在反映的事项。

五、形成审计意见的基础

审计报告应当包含标题为"形成审计意见的基础"的部分。该部分提供关于审计意见的重要背景，应当紧接在审计意见部分之后，并包括下列方面：

（1）说明注册会计师按照审计准则的规定执行了审计工作。

（2）提及审计报告中用于描述审计准则规定的注册会计师责任的部分。

（3）声明注册会计师按照与审计有关的职业道德要求对被审计单位保持了独立性，并履行了职业道德方面的其他责任。声明中应当指明适用的职业道德要求，如中国注册会计师职业道德守则。

（4）说明注册会计师是否相信获取的审计证据是充分、适当的，为发表审计意见提供了基础。

六、管理层对财务报表的责任

审计报告应当包含标题为"管理层对财务报表的责任"的部分，其中应当说明管理层负责下列方面：

（1）按照适用的财务报告编制基础编制财务报表，使其实现公允反映，并设计、执行和维护必要的内部控制，以使财务报表不存在由于舞弊或错误导致的重大错报。

（2）评估被审计单位的持续经营能力和使用持续经营假设是否适当，并披露与持续经营相关的事项（如适用）。对管理层评估责任的说明应当包括描述在何种情况下使用持续经营假设是适当的。

七、注册会计师对财务报表审计的责任

审计报告应当包含标题为"注册会计师对财务报表审计的责任"的部分，其中应当包括下列内容：

（1）说明注册会计师的目标是对财务报表整体是否不存在由于舞弊或错误导致的重大错报获取合理保证，并出具包含审计意见的审计报告。

（2）说明合理保证是高水平的保证，但按照审计准则执行的审计并不能保证一定会发现存在的重大错报。

（3）说明错报可能由于舞弊或错误导致。在说明错报可能由于舞弊或错误导致时，注册会计师应当从下列两种做法中选取一种：

① 描述如果合理预期错报单独或汇总起来可能影响财务报表使用者依据财务报做出的经济决策，则通常认为错报是重大的。

② 根据适用的财务报告编制基础，提供关于重要性的定义或描述。

注册会计师对财务报表审计的责任部分还应当包括下列内容：

（1）说明在按照审计准则执行审计工作的过程中，注册会计师运用职业判断，并保持

职业怀疑。

（2）通过说明注册会计师的责任，对审计工作进行描述。这些责任包括：

① 识别和评估由于舞弊或错误导致的财务报表重大错报风险，设计和实施审计程序以应对这些风险，并获取充分、适当的审计证据，作为发表审计意见的基础。由于舞弊可能涉及串通、伪造、故意遗漏、虚假陈述或凌驾于内部控制之上，未能发现由于舞弊导致的重大错报的风险高于未能发现由于错误导致的重大错报的风险。

② 了解与审计相关的内部控制，以设计恰当的审计程序，但目的并非对内部控制的有效性发表意见。当注册会计师有责任在财务报表审计的同时对内部控制的有效性发表意见时，应当略去上述"目的并非对内部控制的有效性发表意见"的表述。

③ 评价管理层选用会计政策的恰当性和做出会计估计及相关披露的合理性。

④ 对管理层使用持续经营假设的恰当性得出结论。同时，根据获取的审计证据，就可能导致对被审计单位持续经营能力产生重大疑虑的事项或情况是否存在重大不确定性得出结论。如果注册会计师得出结论，认为存在重大不确定性，审计准则要求注册会计师在审计报告中提请报表使用者关注财务报表中的相关披露；如果披露不充分，注册会计师应当发表非无保留意见。注册会计师的结论基于截至审计报告日可获得的信息。然而，未来的事项或情况可能导致被审计单位不能持续经营。

⑤ 评价财务报表的总体列报、结构和内容（包括披露），并评价财务报表是否公允反映相关交易和事项。

注册会计师对财务报表审计的责任部分还应当包括下列内容：

（1）说明注册会计师与治理层就计划的审计范围、时间安排和重大审计发现等事项进行沟通，包括沟通注册会计师在审计中识别的值得关注的内部控制缺陷。

（2）对于上市实体财务报表审计，指出注册会计师就已遵守与独立性相关的职业道德要求向治理层提供声明，并与治理层沟通可能被合理认为影响注册会计师独立性的所有关系和其他事项，以及相关的防范措施（如适用）。

（3）对于上市实体财务报表审计，以及决定按照沟通的规定沟通关键审计事项的其他情况，说明注册会计师从已与治理层沟通的事项中确定哪些事项对本期财务报表审计最为重要，因而构成关键审计事项。注册会计师应当在审计报告中描述这些事项，除非法律法规禁止公开披露这些事项，或在极少数情形下，注册会计师合理预期在审计报告中沟通某事项造成的负面后果超过在公众利益方面产生的益处，因而决定不应在审计报告中沟通该事项。

八、按照相关法律法规的要求报告的事项（如适用）

除审计准则规定的注册会计师对财务报表出具审计报告的责任外，相关法律法规可能对注册会计师设定了其他报告责任。例如，如果注册会计师在财务报表审计中注意到某些事项，可能被要求对这些事项予以报告。此外，注册会计师可能被要求实施额外的规定的程序并予以报告，或对特定事项（如会计账簿和记录的适当性）发表意见。

在某些情况下，相关法律法规可能要求或允许注册会计师将对这些其他责任的报告作为对财务报表出具的审计报告的一部分。在另外一些情况下，相关法律法规可能要求或允许注册会计师在单独出具的报告中进行报告。

这些责任是注册会计师按照审计准则对财务报表出具审计报告的责任的补充。例如，如果注册会计师在财务报表审计中注意到某些事项，可能被要求对这些事项予以报告。此外，注册会计师可能被要求实施额外规定的程序并予以报告，或对特定事项（如会计账簿和记录的适当性）发表意见。如果注册会计师在对财务报表出具的审计报告中履行其他报告责任，应当在审计报告中将其单独作为一部分，并以"按照相关法律法规的要求报告的事项"为标题。此时，审计报告应当区分为"对财务报表出具的审计报告"和"按照相关法律法规的要求报告的事项"两部分，以便将其同注册会计师的财务报表报告责任明确区分。在另外一些情况下，相关法律法规可能要求或允许注册会计师在单独出具的报告中进行报告。

九、注册会计师的签名和盖章

审计报告应当由项目合伙人和另一名负责该项目的注册会计师签名和盖章。在审计报告中指明项目合伙人有助于进一步增强对审计报告使用者的透明度，有利于增强项目合伙人的个人责任感。因此，对上市实体整套通用目的财务报表出具的审计报告应当注明项目合伙人。

十、会计师事务所的名称、地址和盖章

审计报告应当载明会计师事务所的名称和地址，并加盖会计师事务所公章。

根据《注册会计师法》的规定，注册会计师承办业务，由其所在的会计师事务所统一受理并与委托人签订委托合同。因此，审计报告除了应由注册会计师签名和盖章外，还应载明会计师事务所的名称和地址，并加盖会计师事务所公章。

注册会计师在审计报告中载明会计师事务所地址时，标明会计师事务所所在的城市即可。在实务中，审计报告通常载于会计师事务所统一印刷的、标有该所详细通信地址的信笺上，因此，无须在审计报告中注明详细地址。

十一、报告日期

审计报告应当注明报告日期。审计报告日不应早于注册会计师获取充分、适当的审计证据（包括管理层认可对财务报表的责任且已批准财务报表的证据），并在此基础上对财务报表形成审计意见的日期。在确定审计报告日时，注册会计师应当确信已获取下列两方面的审计证据：①构成整套财务报表的所有报表（包括相关附注）已编制完成；②被审计单位的董事会、管理层或类似机构已经认可其对财务报表负责。

审计报告的日期向审计报告使用者表明，注册会计师已考虑其知悉的、截至审计报告日发生的事项和交易的影响。注册会计师对审计报告日后发生的事项和交易的责任，在期后事项中做出了规定。审计报告的日期非常重要。注册会计师对不同时段的财务报表日后事项有着不同的责任，而审计报告的日期是划分时段的关键时点。由于审计意见是针对财务报表发表的，并且编制财务报表是管理层的责任，所以，只有在注册会计师获取证据证明构成整套财务报表的所有报表（包括相关附注）已经编制完成，并且管理层已认可其对财务报表的

责任的情况下，注册会计师才能得出已经获取充分、适当的审计证据的结论。在实务中，注册会计师在正式签署审计报告前，通常把审计报告草稿和已审计财务报表草稿一同提交给管理层。如果管理层批准并签署已审计财务报表，注册会计师即可签署审计报告。注册会计师签署审计报告的日期通常与管理层签署已审计财务报表的日期为同一天，或晚于管理层签署已审计财务报表的日期。

在审计实务中，可能发现被审计单位根据法律法规的要求或出于自愿选择，将适用的财务报告编制基础没有要求的补充信息与已审计财务报表一同列报。例如，被审计单位列报补充信息以增强财务报表使用者对适用的财务报告编制基础的理解，或者对财务报表的特定项目提供进一步解释。这种补充信息通常在补充报表中或作为额外的附注进行列示。注册会计师应当评价被审计单位是否清楚地将这些补充信息与已审计财务报表予以区分。如果被审计单位未能予以清楚区分，注册会计师应当要求管理层改变未审计补充信息的列报方式。如果管理层拒绝改变，注册会计师应当在审计报告中说明补充信息未审计。

对于适用的财务报告编制基础没有要求的补充信息，如果由于其性质和列报方式导致不能使其清楚地与已审计财务报表予以区分，从而构成财务报表必要的组成部分，这些补充信息应当涵盖在审计意见中。例如，财务报表附注中关于该财务报表符合另一财务报告编制基础的程度的解释，属于这种补充信息，审计意见也涵盖与财务报表进行交叉索引的附注或补充报表。

案例阅读 14—1　标准审计报告格式和内容

审计报告

HH 股份有限公司全体股东：

一、对财务报表出具的审计报告

（一）审计意见

我们审计了 HH 股份有限公司（以下简称"HH 公司"）财务报表，包括 2016 年 12 月 31 日的资产负债表，2016 年度的利润表、现金流量表、股东权益变动表以及相关财务报表附注。

我们认为，后附的财务报表在所有重大方面按照企业会计准则的规定编制，公允反映了 HH 公司 2016 年 12 月 31 日的财务状况以及 2016 年度的经营成果和现金流量。

（二）形成审计意见的基础

我们按照中国注册会计师审计准则的规定执行了审计工作。审计报告的"注册会计师对财务报表审计的责任"部分进一步阐述了我们在这些准则下的责任。按照中国注册会计师职业道德守则，我们独立于 HH 公司，并履行了职业道德方面的其他责任。我们相信，我们获取的审计证据是充分、适当的，为发表审计意见提供了基础。

（三）关键审计事项

关键审计事项是根据我们的职业判断，认为对本期财务报表审计最为重要的事项。这些事项是在对财务报表整体进行审计并形成意见的背景下进行处理的，我们不对这些事项提供单独的意见。

1. 事项描述

截至 2016 年 12 月 31 日，HH 公司附注列示固定资产减值准备 16234.15 万元，在计提固定资产减值准备时，HH 公司考虑固定资产处置时的市场价值及快速变现因素，并聘请专家对固定资产运用估值技术核定固定资产的减值。

2. 审计应对

在审计固定资产减值准备的过程中，我们实地勘察了相关固定资产，取得了相关资产资料，评估了 HH 公司的估值方法，并与估值专家讨论了估值方法运用的适当性。

基于获取的审计证据，我们得出审计结论，管理层对固定资产减值准备的计提是合理的，相关信息在财务报表附注中的披露是适当的。

（四）管理层和治理层对财务报表的责任

管理层负责按照企业会计准则的规定编制财务报表，使其实现公允反映，并设计、执行和维护必要的内部控制，以使财务报表不存在由于舞弊或错误导致的重大错报。

在编制财务报表时，管理层负责评估 HH 公司的持续经营能力，披露与持续经营相关的事项（如适用），并运用持续经营假设，除非计划清算 HH 公司、停止营运或别无其他现实的选择。

治理层负责监督 HH 公司的财务报告过程。

（五）注册会计师对财务报表审计的责任

我们的目标是对财务报表整体是否不存在由于舞弊或错误导致的重大错报获取合理保证，并出具包含审计意见的审计报告。合理保证是高水平的保证，但并不能保证按照审计准则执行的审计在某一重大错报存在时总能发现。错报可能由于舞弊或错误导致，如果合理预期错报单独或汇总起来可能影响财务报表使用者依据财务报表做出的经济决策，则通常认为错报是重大的。

在按照审计准则执行审计的过程中，我们运用了职业判断，保持了职业怀疑。我们同时：

（1）识别和评估由于舞弊或错误导致的财务报表重大错报风险；对这些风险有针对性地设计和实施审计程序；获取充分、适当的审计证据，作为发表审计意见的基础。由于舞弊可能涉及串通、伪造、故意遗漏、虚假陈述或凌驾于内部控制之上，未能发现由于舞弊导致的重大错报的风险高于未能发现由于错误导致的重大错报的风险。

（2）了解与审计相关的内部控制，以设计恰当的审计程序，但目的并非对内部控制的有效性发表意见。

（3）评价管理层选用会计政策的恰当性和做出会计估计及相关披露的合理性。

（4）对管理层使用持续经营假设的恰当性得出结论。同时，借助获取的审计证据，对 HH 公司的持续经营能力产生重大疑虑的事项或情况是否存在重大不确定性得出结论。如果我们得出结论认为存在重大不确定性，审计准则要求我们在审计报告中提请报表使用者注意财务报表中的相关披露；如果披露不充分，我们应当发表非无保留意见。我们的结论基于审计报告日可获得的信息。然而，未来的事项或情况可能导致 HH 公司不能持续经营。

（5）评价财务报表的总体列报、结构和内容（包括披露），并评价财务报表是否公允反映相关交易和事项。

我们与治理层就计划的审计范围、时间安排和重大审计发现（包括我们在审计中识别的值得关注的内部控制缺陷）等事项进行沟通。

我们还就遵守关于独立性的相关职业道德要求向治理层提供声明，并就可能被合理认为影响我们独立性的所有关系和其他事项，以及相关的防范措施（如适用）与治理层进行沟通。

从与治理层沟通的事项中，我们确定哪些事项对本期财务报表审计最为重要，因而构成关键审计事项。我们在审计报告中描述这些事项，除非法律法规禁止公开披露这些事项，或在极其罕见的情形下，如果合理预期在审计报告中沟通某事项造成的负面后果超过在公众利益方面产生的益处，我们确定不应在审计报告中沟通该事项。

诚胜会计师事务所　　　　　　　　　　中国注册会计师：××（签名并盖章）
　　（盖章）　　　　　　　　　　　　中国注册会计师：××（签名并盖章）
中国成都市　　　　　　　　　　　　　二〇一七年三月十五日

第四节　非无保留意见审计报告

一、非无保留意见的含义

非无保留意见是指保留意见、否定意见或无法表示意见。

当存在下列情形之一时，注册会计师应当在审计报告中发表非无保留意见：

1. 根据获取的审计证据，得出财务报表整体存在重大错报的结论

为了形成审计意见，针对财务报表整体是否不存在由于舞弊或错误导致的重大错报，注册会计师应当得出结论，确定是否已就此获取合理保证。在得出结论时，注册会计师需要评价未更正错报对财务报表的影响。

错报是指某一财务报表项目的金额、分类、列报或披露，与按照适用的财务报告编制基础应当列示的金额、分类、列报或披露之间存在的差异。财务报表的重大错报可能源于：

（1）选择的会计政策的恰当性。在选择的会计政策的恰当性方面，当出现下列情形时，财务报表可能存在重大错报：

① 选择的会计政策与适用的财务报告编制基础不一致。

② 财务报表（包括相关附注）没有按照公允列报的方式反映交易和事项。

财务报告编制基础通常包括对会计处理、披露和会计政策变更的要求。如果被审计单位变更了重大会计政策，且没有遵守这些要求，财务报表可能存在重大错报。

（2）对所选择的会计政策的运用。在对所选择的会计政策的运用方面，当出现下列情形时，财务报表可能存在重大错报：

① 管理层没有按照适用的财务报告编制基础的要求一贯运用所选择的会计政策，包括管理层未在不同会计期间或对相似的交易和事项一贯运用所选择的会计政策（运用的一致性）。

② 不当运用所选择的会计政策（如运用中的无意错误）。

（3）财务报表披露的恰当性或充分性。在财务报表披露的恰当性或充分性方面，当出现下列情形时，财务报表可能存在重大错报：

① 财务报表没有包括适用的财务报告编制基础要求的所有披露；

② 财务报表的披露没有按照适用的财务报告编制基础列报；

③ 财务报表没有做出必要的披露以实现公允反映。

2. 无法获取充分、适当的审计证据，不能得出财务报表整体不存在重大错报的结论

如果注册会计师能够通过实施替代程序获取充分、适当的审计证据，则无法实施特定的程序并不构成对审计范围的限制。

下列情形可能导致注册会计师无法获取充分、适当的审计证据（也称为审计范围受到限制）：

（1）超出被审计单位控制的情形。例如，被审计单位的会计记录已被毁坏；重要组成部分的会计记录已被政府有关机构无限期地查封。

（2）与注册会计师工作的性质或时间安排相关的情形。例如，被审计单位需要使用权益法对联营企业进行核算，注册会计师无法获取有关联营企业财务信息的充分、适当的审计证据以评价是否恰当运用了权益法；注册会计师接受审计委托的时间安排，这使其无法实施存货监盘；注册会计师确定仅实施实质性程序是不充分的，但被审计单位的控制是无效的。

（3）管理层对审计范围施加的限制致使注册会计师无法获取充分、适当的审计证据的情形。例如，管理层阻止注册会计师实施存货监盘；管理层阻止注册会计师对特定账户余额实施函证。

管理层施加的限制可能对审计产生其他影响，如注册会计师对舞弊风险的评估和对业务保持的考虑。

二、确定非无保留意见的类型

注册会计师确定恰当的非无保留意见类型，取决于下列事项：①导致非无保留意见的事项的性质，是财务报表存在重大错报，还是在无法获取充分、适当的审计证据的情况下，财务报表可能存在重大错报；②注册会计师就导致非无保留意见的事项对财务报表产生或可能产生影响的广泛性做出的判断。

广泛性是描述错报影响的术语，用以说明错报对财务报表的影响，或者由于无法获取充分、适当的审计证据而未发现的错报（如存在）对财务报表可能产生的影响。根据注册会计师的判断，对财务报表的影响具有广泛性的情形包括：①不限于对财务报表的特定要素、账户或项目产生影响；②虽然仅对财务报表的特定要素、账户或项目产生影响，但这些要素、账户或项目是或可能是财务报表的主要组成部分；③当与披露相关时，产生的影响对财务报表使用者理解财务报表至关重要。

表14-1列示了注册会计师对导致发表非无保留意见的事项的性质和这些事项对财务报表产生或可能产生影响的广泛性做出的判断，以及注册会计师的判断对审计意见类型的影响。

表 14-1 审计意见影响分析表

导致发表非无保留意见的事项的性质	这些事项对财务报表产生或可能产生影响的广泛性	
	重大且不具有广泛性	重大且具有广泛性
财务报表存在重大错报	保留意见	否定意见
无法获取充分、适当的审计证据	保留意见	无法表示意见

1. 发表保留意见

当存在下列情形之一时,注册会计师应当发表保留意见:

(1) 在获取充分、适当的审计证据后,注册会计师认为错报单独或汇总起来对财务报表影响重大,但不具有广泛性。

注册会计师在获取充分、适当的审计证据后,只有当认为财务报表就整体而言是公允的,但还存在对财务报表产生重大影响的错报时,才能发表保留意见。如果注册会计师认为错报对财务报表产生的影响极为严重且具有广泛性,则应发表否定意见。因此,保留意见被视为注册会计师在不能发表无保留意见情况下最不严厉的审计意见。

(2) 注册会计师无法获取充分、适当的审计证据以作为形成审计意见的基础,但认为未发现的错报(如存在)对财务报表可能产生的影响重大,不具有广泛性。

由于审计范围受到限制,注册会计师是发表保留意见还是发表无法表示意见,这取决于无法获取的审计证据对形成审计意见的重要性。注册会计师在判断重要性时,应当考虑有关事项潜在影响的性质和范围以及在财务报表中的重要程度。只有当未发现的错报(如存在)对财务报表可能产生的影响重大但不具有广泛性时,才能发表保留意见。

2. 发表否定意见

在获取充分、适当的审计证据后,如果认为错报单独或汇总起来对财务报表的影响重大且具有广泛性,注册会计师应当发表否定意见。

3. 发表无法表示意见

如果无法获取充分、适当的审计证据以作为形成审计意见的基础,但认为未发现的错报(如存在)对财务报表可能产生的影响重大且具有广泛性,注册会计师应当发表无法表示意见。

在极其特殊的情况下,可能存在多个不确定事项,注册会计师即使对每个单独的不确定事项获取了充分、适当的审计证据,但由于不确定事项之间可能存在相互影响,以及可能对财务报表产生累积影响,其不可能对财务报表形成审计意见。在这种情况下,注册会计师应当发表无法表示意见。

在确定非无保留意见的类型时还需注意以下两点:

一是在承接审计业务后,如果注意到管理层对审计范围施加了限制,且认为这些限制可能导致对财务报表发表保留意见或无法表示意见,注册会计师应当要求管理层消除这些限制。如果管理层拒绝消除限制,那么注册会计师就应当就此事项与治理层沟通,并确定能否实施替代程序以获取充分、适当的审计证据。如果无法获取充分、适当的审计证据,注册会计师就应当通过下列方式确定其影响:①如果未发现的错报(如存在)可能对财务报表产生的影响重大,但不具有广泛性,应当发表保留意见;②如果未发现的错报(如存在)可能对财务报表产生的影响重大且具有广泛性，以至于发表保留意见不足以反映情况的严重性，应当在可行时解除业务约定（除非法律法规禁止）。当然，注册会计师应当在解除业务约定前，与治理层沟通在审计过程中发现的、将会导致发表非无保留意见的所有错报事项；如果在出具审计报告之前解除业务约定被禁止或不可行，应当发表无法表示意见。

在某些情况下，如果法律法规要求注册会计师继续执行审计业务，则注册会计师可能无法解除审计业务约定。这种情况可能包括：①注册会计师接受委托审计公共部门实体的财务报表；②注册会计师接受委托审计涵盖特定期间的财务报表，或者接受一定期间的委托，在完成财务报表审计前或在受托期间结束前，不允许解除审计业务约定。在这些情况下，注册会计师可能认为需要在审计报告中增加其他事项段。

二是如果认为有必要对财务报表整体发表否定意见或无法表示意见，注册会计师不应在同一审计报告中对按照相同财务报告编制基础编制的单一财务报表或者财务报表特定要素账户或项目发表无保留意见。在同一审计报告中包含无保留意见，将会与对财务报表整体发表的否定意见或无法表示意见相矛盾。

当然，对经营成果、现金流量（如相关）发表无法表示意见，而对财务状况发表无保留意见，这种情况可能是被允许的。因为在这种情况下，注册会计师并没有对财务报表整体发表无法表示意见。

三、非无保留意见的审计报告的格式和内容

1. 导致非无保留意见的事项段

（1）审计报告格式和内容的一致性。如果对财务报表发表非无保留意见，除在审计报告中包含《中国注册会计师审计准则第1501号——对财务报表形成审计意见和出具审计报告》规定的审计报告要素外，注册会计师还应当直接在审计意见段之前增加一个部分，并使用恰当的标题，如"形成保留意见的基础""形成否定意见的基础"或"形成无法表示意见的基础"，说明导致发表非无保留意见的事项。审计报告格式和内容的一致性有助于提高使用者的理解和识别存在的异常情况。因此，尽管不可能统一非无保留意见的措辞和对导致非无保留意见的事项的说明，但仍有必要保持审计报告格式和内容的一致性。

（2）量化财务影响。如果财务报表中存在与具体金额（包括定量披露）相关的重大错报，注册会计师应当在导致非无保留意见的事项段中说明并量化该错报的财务影响。举例来说，如果存货被高估，注册会计师就可以在审计报告的导致非无保留意见的事项段中说明该重大错报的财务影响，即量化其对所得税、税前利润、净利润和所有者权益的影响。如果无法量化财务影响，注册会计师应当在形成非无保留意见的基础部分说明这一情况。

（3）存在与叙述性披露相关的重大错报。如果财务报表中存在与叙述性披露相关的重大错报，注册会计师应当在形成非无保留意见的基础部分解释该错报错在何处。

（4）存在与应披露而未披露信息相关的重大错报。如果财务报表中存在与应披露而未披露信息相关的重大错报，注册会计师应当：①与治理层讨论未披露信息的情况；②在形成非无保留意见的基础部分描述未披露信息的性质；③如果可行并且已针对未披露信息获取了充分、适当的审计证据，在形成非无保留意见的基础部分包含对未披露信息的披露，除非法律法规禁止。

如果存在下列情形之一，则在形成非无保留意见的基础部分披露遗漏的信息是不可行的：①管理层还没有做出这些披露，或管理层已做出但注册会计师不易获取这些披露；②根据注册会计师的判断，在审计报告中披露该事项过于庞杂。

（5）无法获取充分、适当的审计证据。如果因无法获取充分、适当的审计证据而导致发表非无保留意见，注册会计师应当在形成非无保留意见的基础部分说明无法获取审计证据的原因。

（6）披露其他事项。即使发表了否定意见或无法表示意见，注册会计师也应当在形成非无保留意见的基础部分说明注意到的、将导致发表非无保留意见的所有其他事项及其影响。这是因为，对注册会计师注意到的其他事项的披露可能与财务报表使用者的信息需求相关。

2. 审计意见段

（1）标题。在发表非无保留意见时，注册会计师应当对审计意见段使用恰当的标题，如"保留意见""否定意见"或"无法表示意见"。审计意见段的标题能够使财务报表使用者清楚注册会计师发表了非无保留意见，并能够表明非无保留意见的类型。

（2）发表保留意见。当由于财务报表存在重大错报而发表保留意见时，注册会计师应当根据适用的财务报告编制基础在审计意见段中说明：注册会计师认为，除了形成保留意见的基础部分所述事项产生的影响外，财务报表在所有重大方面按照适用的财务报告编制基础编制，并实现公允反映。

当无法获取充分、适当的审计证据而导致发表保留意见时，注册会计师应当在审计意见段中使用"除……可能产生的影响外"等措辞。

当注册会计师发表保留意见时，在审计意见段中使用"由于上述解释"或"受……影响"等措辞是不恰当的，因为这些措辞不够清晰或没有足够的说服力。

（3）发表否定意见。当发表否定意见时，注册会计师应当根据适用的财务报告编制基础在审计意见段中说明：注册会计师认为，由于形成否定意见的基础部分所述事项的重要性，财务报表没有在所有重大方面按照适用的财务报告编制基础编制，未能实现公允反映。

（4）发表无法表示意见。当由于无法获取充分、适当的审计证据而发表无法表示意见时，注册会计师应当在审计意见段中说明：由于形成无法表示意见的基础部分所述事项的重要性，注册会计师无法获取充分、适当的审计证据为发表审计意见提供基础，因此，注册会计师不对这些财务报表发表审计意见。

3. 非无保留意见对审计报告要素内容的修改

当发表保留意见或否定意见时，注册会计师应当修改形成无保留意见的基础部分的描述，以说明：注册会计师相信，其已获取的审计证据是充分、适当的，为发表非无保留意见提供了基础。

当由于无法获取充分、适当的审计证据而发表无法表示意见时，注册会计师应当修改审计报告的意见段，说明：注册会计师接受委托审计财务报表；注册会计师不对后附的财务报表发表审计意见；由于形成无法表示意见的基础部分所述事项的重要性，注册会计师无法获取充分、适当的审计证据以作为对财务报表发表审计意见的基础。

当注册会计师对财务报表发表无法表示意见时，注册会计师应当修改无保留意见审计报告中形成审计意见的基础部分，不应提及审计报告中用于描述注册会计师责任的部分，也不应说明注册会计师是否已获取充分、适当的审计证据以作为形成审计意见的基础。

当注册会计师对财务报表发表无法表示意见时，注册会计师应当修改无保留意见审计报告中注册会计师对财务报表审计的责任部分，使之仅包含下列内容：

（1）注册会计师的责任是按照中国注册会计师审计准则的规定，对被审计单位财务报表执行审计工作，以出具审计报告。

（2）但由于形成无法表示意见的基础部分所述的事项，注册会计师无法获取充分、适当的审计证据以作为发表审计意见的基础。

（3）声明注册会计师在独立性和职业道德方面的其他责任。

案例阅读 14-2　保留意见审计报告格式和内容

审计报告

YZ 股份有限公司全体股东：

一、对财务报表出具的审计报告

（一）保留意见

我们审计了 YZ 股份有限公司（以下简称"YZ 公司"）财务报表，包括2016年12月31日的资产负债表，2016年度的利润表、现金流量表、股东权益变动表以及相关财务报表附注。

我们认为，除"形成保留意见的基础"部分所述事项产生的影响外，后附的财务报表在所有重大方面按照企业会计准则的规定编制，公允反映了 YZ 公司 2016 年 12 月 31 日的财务状况以及 2016 年度的经营成果和现金流量。

（二）形成保留意见的基础

YZ 公司 2016 年 12 月 31 日资产负债表中存货的列示金额为 4665689 元。管理层根据成本对存货进行计量，而没有根据成本与可变现净值孰低的原则进行计量，这不符合企业会计准则的规定。YZ 公司的会计记录显示，如果管理层以成本与可变现净值孰低来计量存货，存货列示金额将减少 1563236 元。相应地，资产减值损失将增加 1563236 元，所得税、净利润和股东权益将分别减少 390809 元、1172427 元和 1172427 元。

我们按照中国注册会计师审计准则的规定执行了审计工作。审计报告的"注册会计师对财务报表审计的责任"部分进一步阐述了我们在这些准则下的责任。按照中国注册会计师职业道德守则，我们独立于 YZ 公司，并履行了职业道德方面的其他责任。我们相信，我们获取的审计证据是充分的、适当的，为发表保留意见提供了基础。

（三）关键审计事项

关键审计事项是根据我们的职业判断，认为对本期财务报表审计最为重要的事项。这些事项是在对财务报表整体进行审计并形成意见的背景下进行处理的，我们不对这些事项提供单独的意见。除"形成保留意见的基础"部分所述事项外，我们确定下列事项是需要在审计报告中沟通的关键审计事项。

1. 事项描述

截至 2016 年 12 月 31 日，YZ 公司附注列示投资性房地产减值准备 231234.45 万元，在计提固定资产减值准备时，YZ 公司考虑投资性房地产处置时的市场价值及快速变现因素，并聘请专家对投资性房地产运用估值技术核定投资性房地产的减值。

2. 审计应对

在审计投资性房地产减值准备的过程中，我们实地勘察了相关投资性房地产，取得了相关资产资料，评估了 YZ 公司的估值方法，并与估值专家讨论了估值方法运用的适当性。

基于获取的审计证据，我们得出审计结论，管理层对投资性房地产减值准备的计提是合理的，相关信息在"财务报表附注八""14.'投资性房地产'及附注九""3. 资产减值准备明细"中所做出的披露是适当的。

（四）管理层和治理层对财务报表的责任

管理层负责按照企业会计准则的规定编制财务报表，使其实现公允反映，并设计、执行和维护必要的内部控制，以使财务报表不存在由于舞弊或错误导致的重大错报。

在编制财务报表时，管理层负责评估 YZ 公司的持续经营能力，披露与持续经营相关的事项（如适用），并运用持续经营假设，除非计划清算 YZ 公司、停止营运或别无其他现实的选择。

治理层负责监督 YZ 公司的财务报告过程。

（五）注册会计师对财务报表审计的责任

我们的目标是对财务报表整体是否不存在由于舞弊或错误导致的重大错报获取合理保证，并出具包含审计意见的审计报告。合理保证是高水平的保证，但并不能保证按照审计准则执行的审计在某一重大错报存在时总能发现。错报可能由于舞弊或错误导致，如果合理预期错报单独或汇总起来可能影响财务报表使用者依据财务报表做出的经济决策，则通常认为错报是重大的。

在按照审计准则执行审计的过程中，我们运用了职业判断，保持了职业怀疑。我们同时：

（1）识别和评估由于舞弊或错误导致的财务报表重大错报风险；对这些风险有针对性地设计和实施审计程序；获取充分、适当的审计证据，作为发表审计意见的基础。由于舞弊可能涉及串通、伪造、故意遗漏、虚假陈述或凌驾于内部控制之上，未能发现由于舞弊导致的重大错报的风险高于未能发现由于错误导致的重大错报的风险。

（2）了解与审计相关的内部控制，以设计恰当的审计程序，但目的并非对内部控制的有效性发表意见。

（3）评价管理层选用会计政策的恰当性和做出会计估计及相关披露的合理性。

（4）对管理层使用持续经营假设的恰当性得出结论。同时，根据获取的审计证据，就可能导致对 YZ 公司持续经营能力产生重大疑虑的事项或情况是否存在重大不确定性得出结论。如果我们得出结论认为存在重大不确定性，审计准则要求我们在审计报告中提请报表使用者注意财务报表中的相关披露；如果披露不充分，我们应当发表非无保留意见。我们的结论基于审计报告日可获得的信息。然而，未来的事项或情况可能导致 YZ 公司不能持续经营。

(5) 评价财务报表的总体列报、结构和内容（包括披露），并评价财务报表是否公允反映相关交易和事项。

我们与治理层就计划的审计范围、时间安排和重大审计发现（包括我们在审计中识别的值得关注的内部控制缺陷）等事项进行沟通。

我们还就满足关于独立性的相关职业道德要求向治理层提供声明，并就可能被合理认为影响我们独立性的所有关系和其他事项，以及相关的防范措施（如适用）与治理层进行沟通。

从与治理层沟通的事项中，我们确定哪些事项对本期财务报表审计最为重要，因而构成关键审计事项。我们在审计报告中描述这些事项，除非法律法规禁止公开披露这些事项，或在极其罕见的情形下，如果合理预期在审计报告中沟通某事项造成的负面后果超过在公众利益方面产生的益处，我们确定不应在审计报告中沟通该事项。

天天会计师事务所	中国注册会计师：×× （签名并盖章）
（盖章）	中国注册会计师：×× （签名并盖章）
中国成都市	二〇一七年三月十五日

案例阅读 14-3　否定意见审计报告格式和内容

审计报告

ZB 股份有限公司全体股东：

一、对财务报表出具的审计报告

（一）否定意见

我们审计了 ZB 股份有限公司（以下简称"ZB 公司"）财务报表，包括 2016 年 12 月 31 日的资产负债表，2016 年度的利润表、现金流量表、股东权益变动表以及相关财务报表附注。

我们认为，由于"形成否定意见的基础"部分所述事项的重要性，ZB 公司财务报表在所有重大方面没有按照企业会计准则的规定编制，未能实现公允反映。

（二）形成否定意见的基础

导致否定意见的事项分别为：

1. ZB 公司 2016 年 12 月 31 日资产负债表中存货的列示金额为 8653689 元，其中 2254836 元的存货，无法实施存货监盘及其他必要的审计程序，以获取充分、适当的审计证据。

2. ZB 公司 2016 年 12 月 31 日资产负债表中其他非流动资产金额 1632671 元，其中 804541 元的预防材料款，无法实施函证程序及其他必要的审计程序。

3. ZB 公司 2014—2016 年净利润分别为 -2807459 元、-560000 元和 -6891345 元，近 3 年连续亏损，且亏损额在扩大；ZB 公司 2014—2016 年营业收入分别为 657890 元、8234651 元和 477856 元，各年营业收入波动幅度较大。

我们按照中国注册会计师审计准则的规定执行了审计工作。审计报告的"注册会计师对财务报表审计的责任"部分进一步阐述了我们在这些准则下的责任。按照中国注册会计师职业道德守则，我们独立于ZB公司，并履行了职业道德方面的其他责任。我们相信，我们获取的审计证据是充分、适当的，为发表否定意见提供了基础。

（四）管理层和治理层对财务报表的责任

管理层负责按照企业会计准则的规定编制财务报表，使其实现公允反映，并设计、执行和维护必要的内部控制，以使财务报表不存在由于舞弊或错误导致的重大错报。

在编制财务报表时，管理层负责评估ZB公司的持续经营能力，披露与持续经营相关的事项（如适用），并运用持续经营假设，除非计划清算ZB公司、停止营运或别无其他现实的选择。

治理层负责监督ZB公司的财务报告过程。

（五）注册会计师对财务报表审计的责任

我们的目标是对财务报表整体是否不存在由于舞弊或错误导致的重大错报获取合理保证，并出具包含审计意见的审计报告。合理保证是高水平的保证，但并不能保证按照审计准则执行的审计在某一重大错报存在时总能发现。错报可能由于舞弊或错误导致，如果合理预期错报单独或汇总起来可能影响财务报表使用者依据财务报表做出的经济决策，则通常认为错报是重大的。

在按照审计准则执行审计的过程中，我们运用了职业判断，保持了职业怀疑。我们同时：

（1）识别和评估由于舞弊或错误导致的财务报表重大错报风险；对这些风险有针对性地设计和实施审计程序；获取充分、适当的审计证据，作为发表审计意见的基础。由于舞弊可能涉及串通、伪造、故意遗漏、虚假陈述或凌驾于内部控制之上，未能发现由于舞弊导致的重大错报的风险高于未能发现由于错误导致的重大错报的风险。

（2）了解与审计相关的内部控制，以设计恰当的审计程序，但目的并非对内部控制的有效性发表意见。

（3）评价管理层选用会计政策的恰当性和做出会计估计及相关披露的合理性。

（4）对管理层使用持续经营假设的恰当性得出结论。同时，根据获取的审计证据，就可能导致对ZB公司持续经营能力产生重大疑虑的事项或情况是否存在重大不确定性得出结论。如果我们得出结论认为存在重大不确定性，审计准则要求我们在审计报告中提请报表使用者注意财务报表中的相关披露；如果披露不充分，我们应当发表非无保留意见。我们的结论基于审计报告日可获得的信息。然而，未来的事项或情况可能导致ZB公司不能持续经营。

（5）评价财务报表的总体列报、结构和内容（包括披露），并评价财务报表是否公允反映相关交易和事项。

我们与治理层就计划的审计范围、时间安排和重大审计发现（包括我们在审计中识别的值得关注的内部控制缺陷）等事项进行沟通。

我们还就遵守关于独立性的相关职业道德要求向治理层提供声明，并就可能被合理认为影响我们独立性的所有关系和其他事项，以及相关的防范措施（如适用）与治理层进行沟通。

从与治理层沟通的事项中，我们确定哪些事项对本期财务报表审计最为重要，因而构成关键审计事项。我们在审计报告中描述这些事项,除非法律法规禁止公开披露这些事项,或在极其罕见的情形下,如果合理预期在审计报告中沟通某事项造成的负面后果超过在公众利益方面产生的益处,我们确定不应在审计报告中沟通该事项。

腾飞会计师事务所	中国注册会计师:×××(签名并盖章)
(盖章)	中国注册会计师:××(签名并盖章)
中国成都市	二〇一七年三月十五日

案例阅读 14-4　无法表示意见审计报告格式和内容

审计报告

WF股份有限公司全体股东:

一、对财务报表出具的审计报告

(一)无法表示意见

我们接受委托,审计WF股份有限公司(以下简称"WF公司")财务报表,包括2016年12月31日的资产负债表,2016年度的利润表、现金流量表、股东权益变动表以及相关财务报表附注。

我们不对后附的WF公司财务报表发表审计意见。由于"形成无法表示意见的基础"部分所述事项的重要性,我们无法获取充分、适当的审计证据以作为对财务报表发表审计意见的基础。

(二)形成无法表示意见的基础

我们于2017年1月接受WF公司的审计委托,因而未能对WF公司2016年年初金额为1789532元的存货和年末金额为2389712元的存货实施监盘程序。此外,我们也无法实施替代审计程序获取充分、适当的审计证据。并且,WF公司于2016年9月采用新的应收账款电算化系统,由于存在系统缺陷导致应收账款出现大量错误。截至报告日,管理层仍在纠正系统缺陷并更正错误,我们也无法实施替代审计程序,以对截至2016年12月31日的应收账款总额4676452元获取充分、适当的审计证据。因此,我们无法确定是否有必要对存货、应收账款以及财务报表其他项目做出调整,也无法确定应调整的金额。

(三)管理层和治理层对财务报表的责任

管理层负责按照企业会计准则的规定编制财务报表,使其实现公允反映,并设计、执行和维护必要的内部控制,以使财务报表不存在由于舞弊或错误导致的重大错报。

在编制财务报表时,管理层负责评估WF公司的持续经营能力,披露与持续经营相关的事项(如适用),并运用持续经营假设,除非计划清算WF公司、停止营运或别无其他现实的选择。

治理层负责监督WF公司的财务报告过程。

(四)注册会计师对财务报表审计的责任

我们的责任是按照中国注册会计师审计准则的规定,对WF公司的财务报表执行审计工作,以出具审计报告。但由于"形成无法表示意见的基础"部分所述的事项,我们无法获取充分、适当的审计证据以作为发表审计意见的基础。

按照中国注册会计师职业道德守则,我们独立于WF公司,并履行了职业道德方面的其他责任。

诚合会计师事务所　　　　　　　　　　中国注册会计师：×××（签名并盖章）
　　（盖章）　　　　　　　　　　　　中国注册会计师：××（签名并盖章）
中国成都市　　　　　　　　　　　　　　　　　　　二〇一七年三月十五日

第五节　强调事项段审计意见

一、强调事项段的含义

审计报告的强调事项段是指审计报告中含有的一个段落,该段落提及已在财务报表中恰当列报或披露的事项,根据注册会计师的职业判断,该事项对财务报表使用者理解财务报表至关重要。

二、增加强调事项段的情形

如果认为有必要提醒财务报表使用者关注已在财务报表中列报或披露,且根据职业判断认为对财务报表使用者理解财务报表至关重要的事项,在同时满足下列条件时,注册会计师应当在审计报告中增加强调事项段：

（1）按照《中国注册会计师审计准则第1502号——在审计报告中发表非无保留意见》的规定,该事项不会导致注册会计师发表非无保留意见。

（2）当《中国注册会计师审计准则第1504号——在审计报告中沟通关键审计事项》适用时,该事项未被确定为在审计报告中沟通的关键审计事项。

按照《中国注册会计师审计准则第1504号——在审计报告中沟通关键审计事项》被确定为关键审计事项的事项,根据注册会计师的职业判断,也可能对财务报表使用者理解财务报表至关重要。在这些情况下,按照《中国注册会计师审计准则第1504号——在审计报告中沟通关键审计事项》的规定将该事项作为关键审计事项沟通时,注册会计师可能希望突出或提请进一步关注其相对重要程度。在关键审计事项部分,注册会计师可以使该事项的列报更为突出（如作为第一个事项）,或在关键审计事项的描述中增加额外信息,以指明该事项对财务报表使用者理解财务报表的重要程度。

某一事项可能不符合《中国注册会计师审计准则第1504号——在审计报告中沟通关键审计事项》的规定,因而未被确定为关键审计事项（即该事项未被重点关注过）,但根据注册会计师的判断,其对财务报表使用者理解财务报表至关重要（如期后事项）。如果注册会计师认为有必要提请财务报表使用者关注该事项,根据审计准则的规定,该事项将包含在审计报告的强调事项段中。

某些审计准则对特定情况下在审计报告中增加强调事项段提出具体要求。这些情形包括：

（1）法律法规规定的财务报告编制基础不可接受,但其是法律或法规做出的规定。

（2）提醒财务报表使用者注意财务报表按照特殊目的编制基础编制。

(3) 注册会计师在审计报告日后知悉了某些事实（即期后事项），并且出具了新的审计报告或修改了审计报告。

除上述审计准则要求增加强调事项的情形外，注册会计师可能认为需要增加强调事项段的情形如下：

(1) 异常诉讼或监管行动的未来结果存在不确定性。
(2) 提前应用（在允许的情况下）对财务报表有广泛影响的新会计准则。
(3) 存在已经或持续对被审计单位财务状况产生重大影响的特大灾难。

强调事项段的过多使用会降低注册会计师沟通所强调事项的有效性。此外，与财务报表中的列报或披露相比，在强调事项段中包括过多的信息，可能隐含着这些事项未被恰当列报或披露。因此，强调事项段应当仅提及已在财务报表中列报或披露的信息。

三、在审计报告中增加强调事项段时注册会计师采取的措施

如果在审计报告中增加强调事项段，注册会计师应当采取下列措施：

(1) 将强调事项段作为单独的一部分置于审计报告中，并使用包含"强调事项"这一术语的适当标题。
(2) 明确提及被强调事项以及相关披露的位置，以便能够在财务报表中找到对该事项的详细描述。强调事项段应当仅提及已在财务报表中列报或披露的信息。
(3) 指出审计意见没有因该强调事项而改变。

在审计报告中包含强调事项段不影响审计意见。包含强调事项段不能代替下列情形：

① 根据审计业务的具体情况，按照《中国注册会计师审计准则第1502号——在审计报告中发表非无保留意见》的规定发表非的无保留意见。
② 适用的财务报告编制基础要求管理层在财务报表中做出的披露，或为实现公允列报所需的其他披露。
③ 按照《中国注册会计师审计准则第1324号——持续经营》的规定，当可能导致对被审计单位持续经营能力产生重大疑虑的事项或情况存在重大不确定性时做出的报告。

案例阅读 14-5 **带强调事项段审计报告格式和内容**

审计报告

FF 股份有限公司全体股东：

一、对财务报表出具的审计报告

（一）保留意见

我们审计了 FF 股份有限公司（以下简称"FF 公司"）财务报表，包括2016年12月31日的资产负债表，2016年度的利润表、现金流量表、股东权益变动表以及相关财务报表附注。

我们认为，除"形成保留意见的基础"部分所述事项产生的影响外，后附的财务报表在所有重大方面按照企业会计准则的规定编制，公允反映了 FF 公司2016年12月31日的财务状况以及2016年度的经营成果和现金流量。

（二）形成保留意见的基础

FF 公司 2016 年 12 月 31 日资产负债表中列示的以公允价值计量且其变动计入当期损益的金融资产为 4456586 元，管理层对这些金融资产未按照公允价值进行后续计量，而是按照其历史成本进行计量，这不符合企业会计准则的规定。如果按照公允价值进行后续计量，FF 公司 2016 年度利润表中公允价值变动损益将减少 3516000 元，2016 年 12 月 31 日资产负债表中以公允价值计量且其变动计入当期损益的金融资产将减少 3516000 元。相应地，所得税、净利润和股东权益将分别减少 0 元、3516000 元和 3516000 元。

我们按照中国注册会计师审计准则的规定执行了审计工作。审计报告的"注册会计师对财务报表审计的责任"部分进一步阐述了我们在这些准则下的责任。按照中国注册会计师职业道德守则，我们独立于 FF 公司，并履行了职业道德方面的其他责任。我们相信，我们获取的审计证据是充分的、适当的，为发表保留意见提供了基础。

（三）强调事项——火灾的影响

我们提醒财务报表使用者关注，财务报表附注第 54 号描述了火灾对 FF 公司的生产设备造成的影响。本段内容不影响已发表的审计意见。

（四）管理层和治理层对财务报表的责任

管理层负责按照企业会计准则的规定编制财务报表，使其实现公允反映，并设计、执行和维护必要的内部控制，以使财务报表不存在由于舞弊或错误导致的重大错报。

在编制财务报表时，管理层负责评估 FF 公司的持续经营能力，披露与持续经营相关的事项（如适用），并运用持续经营假设，除非计划清算 FF 公司、停止营运或别无其他现实的选择。

治理层负责监督 FF 公司的财务报告过程。

（五）注册会计师对财务报表审计的责任

我们的目标是对财务报表整体是否不存在由于舞弊或错误导致的重大错报获取合理保证，并出具包含审计意见的审计报告。合理保证是高水平的保证，但并不能保证按照审计准则执行的审计在某一重大错报存在时总能发现。错报可能由于舞弊或错误导致，如果合理预期错报单独或汇总起来可能影响财务报表使用者依据财务报表做出的经济决策，则通常认为错报是重大的。

在按照审计准则执行审计的过程中，我们运用了职业判断，保持了职业怀疑。我们同时：

（1）识别和评估由于舞弊或错误导致的财务报表重大错报风险；对这些风险有针对性地设计和实施审计程序；获取充分、适当的审计证据，作为发表审计意见的基础。由于舞弊可能涉及串通、伪造、故意遗漏、虚假陈述或凌驾于内部控制之上，未能发现由于舞弊导致的重大错报的风险高于未能发现由于错误导致的重大错报的风险。

（2）了解与审计相关的内部控制，以设计恰当的审计程序，但目的并非对内部控制的有效性发表意见。

（3）评价管理层选用会计政策的恰当性和做出会计估计及相关披露的合理性。

（4）对管理层使用持续经营假设的恰当性得出结论。同时，根据获取的审计证据，就可能导致对 FF 公司持续经营能力产生重大疑虑的事项或情况是否存在重大不确定性得出结论。如果我们得出结论认为存在重大不确定性，审计准则要求我们在审计报告中提请报表使用者注意财务报表中的相关披露；如果披露不充分，我们应当发表非无保留意见。我们的结论基于审计报告日可获得的信息。然而，未来的事项或情况可能导致FF公司不能持续经营。

（5）评价财务报表的总体列报、结构和内容（包括披露），并评价财务报表是否公允反映相关交易和事项。

我们与治理层就计划的审计范围、时间安排和重大审计发现（包括我们在审计中识别的值得关注的内部控制缺陷）等事项进行沟通。

我们还就遵守关于独立性的相关职业道德要求向治理层提供声明，并就可能被合理认为影响我们独立性的所有关系和其他事项，以及相关的防范措施（如适用）与治理层进行沟通。

从与治理层沟通的事项中，我们确定哪些事项对本期财务报表审计最为重要，因而构成关键审计事项。我们在审计报告中描述这些事项，除非法律法规禁止公开披露这些事项，或在极其罕见的情形下，如果合理预期在审计报告中沟通某事项造成的负面后果超过在公众利益方面产生的益处，我们确定不应在审计报告中沟通该事项。

龙腾会计师事务所　　　　　　　　　　中国注册会计师：××（签名并盖章）
　（盖章）　　　　　　　　　　　　　中国注册会计师：×××（签名并盖章）
中国成都市　　　　　　　　　　　　　　　　　　　　　　二〇一七年三月十五日

第六节　管理建议书

一、管理建议书的意义和作用

注册会计师在完成审计工作阶段，不仅要出具审计报告，而且对非上市的中小公司要出具管理建议书。审计报告和管理建议书都是注册会计师提出的关于审计结果的正式文件。审计报告为被审计单位的有关利害关系人了解其财务状况、经营成果和现金流量情况，判断自己的投资或信贷决策提供依据。除注册会计师对上市公司要出具内部控制审计报告外，管理建议书是注册会计师为被审计单位管理部门掌握经营管理中存在的问题，改进内部控制和强化会计管理提供建议，管理部门借以采取改善控制和管理的措施，增强企业的竞争能力。但管理建议书与审计报告的性质、作用、内容和要求是不同的。

（一）管理建议书的意义

管理建议书是注册会计师在完成审计工作后，针对审计过程中已注意到的，可能导致被审计单位财务报表产生重大错报的内部控制重大缺陷提出的书面建议。提交管理建议书是注册会计师的责任，是对被审计单位提供的服务之一。

注册会计师在审计过程中，能够了解被审计单位内部控制和经营中的不足与缺陷。职业责任要求注册会计师完成审计工作后，不仅应出具审计报告，而且要根据对被审计单位内部控制的观察、了解，以自己的经验和判断向被审计单位管理部门提出改进建议，以帮助其改进经营管理。因此，管理建议书是衡量注册会计师提供审计服务质量的重要标志之一。管理建议书的优劣也是鉴定注册会计师工作态度、敬业精神、道德品质以及专业水平的依据。而且，管理建议书所提建议的深度、广度和效果，往往也是委托人决定是否继续聘任或委托会计师事务所和注册会计师担任审计的重要因素。

(二) 管理建议书的作用

管理建议书不同于审计报告，它是注册会计师在审计过程中就内部控制的评审结果提交的建议，虽然内部控制审计也可以成为对上市公司的一项约定，但对中小公司提交管理建议书大多不作为审计约定项目的内容。从性质上看，管理建议书既不是审计的委托事项，也不是承接会计咨询业务的报告，而是对被审计单位提供的一种纯粹的服务。其报送对象一般只限于被审计单位管理部门或董事会，不对外公布。所提出的问题及改进建议不具有公正性和强制性。

管理建议书的具体作用表现在两个方面：一方面，由于注册会计师的职业特点，在审计过程中按规定需要检查被审计单位的内部控制系统，能够了解被审计单位经营管理中存在的问题。通过管理建议书，可以针对内部控制的弱点，提供进一步完善内部控制，改进会计工作，提高经营管理水平的参考意见。这种意见最及时、最有效，能促使被审计单位注意加强控制，改善工作，以防弊端的发生。另一方面，注册会计师借助管理建议书，事先提出了改进建议，可以把注册会计师的法律责任降到最低限度。

二、管理建议书的结构和内容

管理建议书应说明审查的范围、发现的内部控制缺陷，提出关于内部控制实现整体控制目标的判断意见及改进建议。其基本结构和内容包括：

(1) 标题。标题统一使用"管理建议书"。

(2) 收件人。管理建议书的收件人应为被审计单位管理层。

(3) 审计目的、会计责任与审计责任。

(4) 管理建议书的性质。管理建议书所指出的重大缺陷，仅为审计过程中发现的，并非内部控制可能存在的全部缺陷，也不应视为对被审计单位内部控制发表的审计意见。

(5) 前期建议改进但仍未改进的内部控制重大缺陷。

(6) 本期审计发现的内部控制重大缺陷及其影响和改进建议。对所发现的问题应以其影响的重要程度为序分类进行排列，如会计系统方面的；会计工作机构、人员职责及内部稽核系统方面的；财产管理方面的；内部审计系统方面的，等等。对每一问题应包括：①对该项内部控制存在问题的简要阐述；②对存在问题的分析意见；③改进建议及理由。

管理建议书中所提出的问题主要是关于被审计单位的内部控制是否存在重大缺陷（包括内部控制设计弱点和运行偏差），有时也包括其所编制的财务报表是否遵循国家有关法规、会计准则，所表示的意见应使阅读者明白其现实控制对内部控制主要目标的符合程度，即注册会计师发表内部控制对预防和及时发现重大错报的判断意见。管理建议书提出的意见和建议应具有逻辑性，最重要的意见通常列为首项。

管理建议书中应当将被审计单位准备依据建议进行调整或改进的情况加以说明。如果被审计单位对审计过程中提出的问题已进行调整或改进，可只作简要说明；对于未进行调整或改进的问题,应将注册会计师和被审计单位有关人员的意见一并列示。如果因被审计单位对以前年度管理建议书所提出的问题与建议未采纳,从而扩大了内部控制的缺陷或弱点,应明确指出并做重点分析。一般来说,提出的问题、意见与建议,主要是针对与财务报告可靠性相关的内部控制而言的。对于与财务报告可靠性相关的内部控制之外的影响企业经营与发展的问题,也可以采取一定的方式在管理建议书中予以说明。

(7) 使用范围及使用责任。管理建议书应指明其使用范围,并要求被审计单位合理使用。因使用不当造成的后果,与注册会计师及其所在会计师事务所无关。还应说明注册会计师的建议以控制测试为基础,有一定的局限性,不可能揭示被审计单位内部控制中现存的全部问题或弱点及由此引发的所有错弊。建立完善的内部控制是被审计单位管理部门的责任。提供管理建议书不是审计业务的规定内容,而是会计师事务所为被审计单位提供的委托项目之外的服务。

(8) 签章。管理建议书应由注册会计师签章,并加盖会计师事务所公章。

(9) 日期。管理建议书应当注明日期。

案例阅读 14-6　管理建议书的结构和内容

管理建议书

腾耀有限责任公司管理层:

我们已对贵公司2016年度的财务报表进行了审计。在审计中,根据规定的工作程序,我们了解了贵公司内部控制中有关会计制度、会计工作机构和人员职责、财产管理制度、内部审计制度等有关方面的情况,并做了分析研究。我们认为,根据贵公司的生产经营规模和管理需要,现有的内部控制系统总体上是有效的,但为了适应贵公司进一步扩大经营和提高管理水平的需要,使内部控制系统更加完善,现将我们发现的内部控制方面的某些问题及改进建议提供给你们,希望引起你们的注意,并具有一定的参考价值。

一、关于会计制度方面评价及建议

贵公司的会计核算符合要求,基本上能够全面、正确地反映经济业务,基本遵守了企业会计准则规定;会计科目的设置,包含了会计核算范围内的基本内容;会计凭证及账务处理等方面基本符合有关要求,但在审计中,我们也发现了一些问题。

(一) 有关会计凭证问题

贵公司在发生销售退回时,只是填制退货发票,退款时,没有取得对方的收款收据或汇款银行凭证,会计人员根据退货发票进行了相应的会计处理。

我国会计准则对这一内容已做了明确规定,对这一做法的不当性,我们已向有关人员提出,他们愿意考虑我们的意见。

(二) 有关库存现金监管不够问题

根据《内部会计控制规范——货币资金(试行)》第二十条:"单位应当定期和不定期地进行现金盘点,确保现金账面余额与实际库存相符。发现不符,及时查明原因,做出处理。"贵公司库存现金设立了两个二级科目:张某、后勤办。其中,"张某"中含"钱某"私卡一张。我们对库存现金进行盘点工作,盘点结果为:盘盈。经查找原因发现"钱某"

卡上手续费、账户管理费、利息等费用未做账务处理,因该卡每笔收支未在账上进行一一对应处理,导致我们无法判断盘盈是否来源于卡上未进行处理的手续费、利息等费用。同时,还发现库存现金下"后勤办"财务从未进行盘点工作,审计组于当天对"后勤办"现金进行了盘点,账实相符。

建议:①会计加强对出纳现金的监管力度,严格按照集团公司现金管理制度的要求,定期、不定期对出纳的库存现金进行全部盘点,保证资金的安全;②对本次抽查盘点产生的盘盈现金,根据盘点表书面上报上级主管领导批示后,进行相应的账务处理;③根据集团公司对私卡的管理要求,私下应按照银行存款账户管理,对现金卡上的每笔收支均应在账上进行一一对应处理,并每月打印流水,按照银行存款对账单进行规范管理。

(三)未编制银行存款余额调节表

根据《内部会计控制规范——货币资金(试行)》第十九条:"单位应当指定专人定期核对银行账户,每月至少核对一次,编制银行存款余额调节表,使银行存款账面余额与银行对账单调节相符。如调节不符,应查明原因,及时处理。"审计组查看该公司银行存款时,发现未编制银行存款余额调节表。如基本户工行53261在2016年11月,对账单余额和银行明细账余额不一致,但未编制银行存款余额调节表。

建议:每月结账后及时取得银行对账单进行账账核对,编制银行存款余额调节表,若有未达,及时处理。

二、财产管理制度方面评价及建议

(一)存货管理中存在的问题

公司存货占用的流动资产额度过大。公司流动资产共8883万元,其中存货约占70%,应当成为资产管理的重点。

我们建议贵公司应注意以下几方面的工作:

(1)认真做好存货的定期盘点工作。贵公司自上一会计年度终了对存货进行清查至今,再未进行过盘点。公司的存货账簿与我们审计中的抽查结果出现一定差异。我们认为,只有及时获得存货的实存情况,才能够加强对存货的管理,并及时处理有关问题。

(2)我们对贵公司仓库进行了监督盘点,共计抽查160项物资,账实相符131项,账实不符29项,其中差异较大的主要为包材,因包材库管员当天请假,需进一步核实差异原因。另外,"退货库"中存在的差异,经与财务沟通,退货库物资属报废物资,报废审批流程尚在进行中,但存在库存物资已被领用但未做出库处理的现象。

建议核实本次盘点差异的原因,并及时处理;对"退货库"物资未得到报废审批之前已出库的物资完善出库流程,对有可使用价值的物资,不应作为报废物资处理,而应作为废旧物资处理。

(二)固定资产管理中存在的问题

(1)固定资产转移无批签手续。贵公司内部控制制度《关于对固定资产管理进行规范及统一会计政策的通知》第四条固定资产管理基本原则中第(三)条规定"固定资产转入闲置和清理、实际变卖处理、在不同分之间的调拨等必须办理财务手续"。但经抽查凭证,2016年8月的一些固定资产清理,无清理批件、手续。

(2)贵公司提供了2016年8月盘点表、2016年9月盘点表,但未见盘点表统计表,盘亏结果不明确。

建议：严格按照内控制度《关于对固定资产管理进行规范及统一会计政策的通知》对固定资产进行核算和管理，盘点后及时汇总盘亏结果并进行财务体现。

三、内部审计制度方面评价及建议

贵公司已经建立了内部审计机构和制度。在成立内部审计机构后，内部审计部门发现了公司内部财务管理及其他管理方面的一些问题，提供了一些有价值的意见，对公司加强内部控制起到一定的作用，对我们的审计工作也提供了帮助。目前公司内部审计机构存在的主要问题是：人员配备比较薄弱，审计工作的组织不很合理，一些管理部门的配合存在问题等。

我们建议公司做好以下几方面的工作：

（1）明确内部审计部门的职责范围，明确各部门相互关系，明确内部审计的性质，使各部门对内部审计部的工作予以支持。

（2）目前内部审计部只有一个人是审计师，一个人从事一些辅助工作。公司应为审计部充实1~2名从事过审计工作的人员，并且对现在从事辅助工作的人员进行培训，提高专业能力。

我们提供的这份管理建议书，不在审计业务约定书约定项目之内，是我们基于为企业服务的目的，根据审计过程中发现的内部控制问题而提出的。因为我们主要从事的是对财务报表的审计，所实施的审计范围是有限的，不可能全面了解企业所有内部控制的内容，所以，管理建议书中也不可能包括所有的内部控制弱点，以及由于这些弱点可能或已经造成的影响。对于上述内部控制问题，我们已经与有关管理部门或人员交换过意见，他们已确认上述问题的真实性。

本管理建议书只提供给贵公司。另外，我们是接受贵公司董事会的委托进行审计工作，根据他们的要求，请将管理建议书内容转达给他们。

标准会计师事务所（公章）   中国注册会计师：××
四川成都市   2017年3月15日

三、管理建议书的基本要求

管理建议书是针对内部控制的弱点而提出的，多数意见是在审计过程中对被审计单位财务资料的深入研究得来的。但怎样确定哪些事项应纳入管理建议书，什么条件下需要提供管理建议书，如何编写管理建议书等，需要了解管理建议书的基本要求。管理建议书的基本要求也是注册会计师出具有价值的管理建议书所必须掌握的。

（一）提交管理建议书的要求

注册会计师提交管理建议书应遵守中国注册会计师执业准则的要求。建议范围主要是指可能对会计记录、财务报表的公允性、合法性产生影响的有关内部控制。包括内部会计控制、内部财务收支管理系统、财产管理系统、会计工作机构的内部稽核系统、内部审计系统、各管理机构的内部报告和相互牵制系统，以及其他与会计工作联系密切的内部控制系统。注册会计师在审计过程中发现上述内部控制中存在的问题后，应及时向被审计单位有关部门或人员提出和交换意见，并将具体情况记录在工作底稿中。但审计工作完成后，是否要提交管理建议书，则应按以下原则处理：

(1) 对于年度财务报表审计业务，因审计程序中包含内部控制评审的要求，一般均应提供管理建议书。但是，如果被审计单位内部控制比较健全，或存在的问题基本不影响会计记录与财务报表的可靠性，注册会计师可将发现的问题记录于审计工作底稿中，在与被审计单位有关人员交换意见时，以适当的方式提出，可不再提交管理建议书。

(2) 对于中期财务报表和特定目的的审计业务，是否提供管理建议书，按以下两种情况处理：

① 凡规定的审计程序中要求评审内部控制，并且在评审中发现了问题，则应提供管理建议书。

② 凡规定的审计程序中不要求评审内部控制，或虽要求评审内部控制，但未发现应当提请被审计单位管理部门重视并改进的问题，则可不提交管理建议书。

(二) 编写管理建议书的要求

编写管理建议书，不仅需要收集、整理有关内部控制现实情况的材料，还应征集各有关方面和被审计单位的意见，形成管理建议。有时委托人可能要求注册会计师对内部控制单独提出评审报告（包括内部控制的全面检查、局部检查或控制测试报告，通常是另定的一项业务约定），但由于管理建议书与审计过程中的内部控制检查结果密切相关，管理建议书与内部控制检查报告有类似之处，后者虽可单独提出，但往往可以成为管理建议书的一部分。但不论情况如何，编写管理建议书应对内部控制的问题、意见和建议，实事求是地提出、分析和进行判断，做出切实可行的建议方案。为此，编写管理建议书应遵循一定的要求。

编写管理建议书之前，应做好以下各项工作，并将工作结果和管理建议的形成编制工作底稿，以确保管理建议书具备合理性、客观性。

(1) 分析、整理对被审计单位内部控制评审的各种资料，做出评价结果。

(2) 从财务资料中研究、识别内部控制存在的缺陷。

(3) 查阅以前提供的管理建议书，追查其执行的结果。

(4) 征询参与审计工作的税务咨询、管理咨询及其他方面有关专家的意见。

(5) 与被审计单位管理人员就有关问题及建议进行讨论和研究。

对以上有关工作的结果在工作底稿中详细记录，包括观察到的情况、建议意见、与被审计单位讨论的结果、有关的参照说明和处理情况等。上述各项工作一般可在完成相关内容审计时及时进行。

起草管理建议书时除基本结构按规定要求编写外，还应根据下列要求确定具体内容：

(1) 仔细分析工作底稿中有关内部控制问题及建议的详细资料，在此基础上确定管理建议书的基本内容。

(2) 提出的内部控制问题及意见与建议，应按其在内部控制中的重要程度，依次排列。

(3) 对于审计过程中已向被审计单位提出，而被审计单位未调整或未改进的重要事项应做详细说明。

草拟完成的管理建议书，应先经审计小组（或项目）负责人审核，然后将修改后的草稿提交给被审计单位，请被审计单位有关人员确认其内容的真实性。对被审计单位确认后退回的草稿，再斟酌有关内容和文字表达，纠正欠妥之处。

根据修改后的草稿编写正式的管理建议书。对管理建议书应建立审核制度，由会计师事务所主管合伙人或负责人审核签署后，正式提交给被审计单位。

思考题

1. 什么是标准审计报告？它的构成要素包括哪些？
2. 什么是非标准审计报告？它包括哪些类型？
3. 什么是强调事项段？在什么情况下审计报告中要增加强调事项段？
4. 否定意见与无法表示意见的审计报告的区别是什么？
5. 管理建议书的内容包括哪些？

参 考 文 献

[1] 中国注册会计师协会. 审计 [M]. 北京：中国财政经济出版社，2018.
[2] 中国注册会计师协会. 会计 [M]. 北京：中国财政经济出版社，2018.
[3] 中国注册会计师协会. 中国注册会计师执业准则应用指南 2017 [M]. 北京：中国财政经济出版社，2017.
[4] 张立民，高莹，万里霜. 审计学原理与实务 [M]. 北京：清华大学出版社，2017.
[5] 吕先锫. 审计学 [M]. 成都：西南财经大学出版社，2016.
[6] 秦荣生，卢春泉. 审计学 [M]. 北京：中国人民大学出版社，2015.
[7] 宋常. 审计学（第九版）[M]. 北京：中国人民大学出版社，2015.
[8] 叶陈刚，徐荣华. 审计学——监督与鉴证 [M]. 北京：对外经贸大学出版社，2015.
[9] 张继勋. 审计学 [M]. 北京：清华大学出版社，2015.
[10] 王明华. 审计学 [M]. 北京：经济管理出版社，2015.
[11] 张蔚文，陈世文，郭小娜，等. 审计学 [M]. 成都：西南财经大学出版社，2014.
[12] 张蔚文，陈世文，郭小娜，等. 审计学案例分析 [M]. 成都：西南财经大学出版社，2014.
[13] 董小红. 审计学 [M]. 南京：南京大学出版社，2014.
[14] 周友梅，阚京华，管亚梅. 审计学 [M]. 北京：人民邮电出版社，2014.
[15] 孙合珍，李小娟. 审计学 [M]. 北京：清华大学出版社，2014.
[16] 刘明辉，史德刚. 审计 [M]. 大连：东北财经大学出版社，2012.
[17] 北京注册会计协会. 审计工作底稿指引 [M]. 北京：经济科学出版社，2012.
[18] 刘建军. 审计学 [M]. 北京：机械工业出版社，2010.
[19] 宋传联，李丽，孙立阳. 审计理论与实务 [M]. 北京：北京大学出版社，2009.
[20] ［英］伊恩·格雷，［英］斯图尔特·曼特. 审计流程——原理、实践与案例（第二版）[M]. 吕兆德，译. 北京：中信出版社，2003.